Daniel Lalić

Der Hochadel Kroatien-Slawoniens

Elitenwandel in der Moderne
Elites and Modernity

Herausgegeben von / Edited by
Gabriele B. Clemens, Dietlind Hüchtker, Martin Kohlrausch, Stephan Malinowski und Malte Rolf

Band/Volume 18

Daniel Lalić

Der Hochadel Kroatien-Slawoniens

Zwischen Verlust, Verteidigung und Neuerwerb gesellschaftlicher Elitenpositionen (1868–1918)

DE GRUYTER
OLDENBOURG

ISBN 978-3-11-051869-6
e-ISBN (PDF) 978-3-11-052123-8
e-ISBN (EPUB) 978-3-11-051876-4

Library of Congress Cataloging-in-Publication Data
A CIP catalog record for this book has been applied for at the Library of Congress.

Bibliografische Information der Deutschen Nationalbibliothek
Die Deutsche Nationalbibliothek verzeichnet diese Publikation in der Deutschen Nationalbibliografie; detaillierte bibliografische Daten sind im Internet über http://dnb.dnb.de abrufbar.

Satz: Dr. Rainer Ostermann, München
Druck und Bindung: CPI books GmbH, Leck
Titelbild: Baron Dioniz Hellenbach, 1894 / Muzej za umjetnost i obrt. MUO-024724.
♾ Gedruckt auf säurefreiem Papier
Printed in Germany

MIX
Papier aus verantwortungsvollen Quellen
FSC® C083411

www.degruyter.com

Danksagung

Das vorliegende Buch über den kroatischen Adel ist die überarbeitete Fassung meiner im Herbst 2015 an der Universität Passau verteidigten Dissertation. Das Verfassen einer solchen Schrift wie der anschließenden Publikation ist stets ein Prozess, an dem nicht nur der Verfasser allein beteiligt ist. So auch in meinem Fall – und daher möchte ich mich an dieser Stelle bei all den Menschen bedanken, die mich auf diesem Weg begleitet haben.

Bedanken möchte ich mich daher zuvorderst bei meinen beiden Betreuern und Doktorvätern Thomas Wünsch in Passau und Ludwig Steindorff in Kiel, die mein Projekt von Anfang unterstützt haben. Mit ihren Anregungen, einem stetigen Gedankenaustausch und nicht zuletzt ihren Gutachten konnte eine Idee zuerst als Dissertation und schließlich als Publikation ihren Inhalt und ihre Form finden.

Ein großes Dankeschön für zwei weitere Gutachten und gewinnbringende Stellungnahmen geht auch an Gabriele Clemens und Malte Rolf, in deren zusammen mit Dietlind Huchtker, Martin Kohlrausch und Stephan Malinowski herausgegebenen Reihe „Elitenwandel in der Moderne" mein Buch aufgenommen wurde. Dies gilt auch für den Verlag De Gruyter und insbesondere für Bettina Neuhoff für all die Hilfe und das Entgegenkommen.

Eine geschichtswissenschaftliche Arbeit bedarf meistens auch intensiver Recherche, so auch in diesem Fall: Daher möchte ich mich vor allem bei Thomas Bombelles, Karl Draskovich sowie Nikola Adamovich (Vater und Sohn) für überaus hilfreiche Informationen, einmalige Quelleneinsichten sowie wertvolle und interessante Gespräche bedanken.

Zu Dank verpflichtet bin ich darüber hinaus nicht nur meinen Kolleginnen und Kollegen in Passau, Gießen, Zagreb und Osijek, die mir mit wertvollen Ideen und kreativen Anregungen geholfen haben, sondern vor allem meinen Freunden und all den Menschen, die mir viel bedeuten, in Passau, Schwäbisch Hall, Strasskirchen, Pöttmes, München, Luzern und Berlin, die mich während der gesamten Promotionszeit unterstützt und mir zur Seite gestanden haben.

Ein herzliches Danke geht hierbei vor allem an Madlene Hagemann, Miriam Finkelstein, Gernot Howanitz und Christian Kampkötter, die als Freunde und Kollegen das Korrekturlesen mancher Kapitel übernommen haben.

Abschließend gilt mein besonderer Dank meiner Familie: Meiner Schwester Dijana und meinen Eltern Danica und Mato Lalić. Ihnen ist dieses Buch gewidmet.

– *mojim roditeljima* –

DOI 10.1515/9783110521238-202

Inhalt

1 Thema, Forschung und Methode

1.1 Der Kroatische Hochadel, ein unbekanntes Thema?

> „In Wirklichkeit aber waren diese Magnaten und diese Aristokraten [...] nichts anderes als eine lumpenproletarische Hochstaplergesellschaft [...]“[1]
> *Miroslav Krleža, Glembajevi*

In seiner zwischen 1928 und 1932 erschienenen Dramentrilogie und dem gleichnamigen Prosazyklus „Glembajevi“ entwirft der wohl bedeutendste kroatische Schriftsteller des 20. Jahrhunderts, Miroslav Krleža, ein Bild des moralischen Verfalls einer Zagreber Familie vor dem Hintergrund des parallelen bzw. bereits erfolgten Zerfalls der Donaumonarchie. Die fiktive Familie der Glembays wird als ein halb großbürgerliches, halb aristokratisches Haus dargestellt, das zur Oberschicht der damaligen kroatischen Gesellschaft gehört – und dessen Adligkeit als prächtige, wenngleich falsche Fassade die eigene nichtige Existenz verdecken soll: Eine „lumpenproletarische Hochstaplergesellschaft“ eben. Krležas Glembajevi sind zwar fiktiv, doch stellen sie für den Autor als *pars pro toto* den Archetypus einer sozialen Gruppe dar, der in dieser Ausprägung nicht die Ausnahme, sondern die Regel zu sein schien – eine dekadente, sich im Niedergang befindende Gesellschaftsgruppe. Dieser Topos des adeligen Niedergangs, der als in die Literatur und Kultur eingegangene kollektive Vorstellung ein allgemeines europäisches Phänomen ist und als solcher auch die wissenschaftliche Beschäftigung mit dem Adel für lange Zeit prägte, hat auch bei anderen kroatischen Autoren des 19. und 20. Jahrhunderts seine Spuren hinterlassen. Dieses in gewisser Weise zum Stereotyp gewordene Narrativ eines adeligen Niedergangs bzw. seines Kampfes ums „Obenbleiben“ wurde durch die Kunst geradezu legitimiert: Ob im Scheitern des trotzig anachronistischen Titelhelden der Novelle „Illustrissimus Battorych“ von Ksaver Šandor Gjalski[2], die schon im sozialistischen Kroatien zur Schullektüre gehörte und von einem sog. „šljivar“ – „Zwetschgenjunker“, handelt[3], ob in der Darstellung des verrückten Adeligen und selbst ernannten „loyalen Anarchisten“

Eine allgemeine sprachliche Anmerkung: Zur besseren Lesbarkeit wurden in dieser Arbeit die meisten originalen kroatischen Zitate bzw. Quellen ins Deutsche übertragen.

1 Krleža, Miroslav: Glembajevi. Proza. Sarajevo 1973. S. 192.

2 Gjalski, Ksaver Šandor: Illustrissimus Battorych. In: Pod starim krovovima i druge pripovijetke. Zagreb 1886. S. 4–19. In diesem Erzählband behandelt Gjalski, der selber aus dem unbetitelten einfachen Adel stammt, das damals schon aus der Zeit gefallene Leben vieler Landadliger und deren Unvermögen, sich an die „moderne Zeit“ anzupassen.

3 Siehe dazu auch: Starè, Josef: Die Kroaten im Königreiche Kroatien und Slavonien. Wien, Teschen 1882. S. 95.

DOI 10.1515/9783110521238-001

Petković im Roman „Careva Kraljevina“ von August Cesarec[4] oder in der Darstellung des untätigen, außer in Bezug auf seine Tochter fast indifferenten namenlosen adeligen Gutsbesitzers der Novelle „Mor“ von Djuro Sudeta[5].

Die Vorstellung vom Adel als einer untergehenden, haltlosen und bedeutungslosen Gruppe blieb als Narrativ nicht nur auf die kroatische Literatur des 19. und frühen 20. Jahrhunderts beschränkt, sondern fand als solches ebenso Eingang in das nationale Geschichtsbewusstsein der kroatischen Gesellschaft. Mehr noch: Im Fall des Adels des 19. und 20. Jahrhunderts in Kroatien lässt sich sogar ein kollektives bewusstes Vergessen bzw. ein diffuses Nichtwissen attestieren. Dies stellt einen scharfen Gegensatz zum Umgang mit dem kroatischen Adel des späten Mittelalters und der frühen Neuzeit dar, dessen prominenteste Vertreter wie Markgraf Fran Krsto Frankopan[6] oder die Banuse[7] und Grafen Nikola Šubić-Zrinski[8] und Petar Zrinski[9] seit dem 19.Jahrhundert in das Pantheon nationaler Helden eingegangen sind und damit ihren festen Platz nicht nur im kollektiven Gedächtnis gefunden haben, sondern mit Zrinski-Frankopan seit 1993 auch auf der 5-Kuna Banknote.

Diesem nicht völligen, so doch sehr ausgeprägten Vergessen des Adels Kroatiens des 19. und 20. Jahrhunderts, der in dieser Hinsicht vergleichbar ist mit anderen eher

4 Cesarec, August: Careva kraljevina. Zagreb 1925. Der Roman spielt an nur einem Tag im Jahr 1912 und gibt ein sehr sarkastisches Bild der Zustände im Königreich Kroatien-Slawonien um 1900 wieder.

5 Sudeta, Šop, Vlaisavljević: Pjesme, Mor. Pjesme i Priče. Pjesme i Pjesničke Proze. Zagreb 1966.

6 Fran Krsto Frankopan gehörte dem mächtigen Adelsgeschlecht der Frankopan an, war mit seinem Schwager Graf Petar Zrinski an der ungarisch-kroatischen Magnatenverschwörung 1671 beteiligt und wurde mit diesem in der Wiener Neustadt hingerichtet. Zusammen mit Zrinski gilt er als Nationalheld, sowohl in Kroatien als auch Ungarn. Darüber hinaus war er wie Zrinski ein bedeutender Dichter des kroatischen Barocks.

7 Banus, kroat. ban, war der Titel des höchsten Repräsentanten des Königreichs in Kroatien, vergleichbar in der Funktion eines Vizekönigs. In der Hierarchie der Repräsentanten der Stephanskrone war er der Dritte, und das Amt des Banus galt als eines der Symbole kroatischer Autonomie und Eigenständigkeit innerhalb des Königreichs Ungarn.

8 Nikola Šubić-Zrinski (1508–1566) war kroatischer Banus, Feldherr und Verteidiger der Festung Sziegtvár/Siget 1566. Die Belagerung von Siget und dessen Verteidigung durch Šubić-Zrinski gingen in den kroatischen wie ungarischen nationalen Mythenkanon ein, da Šubić-Zrinski am Ende der Belagerung einen Ausbruch unternahm, von den Osmanen jedoch gefangen genommen und enthauptet wurde. Seine Rezeption als Held bzw. Nationalheld der Kroaten wie Ungarn begann schon im ausgehenden 18. Jahrhundert. So ist der im 19. Jahrhundert im Zuge des Ausbaus zur Landeshauptstadt entstandene Zrinjevac-Park im Zentrum von Zagreb nach ihm benannt, ebenso die 1876 uraufgeführte Oper Nikola Šubić-Zrinski des Komponisten Ivan pl. Zajc, die den Status als Nationaloper in Kroatien hat und noch heute regelmäßig auf den Spielplänen des Landes steht. Seine Urenkel waren die Banuse und Schriftsteller Graf Nikola Zrinski und Graf Petar Zrinski.

9 Graf Petar Zrinski (1621–1671) war Banus von Kroatien und entstammte dem wohl historisch bedeutendsten kroatischen Adelsgeschlecht. Wie Frankopan ein Dichter des kroatischen Barocks, gilt er auch in Ungarn als Nationalheld.

unbekannten bzw. unerforschten Adelsformationen, wie dem rumänischen Adel,[10] der Aristokratie der Bukowina[11] oder dem Adel im Kaiserreich Brasilien,[12] liegen vor allem zwei Hauptursachen zugrunde. Zum einen die Tatsache, dass das moderne kroatische Nation-Building des 19. Jahrhunderts sowohl in der Zeit seines Entstehens als auch in der historischen Rückschau dezidiert bürgerlich war, und zum anderen, dass sich die kroatische Gesellschaft seit 1918 mit dem ersten monarchistischen und dem zweiten sozialistischen Jugoslawien in politischen Systemen widerfand, die ebenso dezidiert adelsfeindlich waren. Neben dem bereits eingangs beschriebenen Narrativ des adeligen Niedergangs und seiner Kodifizierung in der Literatur trug dazu vor allem das im Zuge des bürgerlich geprägten kroatischen Nation-Building-Prozesses[13]

---

10 Vgl. hierzu beispielhaft für den eher deskriptiven Ansatz, der sich auf Schlösser und Heraldik beschränkt: Narcis, Dorin Ion: Residences and families of the nobility in Romania. Bucureşti 2007; Botez, Victor u. Corneliu Radeş: Nobilimea la Români. La Noblesse Roumaine. The Romanian Nobility. Bucureşti 2007.

11 Vgl. hierzu neben Fußnote 9 vor allem: Prokopowitsch, Erich: Der Adel in der Bukowina. In: Spuren der deutschen Einwanderung in die Bukowina vor 200 Jahren – Grenzschutz und Adel in österreichischer Zeit. Hrsg.von Rudolf Wagner. München 1983. S. 116–178.; Ceauşu, Mihai-Ştefan: Mutaţii etno-sociale în structura nobilităţii din Bucovina (sfîrştul sec. XVIII – începutul sec. XIX). In: Arhiva Genealogică II, 3–4 (1995). S. 167–175.

12 Schwarcz, Lilia: As Barbas do Imperador. São Paulo 1996.; Rheingantz, Carlos: Titulares do Império. Rio de Janeiro 1960. Gerade der brasilianische Adel des Kaiserreiches 1821–1889 stellt ein einzigartiges soziales Phänomen dar, das sowohl einige Strukturen des europäischen Adels (wie Titel), aber auch genuin brasilianische Merkmale aufwies. So bestand der Adel aus einer Meritokratie und wurde aufgrund von Verdiensten erworben, die Titel waren jedoch nicht vererbbar, sondern nur an den Träger gebunden, und es bestanden auch formal keinerlei Unterschiede in der Hautfarbe bzw. ethnischen Herkunft.

13 Nation-Building ist vor allem von State-Building zu unterscheiden, da das erste als Entwicklung aus noch locker verbundenen Gemeinschaften eine gemeinsame Gesellschaft entstehen lässt, das zweite jedoch die staatlichen Institutionen schafft, die dann der im Nation-Building entstandenen Nation einen Rahmen gibt. Zum Prozess des Nation-Buildings gehören kollektive Standards, wie eine gemeinsame normierte Sprache, aber auch ein kollektives Gedächtnis als historische legitimatorische Referenz. Zum kroatischen Nation-Building vgl. exemplarisch: Steindorff, Ludwig: Konzepte der Nationsbildung bei Kroaten, Serben und Bosniaken. In: Ethnizität, Identität und Nationalität in Südosteuropa. Beiträge zu einem Präsentationstag der Südosteuropa-Forschung an der Universität Münster am 27.11.1998. Hrsg.von Cay Lienau u. Ludwig Steindorff. München 2000. S. 159–165.; Bellamy, Alex: The Formation of Croatian National Identity. A centuries-old dream? Manchester, New York 2003.; Altevolmer, Burkhard: Nation-Building in Serbien und Kroatien. Eine Studie zur Reichweite allgemeiner Theorien des Nationalismus. Stuttgart 2004.; Schödl, Günter: Kroatische Nationalpolitik und „Jugoslavenstvo": Studien zu nationaler Integration und regionaler Politik in Kroatien-Dalmatien am Beginn des 20. Jahrhunderts. München 1990.; Trencsenyi, Balazs u. Michal Kopecek (Hrsg.): Discourses of Collective Identity in Central and Southeast Europe (1770–1945). National Romanticism – The Formation of National Movements. Budapest 2007.; Sundhaussen, Holm u. Philipp Ther (Hrsg.): Nationalitätenkonflikte im 20.Jahrhundert. Ursachen von inter-ethnischer Gewalt im Vergleich. Forschungen zur osteuropäischen Geschichte. Band 59. Wiesbaden 2001.

Zu „Nation-Building" und Nationalismus als Gegenstand politikwissenschaftlicher bzw. Historischer Forschung: Alter, Peter: Nationalismus. Frankfurt am Main 1985.; Anderson, Benedict: Die

entstandene, kontinuierlich weiter tradierte Etikett eines dem Volk entfremdeten anationalen Adels sehr wirkungsmächtig. Dieses Verdikt eines „fremden" Adels, der aus der Nationalgeschichte weitgehend ausgeklammert wird, findet sich auch im Falle des böhmischen Adels in Bezug auf die tschechische Nation.[14] Gerade dem Hochadel Kroatiens bzw. dem Königreich Kroatien-Slawoniens 1868–1918, der enge verwandtschaftliche, politische wie wirtschaftliche Beziehungen nicht nur zu Ungarn, sondern auch zu anderen Landesteilen der Donaumonarchie aufwies, galt – und gilt immer noch – dieser Vorwurf, der sich vor allem auf die unionistische, magyarophile politische Haltung vieler, doch nicht aller seiner Mitglieder stützt. Und während der kroatisch-slawonische Adel mit seiner rechtlichen Abschaffung durch die Verfassung des Königreichs der Serben, Kroaten und Slowenen 1921 sowie der Agrarreform ab 1923 als juristisch existierende Sozialgruppe aufgelöst bzw. seiner materiellen Existenz beraubt wurde, taten die gänzlich veränderten gesellschaftlichen Rahmenbedingungen im Sozialismus ihr Übriges, damit die verbliebenen Reste des Adels auch mental aus der Gesellschaft bzw. ihrer kollektiven Wahrnehmung und Erinnerung verdrängt werden konnten.

Erst seit der kroatischen Unabhängigkeit 1991 und der damit verbundenen Neuorientierung kroatischer staatlicher wie gesellschaftlicher Identität – gleichsam als Abschluss des im 19. Jahrhundert begonnen Nation-Buildings – kam es sowohl zu einer gewissen Rückbesinnung auf „verschüttete" Traditionen, und damit auch auf den Adel, als auch zu einer beginnenden Rückkehr einzelner Adeliger nach Kroatien, wofür die Barone Janko Vranyczany-Dobrinović und Nikola Adamovich-Čepinski

Erfindung der Nation. Zur Karriere eines erfolgreichen Konzepts. Frankfurt am Main 2005.; Brunner, Georg (Hrsg.): Osteuropa zwischen Nationalstaat und Integration. Berlin 1995.; Gellner, Ernest (Hrsg.): Nationalismus und Moderne. Berlin 1991. Ders.: Nationalismus. Kultur und Macht. Berlin 1999.; Haupt, Heinz u. Dieter Langewiesche (Hrsg.): Nation und Religion in Europa. Mehrkonfessionelle Gesellschaften im 19. und 20. Jahrhundert. Frankfurt am Main 2004.; Hobsbawm, Eric: Nationen und Nationalismus. Mythos und Realität seit 1780. München 1996.; Jansen, Christian u. Henning Borggräfe: Nation – Nationalität – Nationalismus. Frankfurt am Main, New York 2007.; Weichlein, Siegfried: Nationalismus und Nationalstaat in Europa. Ein Forschungsüberblick. In: Neue Politische Literatur 51 (2006). S. 265–351.; Ders. Nationalbewegungen und Nationalismus in Europa. Darmstadt 2006.; Watson, Cynthia: Nation-Building. A reference handbook. Oxford 2004.; Gerade für den ostmitteleuropäischen Raum ist der Ansatz von Hroch und dessen Drei-Phasen-Modells zur Beschreibung der Entwicklung von Nationen grundlegend: Hroch, Miroslav: Die Vorkämpfer der nationalen Bewegung bei den kleinen Völkern Europas. Eine vergleichende Analyse zur gesellschaftlichen Schichtung der patriotischen Gruppen. Prag 1968.; Ders.: Programme und Forderungen nationaler Bewegungen. Ein europäischer Vergleich. In: Entwicklung der Nationalbewegungen in Europa 1850–1914. Hrsg.von Heiner Timmerman: Berlin 1998. S. 17–29.; Ders.: Das Europa der Nationen. Die moderne Nationsausbildung im europäischen Vergleich. Göttingen 2005.

14 Wank, Solomon: Some Reflections on Aristocrats and Nationalism in Bohemia, 1861–1899. In: Canadian Review of Studies of Nationalism 20 (1993). S. 21–33.; Glassheim, Eagle: Noble Nationalists. The Transformation of the Bohemian Aristocracy. Cambridge 2005.

sicherlich die bekanntesten Beispiele sind.[15] Die Rückkehr einzelner Adeliger und ganzer Familien und die dadurch aufgeworfenen Fragen nach eventueller Rückerstattung oder Wiedererwerb von Immobilien, Besitz und ähnlichem sind allgemein ostmitteleuropäische Phänomene, die sich auch in Ungarn, Polen oder der Tschechischen Republik seit dem Ende des Sozialismus verfolgen lassen. Das Interesse am Adel beginnt sich seit einigen Jahren auch in Kroatien zu entwickeln. Es werden Aufsätze zu einzelnen Familien publiziert[16], viele Schlösser sind als Museen der Öffentlichkeit zugänglich geworden, es gibt einen neu gegründeten kroatischen Adelsverein[17] – und mit „Ponos Ratkajevih“ wurde 2007 bis 2008 sogar eine Telenovela über die Geschichte einer fiktiven gräflichen Familie von 1938 bis 1948 im Fernsehen ausgestrahlt. Dennoch fehlte bisher ein ernsthafter Versuch, den kroatischen Adel des 19. und frühen 20. Jahrhunderts einer umfassenden wissenschaftlichen Analyse zu unterziehen. Diese Forschungslücke will die folgende Arbeit nun schließen. Das eingangs zitierte, schonungslose Urteil Miroslav Krležas aufgreifend, lässt sich in bewusst verknappter Form eine der grundlegenden Fragen formulieren, deren Beantwortung sich diese Arbeit zum Ziel gesetzt hat: Was war die kroatische Aristokratie um 1900? Differenziert man diese Frage aus, stößt man unweigerlich auf einen Komplex von vielen Einzelfragen, die richtungsweisend sind und in ihrer Fülle auch den Nachholbedarf in der Erforschung dieser einstigen Sozialformation der kroatischen Gesellschaft zeigen, so dass mit dem Versuch ihrer Beantwortung ein weiteres Teilstück zum Bild der Sozial- und Gesellschaftsgeschichte nicht nur Kroatiens und der k.u.k.-Monarchie, sondern auch Ostmittel- und Südosteuropas hinzugefügt werden kann:

Wie lässt sich die soziale, wirtschaftliche und politische Position des Adels, und hierbei insbesondere des Hochadels im Königreich Kroatien-Slawonien, am Ende der Donaumonarchie definieren und beschreiben? Welche Rolle spielte der Hochadel innerhalb der Oberschicht und der Elite der kroatischen Gesellschaft? Wie lässt sich der Hochadel Kroatien-Slawoniens im größeren österreichisch-ungarischen bzw. gesamteuropäischen Rahmen kontextualisieren? Welche Strategien, Verhaltensmuster und Praktiken standen dem Adel zur Verfügung, um entweder „oben zu bleiben“, sich des adeligen Niedergangs – sofern es objektiv betrachtet einen gegeben hat – zu erwehren oder neue Spitzenpositionen zu erwerben? Wer gehörte überhaupt zum Gesamtadel des Königreichs Kroatien-Slawonien, und wer war wiederum Teil dessen exklusivster Formation, des Hochadels?

Pointiert gefragt: Hatte Krleža Recht? Oder war die kroatische Aristokratie doch „oben geblieben“?

---

15 Baron Janko Vranyczany-Dobrinović (1920–2015) kehrte 1990 nach Kroatien zurück und wurde erster Minister für Tourismus (25.07.1990–24.08.1990), danach Botschafter Kroatiens in Brüssel. Baron Nikola Adamovich-Čepinski ist u.a. Ritter des Souveränen Malteserordens.

16 Siehe dazu das Kapitel zur Forschungslandschaft.

17 Siehe die Homepage: http://plemstvo.hr/ (abgerufen am 18.05.2015).

1.2 Forschungsstand und Quellenlage

Obwohl das allgemeine Interesse am Adel ab ca. 1800, das vielfach als Epochengrenze des europäischen Adels gilt,[18] in Kroatien seit der Unabhängigkeit langsam aber stetig wächst, ist die Forschung zu diesem Thema weiterhin nicht sehr umfangreich.

Die historiografische Beschäftigung mit dem Adel hat im Gegensatz zu Kroatien bzw. bis 1991/92 Jugoslawien in vielen europäischen Ländern eine mitunter ausufernde Literatur hervorgebracht, sei es in den Bereichen der klassischen Politikgeschichte, der Kultur-, Sozial- und Wirtschaftsgeschichte sowie in weiteren Einzeldisziplinen. Während die Geschichte des Adels und insbesondere einzelner bedeutender Geschlechter bis zur frühen Neuzeit in Kroatien von der einheimischen Geschichtswissenschaft recht erschöpfend erforscht worden ist, galt dem Adel ab dem 18. Jahrhundert bisher keine breite Beachtung. Dies liegt vor allem an der Tatsache, dass die Historiografie sowohl des ersten als auch des zweiten jugoslawischen Staates, aufgrund ideologisch zwar unterschiedlich motivierter, doch in ihrer Gesamtheit sehr einengender Vorgaben, am kroatischen Adel kein wirkliches Interesse zeigte. Exemplarisch kann hierfür der Eintrag zum Stichwort „Plemstvo u feudalizmu" [Adel im Feudalismus] in der Enzyklopädie der kroatischen Geschichte und Kultur[19] gelten: Auf drei Seiten dieses ansonsten fundierten und gelegentlich sogar überraschend unideologischen Werkes wird das Thema „kroatischer Adel" zwar recht erschöpfend erläutert, doch endet der betreffende Artikel inhaltlich mit dem Jahr 1785 – was angesichts der ideologischen Bestrebungen, die Zeit bis 1945 ganz im marxistischen Sinne als Herrschaft des bürgerlichen Kapitals darzustellen, allerdings nicht verwundern sollte. In vielen historischen Querschnitten und Synthesen wird der Adel im Zusammenhang mit dem spätfeudalen Gesellschaftssystem Kroatien-Slawoniens bis 1848 daher hauptsächlich in lediglich kursorischer Weise erwähnt. Zum anderen lässt sich das, abgesehen von wenigen, weiter unten kommentierten Arbeiten, weitgehende Desinteresse auch in heutiger Zeit am kroatischen Adel der letzten beiden Jahrhunderte mit der Dominanz anderer Themen – allen voran der Geschichte Jugoslawiens ab 1945 und dem Kroatien-

---

18 Vor allem Rudolf Braun hat den Begriff der adeligen Epochengrenze geprägt. Braun, Rudolf: Konzeptionelle Bemerkungen zum Obenbleiben – Adel im 19. Jahrhundert. In: Europäischer Adel 1750–1950. Hrsg. von Hans-Ulrich Wehler. Göttingen 1990. S. 87–95. Diese Epochengrenze markiert den Beginn eines Prozesses, in dem sich der Adel von einer geburtsständischen zu einer modernen Leistungselite wandelt. Zu den diesen Prozess auslösenden Faktoren im Kontext der Aufklärung und der Französischen Revolution und ihrer Konsequenzen für die etablierte Ordnung in Europa gelten u.a. der Übergang von der mittelalterlichen frühneuzeitlichen Personalherrschaft zur Territorialherrschaft, die Etablierung von Staatsbürgerschaft und damit der Gleichheit vor dem Gesetz bzw. Rechtsstaatlichkeit sowie die Privatisierung von Eigentum. Zur Epochengrenze siehe ebenso: Ewald Frie: Adel um 1800. Oben bleiben? In: zeitenblicke 4 (2005). Nr. 3. [13.12.2005], URL: http://www.zeitenblicke.de/2005/3/Frie/index_html, URN: urn:nbn:de:0009-9-2457 (Stand: 18.05.2015).

19 Enciklopedija hrvatske povijesti i culture. Zagreb 1980. S. 458–461.

krieg 1991 bis 1995 – erklären. Trotz der zufriedenstellenden Forschungslage zur Entwicklung der bürgerlichen Gesellschaft in Kroatien fehlen aus diesem Grund bis auf wenige Ausnahmen detaillierte Untersuchungen und Studien zu wirtschaftlichen, politischen und soziologischen Fragen in Bezug auf den Adel im 19. und 20. Jahrhundert.

Der vielleicht noch immer bedeutendste Beitrag zu diesem Thema ist daher eine zwar knappe, jedoch vor allem faktografisch sehr informative Studie von Mirjana Gross.[20] Darin wird vor dem Hintergrund der langsamen Modernisierung des Landes die Rolle des Adels Kroatien-Slawoniens bei der Formierung der neuen bürgerlichen Elite aufgezeigt. Die Autorin kommt zu der höchst diskussionsfähigen Schlussfolgerung, dass sich der größte Teil des Adels zu Beginn des 20. Jahrhunderts in das Bürgertum integriert hatte, wobei Adelige in jeder sozialen Schicht zu finden waren: von der besitzenden Elite über die die Intelligenzija und die Mittelschicht bis hin zu den unteren Gesellschaftssphären. Was dieser Studie jedoch fehlt, sind sowohl detaillierte Fallbeispiele als auch exakte quantitative Analysen, beispielsweise über den Anteil von Adeligen in den jeweiligen Berufsgruppen und Gesellschaftsschichten. Die genannte Zahl von 5% für den Anteil des Adels innerhalb der Elite ist daher eher als Annahme und ungefähre Vermutung denn konkrete Berechnung zu werten.[21] Die Studie kann als Impulsgeber für vorliegende Arbeit gewertet werden, vor allem da der Aspekt der Elite aufgegriffen und einer neuen Bewertung unterzogen werden soll. Denn auch Mirjana Gross bleibt in ihren Schlussfolgerungen ganz im klassischen kroatisch-jugoslawischen Diskurs verhaftet, der dem Adel keinerlei Rolle oder gar Bedeutung für die Formierung der modernen kroatischen Gesellschaft beimisst. Umso erstaunlicher ist es daher, dass eine komplette Ausgabe der kulturwissenschaftlichen Zeitschrift „Kaj" aus dem Jahr 1972 der Geschichte der Grafen Drašković gewidmet wurde. Die darin versammelten 13 Aufsätze behandeln so unterschiedliche Themen wie die wirtschaftliche Entwicklung der draškovićschen Güter, die Rolle von Graf Janko Drašković im Illyrismus oder die Musik auf den Schlössern und Gütern im 18. Jahrhundert.[22] Darüber hinaus haben beispielsweise Igor Karaman[23], Vladimir Dvorniković[24], Ivan Pađen[25]

20 Gross, Mirjana: The Position of the Nobility in the Organization of the Elite in Northern Croatia at the End of the Nineteenth and the Beginning of the Twentieth Centuries. In: The Nobility in Russia and Eastern Europe. Hrsg.von Ivo Banac u. Paul Bushkovitch. New Haven 1983. S. 137–176.

21 Gross: The Position of the Nobility. S. 176.

22 Kaj. Časopis za kulturu i prosvjetu 5 (1972).

23 Karaman, Igor: Valpovačko vlastelinstvo. Gradja za gospodarsku povijest Hrvatske. Zagreb 1962.

24 Dvorniković, Vladimir: Plemstvo u našem narodu, njegov postanak i karakter. Sarajevo 1938. Eine der weiteren, nicht sehr zahlreichen Publikationen zum kroatischen Adel aus der Zwischenkriegszeit: Duišin, Viktor: Zbornik plemstva u Hrvatskoj, Slavoniji, Dalmaciji, Bosni i Hercegovini, Dubrovniku, Kotoru i Vojvodini. Zagreb 1938.

25 Pađen, Ivan: Aristokracija i ustavna država. Od plemstva i klera do pravosuđa i profesija. In: Politička misao 3 (1998). S. 92–111. Es wird die These vertreten, dass sich gewisse Elemente des heu-

und Maja Katušić[26] das Korpus relevanter Literatur mit Beiträgen in quantitativ bescheidener, jedoch brauchbarer Weise erweitert. Gibt es daher bis zum heutigen Zeitpunkt keinen ernsthaften Versuch einer allgemeinen historischen Synthese zum kroatischen Adel des 19. und 20 Jahrhunderts, findet sich eine nicht geringe Anzahl von Aufsätzen und Artikeln in kroatischen Periodika, die ein rein faktografisches Interesse an bestimmten adeligen Familien aufweisen und neben ihrem fast durchgehend deskriptiven Charakter zum Teil auch recht apologetische Züge tragen.[27] Trotzdem spiegeln diese Publikationen in jedem Fall das mittlerweile langsam erwachende Interesse der kroatischen Öffentlichkeit an einzelnen adeligen Familien, wie den Hilleprand-Prandau, Mihalović, Oršić, Pejačević, Drašković oder den Jelačić, wider, was sich am ehesten mit der Neuorientierung kroatischer Identität seit 1991 erklären lässt.[28] Adel erscheint in diesem Kontext als ein Ausdruck der Zugehörigkeit zu Mitteleuropa und nicht zum Balkan bzw. Südosteuropa, dessen Adel im Zuge der osmanischen Herrschaft verschwand.

Im Gegensatz zu dieser als lückenhaft zu bezeichnenden Forschung der letzten neun Jahrzehnte finden wir jedoch auch bereits in unserem Untersuchungszeitraum entstandene einheimische wissenschaftliche Arbeiten zum kroatischen Adel, insbesondere von Ivan pl. Bojničić[29] und Emilij Laszowski,[30] die für die vorliegende

tigen modernen Staates – die Justiz, religiöse Organisationen sowie die Berufe – aus den Organisationsformen des Adels heraus entwickelt haben.

26 Katušić, Maja: Prilog poznavanju obitelji Koritić de Mrazovec – obiteljski fond Koritić u Hrvatskom Državnom Arhivu. In: Cris VII. 1 (2005). S. 60–65.

27 Beispielhaft hierfür: Kolar, Mira: The activities of vice-roy Pavao Rauch in Croatia. In: Review of Croatian History 1/1 (2005). S. 133–157. Dieser Aufsatz liest sich fast wie ein panegyrischer Lobgesang auf den unionistischen, höchst umstrittenen Banus Baron Pavao Rauch, der von 1908–1910 regierte und dessen Amtszeit von polizeilicher Willkür, dem Auflösen des gewählten Sabors 1908 sowie dem berühmt-berüchtigten Hochverratsprozess 1909 gegen 53 Serben aus dem Königreich Kroatien-Slawonien im Zuge seines Kampfes gegen die kroatisch-serbische Koalition, die von 1905 bis 1913 alle Landtagswahlen für sich gewinnen konnte und in Opposition zur großungarischen Politik Budapests stand, geprägt war.

28 Es lassen sich einige Arbeiten als beispielhaft für dieses sich entwickelnde Interesse anführen: Lučevnjak, Silvija: Obitelj Mihalović – prilog poznavanju slavonskog plemstva. In: Glasnik arhiva Slavonije i Baranje. 11 (2011). S. 113–132.; Balta, Ivan: Značajnije osobe porodice Pejačević koje su obilježile dio hrvatsko-slavonske povijesti, in: Glasnik arhiva Slavonije i Baranje. 11 (2011). S. 26–49.; Szabo, Agneza: Velikaška porodica Hilleprand von Prandau i obilježja njenih doprinosa razvoju hrvatske kulture i prosvjete. In: Glasnik arhiva Slavonije i Baranje. 11 (2011). S. 64–74.; Dies.: Grofovi Oršić-Slavetićki iz Gornje Bistre. In: Zaprešićki Godišnjak 1999. Za grad Zaprešić i opićne Brdovec, Bistra, Dubravica, Luka, Marija Gorica i Pušća 9 (2000). S. 73–84.

29 Bojničić, Ivan pl.: Der Adel von Kroatien und Slavonien. Nürnberg 1899.

30 Laszowski, Emilij: Matica plemstva županije Požeške, Srijemske i Virovitičke 1745–1902. Zagreb 1903.; Povjesni spomenici plem. općine Turopolja nekoć »Zagrebačko polje« zvane. Zagreb 1904–1908. Laszowski, der aus einer ursprünglich polnischen, nach Kroatien eingewanderten Familie stammte, war als Historiker, Kulturschaffender und jahrelanger Archivar in Zagreb tätig und arbeitete

Analyse einen nicht zu unterschätzenden Quellencharakter aufweisen. Zwar handelt es sich dabei größtenteils um genealogische bzw. heraldische Arbeiten und publizierte Vorträge[31], die aber dennoch zumindest einige wichtige Aspekte zum Verhältnis von Adel und Gesellschaft im Kroatien der damaligen Zeit darlegen. Entgegen der vorherrschenden Annahme, wie sie oben von Mirjana Gross vertreten wird, dass der Adel vollkommen im Bürgertum aufging, zeigt sich darin, dass der Adel sehr wohl als eigenständige Sozialformation wahrgenommen wurde und dass sowohl ein wissenschaftliches als auch populäres Interesse an ihm bestand. Zum anderen erfüllt der kroatische Adel gerade bei Bojničić eine stark national konnotierte Rolle, da durch die Hervorhebung seiner Eigenständigkeit und Existenz eine klare Abgrenzung vom ungarischen Adel und damit die nationale Autonomie Kroatiens innerhalb der k.u.k.-Monarchie betont werden soll.[32] Diese bewusste Instrumentalisierung und in gewisser Hinsicht auch (Re-) Konstruktion von Adligkeit, im Unterschied zum traditionellen Verständnis großer Teile des kroatischen Adels als zwar eigenständigem, doch integralem Bestandteil des Gesamtadels der Stephanskrone, zeigt, dass dem Adel um 1900 innerhalb der kroatischen Öffentlichkeit – im Gegensatz zum bisher vorherrschenden Narrativ – durchaus gesellschaftliche wie politische Valenz beigemessen wurde. So betont Bojničić im Vorwort zu seinem Wappenbuch, dass der Adel Kroatiens und Slawoniens bisher nirgends in seiner Gesamtheit behandelt worden, und dass seine glorreiche Geschichte im Ausland sehr lückenhaft bekannt sei.[33] Außerdem finden sich in seinem Werk regelmäßige Kommentare über die (angebliche) Aneignung und Magyarisierung kroatischer Adelsfamilien durch Ungarn.

Daneben gibt es auch Publikationen, die einen geradezu unkritischen, fast apologetischen Charakter haben und bestrebt sind, bedeutende einheimische Adelsfamilien einerseits als Individuen zu verherrlichen und andererseits deren Loyalität und Zugehörigkeit sowohl zur kroatischen Nation als auch zum Königreich Ungarn und dem König als dessen Souverän zu betonen. Als exemplarisch hierfür kann eine Publikation des Pädagogen und Begründers des Kroatischen Schulmuseums in Zagreb 1901, Antun pl. Cuvaj od Carevgrada, gelten.[34] Die Intention dieses Bandes, der bio-

---

unter anderem auch mit Bojničić zusammen, neben dem er als eigentlicher Begründer der kroatischen Adelsforschung gelten kann.

31 So hielt am 30.04.1911 Bojničić in Zagreb einen Vortrag im Landesarchiv mit dem Titel „Skizzen aus der Geschichte des kroatischen und europäischen Adels", in dem er die Eigenständigkeit eines kroatischen Adels – belegt durch das Ausstellen des kroatischen Indigenats durch den Sabor – betonte. Vgl. Slavisches Tagblatt vom 16.05.1911.

32 Slavisches Tagblatt vom 16.05.1911.

33 Bojničić: Der Adel von Kroatien und Slavonien. S. 4. Vorwort.

34 Cuvaj od Carevgrada, Antun pl.: Grofovi Pejačević. Njihov rad za kralja i dom. Zagreb 1913. Der Bruder des Autors, Slavko pl. Cuvaj od Carevgrada, war Banus und königlicher Kommissar 1912–1913 und hatte sich in dieser Position einen Ruf als ultrareaktionärer Despot erworben; auch wurde ein Attentat auf ihn am 08.06.1912 in Zagreb verübt.

graphische Skizzen zu fast allen Mitgliedern der Grafenfamilie Pejačević enthält, ist insofern klar ersichtlich, als er in der Reihe „Biblioteka znamenitih Hrvata“ [Bibliothek berühmter Kroaten] erschien, aber die ungarische Schreibweise des Familiennamens beibehält, die zwar von deren Mitgliedern wie von der Öffentlichkeit bevorzugt, jedoch nicht ausschließlich verwendet wurde. Die Adelsforschung für West- und Mitteleuropa bzw. die anderen Landesteile der ehemaligen Donaumonarchie, insbesondere für Österreich, Ungarn und Tschechien ist im Vergleich zu der für den kroatischen Raum recht weit vorangeschritten.[35]

---

35 Als sehr umfassenden Beitrag zur Lage der deutschen Adelsforschung siehe: Menning, Daniel: Adlige Lebenswelten und Kulturmodelle zwischen Altem reich und „industrieller Massengesellschaft“ – ein Forschungsbericht, in: H-Soz-u-Kult., veröffentlicht am 23.09.2010: http://hsozkult.geschichte.hu-berlin.de/forum/2010-09-001. – Zur europäischen Adelsforschung vgl. vor allem exemplarisch: Asch, Roland G. u. Schlögl, Rudolf (Hrsg.): Adel in der Neuzeit. Göttingen 2007.; Conze, Eckart u. Monika Wienfort (Hrsg.): Adel und Moderne. Deutschland im europäischen Vergleich im 19. und 20. Jahrhundert. Köln 2004.; Müller, Michael G.: „Landbürger“. Elitenkonzepte des polnischen Adels im 19. Jahrhundert. In: Ebd. S. 87–105.; Reif, Heinz: Westfälischer Adel 1770–1860. Vom Herrschaftsstand zur regionalen Elite. Göttingen 1979.; Ders.: Adel im 19. und 20. Jahrhundert, München 1999.; Elias, Norbert: Die höfische Gesellschaft: Untersuchungen zur Soziologie des Königtums und der höfischen Aristokratie. Neuwied 1969.; Spring, David (Hrsg.): European Landed Elites in the Nineteeth Century. Baltimore 1977.; Als eine der Pionierarbeiten für Osteuropa: Banac, Ivo u. Paul Bushkovitch (Hrsg.): The Nobility in Russia and Eastern Europe. New Haven 1983.; Mayer, Arno J.: Adelsmacht und Bürgertum. Die Krise der europäischen Gesellschaft 1848–1918. München 1984.; Lieven, Dominic: The Aristocracy in Europe 1815–1914. New York 1992.; Bush, Michael Laccohee: Rich noble, poor noble. Manchester 1988.; Wehler, Hans-Ulrich (Hrsg.): Europäischer Adel 1750–1950. Göttingen 1990.; Reden-Dohna, Armgard u. Ralph Melville (Hrsg.): Der Adel an der Schwelle des Bürgerlichen Zeitalters 1780–1860. Stuttgart, Wiesbaden 1988.; Conze, Eckart: Von deutschem Adel. Die Grafen Bernstorff im zwanzigsten Jahrhundert. Stuttgart 2000.; Schiller, René: Vom Rittergut zum Großgrundbesitz. Ökonomische und soziale Transformationsprozesse der ländlichen Eliten in Brandenburg im 19. Jahrhundert. Berlin 2003.; Marburg, Silke: Europäischer Hochadel. König Johann von Sachsen (1801–1873) und die Binnenkommunikation einer Sozialformation. Berlin 2008.; Conze, Eckart; Alexander Jendorff u. Heike Wunder (Hrsg.): Adel in Hessen. Herrschaft, Selbstverständnis und Lebensführung vom 15. bis ins 20. Jahrhundert. Marburg 2010.; Wienfort, Monika: Der Adel in der Moderne. Göttingen 2006.; Grenzer, Andreas: Adel und Landbesitz im ausgehenden Zarenreich. Der russische Landadel zwischen Selbstbehauptung und Anpassung nach Aufhebung der Leibeigenschaft. Stuttgart 1993.; Lotmann, Jurij: Rußlands Adel. Eine Kulturgeschichte von Peter I. bis Nikolaus I. Köln 1997.; Conze, Eckart u. Sönke Lorenz (Hrsg.): Die Herausforderung der Moderne. Adel in Süddeutschland im 19. und 20. Jahrhundert. Viertes Symposion „Adel, Ritter, Ritterschaft vom Hochmittelalter bis zum modernen Verfassungsstaat“ vom 17./18. Mai 2007, Schloss Weitenburg. Ostfildern 2010.; Cannadine, David: The Decline and Fall of the British Aristocracy. London 1996.; Cardoza, Anthony: Aristocrats in Bourgeois Italy. The Piemontese Nobility 1861–1930. Cambridge 1997.; Clemens, Gabriele B., Malte König u. Marco Meriggi (Hrsg.): Hochkultur als Herrschaftselement. Italienischer und deutscher Adel im langen 19. Jahrhundert. Göttingen 2011.; Godsey, William: Quarterings and Kinship. The Social Composition of the Habsburg Aristocracy in the Dualist Era. In: Journal of Modern History 71 (1999). S. 56–104.; Ders.: Aristocratic Redoubt. The Austro-Hungarian Foreign Office on the Eve of the First World War. West Lafayette 1999.; Ders.: Nobles and nation in Central Europe. Free Imperial Knights in the age of

Neben Publikationen von Ivo Cerman und Luboš Velek[36], Jan Županič[37] sowie Rita Krueger[38] sind auch die Arbeiten von Heinz Siegert[39], Adam Wandruszka[40], Hannes Stekl[41] und vor allem von Eckart Conze[42] und Tatjana Tönsmeyer[43] als einzelne, familienzentrierte Arbeiten, wie beispielsweise jüngst über das Haus Schaffgotsch[44], für die Dissertation von grundlegender Bedeutung.

revolution, 1750–1850. Cambridge 2004.; Beckett, John: The Aristocracy in England 1660–1914. Oxford 1986.; Archer Wasson, Ellis: Aristocracy and the Modern World, Basingstroke 2006.; Tacke, Charlotte: "Es kommt also darauf an, den Kurzschluss von der Begriffssprache auf die politische Geschichte zu vermeiden." ‚Adel' und ‚Adligkeit' in der modernen Gesellschaft. In: Neue Politische Literatur 52 (2007). S. 91–123.; Demel, Walter u. Barbara Kink: (Hrsg.): Adel und Adelskultur in Bayern. Zeitschrift für bayerische Landesgeschichte Beiheft 32, München 2008.; Jahn, Wolfgang u. Stefan Breit: (Hrsg.): Adel in Bayern. Ritter, Grafen, Industriebarone. Stuttgart 2008.; Marburg, Silke u. Josef Matzerath (Hrsg.): Der Schritt in die Moderne. Sächsischer Adel zwischen 1763 und 1918. Köln 2001.; Matzerath, Josef: Adelsprobe an der Moderne. Sächsischer Adel 1763 bis 1866. Entkonkretisierung einer traditionellen Sozialformation. Stuttgart 2006.; Rosenholm, Adrian: Adelsfamilien und Schlösser. Wie Fürsten, Grafen und Prinzessinnen leben – Einblicke in Geschichte und Gegenwart des europäischen Adels. München 2008.; Diemel, Christa: Adelige Frauen im bürgerlichen Jahrhundert. Hofdamen, Stiftsdamen, Salondamen 1800–1870. Frankfurt am Main 1998.; Bahlcke, Joachim; Ulrich Schmilewski u. Thomas Wünsch (Hrsg.): Das Haus Schaffgotsch. Konfession, Politik und Gedächtnis eines schlesischen Adelsgeschlechts vom Mittelalter bis zur Moderne. Würzburg 2010.

36 Cerman, Ivo u. Luboš, Velek (Hrsg.): Adel und Wirtschaft: Lebensunterhalt der Adeligen in der Moderne, München 2009. Dieser Band behandelt hauptsächlich den Adel Böhmens im 18. und 19. Jahrhundert, wobei gerade der Beitrag von Tatjana Tönsmeyer, eine komparative Studie zum Grundbesitz in Böhmen und England, und der ideengeschichtliche Aufsatz Ivo Cermans neue interessante Ansätze aufzeigen.

37 Županič, Jan: Adelige Eliten in Österreich-Ungarn. In: Prague Papers on History of International Relations Bd.1. Plzeň 2007. S. 435–440.; Ders.: Die Frage des Adelsstandes und seiner Aufhebung in den Nachfolgestaaten von Österreich-Ungarn. In: Prague Papers on History of International Relations Bd.1. Plzeň 2008. S. 255–264.;

38 Krueger, Rita: Czech, German and Noble. Status and National Identity in Habsburg Bohemia. Oxford 2009. In dieser Arbeit wird die Rolle des Hochadels für die Herausbildung der nationalen Identität in Böhmen – deutsch und/oder tschechisch – analysiert, wobei im Zentrum die Familien Sternberg, Nostiz und Czernin stehen.

39 Siegert, Heinz (Hrsg.): Adel in Österreich. Wien 1971.

40 Wandruszka, Adam: Die „Zweite Gesellschaft". In: Adel in Österreich. Hrsg.von Heinz Siegert. Wien 1971. S. 56 –67.

41 Stekl, Hannes: Adel und Bürgertum in der Habsburgermonarchie. 18. bis 20. Jahrhundert. Wien 2004.

42 Conze: Von deutschem Adel. Hierbei vor allem der Ansatz, familiengeschichtliche Fragen mit Aspekten der allgemeinen Gesellschaft zu verbinden.

43 Tönsmeyer, Tatjana: Adelige Moderne. Großgrundbesitz und ländliche Gesellschaft in England und Böhmen (1848–1918). Wien 2012. Dieses Werk kann als maßgeblich für die Konzeption der Arbeit und als Impuls betrachtet werden, da in ihr zwei dem kroatisch-slawonischen Hochadel in vielem sehr äquivalente Schichten, der böhmische und englische Hochadel, untersucht werden und dabei ähnliche methodologische Ansätze verfolgt werden.

44 Vgl. hierzu besonders: Bahlcke, Joachim; Ulrich Schmilewski u. Thomas Wünsch: Adel und Adelsforschung in Ostmitteleuropa. Einleitende Bemerkungen zu Gegenstand, Konzeption und Methodik

Zur allgemeinen wirtschaftlichen, politischen und sozialen Entwicklung Kroatiens im 19. und 20. Jahrhundert mit klarem Fokus auf das Bürgertum kann man, wie eingangs erwähnt, auf einen breiten Fundus relevanter Arbeiten zurückgreifen. Auch hier seien – neben Mirjana Gross[45] – zuvorderst Arnold Suppan[46], Igor Karaman[47], Agneza Szabo[48] sowie Iskra Iveljić[49] genannt. Gerade letztere Autorin hat mit ihrer Monographie zur großbürgerlichen Elite Zagrebs im späten 19. Jahrhundert eine profunde, mikrohistorische Analyse hervorgebracht, die die Entwicklung und Übernahme des Konzepts der Bürgerlichkeit in Kroatien nachzeichnet und zum Teil auch die Übernahme bzw. Imitation von als „adelig" betrachteten Verhaltensmustern durch das Großbürgertum zeigt. Dieser Überblick über die Forschungslandschaft soll sowohl die Grundlagen für die vorliegende Arbeit aufzeigen, als auch dazu dienen, diese in den Kontext der bereits erbrachten Ergebnisse und Erkenntnisse zu stellen.

Stellen den Großteil der bisherigen Publikationen zum kroatischen Adel nicht allzu umfangreiche Arbeiten dar, deren gemeinsame Kohärenz in ihrer überwiegend deskriptiv auf die berühmtesten Familien bezogenen Perspektive besteht, so bietet sich hinsichtlich der Quellenlage ein recht uneinheitliches Bild dar.

Entsprechend dem Ziel und der Methode dieser Arbeit, die die adeligen Akteure und die an ihnen festzustellende „Interdependenz von Gesellschaft und Individuum"[50] ins Zentrum der Untersuchung stellen will, gilt es zuvorderst, den Blick auf sämtliche verfügbaren Bestände zu den jeweiligen adeligen Familien und ihre Güter als deren Lebensmittelpunkt zu lenken. Da nach dem Zweiten Weltkrieg und der Errichtung der sozialistischen Herrschaftsordnung ab 1945 fast alle erhaltenen adeligen Privatarchive der ehemaligen Güter in staatlichen Besitz übergingen, finden sich heute die meisten der so bewahrten und gelagerten Bestände in den staatlichen bzw. städtischen Archiven in Kroatien. Die Bestände der jeweiligen Archive haben dabei als ihren „natürlichen" Schwerpunkt die Güter und Familien der Region. So finden sich im Kroatischen Staatsarchiv in Zagreb HDA (Hrvatski Državni Arhiv) und dem Staats-

---

des vorliegenden Bandes. In: Das Haus Schaffgotsch. Konfession, Politik und Gedächtnis eines schlesischen Adelsgeschlechts vom Mittelalter bis zur Moderne. Hrsg. von Bahlcke [u.a.]. S. VII–XXVIII.

45 Gross, Mirjana: Die Anfänge des modernen Kroatien. Gesellschaft, Politik und Kultur in Zivil-Kroatien in den ersten dreißig Jahren nach 1848. Wien, Köln 1993.; Dies.: Die Rolle der Eliten in der Modernisierung Nordkroatiens von den fünfziger bis zu den achtziger Jahren des 19. Jahrhunderts. In: Gesellschaft, Politik und Verwaltung in der Habsburgermonarchie 1830–1918. Hrsg. von F. Glatz u. R. Melville. Budapest 1987. S. 105–135.

46 Suppan, Arnold: Die Kroaten. In: Die Habsburgermonarchie 1848–1918. Band III. Die Völker des Reiches. Hrsg. von Adam Wandruszka u. Peter Urbanitsch. Wien 1980. S. 626–733.

47 Karaman, Igor: Industrijalizacija građanske Hrvatske: 1800–1890. Zagreb 1991.; Ders.: Hrvatska na pragu modernizacije. Zagreb 2000.

48 Szabo, Agneza: Demografska struktura stanovništva civilne Hrvatske i Slavonije u razdoblju 1850–1880. In: Historijski zbornik 40 (1987). S.167–223.

49 Iveljić, Iskra: Očevi i sinovi. Privredna elita Zagreba u drugoj polovici 19. stoljeća. Zagreb 2007.

50 Conze: Von deutschem Adel. S. 16.

archiv DAZG (Državni Arhiv Zagreb) vor allem Bestände zu Geschlechtern Nordkroatiens und des Zagorje, wie den Jelačić[51], im Staatsarchiv DAOS (Državni Arhiv Osijek) in Osijek entsprechend zu slawonischen Familien und Gütern, wie den Pejačević in Našice oder dem Gut der Grafen Normann-Ehrenfels in Valpovo.[52]

Zwar sind diese Bestände öffentlich zugänglich, aber was ihren Zustand betrifft, gibt es darin große Unterschiede. Während zu einzelnen Fonds bereits sehr detaillierte Publikationen vorliegen, wie für das Gut Vukovar[53] oder das der Familie Koritić de Mrazovec,[54] und einige sehr sorgfältig archiviert sind, wie beispielsweise die Familienfonds der Grafen Jelačić[55] oder der neuadeligen Turković[56], ist ein nicht unerheblicher Teil unsortiert, vernachlässigt, ausgelagert oder nur mit veralteten und manchmal ungenauen Findbüchern versehen und – was die Recherche und Quellenauswahl mit am stärksten beeinflusst – häufig nicht vollständig und damit sehr lückenhaft.

Die schwierige Quellenlage spiegelt sowohl das konkrete Schicksal vieler adeliger Besitzungen und der darin befindlichen Privatarchive seit 1918 als auch das im obigen Kapitel dargelegte wissenschaftliche wie staatlich-gesellschaftliche Desinteresse am kroatischen Adel im sozialistischen Jugoslawien wieder. Da bereits gegen Ende des Ersten Weltkrieges und der Errichtung des neuen südslawischen Staates einige Landgüter, und damit auch die jeweiligen Familienarchive, zerstört worden sind, und weitere Verluste im Zweiten Weltkrieg und der unmittelbaren Zeit danach zu verzeichnen waren, besitzt gegenwärtig nur noch die Familie Draskovich in Güssing im Burgenland ein eigenes privates Archiv.[57] Zu diesem gibt es zwar ein paar Kataloge und Findbücher für den Hausgebrauch, doch ist es nicht systematisch erschlossen. Dabei ist gerade das Draškovićsche Hausarchiv von nicht zu unterschätzender Bedeutung für die Analyse des kroatischen Adels, sodass die dort aufgefundenen Dokumente im Kontext dieser Arbeit zum ersten Male überhaupt wissenschaftliche Verwendung finden.

Eine derart dürftige allgemeine Quellenlage machte es nötig, den persönlichen Kontakt zu den Nachfahren und heutigen Vertretern des kroatischen Adels, wie beispielsweise mit Mitgliedern der Familien Adamovich-Čepinski, Drašković, Kulmer und Bombelles zu suchen, denn neben den dadurch erhaltenen weiteren Quellen und

51 DAZG 1387 Jelačić.

52 DAOS 476 Valpovačko vlastelinstvo – Valpovo (1721–1945). 1727/1945. Dieser Bestand gehört mit 2119 Schachteln zu den umfangreichsten Beständen über ein adeliges Gut in Kroatien. Wie unterschiedlich die Quellenlage über die Güter ist, zeigt sich im Vergleich mit den Gütern Virovitica oder Našice: DAOS 475 Našičko vlastelinstvo (1732–1946). 1750/1946, 6 Schachteln. Kut. 6.; DAOS 1327 Virovitičko vlastelinstvo– Gut Virovitica, 1877–1896, eine Schachtel.

53 Sršan, Stjepan: Vukovarsko vlastelinstvo 1719– 1945: sumarni inventar. Osijek 2008.

54 Katušić: Prilog poznavanju obitelji Koritić de Mrazovec. S. 60–65.

55 Grabar, Mato: Ostavština obitelji Jelačić. In: Arhivski vjesnik 31 (1987). S. 53–75.

56 Molnar, Branka: Sumarni inventar obiteljskoga fonda HR-DAZG 1006 Turković. HR DAZG 9.2/1006.

57 Adresse: Dr. Karl Draskovich, Schloßgasse 12, 7540 Güssing, Österreich.

Dokumenten waren es insbesondere die mündlichen Erzählungen, Familienerinnerungen und Anekdoten, die ganz im Sinne der „Oral History" zwar höchst subjektive, aber dennoch wertvolle Auskünfte und Einblicke in die jeweiligen Familiengeschichten sowie das heutige wie damalige Selbstverständnis gewährten und damit einen adeligen Zugang aus „erster Hand" ermöglichten.

Neben den in Archiven und privatem Eigentum befindlichen Quellen ist ebenso ein nicht unerheblicher Teil des hier verwendeten Korpus in der National- und Universitätsbibliothek in Zagreb zu finden. Insbesondere Presseartikel, adelsgeschichtliche Publikationen aus dem Untersuchungszeitraum und Dokumente den Sabor und die weitere Landespolitik von 1868–1918 betreffend, wie Landtagsprotokolle, Gesetzte oder offizielle Schematismen, konnten so für dieses Thema erschlossen werden. Die Quellenauswahl ist vor allem der schwierigen und uneinheitlichen Quellenlage geschuldet, sodass sowohl Familienfonds und -bestände verwendet werden als auch Dokumente zu den jeweiligen Gütern, Unternehmen, Banken, aber auch Statistiken und offizielle Schematismen, Bilddokumente. Die meisten der Quellen sind entweder auf Deutsch oder kroatisch abgefasst, was die Bilingualität des kroatischen Hochadels und damit auch sein Unvermögen, einer eindeutigen nationalen Kategorie im Sinne des modernen Nation-Buildings zuzugehören, verdeutlicht.

1.3 Ziele, Methodik und konzeptionelle Überlegungen

Da die Quellenauswahl aufs Engste mit der Methode und dem Konzept dieser Arbeit verknüpft ist, gilt es nun, diese näher zu betrachten und zu erläutern.

Ziel der vorliegenden wissenschaftlichen Arbeit ist die Analyse der gesellschaftlichen, politischen und wirtschaftlichen Position des Hochadels in Kroatien-Slawonien: Wer gehörte zur Oberschicht, wer zur Elite, und gab es eine gesamtgesellschaftliche Valenz des Hochadels? Ferner sollen die Strategien und Handlungsmuster des Hochadels nachgezeichnet werden, die im Erfolgsfall erlaubten, die ererbte traditionelle Position des „Obens"[58] aufrecht zu erhalten bzw. sich innerhalb der Oberschicht und der Elite des Königreichs Kroatien-Slawonien (neu) zu positionieren. Vor dem Hintergrund des noch immer vorherrschenden Narrativs eines Niedergangs des kroatischen Adels soll mit dieser Arbeit ein Stück Gesellschaftsgeschichte neu erfasst werden, das von der bisherigen Forschung wie in der allgemeinen Wahrnehmung bereits festgelegt zu sein scheint, wie beispielsweise aus der Frage der nationalen Zuordnung des Hochadels ersichtlich wird.[59] Ebenso soll versucht werden, aus dieser Arbeit einen über den eigentlichen Untersuchungsgegenstand hinaus gehenden

58 Frie: Adel um 1800. Oben bleiben?

59 Exemplarisch hierfür: Sirotković: Die Verwaltung im Königreich Kroatien und Slawonien 1848–1918. S. 485. Sirotković spricht dem Hochadel jegliche nationale Identität ab: „[...] wobei sie [d.i. die

wissenschaftlichen Mehrwert ziehen zu können: Die Analyse einer traditionellen Oberschichtsgruppe innerhalb eines sowohl geographisch als auch gesellschaftlich kleinen Rahmens könnte dank der damit verbundenen Thesenbildung und konzeptuellen Methodik Ansätze für eine Untersuchung vergleichbarer Sozialformationen, wie dem Adel der Bukowina, Rumäniens oder Galizien-Lodomeriens bieten.

Das theoretische Konzept der Arbeit, mit dessen Hilfe die obigen Leitfragen beantwortet werden sollen und das weiter unten gesondert dargelegt wird, stützt sich weitgehend auf die Aspekte des erwähnten „Obenbleibens", die Definition von Oberschicht und Elite in Anlehnung an insbesondere die Arbeiten von Ralf Dahrendorf[60] und Wolfgang Zapf[61] sowie auf das Konzept der Elitenkompromisse, das vor allem Heinz Reif[62] mit seinen Fragestellungen zum Adel angestoßen hat. Methodisch inspiriert ist die Untersuchung in erster Linie durch die Arbeiten von Eckart Conze,[63] Tatjana Tönsmeyer[64] und Heinz Reif[65], wobei die jeweiligen Herangehensweisen nicht sklavisch befolgt, sondern variiert werden. Analog zu deren adelshistorischen Forschungen und Publikationen stellt folgende Arbeit den Versuch dar, einen familien– wie akteursbezogenen Ansatz mit gesamtgesellschaftlichen Aspekten zu verbinden. Dazu bietet sich ein synchroner Ansatz an: Es soll keine diachron ablaufende Adelsgeschichte von 1868 bis 1918 nacherzählt werden; vielmehr stellen diese letzten 50 Jahre der k.u.k.-Monarchie, des Königreichs Kroatien-Slawonien sowie der seit dem 11. Jahrhundert bestehenden ungarisch-kroatischen Union den zeitlichen Rahmen für die Analyse einzelner Aspekte der Rolle des Adels innerhalb der Gesellschaft dar.

Im Zentrum steht hierbei die Analyse der politischen Rolle und Position des Hochadels, da diese auch im Zentrum des bisherigen kroatischen Adelsnarrativs steht. Gleichsam ergänzend dazu geht es um die Rolle des Adels in der Wirtschaft sowie im Sozialleben und der Gesellschaft.[66] Es soll somit gezeigt werden, welchen

---

Adeligen, Anmerkung des Verfassers] sich zum Teil nicht einmal formal als Angehörige des kroatischen Volkes gefühlt haben."

60 Dahrendorf, Ralf: Gesellschaft und Freiheit. Zur soziologischen Analyse der Gegenwart. München 1961. Ders.: Eine neue deutsche Oberschicht? Notizen über die Eliten der Bundesrepublik. In: Die neue Gesellschaft 9 (1962). S. 18–31.

61 Zapf, Wolfgang: Wandlungen der deutschen Elite. München 1965.; Ders.: Führungsgruppen in West- und Ostdeutschland. In: Beiträge zur Analyse der deutschen Oberschicht. Hrsg.von Wolfgang Zapf. München 1965. S. 9–29.; Ders. (Hrsg.): Theorien des sozialen Wandels. Köln 1971.

62 Vor allem: Reif, Heinz: Adel, Aristokratie Elite, Sozialgeschichte von Oben. Berlin, Boston 2016.

63 Conze u. Wienfort (Hrsg.): Adel und Moderne.

64 Tönsmeyer: Adelige Moderne.

65 Reif: Westfälischer Adel 1770–1860.; Ders.: Adel im 19. und 20. Jahrhundert.

66 Es handelt sich bei der vorliegenden Studie vor allem aufgrund ihres Fokus auf Politik um eine weitgehend „männliche Adelsgeschichte", da Frauen im 19.Jahrhundert vom politischen Leben größtenteils ausgeschlossen waren. Umso mehr galt dies für die adelige Frau, da ihre öffentliche Rolle Normen und Regeln unterworfen war, die ihr vor allem zwei Bereiche zur Entfaltung ließen: Die Wohltätigkeit, die in einem eigenen Kapitel thematisiert wird, und das Kulturleben. Gerade darin konnten

Anteil und welche Bedeutung der Hochadel in der Politik, Wirtschaft und Gesellschaft 1868–1918 innehatte, was natürlich nicht jeweils völlig streng voneinander zu trennen ist, sondern sich gerade im Handeln einzelner Personen überlappt und ergänzt. Der eigentlichen Analyse sind neben diesen methodischen und quellenbezogenen Ausführungen das theoretische Konzept sowie der Versuch einer Definition des Untersuchungsgegenstands – des Hochadels – vorangestellt. Ebenso soll der zeitliche Rahmen, der gleichsam die Kulisse für unser adeliges Schauspiel abgibt, näher erläutert werden, da dies für die spätere Kontextualisierung des adeligen Handelns bzw. Nichthandelns von Bedeutung ist. Im Zentrum der Arbeit steht das politische Handlungsfeld; hierbei wird vor allem der bis 1848 noch ständisch organisierte Landtag als prestigeträchtigste und älteste Repräsentation sowohl des Landes als auch des Adels in den Fokus gestellt. Wie auch in den folgenden Kapiteln, die sich den Handlungsfeldern der Wirtschaft und des Sozialen widmen, soll gezeigt werden, dass der Adel bewusst Elitenkompromisse einging, um „Oben" zu bleiben, und dass der Schlüssel dazu in einer erfolgreichen nationalen Affirmation gesucht wurde. Neben der Analyse der stenographischen Landtagsprotokolle, die allesamt in publizierter Form vorliegen, werden als Quellen hierfür auch Artikel aus der Presse sowie Memoiren und Korrespondenzen herangezogen. Für die Kapitel zur Wirtschaft und zu adeliger Identität wurden ebenfalls Dokumente wie Vereinslisten, publizierte Schematismen, aber auch interne Quellen wie Rechnungsbücher oder Inventare sowie Ego-Dokumente, wie Korrespondenzen oder Testamente, verwendet. Zum Abschluss sollen dann die Ergebnisse nochmals zusammengefasst werden sowie die Frage nach der Adligkeit des kroatischen Adels vor dem Hintergrund seiner sozialen Flexibilität beantwortet werden. Hierfür stehen im Mittelpunkt das adelige Heiratsverhalten, das wir als dominantes Distinktionsmerkmal bestimmen können, sowie Wohltätigkeit als Aspekt weiblicher bzw. die Jagd als Ausdruck männlicher Adligkeit.

Vorliegende Arbeit stützt sich theoretisch vor allem auf die Ansätze einer Oberschichten- bzw. Elitendefinition von Ralf Dahrendorf[67] und Wolfgang Zapf[68], die trotz gewisser unbestreitbarer Inkonsequenzen dennoch als zielführend betrachtet werden können und die deshalb hier, in an den Untersuchungsgegenstand angepasster Form, mit dem Konzept der Elitenkompromisse[69] verbunden werden. Darüber hinaus sollen

---

einige adelige Frauen prominente Positionen innerhalb der kroatischen Gesellschaft des 19. und frühen 20. Jahrhunderts einnehmen, wie beispielsweise Gräfin Sidonija Erdődy-Rubido oder Gräfin Dora Pejačević (1885–1923), die als Komponistin in Erscheinung trat.

67 Dahrendorf: Eine neue deutsche Oberschicht? S. 18–31.

68 Zapf: Wandlungen der deutschen Elite.; Ders.: Führungsgruppen in West- und Ostdeutschland. S. 9–29.; Ders. (Hrsg.): Theorien des sozialen Wandels.

69 Zum Konzept der Elitenkompromisse siehe: Holste, Karsten: In der Arena der preußischen Verfassungsdebatte. Adlige Gutsbesitzer der Mark und Provinz Brandenburg 1806–1847. Berlin 2013.; Asch, Roland G. u. Rudolf Schlögl (Hrsg.): Adel in der Neuzeit.; Reif: Adel im 19. und 20. Jahrhundert.; Conze, Eckart u. Monika Wienfort (Hrsg.): Adel und Moderne.; Holste, Karsten; Dietlind Hüchtker u.

die beiden Narrative des adeligen Niedergangs bzw. des Obenbleibens zu einer entsprechenden Synthese verbunden werden. Die Frage des adeligen Habitus und der Adligkeit nach dem Habituskonzept von Bourdieu soll zwar nicht unterschlagen, aber bewusst nicht in das Zentrum der Arbeit gestellt, sondern als Teil der abschließenden Synthese aufgegriffen werden.[70]

Diese Auswahl der theoretischen Vorbilder mag auf den ersten Blick willkürlich und eklektisch erscheinen, doch wollen wir davon ausgehen, dass gerade mit diesem theoretischen Instrumentarium nicht nur die Phänomene und die Position des kroatischen Adels, sondern auch diejenigen anderer Adelsgesellschaften auf eine präzise abstrakte Definition gebracht werden können, sodass sich daraus ein allgemeiner analytischer Mehrwert ergibt. Da es bis heute keine allgemein gültige Definition des Begriffs „Elite" gibt, wird recht häufig auf eine präzise Definition dieses Terminus in adelshistorischen Arbeiten verzichtet. Dabei bedarf gerade der europäische Adel seit der allgemein anerkannten, gleichsam in einem „Masternarrativ" kanonisch festgeschriebenen „adeligen Epochengrenze"[71] um 1800 einer genaueren Definition seines vorhandenen – oder verlorenen – Elitencharakters, die seiner strukturellen Heterogenität gerecht wird. Dahrendorf, der einige grundlegende Positionen zu Eliten mit Otto Stammer gemein hat[72], geht in seinen Arbeiten von einer Nichtexistenz einer einheitlichen Oberschicht aus. Zwar bezieht er sich dabei auf die moderne Industriegesellschaft im Allgemeinen und die bundesdeutsche Gesellschaft nach 1945 im Speziellen, doch lassen sich seine Grundgedanken bei entsprechender Modifizierung auch für agrarisch geprägte, sich auf dem Weg zur Industriegesellschaft befindliche Gesellschaften, wie in unserem Fall die des Königreichs Kroatien-Slawonien im späten 19. Jahrhundert, anwenden. Die Begriffe „Oberschicht" und „Elite" verwendet er in seinen Arbeiten leider inkonsequent, da austauschbar, sodass der analytische Wert gemindert wird[73], jedoch ist gerade seine Unterscheidung zwischen wirtschaftlicher Oberschicht, der herrschenden Machtelite und einer sog. „Prestige-Oberschicht" insofern wegweisend, als sich dadurch die gesamte Oberschicht in drei maßgebliche

---

Michael G. Müller (Hrsg.): Aufsteigen und Obenbleiben in Europäischen Gesellschaften des 19. Jahrhunderts. Akteure – Arenen – Aushandlungsprozesse. Berlin 2009.; Als Beispiel aus dem polnischen Bereich siehe: Müller: „Landbürger". Elitenkonzepte des polnischen Adels. S. 87–106.

70 Bourdieu, Pierre: Die feinen Unterschiede. Kritik der gesellschaftlichen Urteilskraft. Frankfurt am Main 1982.

71 Zur Epochengrenze: Braun: Konzeptionelle Bemerkungen zum Obenbleiben. S. 87–95.

72 Vor allem der methodologische Ansatz, dass sich Eliten nur in der Gesamtschau der Gesellschaft adäquat analysieren lassen. Vgl. dazu: Stammer, Otto: Das Elitenproblem in der der Demokratie. In: Politische Soziologie und Demokratieforschung. Ausgewählte Reden und Aufsätze zur Soziologie und Politik. Hrsg. von Otto Stammer. Berlin 1965. S. 63–90.

73 So wechselt er beispielsweise, ohne dies zu begründen, zwischen den Begriffen „Eliten", „herrschende Gruppe" und „herrschende Klasse". Vgl. dazu: Dahrendorf, Rolf: Konflikt und Freiheit. München 1972. S. 126.

Führungsgruppen differenzieren lässt, die sich bei aller prinzipiellen Unterscheidung personell überschneiden können, wenn auch nicht zwangsläufig müssen.[74] Diese Dreiteilung wird weiter unten ihre analoge Entsprechung im Konzept der Elitenkompromisse und der Handlungsfelder finden und angewandt werden. Neben dieser Aufteilung löst Dahrendorf die Vorstellung einer einheitlichen Oberschicht in einzelne Führungsgruppen oder funktionale Eliten auf (hier zeigt sich indes abermals, dass Dahrendorf seine Terminologie nicht präzisiert).[75] Wichtig ist darüber hinaus sein Versuch einer Typologie der Eliten, die im Wesentlichen auf der Dichotomie von sozialen Gemeinsamkeiten und dem Fehlen solcher beruht. Besitzen Eliten demnach ein hohes Maß an Homogenität in Form von identischer oder zumindest vergleichbarer Herkunft, beruflicher Stellung, Bildung etc., spricht Dahrendorf von einer „etablierten Elite", und im Gegensatz dazu bei entsprechender sozialer Heterogenität von einer „abstrakten Elite". Münzt man dieses System auf den europäischen Hochadel, so lässt sich dieser durchaus als eine etablierte Elite definieren, gerade im Hinblick auf die Strategien, die ihm zur Verfügung stehen: Eine bereits etablierte Elite verteidigt ihre Elitenposition nicht durch Aufsteigen, sondern durch Obenbleiben, Anpassen und das bewusste Eingehen von Elitenkompromissen.

Eine begriffliche Unklarheit zeigt sich zwar ebenso bei Wolfgang Zapf, der die Meinung vertritt, dass man allein aus linguistischen Gründen Termini wie „Elite", „Oberschicht" oder „Führungsgruppe" synonym verwenden könne.[76] Ohne uns dieser Ansicht anzuschließen, möchten wir Zapfs Versuch der Unterscheidung zwischen Oberschicht und Elite aufgreifen, den er bezeichnenderweise nur bei einem hypothetischen Versuch belässt: Begreift man „Oberschicht" als „Sammelbegriff für alle Positionen von hohem Prestige und Einkommen", ist im Vergleich dazu unter „Elite" jener kleinere Kreis zu verstehen, der Entscheidungen von gesamtgesellschaftlicher Bedeutung mit entscheidet.[77]

Dass diese Ansätze Dahrendorfs und Zapfs in Bezug auf den Untersuchungsgegenstand als sinnvoll erscheinen, soll schon vorweg an einem Beispiel bewusst vereinfacht verdeutlicht werden. Die Oberschicht in Kroatien-Slawonien um 1900 ist alles andere als homogen, wobei der Hochadel in seiner Gesamtheit durchaus zur Oberschicht gezählt werden kann. Im Gegensatz dazu lässt sich jedoch nur ein Teil des Hochadels zur Elite im Sinne Wolfgang Zapfs zählen, was anhand folgenden Beispiels konkretisiert werden soll: 1891 wurden durch den Sabor 25 Familien gesetzlich als kroatische Magnaten und damit als Hochadel des Königreichs Kroatien-Slawonien bezeichnet. Von diesen 25 Familien, die man ebenso als etablierte Elite nach Dahren-

74 Ders.: Eine neue deutsche Oberschicht? S. 18. Leider nutzt Dahrendorf seine vorgenommene Differenzierung der Oberschicht nicht, da er in derselben Arbeit wieder pauschal von „Eliten" spricht·
75 Ders.: Gesellschaft und Freiheit. S. 179.
76 Zapf: Führungsgruppen in West- und Ostdeutschland. S. 10.
77 Zapf: Führungsgruppen in West- und Ostdeutschland. S. 10.

dorf bezeichnen kann, haben aber nur die männlichen Mitglieder knapp der Hälfte der Familien auch die entsprechenden politischen Privilegien, wie Anrecht auf Sitz und Stimme im Sabor, in Anspruch genommen und sich damit bewusst zu dem Personenkreis im Landtag gesellt, dessen Handeln Einfluss auf die gesamte Gesellschaft hat.

Während die damit ausgeführten konzeptuellen Überlegungen zu Oberschicht und Elite, denen zweifelsohne ein gewisses statisches Moment innewohnt, den erreichten Zustand bzw. die Position des Hochadels in Kroatien-Slawonien definieren, sollen mithilfe der Ansätze zu Elitenkompromissen, Anpassung, Verweigerung oder aktivem Handeln die adeligen Strategien erläutert werden, welche zu den jeweiligen Positionen führen.

„Obenbleiben" – dieser Topos der Adels- und Elitenforschung ist mittlerweile fast zu einem Stereotyp geworden, welches trotz aller Klischeehaftigkeit – dies sei vorweggenommen – dennoch auf den Hochadel in Kroatien-Slawonien zuzutreffen scheint: Bis zum Ende der Gesamtmonarchie 1918 *konnte* er oben bleiben. Dieses Obenbleiben des Adels, welches im europäischen Vergleich selbstredend unterschiedlich ausgeprägt war, galt in der Bürgertumsforschung mit ihrem Axiom, dass das Bürgertum Träger des gesellschaftlichen Wandels und der Modernisierung war, als untrügliches Zeichen und Indiz von Rückständigkeit. Die klassische deutsche Sozialgeschichtsforschung betrachtete daher beispielsweise die Herausbildung der Bürgerlichkeit als wichtiges Kennzeichen erfolgreicher Modernisierung. Der Adel hingegen wurde als traditionsbehaftete, den gesellschaftlichen Transformationsprozess hemmende Gruppe angesehen, die keinen eigenständigen Beitrag zu einer modernen (d.h. bürgerlichen) Gesellschaft geleistet hatte.[78]

Das Fehlen eines seiner Stärke nach mit West- und Mitteleuropa vergleichbaren nationalen Bürgertums und das Obenbleiben des Adels in Ostmittel- und Osteuropa konnte daher trotz der dort im 19. Jahrhundert im Zuge des Nation-Buildings entstehenden sozialen Stratifikationsformen, wie Vereine, Parteien oder berufliche Professionalisierung, die als genuin bürgerlich angesehen wurden, das klassische Narrativ einer rückständigen osteuropäischen Entwicklung nur bekräftigen. Doch gerade bei der Herausbildung moderner Nationen in Ostmittel- und Osteuropa bekommt dieses

---

78 Holste [u.a.] (Hrsg.): Aufsteigen und Obenbleiben. S. 12. Exemplarisch zur Bürgertumsforschung, die mittlerweile auch zu Osteuropa nicht zu unterschätzende Arbeiten aufweisen kann, siehe: Sperber, Jonathan: Bürger, Bürgertum, Bürgerlichkeit, Bürgerliche Gesellschaft: Studies of the German (Upper) Middle Class and Its Sociocultural World. In: Journal of Modern History 69 (1997). S. 271–297.; Schulz, Andreas: Lebenswelt und Kultur des Bürgertums im 19. und 20. Jahrhundert. München 2005.; Hildermeier, Manfred: Bürgertum und Stadt in Rußland 1760–1870. Köln 1986.; Mannová, Elena: Bürgertum und bürgerliche Gesellschaft in der Slowakei, 1900–1989. Bratislava 1996.; Kühschelm, Oliver: Das Bürgertum in Cisleithanien, in: Die Habsburgermonarchie. Band IX. Soziale Strukturen. Hrsg. von Helmut Rumpler u. Peter Urbanitsch. Wien 2010. S. 849–907.; Halmos, Károly: Das Besitz- und Bildungsbürgertum in Ungarn. In: Die Habsburgermonarchie. Band IX. Soziale Strukturen. S. 909–950.

Konzept Brüche und Unstimmigkeiten, wofür besonders Kroatien ein prägnantes Beispiel ist: Der Illyrismus, der Hrvatski narodni preporod[79] der 1830er und 1840er Jahre wurde als nationale Bewegung nicht nur von bürgerlichen Künstlern und Intellektuellen, sondern auch von Mitgliedern des Hochadels wie den Grafen Janko Drašković (1770–1856) und Juraj Oršić (1780–1847) oder Gräfin Sidonija Erdődy-Rubido (1819–1884) explizit gefördert und mitgetragen. Verlässt man daher die Pfade traditioneller Bürgertums- und Modernisierungsforschung und geht von einer weitaus komplexeren Beziehungsgeschichte zwischen den verschiedenen alten wie neuen gesellschaftlichen Elitengruppen aus, so erscheint das Obenbleiben bestimmter Teile des Adels nicht mehr als Zeichen einer Rückständigkeit, sondern als Resultat eben einer solchen Verflechtung, eines Elitenkompromisses. Obwohl der Adel in einigen konkreten Fällen, wie es Forschungsergebnisse beispielsweise für den polnischen Landadel in Polen zeigen, funktional die Aufgaben des „klassischen" Bürgertums übernahmen,[80] sollte man dennoch nicht von einem adeligen Ersatzbürgertum ausgehen.

Gesellschaft wird daher erst im interdependenten Zusammenkommen verschiedener Akteure realisiert und ausgeformt, indem diese beim Aushandeln ihrer jeweiligen Interessen sowohl materielles wie symbolisches Kapital einbringen. Die Orte dieses Aushandelns lassen sich verschiedenen Handlungsfeldern zuordnen: der Wirtschaft, Politik und dem gesellschaftlich-sozialen Bereich. Beispiele hierfür sind im konkreten Fall des Königreichs Kroatien-Slawonien der Sabor als Landtag oder die regionalen Verwaltungseinheiten der Komitate als wichtigste Foren im politischen Handlungsfeld. Ein Erfolg innerhalb eines Forums oder einer Arena – durch eigenes aktives Handeln oder aufgrund begünstigender Strukturen – trägt zur Formierung von Teileliten bei, wenn dieser Erfolg allgemein anerkannt wird und damit gesellschaftliche Relevanz erhält. Dieses erfolgreiche Handeln beinhaltet jedoch nicht die Durchsetzung alleiniger Ansprüche und Ziele, sondern die Herausbildung eben jener neuartigen Elitenkompromisse, die aus dem gesellschaftlichen Wandel heraus zu verstehen sind und diesen gleichzeitig mitgestalteten. Der bereits mehrfach aufgekommene Begriff „Elitenkompromiss", der eine zentrale analytische Kategorie darstellt, bezeichnet hierbei die Synthese verschiedener Sozialgruppen, die im gemeinsamen Zusammenspiel die gesellschaftliche Elite bildeten. Adelige und bürgerliche Akteure trafen aufeinander und waren trotz unterschiedlicher Herkunft und sozialer Prägung dennoch in der Lage, sich zu verständigen und ihre Standpunkte zu verhandeln. Der funktionierende Idealtypus für eine solche *composite elite* von Adel und Bürgertum

---

79 Als Hrvatski narodni preporod (Kroatische nationale Wiedergeburt) wird in Kroatien die politische bzw. kulturelle nationale Bewegung der ersten Hälfte des 19.Jahrhunderts bezeichnet, die vor allem mit ihren sprachlich-literarischen Reformen den Beginn der „modernen" bürgerlichen kroatischen Gesellschaft steht, und als Erinnerungsort einen festen Platz im kroatischen kollektiven Gedächtnis einnimmt.

80 Müller, Michael G.: „Landbürger". Elitenkonzepte des polnischen Adels im 19. Jahrhundert. S. 87–106.

stellte zumindest bis 1914 Großbritannien dar.[81] Neuere, vor allem von Heinz Reif beeinflusste adelsgeschichtliche Forschungen haben aber ergeben, dass beispielsweise im selben Zeitraum des 19. Jahrhunderts vergleichbare Elitenkompromisse in Deutschland keinen Erfolg hatten[82] – im Gegensatz zum kroatisch-slawonischen Hochadel, der mit den drei anderen elitefähigen Sozialgruppen des Landes (einfacher alter Adel, Neuadel und Bürgertum) dazu durchaus in der Lage war.

Wie im Verlauf der Arbeit gezeigt werden wird, lässt sich beispielsweise die im Verhältnis zu seiner demographischen Bedeutung überproportionale Beteiligung des kroatischen Adels in den höchsten Ebenen der Politik und Verwaltung, aber auch auf lokaler Ebene, sei es in Stadt- und Gemeinderäten, in Vereinen und Interessengruppen, kaum als ein gesellschaftlicher „Rückzug“ des Adels von der großen Politik, im Zuge der Territorialisierung der staatlichen Herrschaft seit der frühen Neuzeit oder dem Aufsteigen des Bürgertums begreifen. Es handelt sich hierbei vielmehr um einen Ausbau und ein Umlenken „adeliger Herrschaft“[83] auf der Basis des Grundbesitzes, der neben anderen Grundvoraussetzungen wie Bildung, Prestige oder Netzwerke die wirtschaftliche Grundlage für die Aushandlung der jeweiligen Elitenkompromisse mit anderen, konkurrierenden Gruppen darstellte. Da die Handlungsfelder Politik, Wirtschaft und der sozial-gesellschaftliche Bereich als Forum für Elitenkompromisse oder, um Dahrendorf aufzugreifen, die Bereiche der funktionalen Eliten innerhalb der Oberschicht nicht streng voneinander zu trennen sind, sondern sich gegenseitig überlappen und beeinflussen, entsteht in diesem Zusammenspiel ein gesellschaftliches Spannungsverhältnis, das den Rahmen dieses akteursabhängigen Handelns oder Nichthandelns darstellt. Zu diesen theoretischen bzw. konzeptuellen Überlegungen bezüglich der Elitenposition des Hochadels in Kroatien-Slawonien und seinen Handlungsstrategien im Rahmen von Elitenkompromissen, Anpassung und dem daraus resultierenden Obenbleiben bei Erfolg muss nun die Frage gestellt werden, die sich jenseits obiger abstrahierender Modelle ganz konkret mit dem Untersuchungsgegenstand befasst: Was ist Adel? Wenn wir wissen wollen, was den Adel ausmacht, müssen wir neben zweifelsohne wichtigen Aspekten wie Familie, Besitz, Tradition und Prestige auch die rechtliche Stellung des Adels sowie dessen politische Rolle beachten. Eine wichtige Aufgabe dieser Arbeit ist daher, herauszufinden, welche Aspekte von Adligkeit der kroatisch-slawonische Hochadel in seinen Elitenpositionen und den jeweiligen Aushandlungsprozessen bewahren bzw. neu einbringen konnte; welches adelige „kulturelle und ökonomische Kapital“, um Pierre Bourdieu[84] aufzugreifen, er ins Feld führen konnte, um sich innerhalb der Teileliten von anderen Gruppen als

---

81 Reif: Adel, Aristokratie, Elite. S. 7.

82 Reif: Adel, Aristokratie, Elite. S. 7.

83 Zu adeliger „Herrschaft“ vor allem: Tönsmeyer: Adelige Moderne.

84 Bourdieu: Pierre: Die feinen Unterschiede.

zwar an der Elitenbildung teilhabende, aber dennoch separate Untergruppe abzugrenzen und als eben solche wahrgenommen zu werden.

Es gilt daher zu analysieren, welche Distinktionsmuster sich feststellen lassen, und ob es innerhalb dieser Teileliten zu einer Übernahme adeligen Habitus gekommen ist, oder ob im Zuge der Strategien des Obenbleibens diese nicht verloren gegangen sind. Der Habitus vermittelt nach Bourdieu zwischen dem Lebensstil der jeweiligen Person und ihrer Position im sozialen Raum und ist insofern maßgeblich, da er die verinnerlichte Repräsentation eines bestimmten Typs von sozialen und ökonomischen Verhältnissen darstellt,[85] die in der Regel auch die Strategien mitbestimmt, für die man sich zumeist unbewusst entscheidet bzw. für die man sich überhaupt entscheiden kann. Im Habitus vereinigen sich sowohl die individuellen als auch kollektiven Erfahrungen einzelner Personen bzw. größerer interdependenter Beziehungsgeflechte, wie der Familie oder eben einer bestimmten sozialen Schicht. Diese Erfahrungen bilden die Grundlage für ein komplexes System von Dispositionen, die dem Träger des jeweiligen Habitus – Bourdieu unterscheidet dabei den Habitus der herrschenden Klasse, den des Kleinbürgertums oder der Mittelklasse und den der unteren Klasse als *classe populaire* – sein Verhalten, Denken, Fühlen und seinen Geschmack determinieren. Obwohl es selbstredend unmöglich ist, dass alle Mitglieder derselben Klasse[86] dieselben Erfahrungen machen, erscheint es dennoch als sehr wahrscheinlich, dass man innerhalb einer Klasse mit ähnlichen, für die jeweilige Klasse typischen Situationen in Berührung kommt, was schließlich in der Gesamtheit den klassenspezifischen Habitus bildet.

Für unseren Untersuchungsgegenstand bedeutet dies, dass wir herausfinden müssen, wie die „Adligkeit des kroatischen Hochadels“ aussah, welche spezifischen Distinktionsmuster sich aufgrund des adeligen Habitus feststellen lassen, und ob es innerhalb der Teileliten, in denen der Hochadel zu finden war, zu einer Übernahme adeliger Habitusformen gekommen ist, oder ob im Zuge der gewählten Strategien des Obenbleibens diese nicht verloren gegangen sind. Verhaltensstrategien sind nach Bourdieu aufgrund ihrer immanenten Ankoppelung an den Habitus stets dann am erfolgreichsten, wenn die entsprechenden Situationen und Bedingungen jenen ähneln, unter denen der Habitus geformt worden ist.[87] Im Falle des kroatisch-slawonischen Hochadels wäre als eine Verhaltensstrategie die Fähigkeit und Flexibilität, Elitenkompromisse einzugehen, zu nennen, was wir sowohl in der ersten Hälfte des 19. Jahrhunderts finden, wie auch in späteren adeligen Generationen der darauffolgenden Jahrzehnte. Da der Habitus nicht statisch und unabänderlich an bestimmte Merkmale gebunden ist, kann man sich neuen Situationen und Veränderungen ent-

---

85 Bourdieu, Pierre, Loïc Wacquant u. Hella Beister: Reflexive Anthropologie. Frankfurt am Main 1996. S. 136.

86 Bourdieu, Pierre: Soziologische Fragen. Frankfurt am Main 1993. S. 112.

87 Bourdieu [u.a.] : Reflexive Anthropologie. S. 162.

sprechend anpassen, wenn diese nicht allzu schnell vonstattengehen. Der Habitus liefert den jeweiligen Wahrnehmungsrahmen, durch den das eigene Reagieren auf die neuen Bedingungen – also im Grunde die Anpassung des Habitus daran – geprägt ist. Doch auch der umgekehrte Weg, das unflexible Festhalten an tradierten Habitusformen, ist möglich. Das starre Beharren auf der Verinnerlichung eines bestimmten Typs von sozialen und ökonomischen Verhältnissen,[88] das in seiner Konsequenz allerdings zum Scheitern verurteilt ist, stellt dennoch eher eine Ausnahme dar. Es ist bezeichnend, dass es gerade in der Literatur viele – wenn auch fiktive – Beispiele für die Wirkungsweisen des Habitus gibt, und dieser häufig detailliert beschrieben wird, ohne freilich den von Bourdieu geprägten Begriff zu verwenden; und dass sich die meisten dieser Beispiele auf den Adel beziehen: Neben Cervantes' „Don Quichotte" als dem sicherlich berühmtesten gescheiterten Adeligen der Literaturgeschichte finden wir auch in Tomasi di Lampedusas „Il Gattopardo" ein ganzes Spektrum von fein abgestuften Entwicklungen des traditionellen adeligen Habitus, das von aktiver Teilnahme an den gesellschaftlichen Veränderungen (Tancredi Fürst Falconieri) über ein widerwilliges Anpassen an die „neue Zeit" (Fürst Salina, der „Leopard") bis hin zum geradezu trotzigen Festhalten an anachronistischen Denk- und Verhaltensmustern (Concetta) reicht. Das vielleicht bekannteste Zitat aus diesem Roman, „Wenn alles bleiben soll, wie es ist, muß sich alles ändern",[89] umschreibt pointiert die Notwendigkeit einer Veränderung des Habitus im Kontext von Strategien des „Obenbleibens", sei es in Form von Anpassung oder Aushandlungsprozessen. Auch in der kroatischen Literatur hat der Topos „Adeliger Habitus vs. Moderne Zeiten" seine Spuren hinterlassen: Die Novelle „Illustrissimus Batthorych" von Ksaver Šandor Gjalski, die schon in Kroatien als Teil des sozialistischen Jugoslawien zur Schullektüre gehörte, handelt von einem alten, verarmten Kleinadeligen, einem sogenannten „šljivar" – „Zwetschgenjunker" –, der in geradezu klassischer Weise den Typus der „Alten Zeit" verkörpert und sich jeglicher gesellschaftlicher Veränderung verweigert, was nicht nur zu seinem Scheitern, sondern auch zu seinem Tod führt.[90]

Fassen wir nun den dieser Arbeit zugrundeliegenden theoretischen Überbau und das konzeptuelle Instrumentarium zusammen. Während durch die oben erläuterte Unterscheidung von Oberschicht und Elite die akteursbedingte Position des Hochadels innerhalb der Gesamtgesellschaft Kroatien-Slawoniens definiert werden kann, was ebenso als anwendbares Modell für weitere europäische Adelsformationen denkbar erscheint, lässt sich durch das Konzept der verschiedenen adeligen Strategien (hierbei v.a. die Elitenkompromisse und Anpassung), nicht nur Teil der Oberschicht, sondern auch Teil der Elite zu bleiben, das jeweilige Handeln beschrei-

---

88 Bourdieu [u.a.] : Reflexive Anthropologie. S. 162.

89 Tomasi di Lampedusa, Giuseppe: Il gattopardo. Milano 1958.; Deutsche Ausgabe hier: Der Leopard. München 2004. S. 35.

90 Gjalski: Illustrissimus Battorych. S. 18–19.

ben. Mit Fragestellungen zu Habitus und Adligkeit lässt sich schließlich der Charakter dieser Strategien definieren.

1.4 Der Untersuchungsgegenstand: Versuch einer Definition und Klassifizierung des kroatischen Hochadels[91]

Der Adel als Rechtskategorie und dessen Rolle in Staat, Verwaltung und Politik

Was ist Adel? Die bestimmt gängigste Antwort wäre heutzutage gemeinläufig ein Hinweis auf „adeligen Lebensstil" bzw. darauf, was für einen solchen Lebensstil gehalten wird. Dabei war es zumeist bis zum Ende des Ersten Weltkriegs jenseits von materiellem Besitz oder Titeln vor allem eine rechtlich-juristische Frage, durch die sich die Zugehörigkeit zum Adel definierte. Gerade seine Eigenschaft als rechtlich-ständische Kategorie innerhalb der Gesellschaft zeichnete den Adel aus, so dass Aspekte wie adeliger Habitus, Prestige, Familie, Jagd oder Wohltätigkeit eher nachgeschaltete Formen der identitätsstiftenden bzw. –erhaltenden Repräsentation sowohl nach innen (innerhalb der eigenen adeligen Sozialformation) als auch nach außen (gegenüber der nichtadeligen Mehrheit der Gesellschaft) waren. Dort wo es Adel gab, gab es auch ein Adelsrecht: So war bis 1919 das Adelsrecht ein Bestandteil des öffentlichen Rechts im Deutschen Kaiserreich, in der Republik Österreich wurde am 03. April 1919 das Adelsaufhebungsgesetz beschlossen, und im 1918 neugegründeten Königreich der Serben, Kroaten und Slowenen (ab 1929 Jugoslawien) wurde mit der Vidovdanverfassung vom 28.06. 1921 der Adel der ehemaligen Gebiete der k.u.k.-Monarchie abgeschafft.[92]

Als Rechtskategorie zeichnete den Adel Ungarns, und damit auch Kroatien-Slawoniens, vor allem die Gleichstellung bezüglich seiner Rechte und Privilegien aus, die als bestehende individuelle Rechte grundsätzlich allein bei männlichen erwachsenen Adeligen lagen. Dieser adelige Rechtsstatus wurde bereits 1514 von István Werbőczy in seinem Tripartium definiert, und hatte im Prinzip bis zur Revolution 1848/48 Gültigkeit.[93] Der Adel Ungarn-Kroatiens hatte das Recht auf ungehinderten Besitz, war persönlich frei, blieb bis 1848 von öffentlichen Abgaben befreit so dass er weder Steuern, Zölle, Maut noch Zehnte zu zahlen hatte und durfte bis 1844 als allei-

---

91 Für die bessere Verständlichkeit und Lesbarkeit wurden im Fließtext alle Personennamen des Adels der heutigen kroatischen Schreibweise angepasst, bsp. Graf Teodor Pejačević anstatt von Graf Theodor Pejacsevich. Davon ausgenommen sind die gültigen heutigen Schreibweisen der Familien Adamovich-Čepinksi und Draskovich.

92 Dies wurde in den Artikeln 4 und 38 der Vidovdanverfassung explizit festgeschrieben.

93 Harmat, Ulrike: Magnaten und Gentry in Ungarn. In: Die Habsburgermonarchie 1848–1918. Soziale Strukturen. Bd. IX. 1.Teilband. Von der feudal-agrarischen zur bürgerlich-industriellen Gesellschaft. Teilband 1/2. Von der Stände- zur Klassengesellschaft. Hrsg.von Helmut Rumpler u. Peter Urbanitsch. Wien 2010. S. 1045.

niger Stand persönlich Grund und Boden besitzen.[94] Da die Adeligen nur dem Monarchen unterstanden durften sie ohne eine gerichtliche Anweisung bzw. Verurteilung nicht verhaftet werden.[95] Darüber hinaus bestand jedoch die Pflicht zur Insurrektion, zum königlichen Landesaufgebot, was aber letztmalig in der Schlacht bei Raab am 14.06.1809 ohne Erfolg gegen die napoleonische Armee eingesetzt wurde. Diesem privilegierten Stand als der natio stand das gemeine Volk gegenüber – und zu dieser ungarischen, und damit auch kroatischen Adelsnation gehörten ebenso unbetitelte verarmte Landadelige wie begüterte Grafen und Fürsten.

Der mit diesen Privilegien bzw. Rechten ausgestatte ungarisch-kroatische Adel der Stephanskrone, der damit die frühneuzeitliche „natio Hungarica" (jedoch nicht im Sinne des modernen Nationsbegriffs) darstellte, übernahm dadurch auch weitestgehend die Verwaltung und Leitung des Landes – vom Reichstag in Budapest über den kroatischen Landtag, den Sabor, bis hin zu den Verwaltungseinheiten der Komitate bzw. Gespanschaften. Gerade in dieser staatstragenden verwaltenden Rolle manifestierte sich die führende Position des Adels, sowohl im eigentlichen Ungarn wie in Kroatien bzw. Slawonien. Daher soll nun auf diese staatlichen Institutionen näher eingegangen werden:

Die *Congregatio generalis regnorum Dalmatiae et Croatiae* hatte sich seit dem 13. Jahrhundert im südlichen Teil Kroatiens als Ständeversammlung herausgebildet; ihr nördliches Pendant wurde als *Congregatio generalis regni Sclavoniae* bezeichnet. Die frühesten Akten und schriftlichen Aufzeichnungen stammen vom Sabor in Zagreb vom 19.04.1273. Im Zuge der immer stärker werdenden Bedrohung Dalmatiens durch die osmanischen Eroberungen ab dem 15. Jahrhundert flüchtete ein Teil des Adels aus dem Süden in die nördlichen, slawonischen Gebiete, was auch die Vereinigung beider Landtage mit sich brachte. Der Name „Kroatien" weitete sich erst im 16. Jahrhundert auf das heutige Nordkroatien aus. Ab dem Spätmittelalter entwickelte sich dann daraus die institutionalisierte Versammlung der kroatischen Stände, die spätestens ab der Mitte des 16. Jahrhunderts ihre Form bekam, die im Prinzip bis zur Auflösung des spätfeudalen-ständischen Systems 1848 bestand haben sollte. Der vereinigte Sabor, der 1681 seine endgültige Bezeichnung als *Congregatio regnorum Croatie, Dalmatiae et Slavoniae erhielt,* hatte seit der frühen Neuzeit über militärische, juristische und fiskalische Fragen sowie über den Aufbau der inneren Verwaltung der als „Dreieiniges Königreich" bekannten Königreiche Dalmatien, Kroatien und Slawonien zu entscheiden. Somit war der Sabor die legislative repräsentative Körperschaft der *natio,* die, wie bereits oben dargestellt wurde, in Kroatien wie im engeren Ungarn oder Polen, vom Adel gestellt wurde.[96]

---

94 Beuc, Ivan: Povijest institucija državne vlasti u Hrvatskoj. 1527–1945. Zagreb 1969. S. 43.

95 Harmat: Magnaten und Gentry in Ungarn. S. 1045.

96 Als grundlegende Werke hierzu siehe: Gross: The Position of the Nobility. Vgl. ebenso: Sirotković: Die Verwaltung im Königreich Kroatien und Slawonien 1848–1918.; Gross: Die Landtage der Länder

Zu den von der Adelsnation und den kroatischen Ständen stets betonten *iura municipalia* gehörten neben den vom Landtag beschlossenen Gesetzen, die die innere Verwaltung, Steuer- und Militärfragen betrafen und vom König sanktioniert werden mussten, an vorderster Stelle staatsrechtliche Akte, wie die Wahl Ferdinands I. von Habsburg zum kroatischen König 1527 oder die sog. Kroatische Pragmatische Sanktion 1712, welche als erste innerhalb des habsburgischen Reichsverbandes die weibliche Thronfolge der Habsburger anerkannte.

Die innere Struktur des Sabors war die eines frühneuzeitlichen ständischen Landtags mit nur einer Kammer, wobei die hochadeligen Magnaten und (nicht ausschließlich adeligen) kirchlichen Würdenträger als Virilisten persönlich vom Banus eingeladen wurden. Der Klein- und Landadel wählte jedoch innerhalb seiner jeweiligen Komitate in den *Congregationes Nobilium* seine Delegierten für den Sabor. Obwohl der Landtag ab dem 18. Jahrhundert im Verlauf der theresianischen und josephinischen Reformen an realer politischer Bedeutung verlor, behielt er vor allem in historischer Rückprojektion seine Rolle als wichtigstes Symbol kroatischer Autonomie innerhalb der Stephanskrone und im habsburgischen Staatsverband – trotz der Tatsache, dass der Sabor, was seine Kompetenz anging, unter dem ungarischen Reichstag stand, an dessen Magnatentafel seit 1658 auch die kroatischen Aristokraten teilnahmen. Im Vergleich zu den österreichischen Erbländern der Habsburger, wo die Stände eindeutig unter der absolutistischen Gesamtstaatsverwaltung partikular blieben, hatten die Stände der Länder der Stephanskrone – Ungarn, Kroatien-Slawonien und Siebenbürgen – weitaus größere Kompetenzen, da sie unterhalb der gemeinsamen Krone jeweils den Gesamtstaat repräsentierten. Diese Position der Stände, die einem „Kompromiss zwischen Absolutismus und Ständewesen“[97] gleichkam, war im europäischen Vergleich durchaus singulär und sollte bis ins frühe 19. Jahrhundert weitgehend erhalten bleiben.

Die Kompetenzen des Landtags sowie seine staatsrechtliche Position, und damit die des durch ihn repräsentierten Dreieinigen Königreichs im Verhältnis zu Ungarn, waren stets Gegenstand der Diskussion, sowohl unmittelbar politisch als auch in der juristischen bzw. historischen Forschung beider Länder.[98] Dennoch ist objektiv ein schrittweiser Rückgang der Kompetenzen des Sabors ab der Mitte des 18. Jahrhunderts feststellbar, der im Kontext der theresianischen Reformen und des Reformabsolutismus Joseph II. zu sehen ist: 1767 wurde durch die Bildung der zentralen Hofbehörde, des *Consilium regium Croaticum*, die direkte Patente und Beschlüsse

der Ungarischen Krone. A: Der Kroatische Sabor (Landtag). In: Die Habsburgermonarchie 1848–1918. Band VII. Verfassung und Parlamentarismus. Hrsg.von Adam Wandruszka u. Peter Urbanitsch. Wien 2000. S. 2283–2316.; Perić, Ivo: Hrvatski državni sabor 1848–2000. Prvi svezak: 1848–1867. Zagreb 2000.; Hrvatski državni sabor 1848–2000. Drugi svezak: 1868–1918. Zagreb 2000.

97 Szücs, Jenö: Die drei historischen Regionen Europas. Frankfurt am Main 1990. S. 81.

98 Vgl. hierzu die bibliographischen Angaben in den Fußnoten 1 und 8 in Kapitel 3.

ausgab, der Sabor geschwächt. 1779 wurde dann das Land der ungarischen Statthalterei untergeordnet, was dem Landtag weitere Befugnisse entzog. Gerade die Politik Josephs II., die auf eine Reform der bisherigen ständischen adeligen Verwaltung abzielte, was mit einer Zentralisierung und Germanisierung einherging, brachte den Landtag weiter unter Druck. Daher bekräftigte dieser im Mai 1790 in einem Beschluss abermals seine Unterstellung unter die ungarische Statthalterei und damit den ungarischen Reichstag. Dies wurde jedoch von Seiten des Sabors nicht als Akt der Aufgabe von Autonomie, sondern im Gegenteil als deren Bekräftigung aufgefasst.[99] Weitaus folgenschwerer als diese eher symbolische Affirmation kroatischer Autonomie, die aber dennoch ein entsprechendes Bewusstsein aufzeigt, war die Übertragung der Steuerkompetenz des Sabors an den ungarischen Reichstag. Die Aufgabe der Finanzautonomie sollte für die Realität der politischen Beziehungen zwischen Zagreb und Budapest auch von 1868 bis 1918 prägend sein, und gab bereits vor 1848 der ungarischen politische Elite Argumente in die Hand, die traditionelle, wenn auch bereits eingeschränkte kroatische Autonomie zu beseitigen. Wie bereits weiter oben erläutert, war die Verteidigung der Munizipialrechte prägend für die Zeit des Illyrismus und der Arbeit des Landtags, vor allem seit 1832. In diesem Interessengegensatz spielte neben der staatsrechtlichen Zugehörigkeit Slawoniens vor allem die erfolgreiche Ablehnung des Ungarischen als Amtssprache eine wichtige Rolle. Daher blieb bis 1847 die Amtssprache – und damit die Sprache im Sabor – Latein, um danach durch das Kroatische ersetzt zu werden. Nach der Revolution 1848/49 und der neoabsolutistischen Periode in den 1850er Jahren gab es 1861 und von 1865–1867 wieder einen in Zagreb tagenden Landtag, der in beiden Fällen eine Kombination der traditionellen ständischen Landtage und jenes bürgerlich geprägten von 1848 darstellte. Im ungarisch-kroatischen Ausgleich von 1868 sollte schließlich auch der Landtag seine rechtlich-formalen Grundlagen erhalten, die bis zum Ende der Gesamtmonarchie 1918 bestand haben sollten.

Die ständische Verfassung der Länder der „Heiligen Krone" Ungarns, also des Königreichs Ungarn, der Königreiche Kroatien-Slawonien und des 1765 zum Großfürstentum erhobenen Siebenbürgen, bildete dabei den rechtlichen Rahmen für die führende Position des Adels. Im Gegensatz zu den österreichischen Erbländern, in denen die Stände stets unterhalb der Staatsverwaltung blieben, repräsentierten die Stände der Länder der Stephanskrone den Gesamtstaat.[100] Die Dreieinigen Königreiche hatten bis 1848 eine auf adeliger Selbstverwaltung beruhende Komi-

---

99 Klaić, Vjekoslav: Crtice iz hrvatske prošlosti. Zagreb 1928. S. 29.

100 Kessler, Wolfgang: Stände und Herrschaft in Ungarn und seinen Nebenländern im 18. und frühen 19. Jahrhundert. In: Stände und Landesherrschaft in Ostmitteleuropa in der Frühen Neuzeit. Hrsg. von Hugo Weczerka. Marburg 1995. S. 183. Vgl. dazu auch: Klingenstein, G.: Skizzen zur Geschichte der erbländischen Stände im aufgeklärten Absolutismus der Habsburger (etwa 1740 bis 1790). In: Ständetum und Staatsbildung in Brandenburg-Preussen. Hrsg. von P. Baumgart. Berlin, New York 1983. S. 373–380.

tatsverfassung, die derjenigen in Ungarn weitgehend entsprach, einen eigenen Landtag sowie den Banus als eigenen Vizekönig, der in der Regel aus den Reihen des landständischen Hochadels kam. Die drei das engere oder zivile Kroatien bildenden Komitate und die drei Komitate Slawoniens hatten zudem eine unterschiedliche staatsrechtliche Beziehung zur ungarischen Krone, wobei Slawonien eine bezeichnend diffuse Zwischenstellung einnahm: Seit der Etablierung der Komitatsstruktur in Slawonien 1745 entsandten die slawonischen wie die ungarischen Komitate je zwei Ablegate direkt in den Reichstag, die jedoch ebenso im kroatischen Landtag vertreten waren. Im Vergleich dazu stellten die drei zivilkroatischen Komitate die Kontinuität des kroatischen Ständestaates dar, der seit 1102 mit Ungarn in einer Personalunion verbunden war. Im Gegensatz zu Slawonien waren die kroatischen Komitate nur durch die eigens bestimmten Landtagsablegate im ungarischen Reichstag vertreten.[101]

Die besondere Stellung Kroatiens innerhalb des Verbands der Stephanskrone kam in den Munizipalrechten zum Ausdruck, in deren vollem Besitz die kroatischen Stände waren. Der Adel als Rechtskorporation bildete mit der Geistlichkeit die *Status et Ordines*, die diese Munizipalrechte besaßen; daher war das bis 1848 herrschende politische System ganz an den Interessen des Adels orientiert, wobei die historisch gewachsene Verfassung insgesamt nicht auf Indiviual-, sondern auf Korporativrechten basierte.[102]

In Kroatien-Slawonien stellte der Hochadel bis 1848 traditionell die Führungsschichten auf Landesebene, d.h. im Landtag, dem Sabor, als Inhaber der Banuswürde und als Obergespane, die den Komitaten vorstanden[103]. Zwar galt prinzipiell die Rechtsgleichheit aller Adligen, dennoch wurde das vor allem von der ungarischen Historiographie – die im Gegensatz zur kroatischen, bei sehr ähnlichen Voraussetzungen, insbesondere was das 18. und frühe 19. Jahrhundert betrifft, nicht das Bürgertum, sondern den Adel zum Objekt hat – idealisierte egalitäre *una eadem nobilitas*[104] in der Praxis aufgeweicht. Dies zeigt sich in erster Linie in der im Laufe der Zeit entstandenen Ausdifferenzierung des Adels sowohl in Kroatien-Slawonien als auch in Ungarn, die damit auch unterschiedliche politische bzw. verwaltende Funktionen im Staat zur Konsequenz hatte: Seit 1608 war der Adel gesetzlich in den Hochadel bzw.

---

101 Kessler: Politik, Kultur und Gesellschaft. S. 9–10.

102 Kessler: Politik, Kultur und Gesellschaft. S. 231.

103 Siehe dazu das folgende Kapitel zur adeligen Rolle in der Landespolitik. In der Zeit zwischen 1527 und 1845 waren alle 41 Banuse adelig.

104 Diese These von der Einheit des ungarischen, nicht national definierten magyarischen Adels der Stephanskrone wurde von István Werbőczy in seiner Rechtssammlung „Tripartitum opus iuris consuetudinarii inclyti Regni Hungariæ“ von 1514 geprägt, die im Wesentlichen bis 1848 die juristische Grundlage für den Feudalismus in Ungarn, und damit in Kroatien bilden sollte. Als erste kroatische Übersetzung: Pergošić, Ivan: Decretum. Nedelišć 1574.

die Aristokratie, und in den niederen Adel bzw. Kleinadel unterteilt.[105] Die Magnaten bzw. *velikaši* hatten als Hochadel aufgrund ihres Geburtsrechts Sitz und Stimme in der Magnatentafel des Reichstags in Pressburg bzw. später Buda, in welcher seit 1658 auch die kroatischen *velikaši* saßen.

Unterhalb dieser hochadeligen Magnaten waren die *bene possessionati*, die begüterten, aber titellosen Adeligen angesiedelt, die vor allem auf der Komitatsebene eine wichtige Rolle spielten, wobei die Position des Obergespans, des obersten Beamten des Komitats, sehr häufig Aristokraten innehatten (so war von 1607 bis 1845 das Amt des Varaždiner Obergespans in der Familie Erdődy sogar erblich).[106] Der titellose niedere Adel, der lediglich das Prädikat „pl.“ [Kürzel von „plemeniti“, dt. „Edler“ bzw. „von“] als Namenszusatz besaß, stellte demgegenüber zu großen Teilen das Personal auf der mittleren und unteren Ebene der lokalen Verwaltung und der Gespanschaften bzw. Komitate[107]. Da jedoch auf den Komitatsversammlungen auch der unbegüterte niedere Adel stimmberechtigt war, konnte dieser durch Stimmenkauf dennoch politischen Einfluss ausüben.[108] Nicht nur das Amt des Obergespans blieb bis 1848 konsequent in adeliger Hand, auch die übrigen maßgeblichen, und damit auch prestigeträchtigen Stellen innerhalb der Komitatsverwaltung – die des Vizegespans, des Administrators und des Substituts – wurden von Adeligen besetzt.[109] Diese weitgehende adelige Monopolisierung der Komitatsleitung hielt sich auch nach 1848/1849, wobei sich hierbei eine nicht überraschende Elitenkontinuität abzeichnete: So spielten nicht wenige Inhaber der höchsten Komitatsposten des Jahres 1847 – zum Beispiel Ljudevit pl. Bedeković, Graf Ivan Nepomuk Erdődy und Graf Peter Pejačević – auch nach den Revolutionsjahren, während der Phase des Bachschen Absolutismus der 1850er Jahre und in der Zeit nach der Wiederherstellung des konstitutionellen Zustands 1861, eine bedeutende Rolle innerhalb Kroatien-Slawoniens.

War das Amt des Obergespans bis 1848 zum Großteil in den Händen von Mitgliedern der Aristokratie und – dies aber seltener – einfacher Adeliger, die jedoch

105 Harmat: Magnaten und Gentry in Ungarn. S. 1047.

106 Kessler: Politik, Kultur und Gesellschaft. S. 218.

107 Eine župa, bzw. županija, dt. Gespanschaft oder Komitat, ung. vármegye, bzw. megye, ist die einem Bezirk vergleichbare Verwaltungseinheit, wie sie in Ungarn und Kroatien bis 1918 bestand und auch heute wieder in Kroatien und Ungarn geführt werden.

108 Šišić, Ferdo: Hrvatska povijest. Bd. 3. Zagreb 1913. S. 383.

109 Vgl. dazu als Hauptquelle: Hof- und Staats-Schematismus des Österreichischen Kaiserthumes. Wien 1807–1843. Beispielhaft die Angaben für das Jahr 1834. Alle sechs Obergespane waren adelig: Baron Franjo Vlašić (Komitat Agram), Ljudevit pl. Bedeković (Komitat Križevci), Graf Nikolaus Szecsen von Temerin (Komitat Požega), Graf Emerich von und zu Eltz (Komitat Syrmien), Graf Georg Erdődy (Administrator des Komitats Varaždin) und Franz Szegedy von Mezo-Szeged (Komitat Virovitica). In: Hof- und Staats-Schematismus des Österreichischen Kaiserthumes. Wien 1834. S. 464–465.

allesamt das kroatische Indigenat besaßen, so galt dies nicht für das Amt des Banus: Seit der Magnatenverschwörung 1671[110], in deren Folge mit Banus Petar Zrinski und Fran Krsto Frankopan die prominentesten Vertreter des alten kroatischen Hochadels in der Wiener Neustadt hingerichtet wurden, waren von wenigen Ausnahmen abgesehen bis 1848 alle Banuse entweder Angehörige des ungarischen (magyarischen) Hochadels oder österreichische Militärs, die ausnahmslos loyal zur Regierung und dem Kaiserhaus in Wien standen. So gehörten im 18. Jahrhundert mit Graf Ivan V. Drašković und Graf Ivan Erdődy (1733–1806)[111] nur zwei Banuse dem einheimischen kroatischen Adel an, und in der ersten Hälfte des 19. Jahrhunderts, bis zum Amtsantritt Josip Graf Jelačićs 1848, kam mit Baron Franjo Vlašić (1766–1840)[112] nur einer der Amtsträger aus den Reihen des einheimischen Adels.

Rang, Besitz und das Alter des Stammbaums als weitere Distinktionskriterien innerhalb des Adels

Zuerst bietet sich die für den west-, mittel- und ostmitteleuropäischen Adel klassische spätfeudale Unterscheidung in Hoch- und Niederadel an. Als Hochadel wurden all jene Adelige bezeichnet, die bis zur Generation ihrer Ururgroßeltern einen rein (hoch-)adeligen Stammbaum aufweisen konnten und einen ererbten Titel von Freiherr/Baron an aufwärts innehatten, wodurch sie hoffähig wurden und zu einem Amt am kaiserlich-königlichen Hof in Wien berechtigt waren. Innerhalb des Hochadels des Königreichs Kroatien-Slawonien gab es bis auf die beiden Ausnahmen der Fürsten Batthyany-Strattman und Odeschalchi ausschließlich die Ränge des Barons und des Grafen.

---

110 Die Magnatenverschwörung, die in Kroatien als „Urota zrinsko-frankopanska" (Zrinski-Frankopan-Verschwörung) bezeichnet wird, war eine von verschiedenen Magnaten und Hochadeligen in Ungarn und Kroatien getragene Verschwörung von 1664 bis 1671 gegen das Kaiserhaus der Habsburger. Die Verschwörung wurde aufgedeckt und jeglicher Widerstand rasch niedergeschlagen; viele Beteiligte wurden hingerichtet. Gerade in Kroatien haben Banus Petar Zrinski und Fran Krsto Frankopan den Status von Nationalhelden und Märtyrern und sind als solche in den kollektiven Mythenkanonen eingegangen. Vgl. dazu beispielsweise: Šišić, Ferdo: Zrinski & Frankopan. Deux martyrs nationaux croates. Par Ferdo Chichitch. Avec des articles et des poésies de Comte Begouen. Paris 1919.

111 Graf Ivan Erdődy war von 1790–1806 Banus und ist bekannt für seinen auf dem gemeinsamen Reichstag in Buda 1790 getanen Ausspruch „Regnum regno non praescribit leges" [Ein Königreich schreibt einem Königreich keine Gesetze vor], mit dem er als Banus den Protest des kroatischen Sabors gegen den Beschluss des Reichstags, Ungarisch als Amtssprache auch in Kroatien einzuführen, kundtat. Dieser Satz gilt seit damals als einer der wichtigsten Manifestationen kontinuierlicher kroatischer Staatlichkeit und wurde daher auch von Franjo Tudjman in seiner Rede zur Konstituierung des ersten demokratisch gewählten Sabors am 30.05.1990 zitiert. Vgl. dazu: Klaić: Crtice iz hrvatske prošlosti. S. 29

112 Baron Franjo Vlašić war von 1832 bis 1840 Banus und war ein Unterstützer der Illyrischen Bewegung.

Das Gebiet des heutigen Kroatiens war innerhalb der Habsburgermonarchie in mehrere historisch gewachsene territorialpolitische Einheiten aufgeteilt, die wiederum jeweils verschiedene traditionelle Gesellschafts- und damit auch unterschiedliche Adelsstrukturen aufwiesen.[113] Während im Nordkroatien der Mitte des 19. Jahrhunderts an der Spitze der Hierarchie die nicht sehr zahlreichen, jedoch sehr begüterten Hocharistokraten standen, bildete der Land- und Kleinadel, dessen Vermögensverhältnisse sich manchmal nicht sehr von denen der einfachen Landbevölkerung unterschieden, die große Mehrheit. In Slawonien, das erst mit dem Frieden von Požarevac 1718 endgültig vom Osmanischen Reich an die Habsburger in ihrer Eigenschaft als ungarisch-kroatische Könige überging, waren die Verhältnisse signifikant anders: Hier fehlte die Masse des weitgehend besitzlosen Kleinadels, dafür gab es Latifundien von zum Teil beträchtlichem Umfang, deren Besitzer im frühen 18. Jahrhundert häufig ausländische – in der Regel österreichische oder deutsche – Aristokraten waren, die ihr Land von der Wiener Zentralregierung erhielten. Dazu gehörten beispielsweise die Hilleprand-Prandau, Eltz oder Odeschalci, die zu den größten Landbesitzern Slawoniens zählten. Mit seinem verhältnismäßig hohen Anteil an landsässigem Kleinadel war das engere Kroatien, also der Landesteil, der im Unterschied zu Slawonien nie Teil des Osmanischen Reiches war, als Adelslandschaft mit Ungarn und Polen vergleichbar.[114] So soll es 1785 im nördlichen Kroatien, dem Zagorje im weiteren Umfeld Zagrebs, ca. 18 000 Adelige gegeben haben, von denen aber nur ca. 40 zu den Magnaten gezählt werden konnten, während in Slawonien nur ca. 700 Adelige verzeichnet waren. Unter der Herrschaft Maria Theresias (1740–1780)

---

113 Das bis 1918 bestehende Königreich Kroatien-Slawonien entstand aus dem mittelalterlichen Königreich Kroatien, das, seit 1527 unter der Herrschaft der Habsburger stehend, sich seit dem 11. Jahrhundert in Personalunion mit Ungarn befand. Territorial entsprach es in etwa der Nordhälfte der heutigen Republik Kroatien, ohne das Zwischenmurgebiet. Istrien war bis 1918 Teil des habsburgischen Kronlandes „Küstenland" und wurde 1945 dem zu diesem Zeitpunkt einen Teil Jugoslawiens bildenden Kroatien zugeschlagen. Dalmatien gehörte bis 1797 zu Venedig und danach – mit Unterbrechungen im Zuge der Napoleonischen Kriege – als Königreich der österreichischen Hälfte der Donaumonarchie an. Das Gebiet der ehemaligen Militärgrenze wurde 1881 mit dem bis dahin auch „Zivil-Kroatien" genannten Landesteil vereinigt.

114 Der Adel stellte in Polen bis zur Dritten Polnischen Teilung 1795 die führende Gesellschaftsgruppe dar. Rechtlich waren alle Adligen einander gleichgestellt, aber die Besitzverhältnisse waren zum Teil sehr unterschiedlich. Die Forschung geht insgesamt von einem Anteil von ca. 8–10 Prozent des Adels an der polnischen Gesamtbevölkerung des 16. bis 19. Jahrhunderts aus, mit zum Teil großen regionalen Unterschieden. Siehe auch dazu exemplarisch: Choińska-Mika, Joanna: Między społeczeństwem szlacheckim a władzą. Problemy komunikacji: społeczności lokalne – władza w epoce Jana Kazimierza. Warszawa 2002. S. 20–21.; Gajl, Tadeusz: Herbarz polski. Od średniowiedza do XX wieku. Ponad 4.500 herbów szlacheckich i 37.000 nazwisk. Gdańsk 2007.; Rhode, Maria: Ein Königreich ohne König. Der kleinpolnische Adel in sieben Interregna. Wiesbaden 1997.; Maciszewski, J.: Szlachta polska i jej państwo. Warszawa 1986.; Wyczański, Andrzej: Polska Rzeczą Pospolitą Szlachecką. Warszawa 1991.; Mühle, Eduard (Hrsg.): Studien zum Adel im mittelalterlichen Polen. Wiesbaden 2012.

und ihres Sohnes Joseph II. (1780–1790) sollte durch die systematische Überprüfung der Adelstitel und der mit ihnen verbundenen Ansprüche die Anzahl der von den Steuern befreiten Adeligen aus nachvollziehbaren fiskalischen Gründen reduziert werden.[115]

Zwar waren prinzipiell seit der frühen Neuzeit alle Adelige untereinander rechtlich gleichgestellt, doch scheiterte dieser egalitäre Anspruch in der Praxis an den erheblichen materiellen Unterschieden zwischen den wenigen besitzenden Magnaten, den *bene possessionates*, und dem Gros an zum Teil besitzlosem Niederadel. Neben dem Unterscheidungsparameter des Ranges bietet sich noch dasjenige des Alters des Adels an, was den Zeitpunkt der Adelsverleihung oder -anerkennung betrifft: In der Forschung haben sich im Allgemeinen die Jahre zwischen 1789 und 1815 – die Jahre der Französischen Revolution und der Napoleonischen Kriege – als mehr oder weniger fester zeitlicher Bezugspunkt eingebürgert, der als „adlige Epochengrenze" gewertet wird.[116] Von daher können Familien, die eine Nobilitierung nach 1800 erhielten, durchaus als „Neuer Adel" gelten. Ab ca. 1850 entstand auch in Kroatien-Slawonien die Gruppe Neuadeliger, die fast europaweit seit der zweiten Hälfte des 19. Jahrhunderts zu finden war und besonders für die letzten Jahrzehnte der Donaumonarchie prägend sein sollte: Die sog. „Zweite Gesellschaft" der nobilitierten Aufsteiger, die sich vornehmlich aus erfolgreichen Unternehmern, Wissenschaftlern, Gelehrten, Militärs sowie verdienten hohen Beamten zusammensetzte. Neben dem einfachen Adel war der am häufigsten verliehene Titel der des Barons/Freiherrn, seltener der eines Grafen.[117]

Von dieser „Zweiten" distanzierte sich besonders im imperialen Zentrum Wien und in den österreichischen Erblanden die „Erste Gesellschaft", die die alte, hoffähige Hocharistokratie darstellte. Ihre Lebenswelten glichen einander ebenso, wie sie streng voneinander getrennt waren: Man verkehrte in verschiedenen Salons, heiratete im Regelfall nicht untereinander, besuchte verschiedene Reitbahnen, Bälle und Abendgesellschaften. Wie im Verlauf der Arbeit gezeigt werden wird, sollte man im Fall Kroatien-Slawoniens jedoch nicht von einer rigiden Trennung zwischen dem alten hohen und dem neuen quasi bürgerlichen Adel ausgehen. Damit ist einer der deutlichen Unterschiede des kroatischen Hochadels im Vergleich zum österreichischen Hochadel benannt, auch was das Verhältnis zu anderen Gruppen der Oberschicht angeht.[118] Zum einen war der Hochadel in Kroatien-Slawonien zahlenmäßig weitaus geringer als etwa in Österreich, Böhmen oder Ungarn, was auch für die Zweite Gesell-

115 Gross: The Position of the Nobility. S. 137–138.

116 Siehe dazu Fußnote 9 zum Begriff „Epochengrenze".

117 Vgl. hierzu insbesondere Županič für den böhmisch-tschechischen Bereich. Siehe Fußnote 41. Dies gilt ebenso für Kroatien-Slawonien: Von den bekannten Familien der Zweiten Gesellschaft wie den Turković oder Živković erhielten alle den Titel des Barons. Bei der Erhebung der Janković de Priberd 1885 in den Grafenstand handelt es sich um eine Adelsverbesserung, da die Janković seit dem 17. Jahrhundert dem kroatisch-slawonischen Adel angehörten.

118 Stekl: Adel und Bürgertum in der Habsburgermonarchie. S. 148–156.

schaft aufgrund der verspäteten Industrialisierung und Modernisierung zutrifft. Zum anderen kam zu dieser quantitativen Überschaubarkeit der Oberschicht ein Faktor hinzu, der für Peripherien insgesamt – und Kroatien-Slawonien samt Zagreb waren zweifelsohne eine imperiale Peripherie[119] – bezeichnend und prägend war: Provinzialität. Der periphere und im Vergleich zu Wien oder Budapest durchaus provinzielle Charakter Zagrebs bedeutete jedoch nicht nur eine negativ konnotierte Rückständigkeit im Sinne des klassischen Modernisierungsnarrativs. Für Zagreb ergaben sich daraus beispielsweise typische Eigenheiten und Eigengesetzlichkeiten des alltäglichen Lebens, sei es im politischen, wirtschaftlichen oder sozialen Bereich, die eine größere Flexibilität nicht nur des Hochadels, sondern der Oberschicht im Allgemein erforderte und bedingte. So brachten beispielsweise der Aufbau und das politische Alltagsgeschäft im Landtag als Einkammerparlament zwangsläufig ein Zusammentreffen der verschiedenen führenden politischen Gruppen und Akteure mit sich. Die hochadeligen velikaši [Magnaten] als Virilisten, die per Gesetz und Geburt Sitz und Stimme im Landtag innehatten, tagten zusammen mit den gewählten Abgeordneten, unter denen sich neben Angehörigen des Niederadels und des Neuadels auch Hocharistokraten befanden, in einer Kammer und in einem Saal. Diese „Offenheit" des Hochadels sollte aber eher als situationsabhängig bewertet werden, und sie zeigte sich natürlich nicht nur in der Politik, sondern auch in der Wirtschaft sowie in anderen Bereichen des sozialen Lebens. Die dargelegten Klassifizierungsparameter für den Adel bzw. Hochadel Kroatien-Slawoniens sind jedoch nicht als ausschließlich oder sich gegenseitig ausschließend zu betrachten, sie greifen vielmehr häufig ineinander. Familien konnten einen über Generationen reichenden adeligen Stammbaum aufweisen und blieben dennoch der Sphäre des ländlichen Kleinadels verhaftet, wie es bei der „Adeligen Gemeinde Turopolje" der Fall war.[120] Wurde einem bürgerlichen

---

119 Zu imperialer Peripherie und Moderne siehe insbesondere: Haid, Elisabeth; Stephanie Weismann u. Burkhard Wöller: Galizien. Peripherie der Moderne – Moderne der Peripherie? Marburg 2013.

120 Zum Turopolje und seinem Adel siehe vor allem, als noch immer grundlegendes Werk, sowohl als Darstellung wie auch als historische Quelle: Laszowski, Emilij: Plemenita općina Turopolje: zemljopis, narodopis i povjesni prijegled uredio, napisao i troškom iste općine izdao Emilij Laszowski uz suradništvo Velimira Deželića i Milana Šenoe. Zagreb 1910. Das Turopolje, zwischen Zagreb und Sisak gelegen, stellt als „Adelige Gemeinde Turopolje" eine soziale wie politische Besonderheit dar. Der ungarisch-kroatische König Béla IV. verlieh den Einwohnern der Gemeinde Turopolje das Privileg, freie Besitzer ihrer bewirtschafteten Ländereien zu sein. Die Familien waren allesamt adelig und als solche auch in die jeweilige Matrikel eingetragen, und waren wie die leibeigenen Bauern in sogenannten „zadrugas", Familienverbänden, organisiert, ohne selbst Leibeigene zu sein. Dieser privilegierte Status etablierte die Adeligen des Turopolje zwischen den verarmten Kleinadeligen und den Magnaten. Der Vorsteher der Gemeinde wurde bis 1848 als Comes, ab 1868 als Obergespan des Turopoljes mit Virilstimme in den Sabor entsandt. Emilj Laszowski, der selbst aus einer ursprünglich polnischen, in das Turopolje zugezogenen Adelsfamilie entstammte, gehörte zu den Begründern der Adelsforschung in Kroatien überhaupt, vor allem in Bezug auf heraldische und genealogische Arbeiten.

Unternehmer beispielsweise die Baronie verliehen, bedeutete dies nicht zwangsläufig den Übertritt von der Zweiten in die hochadelige Erste Gesellschaft.

2 Der kroatische Hochadel als politische Elite zwischen Nationalbewegung, Revolution und den Reformlandtagen 1861–1867

2.1 Die Behauptung der Elitenposition bis 1848: Der Adel zwischen Illyristen und Magyaronen

Der Zeitraum bis 1868 ist in Kroatien-Slawonien geprägt durch Ereignisse, die das Land sowohl in den weiteren europäischen Kontext einbinden, wie beispielsweise die Napoleonischen Kriege, die darauffolgende Restauration im gesamten Habsburgerreich und die Revolution 1848/1849, als auch durch spezifische innere Entwicklungen, wie den Illyrismus der 1830er und 1840er Jahre.[1]

---

1 Zu Kroatien-Slawonien bis zum österreichisch-ungarischen bzw. ungarisch-kroatischen Ausgleich und dem Illyrismus siehe: Kessler, Wolfgang: Politik, Kultur und Gesellschaft in Kroatien und Slawonien im der ersten Hälfte des 19. Jahrhunderts. Historiographie und Grundlagen. München 1981. Zwar liegt die Publikation dieser Arbeit über drei Jahrzehnte zurück, doch stellt sie noch immer die vielleicht beste Analyse dieses Zeitraums dar. Neben einer ausführlichen Darstellung der allgemeinen gesellschaftlichen Grundlagen in Kroatien-Slawonien, die zwar eher kursorisch, aber trotzdem verwendbar ist und auch den Adel umfasst, ist es vor allem die Bewertung der Geschichtsschreibung, die diese Arbeit weiterhin unentbehrlich macht.

Zum Illyrismus und der Kroatischen Nationalen Wiedergeburt siehe: Ravlić, Jakša: Hrvatski narodni preporod: ilirska knjiga. Zagreb 1965.; Povijesni muzej Zagreb (Hrsg.): Hrvatski narodni preporod, 1790–1848. Zagreb 1985.; Despalatovic, Elinor Murray: Ljudevit Gaj and the Illyrian Movement. New York 1975.; Šidak, Jaroslav; Vinko Foretić u. Julije Grabovac (Hrsg.): Hrvatski narodni preporod-ilirski pokret, Zagreb 1988.; Fofic, Heike: Die Genese der kroatischen Standardsprache im 19. Jahrhundert – Ljudevit Gaj und die Illyrer. Hagen 1990.; Maissen, Anna Pia: Wie ein Blitz schlägt es aus meinem Mund. Der Illyrismus. Die Hauptschriften der kroatischen Nationalbewegung 1830–1844. Bern 1998.; Steindorff: Konzepte der Nationsbildung.; Stančić, Nikša: Hrvatska nacija i nacionalizam u 19. i 20. stoljeću. Zagreb 2002.; Djokic, Dejan (Hrsg.): Yugoslavism. Histories of a Failed Idea. 1918–1992. London 2003. Die Zeit von 1830–1848 wird mittlerweile in Kroatien auch unter kulturwissenschaftlichen bzw. mikrohistorischen Aspekten untersucht: Simončić, Katarina Nina: Moda u vrijeme Hrvatskog narodnog preporoda. In: Radovi Zavoda za hrvatsku povijest. 43 (2011). S. 235–254.; Jež, Ivančica: Neka obilježja preporodnog razdoblja nacionalnog pokreta u Varaždinu (1838.– 1848.). In Historia Varasdiensis. Časopis za varaždinsku povjesnicu 1 (2011). S. 145–165. Ebenso hat die Matica hrvatska vom 30.11.–01.12. 2006 eine kulturwissenschaftliche Tagung zu Graf Janko Drašković veranstaltet: Janko pl. Drašković (1770–1856), hrvatski preporoditelj i utemeljitelj Matice hrvatske.

Für den Zeitraum nach 1848 siehe vor allem: Gross: Die Anfänge des modernen Kroatien. Die Autorin analysiert die Geschichte Kroatien-Slawoniens durch das Prisma des klassischen Modernisierungsdiskurses, mit dem Fokus auf das Bürgertum, welches sie als alleinigen Träger der gesellschaftlichen Modernisierung betrachtet. Zwar wird dem Adel in dieser Arbeit ganz im Sinne der kroatischen bzw. jugoslawischen Historiographie keine wirklich prägende Rolle zuerkannt, dennoch kann diese Publikation trotz einiger handwerklicher Mängel – die Quellen- bzw. Forschungsliteratur ist zwar sehr

DOI 10.1515/9783110521238-002

Die oben dargelegten konzeptuellen Anmerkungen aufgreifend soll gezeigt werden, dass der Hochadel – und der begüterte Teil des einfachen Landadels – als soziale Gruppe zumindest bis zu den Revolutionsjahren 1848/1849 sowohl die Oberschicht als auch die Elite der Dreieinigen Königreiche darstellte. Hinzu soll die Rolle des Hochadels in der Landespolitik auf der Ebene der Komitate und des Landtags, seine Haltung zum Illyrismus und zur Revolution von 1848/1849 sowie seine wirtschaftliche Position eingehender betrachtet werden.

Der Adel zwischen Illyristen und Magyaronen

Die Jahre von etwa 1830 bis zur Revolution 1848 sind im kroatischen Raum gekennzeichnet durch den Illyrismus, der auch als Illyrische Bewegung oder in Kroatien auch als „Hrvatski Narodni Preporod" [Kroatische Nationale Wiedergeburt] bekannt ist. Diese Bewegung, die die kulturelle, ethnische und auch politische Einheit aller Südslawen zum Ziel hatte, steht mithin am Beginn des modernen kroatischen Nation-Building-Prozesses, d.h. des Übergangs von einer spätfeudalen ständischen adeligen hin zu einer modernen bürgerlichen Nation. Dennoch wurde diese Bewegung nicht nur zu Beginn vor allem von Angehörigen des Adels getragen, zu dessen prominentesten Vertretern zweifelsohne Graf Janko Drašković (1770–1856) zu zählen ist, dessen Publikationen mithin die Initialzündung für den Illyrismus bildeten.[2] Ohne auf die konkreten kulturellen und vor allem die sprachlichen Aspekte dieser Nationalbewegung, die in Kroatien selbst in gewisser Hinsicht ein Nationalmythos ist, eingehen zu können (da dies nicht zu den Zielen dieser Arbeit gehört), soll an dieser Stelle der Fokus auf die Akteure sowohl des Illyrismus, als auch der sich darauf beziehenden Gegenbewegung, die sich in der 1841 gegründeten „Horvatsko-vugerska stranka" [Kroatisch-ungarische Partei] formierte, gelegt werden. Diese setzte sich für eine engere Anbindung an Ungarn und den Erhalt des Kajkavischen als kroatischer Standardsprache ein. Für den Adel Kroatien-Slawoniens stellte die Nationalbewegung eine nicht zu unterschätzende Zäsur dar, da mit ihr die vornationale ständische Soli-

umfangreich, jedoch lediglich im Anhang aufgeführt – noch immer zu den Grundlagenwerken zur kroatischen Geschichte des 19. Jahrhunderts gezählt werden.

2 Drašković, Janko: Disertacija iliti razgovor. Darovan gospodi poklisarom zakonskim i budućem zakonotvorcem kraljevinah naših za buduću Dietu ugarsku odaslanem. Karlovac 1832. Ders.: Ein Worth an Illyriens hochherzige Tochter. Agram 1838. Zum Werk und der Wirkung Draškovićs vor allem aus der neueren Forschung: Stančić, Nikša: Disertacija grofa Janka Draškovića iz 1832. godine: samostalnost i cjelovitost Hrvatske, jezik i identitet, kulturna standardizacija i konzervativna modernizacija. In: Kolo. Časopis Matice Hrvatske 3 (2007). S. 137–167.; Szabo, Agneza: Grof Janko Drašković u doba uspona hrvatske preporodne politike od 1790. do 1848. In: Kolo. Časopis Matice Hrvatske 3 (2007). S. 46–66.; Peti, Mirko: Jezična politika Janka Draškovića. In: Kolo. Časopis Matice Hrvatske 3 (2007). S. 168–176.

darität zerbrach, die auf kollektiven Interessen und den Munizipalrechten gründete. So beklagte 1836 Graf Carl Johann Peter Sermage, dass es zwar keine Einheit in der Sprache gegeben hätte, wohl aber eine in der Gesinnung.[3]

Während die Illyristen sich für die Durchsetzung des Neuštokavischen als alleinigem kroatischen Sprachstandard, die Gleichberechtigung Kroatiens und Slawoniens als *regna socia* im Verband mit Ungarn unterhalb der Stephanskrone einsetzten und sich bei der Verteidigung der „Nationalität" bewusst auf die ständischen Munizipalrechte stützten, bestand für die promagyarische, 1841 gegründete kroatisch-ungarische Partei eben diese Gleichberechtigung der kroatischen ständischen Nation in einer engen Anbindung an Ungarn und einer direkten Teilnahme der kroatischen Komitate am ungarischen Reichstag. Es ist bezeichnend, dass die Nationalbewegung sowohl in Kroatien als auch in Ungarn, was das politische und konstitutionelle Konzept anbelangt, sich für die Aufrechterhaltung der feudalen Verfassung einsetzte.[4] Die Verknüpfung von nationalen und adeligen Interessen durch die Illyristen zeigt sich unter anderem daran, dass führende Mitglieder wie Ljudevit Gaj, obwohl bürgerlich, sich bis 1848 nie öffentlich für eine Abschaffung ständischer Privilegien oder gar für die Bauernbefreiung eingesetzt haben.[5] Ebenso lässt sich die Entscheidung für das Neuštokavische als kroatischem Sprachstandard als Versuch der Adelsnation – die de jure bis 1848 bestand – bewerten, sowohl ihr Territorium sprachlich zu vereinheitlichen als auch eine weitere Distinktion zu den einfachen Untertanen und vor allem den Bauern zu schaffen: Während die hörige bäuerliche Landbevölkerung in Kroatien (und nicht in Slawonien, wo der Illyrismus an sich weniger Rückhalt besaß) weiterhin Kajkavisch sprach, konnte sich der Adel mit dem Neuštokavischen nun auch sprachlich von ihr abgrenzen. Es ist daher bezeichnend für das spätere Selbstverständnis der kroatischen modernen Gesellschaft, die sich vor allem auf Konzepte von Bürgerlichkeit stützt, dass gerade diese im Grunde zutiefst elitäre Abgrenzung nach unten auf sprachlicher Ebene nicht als solche wahrgenommen wird. Im Vergleich dazu wirkt es fast paradox, dass die Gegner der Nationalbewegung, die später als Magyaronen verschriene Kroatisch-Ungarische Partei, zwar als Aristokraten und Magnatengruppe angesehen wurde, sich aber für die Beibehaltung des Kajkavischen einsetzte. Dies sollte man jedoch nicht als eine liberale Ablehnung sozialer

3 Sermage, Carl Johann Peter: Bemerkungen und Bedenknisse, angeregt durch die „Reflexionen […] von Michael v. Kunits. In: Luna. 1833. S. 155. Innerhalb des Adels wurde sowohl die kajakvische als auch die štokavische Variante des Kroatischen gesprochen, wobei Deutsch seit dem frühen 19. Jahrhundert immer mehr zur dominierenden Alltagssprache nicht nur des Hochadels, sondern auch der anderen Oberschichts- und Elitengruppen, wie dem zahlenmäßig noch geringen urbanen Bürgertum und der Intelligenz, geworden ist.

4 Janotyckh von Adlerstein, J.: Archiv des ungarischen Ministeriums und Landes-Vertheidigungsausschusses, Bd. 1. Altenburg 1851. Ohne Seitenanzahl.

5 Kessler: Politik, Kultur und Gesellschaft. S. 233.

Distinktion ansehen, da gerade diese Frage zu einer der Ursachen für das Zerwürfnis zwischen beiden Gruppen gehörte.

Beide Gruppen weisen jedoch bei allen unterschiedlichen politischen Auffassungen und einer scharfen Gegnerschaft, die mitunter sogar zu Handgreiflichkeiten und verbalen Ehrenverletzungen führte[6], in ihrer sozialen Struktur mehr Gemeinsamkeiten auf als Unterschiede. Gemeinsam war beiden, dass sich der Großteil ihrer jeweiligen Anhänger sowohl aus der (materiellen) Oberschicht wie auch aus der (intellektuellen) Elite rekrutierte. Wie jede nationale Bewegung des 19. Jahrhunderts wurde auch die Kroatische Nationale Wiedergeburt zuvorderst von der Intelligenz getragen, die sich aus dem noch zahlenmäßig geringen Bürgertum, der Geistlichkeit sowie aus Angehörigen vor allem des einfachen Landadels zusammensetzte. Kam die große Mehrheit der adeligen Unterstützer des Illyrismus aus dem Milieu des sogenannten „mittleren" Adels, der *bene possessionatis*, wie z.B. Ivan pl. Kukuljević-Sakcinski (1816–1889) oder Ljudevit pl. Vukotinović (1813–1893), gab es auch hochadelige Illyristen, von denen Baron Metel Ožegović-Barlabaševec (1814–1890), Graf Juraj Oršić (1780–1847), Sidonija Erdődy-Rubido und natürlich Graf Janko Drašković – neben Ljudevit Gaj (1809–1872) die Führungsperson und spätere Ikone der Bewegung – zu nennen sind. Die unionistische, kroatisch-ungarische Partei setzte sich vor allem aus dem grundbesitzenden Hochadel, staatlichen Beamten, Advokaten und insbesondere dem Landadel des Turopolje (wegen dessen schlechten Erfahrungen während der Zeit der napoleonischen „Illyrischen Provinzen") zusammen. In beiden politischen „Parteien" war der Adel vertreten, wobei er innerhalb der magyarophilen Unionisten, deren Programm in zeitgenössischen Quellen bezeichnenderweise als „Kroatismus" verstanden wird,[7] eindeutig die dominierende soziale Gruppe darstellte. Ist die Illyrische Bewegung als ein geradezu klassisches, von Intellektuellen, Künstlern und Politikern initiiertes und gefördertes Nation-Buildingprogramm im Sinne Miroslav Hrochs ein Projekt der Elite, so gilt der Elitencharakter ebenso für die Gegenseite. Zu den führenden magyarophilen Persönlichkeiten zählten der spätere Banus Baron Levin Rauch (1819–1890), der *Comes Turopoliensis* Antun Danijel pl. Josipović (1806–1874) und Graf Aleksandar Drašković (1804–1845). In beiden Gruppierungen, bei denen es sich weniger um Parteien im modernen Sinne denn um locker verbundene, informelle Zusammenschlüsse handelte, war das gesamte Spektrum des Adels der Königreiche Kroatien-Slawonien vertreten: Über besitzlose Landadelige, die einem Beruf nachgingen, über den sogenannten Mittleren Adel und die Adelsgemeinde Turopolje bis hin zur Aristokratie. Durch deren jeweiliges Engagement in diesen beiden Gruppierungen, sei es in politischer, kultureller oder wirtschaftlicher Hinsicht, manifestierte sich auch im Sinne von Dahrendorf und Zapf die Elitenposition der Akteure, da sie maßgebliche, gesamtgesellschaftliche Entscheidungen trafen. Dies betrifft sowohl ihr

6 Kessler: Politik, Kultur und Gesellschaft. S. 271.

7 Agramer Politische Zeitung 25.05.1842.

Selbstverständnis als auch die Fremdwahrnehmung der Akteure als Elite der Nation und Gesellschaft.

Der adelige Charakter beider Gruppen zeigte sich dennoch auf zum Teil unterschiedliche Weise. 1838 wurde unter dem Vorsitz von Graf Janko Drašković die „Illyrische Nationale Lesegesellschaft", die Illirska Čitaonica gegründet, deren Mitgliederschaft sich weitgehend aus adeligen Grundbesitzern, Juristen, Beamten und Geistlichen zusammensetzte: ein geradezu klassischer Honoratiorenclub.[8] Aus diesem „Club" traten 1841 einige Mitglieder aus, um mit dem „Casino" in Zagreb ihren eigenen Verein zu gründen, um den herum sich die Parteigänger und Befürworter der Unionisten versammelten. Dies geschah jedoch nicht nur aus politischen Gründen, sondern auch aus gesellschaftlichen: Die Čitaonica konnte nicht nur nicht die erwarteten gesellschaftlichen Unterhaltungsmöglichkeiten bieten, sondern die magyaronischen Unionisten betrachteten die Illyristen als plebejisch, als zu bürgerlich.[9] Schließlich waren führende illyristische Kulturschaffende wie Stanko Vraz, Ljudevit Gaj oder Ivan Mažuranić bürgerlicher und nicht unbedingt sehr wohlhabender Herkunft. Obwohl die Mitglieder des Casinos in der Tat eher der Oberschicht zugerechnet werden können, war es keineswegs lediglich dem Adel und der Aristokratie vorbehalten, da ihm 1842 immerhin einige bürgerliche Kaufleute angehörten.[10] Das Casino wie die Čitaonica lassen sich bei all ihrer Konkurrenz doch als in ihrer Struktur fast identische Foren verstehen, in denen es zur Herausbildung eines gewissen Elitekompromisses kam. In beiden Vereinen trafen sich Akteure, die durch ihre Arbeit sich als Führungsschicht der Gesellschaft affirmierten – sei es durch politische Arbeit, Publikationen, Theateraufführungen oder die Veranstaltung von Festen und Bällen.[11] Trotz unterschiedlicher späterer Rezeption durch die kroatische Historiographie, die die Unionisten als Adelspartei, die Illyristen jedoch als bürgerliche Bewegung ansah, vereinen sich in beiden Gruppen führende Personen aus unterschiedlichen sozialen Milieus, denn obwohl die Kroatisch-Ungarische Partei zweifelsohne „adeliger" als die Illyristen war, unterschied sich beispielsweise die Lebenswelt des kroatischen Hochadels von der des bäuerlichen Landadels des Turopolje ebenso wie die Herkunft und Sozialisierung eines Graf Janko Drašković von der Ljudevit Gajs oder Ivan Mažuranićs. Das adelige Element in der gesamten politischen Landschaft in Kroatien-Slawonien, vor allem auf der oben erwähnten Ebene der Komitate, blieb den Zeitgenossen nicht verborgen: „Schade, das riecht sehr nach aristokratischem Einflusse"[12] lautete daher der anonyme Kommentar zu einem in Leipzig publizierten

---

8 Ravlić, Jakša: Ilirska Čitaonica u Zagrebu. In: Historijski Zbornik 16 (1963). S. 162–163.

9 Koščak, Vladimir: Madžaronska emigracija. In: Historijski Zbornik 3 (1950). S. 109.

10 Agramer Casino-Büchlein Jg. 2 Zagreb 1842. S. 5–6.

11 Vgl. dazu: Katarinčić, Ivana: Zagrebačke plesne zabave s kraja 18. i tijekom 19. Stoljeća. In: Narodna umjetnost 42 (2005). S. 49–68.

12 Rakovac, Dragutin: Magyaren und Illyrer. In: Revue österreichischer Zustände. Bd. 2. Leipzig 1843. S. 204.

Reprint von Rakovacs Kleinem Katechismus 1843. Die Geschichtsschreibung und das kroatische Nation-Building-Konzept, die eben nicht den Adel, sondern das Bürgertum ins Zentrum stellen, betonten indes stets die Adligkeit der magyarophilen Unionisten, während diese bei den Illyristen – trotz recht ähnlicher sozialer Zusammensetzung – konsequent marginalisiert wurde.

2.2 Soziale und nationale Herausforderungen: Von der Revolution 1848/49 bis zu den Reformlandtagen 1861–1867

Die Revolution 1848/49 und die Grundentlastung

Die Revolutionsjahre 1848/1849 sind im gesamten Habsburgerreich geprägt von den Versuchen der einzelnen Nationen, sich zu verselbstständigen. In Staatsverband der Stephanskrone kam es hierbei zu einem doppelten Konfliktpotenzial, da der ungarische Nationalismus sich gegenüber der deutschsprachigen zentralistischen Regierung in Wien in der Defensive befand, aber gegenüber den slawischen Nationen eine eindeutig aggressive und offensive Haltung einnahm.[13]

Am 23. März 1848 wurde Graf Josip Jelačić, der aus einer adeligen Offiziersfamilie stammte und als Sympathisant der kroatischen Nationalbewegung im Vormärz auch als Lyriker in Erscheinung trat, auf den seit 1845 nicht mehr besetzten Posten des Banus berufen. Jelačić sollte insofern eine durchaus tragische wie ambivalente Rolle spielen, als er sich dann an die Spitze der kroatischen Nationalbewegung setzte und sich in seinem Kampf gegen den ungarischen Integralismus in den Dienst der reaktionären kaiserlichen Regierung stellte. Unmittelbar nachdem im April 1848 die Wahlen zum Sabor verkündet worden waren, publizierte er am 25. April das kaiserliche Dekret über die Abschaffung sämtlicher Grundlasten, womit die Bauern in Kroatien-Slawonien endgültig befreit wurden. Die Ambivalenz und die Rezeption Jelačićs zeigen sich gerade im Vergleich seines Wirkens innerhalb des Dreieinigen Königreichs mit seiner Rolle bei der Niederschlagung der ungarischen Revolution: Als Spitze der kroatischen Nationalbewegung steht er in Kroatien für die Verteidigung nationaler Interessen gegen den ungarischen Integralismus und für die Durchführung liberaler Reformen. Im Gegensatz dazu gilt er vor allem in Ungarn und Österreich als die Person, die neben den Feldmarschällen Fürst Alfred Windisch-Graetz und Graf Johann Radetzky von Radetz (daher das bekannte Akronym der Nachnamen der Retter des Kaiserhauses „WIR") an der Spitze des militärischen Armes der reaktionären kaiserlichen Regierung stand, und bis zum 31. Oktober 1848 die Revolution in Wien und dann bis zum August 1849 auch in Ungarn niederschlug.

13 Steindorff, Ludwig: Kroatien. Vom Mittelalter bis zur Gegenwart. Regensburg 2001. S. 106.

Abb. 1: Der Ban Jelačić-Platz in der Unterstadt in Zagreb 1884. Mit dem 1866 aufgestellten Reiterdenkmal des Banus Graf Jelačić ist dieser Platz nicht nur der urbane Mittelpunkt Zagrebs, sondern mit dem Markusplatz in der Oberstadt Gradec, wo sich der Sabor und das Banuspalais befinden, gleichsam einer der bedeutendsten nationalen (Erinnerungs-) Orte in Kroatien selbst.

Die Ereignisse von 1848/1849 sind für den Adel in Kroatien-Slawonien im wahrsten Sinne des Wortes ein *turning point*, da mit ihnen der jahrhundertealte rechtlich fixierte Rahmen seiner privilegierten gesellschaftlich-sozialen Stellung aufgelöst wurde. Die kollektive Erfahrung dieser unabänderlichen, stürmischen Veränderungen prägte daher auch das Handeln der meisten Aristokraten und Adeligen während der Revolution. Die Spaltung des Adels in Magyaronen und Anhänger der Nationalbewegung wurde während dieser zwei Jahre beibehalten: Während führende Magyaronen wie die beiden späteren Banuse Baron Levin Rauch und Graf Ladislav Pejačević aus dem Land flüchten mussten oder sogar wie Antun Danijel pl. Josipović in absentia zum Tode verurteilt wurden,[14] beteiligten sich einzelne Adelige wie Ivan pl. Kukuljević-Sakcinski – der nach der Revolution und dem Neoabsolutismus ab 1860 bezeichnen-

14 Antun Danijel pl. Josipović (1806–1874) war ein Adliger aus dem Turopolje und zusammen mit Baron Levin Rauch Mitbegründer der unionistischen „Horvatsko-ugarska stranka" 1841 als entschiedener Gegner der Illyristen. Von 1838–1848 Comes der Adligen Gemeinde Turopolje. Vgl.: Znamenja vlasti i časti u Hrvatskoj u 19.stoljeću. Hrvatski Povijesni Muzej. Zagreb 1993. S. 87.; Hrvatski Narodni Preporod. Muzej za umjetnost i obrt. Zagreb 1985. S. 229.

derweise eine politische Karriere als loyaler Obergespan im Dienste Wiens machen sollte – aktiv an der Revolution. So war es Kukuljević-Sakcinski, der am 02. Mai 1843 sowohl die erste Landtagsrede auf Kroatisch hielt als auch am 21. Juni 1848 im Sabor den erfolglosen Vorschlag zur Entthronung der Habsburgerdynastie einbrachte.[15]

Die Mehrheit der Hochadeligen stand den revolutionären Vorgängen reserviert bis ablehnend gegenüber, was unter anderem konkrete wirtschaftliche Gründe hatte. Aufgrund der zum Teil chaotischen Zustände auf dem Land im Zuge der Bauernbefreiung konnten viele Güter nicht mehr in der bisherigen Art und Weise bewirtschaftet werden, was zu massiven Einnahmeausfällen führte. Die finanziellen Probleme einzelner Aristokraten vor allem im engeren Kroatien, wo die Güter in der Regel kleiner und zersplitterter waren als in Slawonien, waren während dieser unruhigen Zeit durchaus real – so beklagt sich beispielsweise Graf Georg Drašković bei seinem Bruder Carl, dass er 1340 Gulden Kriegssteuer zu zahlen habe, und das obwohl er weder einen „Kreutzer Revenuen" habe noch wisse, wie er seine Besitzungen überhaupt führen solle.[16] Ebenso deutlich wurden die Umwälzungen der politischen Strukturen wahrgenommen, vor allem was die nun in die Defensive geratene eigene Position betraf: „Die Democratie tritt immer entschiedener auf [...] und die Aristokratie wird überall zurück gedrängt."[17] Bezeichnenderweise wurden nicht nur die revoltierenden Bürger und Bauern als Bedrohung empfunden, sondern auch der hochadelige Banus selbst: Galt Jelačić für die einen noch als Chance und eine „grosse Garantie für Croatien",[18] wurde er von anderen als Gefahr betrachtet: „Jelačić wird das Unglück Croatiens sein; dieses zu verhindern müsste immer jemand von uns Magnaten um ihn sein, der ihn davon abhält den Einflüsterungen der Proletarier nachzugeben."[19] Diese Befürchtungen betrafen auch die Zukunft des eigenen Standes, denn sollte Jelačić siegreich bleiben, würde der Adel sowohl in Ungarn als auch in Kroatien vernichtet werden.[20] Wiewohl sich nicht die Haltung von Graf Georg Drašković wie eine Folie auf den gesamten Hochadel Kroatien-Slawoniens übertragen lässt – gerade der Banus selbst sowie Graf Franz Kulmer seien als dem widersprechende Beispiele erwähnt –, so kann man dennoch Rückschlüsse zur aristokratischen Identität aus seinen Aussa-

---

15 Šidak, Jaroslav: O tobožnjoj detronizaciji Habsburgovaca u Hrvatskom saboru 1848. In: Historijski Zbornik 16 (1963). S. 1–34.

16 Privatarchiv Familie Draskovich, Güssing im Burgenland, ohne Karton. Abschrift des Briefs von George Drašković an seinen Bruder Carl vom 25.08.1848.

17 Privatarchiv Draskovich, ohne Karton. Abschrift des Briefs von Graf Franz Kulmer an Graf Carl Drašković, Pressburg 08.04.1848.

18 Privatarchiv Draskovich, ohne Karton. Abschrift des Briefs von Graf Franz Kulmer an Graf Carl Drašković, Pressburg 08.04.1848.

19 Privatarchiv Draskovich, ohne Karton. Abschrift des Briefs von George Drašković an seinen Bruder Carl, Pavia 06.09.1848.

20 Privatarchiv Draskovich, ohne Karton. Abschrift des Briefs von George Drašković an seinen Bruder Carl, Pavia 06.09.1848.

gen ziehen. Es ist hierbei nicht nur die Selbstaffirmation als Magnat von Bedeutung, sondern auch die dieser adeligen Gruppe zugeschriebene Rolle. Nur die Magnaten als traditionelle politische Elite wären in der Lage, Kroatien vor dem Unglück in der Gestalt Jelačićs und seiner vermeintlich „proletarischen" Ratgeber zu bewahren. Die Bedeutung des verwendeten Adjektivs „proletarisch" ist nicht im kommunistischen Sinne als Industrieproletariat zu lesen, welches 1848 in Kroatien gar nicht existierte, sondern lässt sich ganz konkret als „adelsfeindlich" verstehen. Interessant im Kontext des aristokratischen Selbstbildes ist darüber hinaus eine dezidiert nationale Haltung, die dem Vorwurf der kroatischen Historiographie, dass der Adel „anational" gewesen sei, widerspricht. Diese wurde jedoch nicht als Gegensatz zu den Ungarn empfunden, vielmehr zeigt sich die Hoffnung auf eine friedliche Beilegung des Konflikts, da Drašković davon ausgeht, „dass die Ungarn gewiss uns Kroaten besonders entschädigen werden, um uns zu gewinnen."[21] Dass sich Graf Georg Drašković dennoch dem Banus als Offizier andiente und an verschiedenen Militärkampagnen 1848/1849 beteiligt war, ist nicht überraschend, da ein Großteil des habsburgischen Hochadels loyal zur Wiener Regierung und dem Kaiser stand. Nach der Niederschlagung der Revolution kam es vor allem zu staatsrechtlichen Veränderungen, die durch die am 8. März 1849 für Kroatien-Slawonien oktroyierte Verfassung und das am 1. Januar 1852 eingeführte neoabsolutistische System, durch einen straffen Zentralismus und die damit einhergehende Germanisierung gefestigt werden sollten. Der allgemeine politische Stillstand brachte aber dennoch gewisse positive Entwicklungen, gerade in der Verwaltung und dem Unterrichtswesen mit sich. Zu den zweifelsohne dringlichsten Problemen in Kroatien-Slawonien gehörte die Umsetzung und Regulierung der Grundentlastung[22], die sich als recht kompliziert und langwierig erweisen sollte.

Grundlage für die gesamte wirtschaftliche und gesellschaftliche Entwicklung Kroatien-Slawoniens ab 1848 war die Bauernbefreiung und die damit verbundene gesetzliche Regelung der ländlichen Besitzverhältnisse. Dies mag angesichts des agrarischen Charakters des Landes trivial erscheinen, war aber für den Großteil des Hochadels, seine weitere wirtschaftliche Existenz sowie für die Beziehungen zwischen den Grundherren und ihren ehemaligen hörigen Bauern auf Jahrzehnte hinaus überaus prägend.

---

21 Privatarchiv Draskovich, ohne Karton. George an Bruder Carl, 25.04.1848.

22 Zur Grundentlastung in Ungarn und Kroatien vor allem: Varga, János: Typen und Probleme des bäuerlichen Grundbesitzes in Ungarn 1767–1849. Budapest 1965. Als Darstellung, die selbst eine historisierende Quelle ist: Jelačić, A.: Seljački pokret u Hrvatskoj i Slavoniji godine 1848–1849. Zagreb 1925.; Popović, Štefanija.: Problemi i metode istraživanja strukture seljačkog i vlastelinskog posjeda u vrijeme likvidacije feudalnih odnosa. In: Radovi Instituta za hrvatsku povijest 12 (1979). S. 25–126.; Gross: Die Anfänge des modernen Kroatien. S. 41–50. Zu den Verhältnissen zwischen 1800 und 1848 die noch immer als grundlegend zu betrachtende Arbeit: Kessler: Politik Kultur und Gesellschaft. S. 234–268.

Bis 1848 verharrte das ländliche Leben in Kroatien-Slawonien im Vergleich zu den westlichen Teilen der Habsburgermonarchie, aber auch zu Ungarn, in einem geradezu selbstgenügsamen Anachronismus. Der grundbesitzende Adel lebte nicht von der landwirtschaftlichen Produktion auf seinen Gütern, sondern von den Abgaben seiner Untertanen. Zwar wurde die persönliche Unfreiheit der Bauern schon von Joseph II. aufgehoben, doch bestanden weiterhin der Frondienst, der kirchliche Zehnt und vor allem die Urbarialabgaben, und sie waren der Jurisdiktion ihrer Grundherren unterstellt. 1848 sollen in Kroatien 561 Grundherrschaften mit 15064 Ansässigkeiten bestanden haben, in Slawonien jedoch lediglich 32 Grundherrschaften bei 8486 Ansässigkeiten. Ebenso besaßen damit dreizehn Grundherren in Kroatien ca. 27 Prozent des Urbariallandes, in Slawonien jedoch sieben Grundherren über 70 Prozent davon. Dies zeigt abermals die strukturellen sowie ökonomischen Unterschiede im Adel zwischen Kroatien mit seinem zersplitterten Besitz und Slawonien, wo weitläufige Latifundien zu finden waren.[23]

Während der ungarische Reichstag mit verschiedenen Gesetzen 1836–1840 die schrittweise Auflösung der spätfeudalen Besitzverhältnisse begann, wurde die Durchführung dieser Gesetze in Kroatien-Slawonien vom dortigen Adel selbst vehement verhindert.[24] Mit der „Zweiten Leibeigenschaft" wurden 1848 auch die bisher geltenden Besitzverhältnisse abgeschafft. Es entstand eine allgemeine Unsicherheit über die exakte Aufteilung der Grundstücke zwischen den Bauern und den Gutsherren, vor allem über die des bisher gemeinsam genutzten außersessionalen[25] Besitzes, insbesondere der Weiden, Wälder und Weingärten. Daraus resultierte ein hohes soziales Konfliktpotenzial, da einerseits die Herrschaften den gesamten außersessionalen Besitz beanspruchten, es dadurch zu zahlreichen ungleichen Prozessen zwischen den Konfliktparteien kam und erst 1853 die ersten gesetzlichen Regelungen für dieses Problem bestimmt wurden. Die Folge waren ein Chaos auf dem Land und massive Einnahmeeinbußen, da die Bauern die zwar abgeschafften, aber weiterhin geforderten Abgaben schlichtweg verweigerten und darüber hinaus auch vielfach ihren Grundbesitz verkauften.[26] Das als kaiserliches Patent erlassene Grundentlastungsgesetz von 1853 garantierte den Grundherren eine Entschädigung in Form von Obligationen, die aber aufgrund der herrschenden unklaren Besitzverhältnisse nicht umgehend eingeleitet werden konnten, so dass in der Zwischenzeit vor allem die kleineren und mittleren Güter immer mehr verfielen. Die Grundentlastung sollte durch eine Zusatzsteuer

23 Kessler: Politik Kultur und Gesellschaft. S. 234. Kessler bemerkt korrekt, dass diese von Josip Horvat generierten Angaben unvollständig, aber dennoch aufschlussreich sind, vor allem um den strukturellen Unterscheid zwischen Kroatien und Slawonien deutlich zu fassen. Vgl. Horvat, Josip: Kultura Hrvata kroz 1000 godina. Bd.2. Zagreb 1980. S. 449–512.

24 Gross: Die Anfänge des modernen Kroatien. S. 41.

25 Session = Hube/Hufe, bezeichnet das Eigentumsrecht sowie die Hofstelle eines Bauern an der Allmende, also dem Teil des Gemeindebesitzes, an dem alle Mitglieder teilhatten.

26 Gross: Die Anfänge des modernen Kroatien. S. 42.

finanziert werden. Wurden die Ansprüche eines Grundbesitzers anerkannt, so erhielt er theoretisch zweimal jährlich die mit 5 Prozent verzinsten Grundentlastungsobligationen über einen Zeitraum von 40 Jahren ausgehändigt.[27] Dies war in der Praxis jedoch selten der Fall war, da die Auszahlungen meist weit hinter diesem ehrgeizigen Plan zurückstanden. Dazu kam, dass die kleineren Herrschaften im Vergleich zum Großgrundbesitz ohnehin nur geringe Entschädigungssummen erhielten und dass es allgemein an Hypothekenkrediten fehlte.[28]

Insgesamt blieb der Zufluss an wirklichem Kapital gering, sodass sich damit hauptsächlich der Großgrundbesitz über die herrschende Krise retten konnte. Aber auch dieser war dennoch nicht in der Lage, eine grundlegende umfassende Agrarmodernisierung zu finanzieren. Es ist für die überaus unklare Gesamtsituation der landwirtschaftlichen Besitzverhältnisse bezeichnend, dass nach dem zweiten kaiserlichen Patent 1857 die Urbarialgerichte, die eben diese strittigen Fragen endgültig klären sollten, ihre Arbeit erst 1858 aufnehmen konnten.[29] Nicht nur die nun freien Bauern, sondern auch der Adel befand sich unter starkem Moderniersierungsdruck, da jetzt zum Begleichen der fälligen Steuern und staatlichen Abgaben Kapital erforderlich war. Aufgrund der im Vergleich zu anderen Gebieten der Monarchie ungünstigen allgemeinen Verhältnisse bewirkte dies in Kroatien-Slawonien jedoch eine sehr verspätete Marktorientierung und Kommerzialisierung der Landwirtschaft, die dort erst mit dem Ende der Neoabsolutistischen Ära anzusetzen ist.

Trotz aller Erschütterungen der Existenzgrundlagen konnte vor allem der Hochadel seine führenden Positionen auch über die Revolution und die Bachsche Ära der 1850er Jahre hinaus bewahren. Gerade bis zur Einführung des ersten kaiserlichen Patents kam es zu regelmäßigen Vergehen der adeligen Grundbesitzer an ihren ehemaligen Hörigen, da sowohl die ausstehenden Abgaben mit Gewalt eingetrieben wurden als auch der den Bauern zugesprochene Besitz in vielen Fällen okkupiert wurde. Die Behörden – die personell weiterhin adelig dominiert waren – wiesen natürlich die meisten der eingegangenen Beschwerden der Bauern zurück.

Konnte der Adel seine führende Position zum großen Teil auch weiterhin behaupten, so war er auch in der Lage, neue relevante „Kommandohöhen“ in Besitz nehmen, wie beispielsweise im Obersten Gerichtshof. Dieser hatte ein rechtlich bindendes Urteil über die Frage der Hausgemeinschaften bzw. ihre Exekution im Falle von Schulden zu treffen, und in ihm hatten 1858 drei Adelige aus Kroatien ihren Sitz.[30] Wie schon vor 1848 war der Adel auch in seiner Haltung zur Landwirtschaft, zur Grundentlastung sowie zur bäuerlichen Hausgemeinschaft sehr heterogen. Während sich ein Teil für den Erhalt der Hausgemeinschaften einsetzte, wollte ein anderer diese

27 Vgl. dazu besonders: Mündl, Norbert: Die österreichische Grundentlastungsschuld. Wien 1865.
28 Gross: Die Anfänge des modernen Kroatien. S. 45.
29 Gross: Die Anfänge des modernen Kroatien. S. 43.
30 Gross: Die Anfänge des modernen Kroatien. S. 49.

rasch liquidieren, um so billige Arbeitskräfte für die Kapitalisierung – und damit Modernisierung – der Landgüter zu erhalten.

Der „Große Sabor" 1861[31] und der Landtag 1865–1867

Nachdem Österreich durch die Niederlage im Krieg gegen Frankreich und Sardinien 1859 die Lombardei verlor, wurden durch diesen äußeren Druck innenpolitische Veränderungen unabdingbar. Diese drückten sich dann im Oktoberpatent 1860, in der Ankündigung der Wiederherstellung der Verfassungsmäßigkeit aus, die dann in der oktroyierten Verfassung im Februar 1861 realisiert wurde. Territorial bedeutete dies, dass Ungarn seine alten Grenzen zurückerhielt und der östliche Teil Syrmiens wieder an Kroatien-Slawonien angeschlossen wurde. Verfassungstechnisch wurde ein gemeinsamer Reichsrat mit zwei Kammern geschaffen. In der ersten Kammer als Herrenhaus waren die Virilisten vertreten, in der zweiten Kammer saßen die Delegierten der einzelnen Landtage sowie des ungarischen Reichstages. Diese gesamtstaatliche Legislative blieb jedoch in ihren Kompetenzen stark beschränkt. Es wurden Wahlen ausgeschrieben, sodass die jeweiligen Landtage der Kronländer wiedereröffnet werden konnten. In Kroatien-Slawonien geschah dies recht kurzfristig unter großem zeitlichem Druck: Am 23. Februar 1861 genehmigte Kaiser Franz Joseph als ungarisch-kroatischer König die Wahlen zum Sabor, der schon am 02. April zusammenkommen sollte, jedoch erst am 15. April 1861 durch Graf Ivan Nepomuk Erdődy als dem Landtagspräsidenten feierlich eröffnet wurde.[32] Dieser sogenannte „Große Sabor" wurde aber bereits am 08. November durch königliches Dekret wieder aufgelöst, da er sich, wie der ungarische Reichstag, aus Protest gegen den Zentralismus der Wiener Regierung weigerte, Delegierte in den gemeinsamen Reichstag zu entsenden. Trotz seiner kurzen Tätigkeit markiert der Sabor von 1861 eine wichtige Entwicklung, da er sich nicht nur mit dem staatsrechtlichen Verhältnis des Landes zu Ungarn und der noch immer problematischen Grundentlastung beschäftigte, sondern auch die Weichen für die weitere Politik in Kroatien-Slawonien stellen sollte. Vor allem der sich in diesem Landtag manifestierende Gegensatz zwischen den Angehörigen der magyarophilen Unionisten und den antiungarischen „narodnjaci" sollte hierfür prägend sein. Da gerade in diesem Punkt einige Angehörige des Hochadels eine führende Rolle spielten, soll an dieser Stelle die Zusammensetzung des Sabors betrachtet werden. Von

31 Der Zusatz Groß („Veliki Sabor") drückt die Bedeutung des Landtags 1861 für die Entwicklung des Landes in der Rückschau aus und ist mittlerweile ein feststehender Begriff geworden. Vgl. dazu exemplarisch den Artikel zum „Großen Sabor 1861" auf dem offiziellen Internetauftritt des kroatischen Parlaments: http://www.sabor.hr/Default.aspx?art=1759&sec=442 [abgerufen am 18.05.2015].

32 Dnevnik Sabora Trojedne Kraljevine Dalmacije, hrvatske i Slavonije držana u glavnom gradu Zagrebu godine 1861. Zagreb 1862. S. 1–2.

den durch Banus Baron Josip Šokčević eingeladenen 79 Virilisten[33] nahmen 28 ihren Sitz im Sabor ein, davon 15 Magnaten, sechs Obergespane (Vorsteher der Komitate/Gespanschaften) und sieben Prälaten. Dies lässt sich zweifelsohne als ein Desinteresse des Adels an der Politik werten, jedoch ist es ebenso bezeichnend, dass die Adeligen, die am Landtag teilnahmen, auch in späteren Jahren eine zwar unterschiedliche, doch wahrnehmbare Rolle in der Landespolitik spielen sollten. Zu diesen zählten die Grafen Miroslav Kulmer, Ladislav Pejačević, Julije Janković, Richard Sermage sowie Baron Lazar Hellenbach. Von den sechs Obergespanen gehörten fünf dem Adel an, und auf dieser hohen Verwaltungsebene manifestierte sich geradezu eine Elitenkontinuität mit der Zeit vor 1848. Von den insgesamt 128 gewählten Abgeordneten war nur ein Teil adelig, wobei sich auch unter ihnen einige Magnaten und Mitglieder aristokratischer Familien finden.[34]

Dass der Adel seine politische Führungsrolle, die er vor 1848 innehatte, nicht zurückgewinnen konnte und damit auch im Sabor nicht erfüllte, steht außer Frage. Dennoch ist es bezeichnend, dass in zwei Ereignissen, die die Wahrnehmung der Legislaturperiode des Sabors von 1861 in der Öffentlichkeit nachhaltig bestimmen sollten, die Hauptakteure fast allesamt hochadelig waren. Doch während das eine Ereignis – die Rede des neu ernannten Vizekapitäns des Dreieinigen Königreichs, Graf Djuro Jelačić – das positive Bild einer einzelnen Adelsfamilie in der Historiographie mitbestimmen sollte, sorgte das zweite – die Niederlegung des Mandates durch 42 Landtagsmitglieder – in vergleichbarer Weise für das negative Bild des Adels als sozialer Gruppe.

Graf Djuro Jelačić, der jüngere Bruder des „Volksbanus" Graf Josip Jelačić, wurde im Juli 1861 zum Vizekapitän von Kroatien-Slawonien ernannt, sodass er nach dem Banus das Oberkommando über die Truppen des Königreichs innehatte. Bei seiner Vereidigung am 10. August im Landtag hielt er eine patriotische Rede, in der er zwar indirekt, doch unmissverständlich die Ungarn und die deutschen Österreicher als Volk kritisierte, jedoch nicht den Kaiser oder die Habsburgerdynastie. In dieser Rede beklagte er, dass im Vergleich zu den Türken, die sich nur mit dem „Körper eines Volkes" zufrieden gäben, andere Fremdherrscher auch nach der „Seele eines Volkes" trachteten, also deren „narodnost" (Nationalität). Und Beispiele gebe es im „Slawischen Süden" genug[35].

Diese leicht zu dechiffrierende Spitze gegen die österreichische wie ungarische Politik – wiewohl er durchaus habsburgertreu war – führte dazu, dass er von der Wiener Regierung am 16.08.1861 aller seiner Ämter und Funktionen enthoben wurde, dauerhaft pensioniert und nach Klagenfurt interniert wurde. Die Reaktionen in der kroatischen Öffentlichkeit waren heftig, der Landtag legte förmlichen Protest ein und

33 Perić: Hrvatski državni sabor 1848–1867. S. 241–242.
34 Perić: Hrvatski državni sabor 1848–1867. S. 241–242.
35 Perić: Hrvatski državni sabor 1848–1867. S. 252.

verlangte die Aufhebung des Arrests, die schließlich gewährt wurde.[36] Dieses Ausnahmeereignis um den „kroatischen Patrioten und Bruder des ruhmreichen Banus“[37] wird daher noch immer in der einheimischen Historiographie als positives Gegenbild zum ansonsten negativ wahrgenommenen Adel betrachtet, das durch seinen dezidiert patriotischen Gehalt den anationalen Charakter der Aristokratie eben nicht zu bestätigen scheint.

Wenige Wochen vor der „Affäre Jelačić“ sollte dieser seit dem Illyrismus perpetuierte Vorwurf gleichsam seine negative Bestätigung finden: Im Verlauf der Landtagssitzung am 13. Juli kam es zu einer hitzigen Debatte über das staatsrechtliche Verhältnis des Dreieinigen Königreichs zu Ungarn. Auf den Vorschlag des Unionisten und Landtagsvizepräsidenten Graf Julije Janković, dass man nun im Sabor entweder über eine Personal- oder Realunion mit Ungarn abstimmen sollte, entgegnete der bürgerliche Abgeordnete Slavoljub Vrbančić, dass sich einige der Landtagsmitglieder für eine Realunion aussprechen wollten und damit die Kroaten den Ungarn bedingungslos ausliefern würden.[38] Daraufhin verließ Graf Julije Janković in Begleitung einiger Parteigenossen aus Protest den Sitzungssaal. Am selben Tag verfassten diese 42 Abgeordneten und Virilisten (davon neun Magnaten) eine an den Banus Baron Josip Šokčević adressierte öffentliche Stellungnahme[39], in der sie allesamt ihre Mandate niederlegten. Als Gründe für diesen Schritt nannten sie die fortwährenden Angriffe und Vorwürfe gegen sie, wie sie in der Debatte am 17. Juli wieder erhoben wurden: Die Magnaten hätten gar kein Interesse am kroatischen Landtag,[40] und es sei schade, dass sich diesen Sezessionisten auch wahre Patrioten angeschlossen hätten, die eigentlich nicht in diese Gruppe gehörten.[41] Dies ist umso interessanter, als sich eben diese „unpatriotischen“ Unionisten unter Führung des Grafen Janković auf das Volk beriefen, dem sie alleine Rechenschaft abzulegen hätten.[42] Das zeigt, dass sich auch die als dezidierte Adelspartei rezipierten Unionisten ebenso wie ihre Gegner auf die modernen, bürgerlichen Konzepte und Ideen von Nation und Volkssouveränität beriefen. Auch in der an den Herrscher geschickten, auf Deutsch verfassten Erklärung ihres Austrittes vom 14. Juli gehen die Verfasser davon aus, dass ihr Schritt bei dem

---

36 Spisi saborski Sabora kraljevinah Dalmacije, Hrvatske i Slavonije od god. 1861. Bd. 1. Zagreb 1862. S. 79.

37 Perić: Hrvatski državni sabor 1848–1867. S. 252.

38 Dnevnik Sabora Trojedne Kraljevine Dalmacije, hrvatske i Slavonije Drzana u glavnom gradu Zagrebu godine 1861. Zagreb 1862. S. 351–456.

39 Dnevnik Sabora Trojedne Kraljevine Dalmacije, hrvatske i Slavonije Drzana u glavnom gradu Zagrebu godine 1861. S. 457–458.

40 Spisi saborski Sabora kraljevinah Dalmacije, Hrvatske i Slavonije od god. 1861. Bd. 1. Zagreb 1862. S. 486.

41 Spisi saborski Sabora kraljevinah Dalmacije, Hrvatske i Slavonije od god. 1861. Bd. 1. S. 488.

42 Dnevnik Sabora Trojedne Kraljevine Dalmacije, hrvatske i Slavonije držana u glavnom gradu Zagrebu godine 1861. Zagreb 1862. S. 457–458.

Volk „sicherlich die vollkommenste Anerkennung seiner Nothwendigkeit fände".[43] Der bereits zu diesem Zeitraum bestehende und sich in diesem „regionalen" Skandal plastisch manifestierende Diskurs über den „anationalen" Adel scheint jedoch zu beherrschend gewesen zu sein, als dass sich dieses Selbstbild der Unionisten auch auf ihre Außenwirkung übertragen hätte. Ein weiteres angeführtes Argument für ihren Schritt lässt sich – auch auf die Gefahr hin, eventuell spekulativ zu werden – am ehesten mit der Missbilligung des persönlichen Umgangs im Landtag erklären: Die „Uebermasse persönlicher Beleidigungen" habe auch dazu beigetragen, dass unter anderem „sämmtliche Magnaten und Vertreter des grossen Grundbesitzes"[44] den Sabor verließen. Im Kontext von Adligkeit gelten Höflichkeit und die Wahrung der Form als geradezu klassische Ausdrucksmöglichkeiten sozialer Distinktion, wohingegen ein Meinungskampf, der mit den „Waffen der äussersten Erbitterung und Verdächtigung, die sich selbst auf persönliche Insulten erstreckte"[45] ausgetragen wird, als etwas Vulgäres und Unehrenhaftes, von dem man als ehrbarer Herr Abstand zu nehmen hatte.

Dennoch handelte es sich bei diesem theatralischen „Auszug der Magyaronen" nicht um einen endgültigen Abgang des Adels von der politischen oder gar öffentlichen Bühne, wie sich am Beispiel der 1861 gegründeten Jugoslawischen Akademie der Wissenschaften und Künste in Zagreb zeigte. Diese höchste Bildungs- und Wissenschaftseinrichtung im Land hatte im Kontext des Nation-Buildings einen nicht zu überschätzenden Prestigecharakter, und die an ihrer Gründung maßgeblich beteiligten Personen konnten dadurch nicht nur ihren Patriotismus, sondern auch ihre gesellschaftliche Führungsrolle nachdrücklich bekräftigen. Daher ist es kein Zufall, dass gerade unionistische Aristokraten wie Graf Julije Janković oder Baron Gustav Hilleprand-Prandau jeweils 10000 Forint zu ihrer Gründung spendeten, und dass sich bezeichnenderweise im Landtagsausschuss, der sich mit der Finanzierung der Akademie befasste, auch Magnaten befanden. Darüber hinaus offenbarte die Gründung der JAZU die zum Teil sehr großen Besitzunterschiede innerhalb des Hochadels, dessen Angehörige in vereinzelten Fällen in prekären finanziellen Verhältnissen lebten: Graf Samuel Keglević machte dem Landtag das Angebot, seine 6492 Bände umfassende Privatbibliothek für 12 600 Forint für die Akademie zu kaufen.[46] Gerade im finanziellen Bereich lässt sich ein gewisses Nebeneinander von Pragmatismus und adeligem Habitus im Sinne eines weltmännischen *beau geste* feststellen, so dass es gerade Graf Julije Janković war, der nicht nur der JAZU eine großzügige Summe

43 Spisi saborski Sabora kraljevinah Dalmacije, Hrvatske i Slavonije od god. 1861. Bd. 1. S. 458.
44 Spisi saborski Sabora kraljevinah Dalmacije, Hrvatske i Slavonije od god. 1861. Bd. 1. S. 458.
45 Spisi saborski Sabora kraljevinah Dalmacije, Hrvatske i Slavonije od god. 1861. Bd. 1. S. 458.
46 Spisi saborski Sabora kraljevinah Dalmacije, Hrvatske i Slavonije od god. 1861. Bd. 2. Zagreb 1862. S. 22.

spendete, sondern auch einen Antrag zur Einführung von Diäten und Reisekostenerstattung für Landtagsabgeordnete einbrachte.[47]

Der Landtag von 1865–1867 steht in der Forschung und der kollektiven historischen Wahrnehmung in Kroatien eindeutig im Schatten des „Großen Sabors“ von 1861. Seine Tätigkeit ist eng im Kontext des Zustandekommens der schweren Staatskrise zu sehen, die im Zuge des verlorenen Krieges gegen Preußen 1866 und den darauffolgenden Verhandlungen zwischen den ungarischen Eliten und dem Wiener Hof und Regierung um eine staatliche Reorganisation entstand. Die Zusammensetzung unterschied sich vom Sabor 1861 vor allem darin, dass es nun weniger Adelige im Landtag gab, vor allem in der Gruppe der Abgeordneten. Lediglich Graf Constantin Normann-Ehrenfels war als Abgeordneter vertreten; als designierter Erbe und Schwiegersohn von Baron Gustav Hilleprand-Prandau vertrat er Valpovo, wo bezeichnenderweise das Prandausche Gut und Schloß lagen, – ein Beispiel für die enge Verquickung von Gutsherrschaft und lokaler Elitenposition, die auch auf dem politischen Feld beansprucht wurde. Insgesamt waren in diesem Sabor 28 Hochadelige, alle bis auf Normann-Ehrenfels als Virilisten bzw. „Regalisten“.[48]

Für unsere Untersuchung ist von besonderem Interesse, dass ein Versuch unternommen wurde, den inneren Aufbau des Sabors rechtlich zu fixieren und damit auch den Status der adeligen Virilisten festzulegen. Der dafür am 19.12.1865 gewählte Ausschuss zur Ausarbeitung einer neuen Landtagsordnung befand sich unter dem Vorsitz von Baron Lazar Hellenbach, und reichte diesbezüglich bereits am 19.01.1866 zwei Gesetzesvorschläge ein. Darin wurde festgelegt, dass kroatischer Magnat mit Virilstimme sein konnte, wer aus einer der hochadeligen Familien stammte, 30 Jahre vollendet hatte und den hauptsächlichen Wohnsitz in Kroatien-Slawonien besaß.[49] Die späteren Landtagsbestimmungen über die Zugehörigkeit zu den Virilisten aus den Jahren 1871, 1885 und 1891 sollten sich schließlich mit einigen Änderungen im Rahmen dieser Definition bewegen. Das bestimmende Thema des Landtags war jedoch das staatsrechtliche Verhältnis zwischen Kroatien einerseits und Ungarn bzw. Österreich andererseits. Die Debatten und Adressen an den König, die stets eine Individualität des Landes betonten, gipfelten schließlich in der Landtagsadresse an den König vom 18.05.1867, als die Verhandlungen zwischen Wien und Budapest über einen Ausgleich in vollem Gange waren. Darin wurde die Vereinigung von Dalmatien und Kroatien-Slawonien gefordert und der Standpunkt vertreten, dass aufgrund der verschiedenen staatsrechtlichen Verhältnisse ein Kompromiss zwischen dem König und Ungarn nicht für das Dreieinige Königreich gelten könne, da es als Königreich denselben Status wie Ungarn habe.[50] Diese Adresse diente schließlich als Grund bzw.

---

47 Spisi saborski Sabora kraljevinah Dalmacije, Hrvatske i Slavonije od god. 1861. Bd. 2. S. 39.
48 Hof- und Staats-Handbuch des Kaiserthumes Österreich 1866. Wien 1866. S. 639–641.
49 Perić: Hrvatski državni sabor 1848–1867. S. 358.
50 Gross: Die Anfänge des modernen Kroatien. S. 114.

Vorwand, um den Landtag, der weder völlig im Sinne des Königs und der Wiener Regierung, die auf einen dringenden Ausgleich mit Ungarn bedacht waren, noch im Sinne der ungarischen politischen Eliten handelte, am 25.05.1867 aufzulösen.[51] Diese Aufgabe sollte dann dem neuen Banus Baron Levin Rauch und seinem Sabor von 1868 zufallen.

Neben der Tatsache, dass die Landtage der 1860er Jahre die Weichen für die weitere Entwicklung der kroatischen nationalen Integration und das Nation-Building gelegt hatten, war ein wichtiges Ergebnis der die Selbstständigkeit forcierenden kroatischen Politik von 1861–1867, dass nun die ungarische Regierung bereit war, Zugeständnisse zu machen: Es wurde nicht mehr auf der völligen Inkorporation des Landes in einen homogenen ungarischen Nationalstaat wie noch 1848 bestanden, sondern Kroatien wurde eine – noch auszuhandelnde – Autonomie zugestanden. Dies kann durchaus als ein Erfolg der Landespolitik der 1860er Jahre gewertet werden.[52]

Abb. 2: Karte Österreich-Ungarns 1899.

51 Perić: Hrvatski državni sabor 1848–1867. S. 379.

52 Gross: Die Anfänge des modernen Kroatien. S. 116.

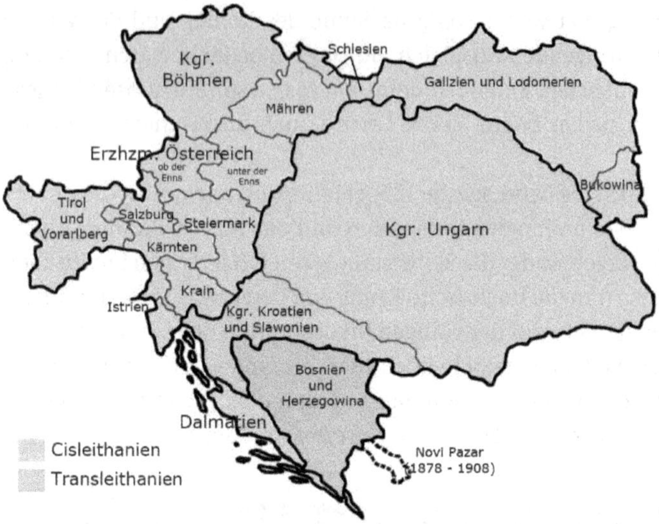

Abb. 3: Schematische Karte Österreich-Ungarns 1914 mit der Abbildung Cis- und Transleithaniens sowie Bosnien-Herzegowinas.

3 Der Sabor und das Banusamt als Arena und Bühne für Elitenaffirmation und Elitenkompromisse

3.1 Der Sabor 1867/68 und der kroatisch-ungarische Ausgleich 1868[1]

Der 1868 zusammengekommene Landtag zeichnete sich durch vielerlei Merkmale aus, die ihn als chronologischen Startpunkt der eigentlichen Analyse prädestinieren: Durch ihn wurde der kroatisch-ungarische Ausgleich 1868 verhandelt und beschlossen, der die gesetzliche Grundlage der politischen und sozialen Entwicklung des Landes bis 1918 bilden sollte. Ebenso stellt dieser Landtag einen späten Höhepunkt des adeligen Einflusses auf die Politik dar, sowohl in Bezug auf die personelle Zusammensetzung des Sabors, als auch durch die vom Landtag getroffenen Beschlüsse. Darüber hinaus fand im Rahmen dieser Landtagssession 1869 die letztmalige traditionelle Amtseinführung eines Banus statt, als Baron Levin Rauch diese Position antrat. Das hierbei angewandte Zeremoniell, das einer kleinen Krönung gleichkam, zeigte in seiner Performanz überdeutlich die Selbstaffirmation des Adels als traditionellem Träger der Nation und damit als gesellschaftlich relevant. Die allgemeine Akzeptanz dieser Selbstaffirmation wurde von den jeweiligen Akteuren bewusst gefordert und – nicht nur symbolisch – nach außen getragen.

Ende Juni 1867 wurde Baron Levin Rauch, der seit den 1840er Jahren zu den führenden Unionisten gehörte, zum neuen Banus ernannt. Nach Abschluss des österreichisch-ungarischen Ausgleichs wurde es von Seiten Wiens und Budapests für dringend erachtet, das staatsrechtliche Verhältnis Kroatiens zu Ungarn endgültig in ihrem Sinne zu definieren. Diese Aufgabe kam deshalb dem neuen Banus, dem durch ihn zustande gekommenen Sabor und der kroatischen Regnikolardeputation zu, die

1 Zum kroatisch-ungarischen Ausgleich siehe vor allem: Pliverić, Josef: Beiträge zum ungarisch-kroatischen Bundesrechte. Rechtliche und politische Erörterungen. Agram 1886. Hauptmann, Ferdo: Der kroatisch-ungarische Ausgleich von 1868. In: Der österreichisch-ungarische Ausgleich 1867. Seine Grundlagen und Auswirkungen. Hrsg. von Theodor Mayer. München 1968. S. 36–47.; Haselsteiner, Horst: Zur südslawischen Problematik des österreichisch-ungarischen Ausgleichs. In: Die Donaumonarchie und die südslawische Frage von 1848 bis 1918. Hrsg. von Adam Wandruszka. Wien 1978. S. 47–63.; Čepulo, Dalibor: Building the modern legal system in Croatia 1848–1918 in the centre-periphery perspective. In: Modernisierung durch Transfer zwischen den Weltkriegen. Hrsg. von Tomasz Giaro. Frankfurt am Main 2007. S. 47–91.; Kolaric, Aleksandra: Probleme der staatsrechtlichen Verhältnisse zwischen Kroatien und Ungarn und Österreich in der zweiten Hälfte des 19. Jahrhunderts. In: Entwicklung der Nationalbewegungen in Europa 1850–1914. Hrsg.von Heiner Timmermann. Berlin 1998. S. 87–98.; Sirotković: Die Verwaltung im Königreich Kroatien und Slawonien 1848–1918. S. 469–498.; Gross: Die Landtage der Länder der Ungarischen Krone. S. 2283–2316.; Perić, Ivo: Hrvatski državni sabor 1848.– 2000. Prvi svezak: 1848–1867. Zagreb 2000.; Hrvatski državni sabor 1848.– 2000. Drugi svezak: 1868–1918. Zagreb 2000.

DOI 10.1515/9783110521238-003

mit ihrem ungarischen Pendant in Budapest von April bis Juni 1868 den kroatisch-ungarischen Ausgleich verhandelte.

Da zur Durchführung dieser Ziele ein „gehorsamer“ Landtag nötig war, wurden von der Wiener Hofkanzlei Wahlverordnungen ausgearbeitet, die eine entsprechende Mehrheit sichern sollten. Während die Virilistensitze wie schon in den Landtagen von 1861 und 1865–67 beibehalten wurden, erhöhte man den Zensus, und die Anzahl der gewählten Abgeordneten wurde gesenkt. Dadurch konnten einige Gemeinden, die mehrheitlich von Handel und Intelligenz bestimmt wurden, keine Vertreter entsenden.[2] Zwar legte der Landtag dagegen Protest ein und bestätigte diesen nochmals vor der Auflösung des Sabors am 11.05.1867, doch blieben diese Widerstandsmaßnahmen zwecklos: Die Wahlen zum Landtag 1867 wurden trotzdem, mittels massiver Gewaltmaßnahmen, auf der Grundlage dieser durch den Sabor nicht-sanktionierten neuen Wahlbestimmungen abgehalten, sodass erwartungsgemäß eine regierungstreue Mehrheit zustande kam. Da die Opposition der Nationalpartei aus Protest gegen diese offenkundige Missachtung der Verfassung von Seiten der Wiener Regierung und des Hofes kollektiv ihr Mandat niederlegte, war der gesamte Sabor unionistisch dominiert.[3] Wie die genaue prosopographische Analyse des Landtags zeigt, bedeutete dies auch eine Dominanz des Adels. Insgesamt hatte der Landtag 124 Mitglieder, von denen 57 ernannte Virilisten und 67 gewählte Abgeordnete waren. Die soziale Zusammensetzung der Gruppe der Virilisten – Prälaten, Obergespane und Magnaten – sollte in ihrer Grundstruktur bis zum Ende der k.u.k.-Monarchie beibehalten bleiben: Von den neun Prälaten gehörte nur einer dem Adel an, und an dieser gewissen bürgerlichen Dominanz in kirchlichen Elitenpositionen bzw. Kommandohöhen sollte sich bis 1918 nichts ändern, was auch für die übrigen Teile der Monarchie gilt.[4] Im Gegensatz dazu wurden die Posten der sieben Obergespane 1868 allesamt von Adeligen gehalten, und insgesamt 41 Magnaten hatten ihren Sitz im Landtag genommen. Haben wir bei den Virilisten eine erwartete absolute Dominanz des Adels, (75 Prozent der Virilstimmen kamen allein den Aristokraten zu), finden wir auch bei den gewählten Abgeordneten eine überproportional hohe Anzahl von Adeligen, nämlich insgesamt 37 Prozent.[5] Dieser unionistisch und adelig dominierte Landtag vertrat aber nicht immer eine einheitliche Linie. Vielmehr bestanden zwei Gruppierungen, die vor allem in der Frage der Autonomie des Königreichs Kroatien-Slawonien unterschiedliche Positionen einnahmen. Verlangten vor allem die „Altunionisten“ um den

2 Gross: Die Anfänge des modernen Kroatien. S. 119.

3 Gross: Die Anfänge des modernen Kroatien. S. 120.

4 Fürst Adam Stefan Sapieha, Kardinal und Erzbischof von Krakau (1867–1951), Fürst Friedrich Johann zu Schwarzenberg (1809 – 1885), Kardinal und Erzbischof von Salzburg und Prag sowie Josip pl. Mihalović (1814. – 1891.), Kardinal und Erzbischof von Zagreb, können dabei eher als Ausnahmen gelten.

5 Angaben anhand von: Hof- und Staats-Handbuch des Kaiserthumes Österreich für das Jahr 1868. Wien 1868. S. 649–650.

Banus Rauch eine sehr enge Anbindung an Ungarn – vor allem aufgrund der liberalen wirtschaftlichen Interessen, die sie mit Teilen des ungarischen Adels teilten –, gingen die „gemäßigten Unionisten" zwar von einer staatlichen Gemeinsamkeit auf der Grundlage der Pragmatischen Sanktion von 1723[6] aus, nicht jedoch von einer staatlichen Einheit beider Länder. Trotz dieser Unterschiede und der daraus resultierenden Diskussionen wurde der von den beiden Regnikolardeputationen ausgehandelte Ausgleich, auf dessen wichtigste Punkte eingegangen werden soll, vom Landtag am 20.09.1868 sanktioniert.

Der Charakter des kroatisch-ungarischen Ausgleichs, der als GA I/1868 im kroatischen Landtag und als GA XXX/1868 im ungarischen Parlament verabschiedet wurde, lässt sich im Vergleich zu seinem „großen" Bruder, dem österreichisch-ungarischen Ausgleich, als asymmetrisch bezeichnen.[7] Kroatien-Slawonien kehrte nun de jure und de facto in den Verband der Stephanskrone zurück, erhielt zwar eine beschränkte Autonomie, die jedoch ohne Zweifel über die im Februardiplom 1861 gewährten Befugnisse hinaus ging. Als gemeinsame Angelegenheiten von Ungarn und Kroatien galten nun die Armee, das Finanzministerium, die Gesetzgebung zu Wirtschaft, Handel und Gewerbe, was vor allem das Postwesen, den Verkehr und die Zölle betraf. Kroatien-Slawonien erhielt Autonomie in Sachen Inneres, Justiz, Bildung und Kultus. Außerdem wurde Kroatisch zur Amtssprache, die einzelnen Flaggen und Wappen zu nationalen Symbolen erklärt. Der Sabor entsandte Delegierte in den Reichstag in Budapest, und in der ungarischen Regierung wurde ein Ministerium ohne Portefeuille für Kroatien-Slawonien eingerichtet. Dennoch behielt die ungarische Regierung die maßgebliche Entscheidungsgewalt in gemeinsamen Angelegenheiten. Die Eigenständigkeit der kroatischen Landesregierung wurde ferner dadurch eingeschränkt, dass der Banus nun gegenüber dem Sabor verantwortlich war, aber vom König auf Vorschlag des ungarischen Ministerpräsidenten ernannt wurde. Fast noch weitreichender waren die finanziellen Bestimmungen, mit denen Zagreb einen Großteil seiner Möglichkeiten und Kompetenzen an Budapest abtrat: Die kroatische Regierung erhielt als Festbetrag jeweils auf zehn Jahre 2,2 Mio. Forint, was ca. 45 Prozent der Steuereinnahmen ausmachte. 55 Prozent mussten an die ungarische Regierung abgeführt werden; sollten die Einnahmen jedoch unter der festgesetzten Pauschale bleiben, würde der fehlende Rest aus dem ungarischen Budget gedeckt. Zwar wurde die Pauschale 1873 abgeschafft, doch ist gerade dieses finanzielle System bezeichnend für die Ausprägung der ausgehandelten Autonomie. Durch die Aufgabe der eigenen Finanzhoheit blieb der Spielraum der kroatischen Landesregierung bei der Durchsetzung eigener Interessen eingeschränkt und letztendlich an den politischen Willen Budapests gebunden. Das Verhältnis der Budapester Regierung zur kroatischen Autonomie lässt sich darüber hinaus unmissverständlich am Status der Stadt

6 Gross: Die Anfänge des modernen Kroatien. S. 120.
7 Steindorff: Kroatien. S. 113.

Rijeka ablesen. Die beiden Regnikolardeputationen konnten keine Einigung darüber erzielen, wem die aufstrebende Hafenstadt zufallen sollte, wobei sich die Stadtregierung selbst aufgrund ihrer wirtschaftlichen Beziehungen durch den Anschluss an Ungarn bessere Entwicklungschancen erhoffte. Nachdem der kroatische Urkundentext schon verfasst worden war, intervenierte die ungarische Regierung direkt am Wiener Hof und setzte als Änderung die sogenannte „riječka krpica", das „Rijeka-Fetzchen" durch: Über den kroatischen Text wurde einfach ein Stückchen Papier mit dem neuen Artikel 66 geklebt, der Rijeka als *corpus separatum* der Stephanskrone definierte. Der kroatische und der ungarische Text sind nicht identisch: Während die kroatische Version konsequent den Begriff „Königreich" sowohl für Ungarn als auch für Kroatien, Slawonien und Dalmatien verwendet, wird dieser Ausdruck für beide Königreiche in der ungarischen Version durchgehend vermieden. Ebenso finden wir im ungarischen Text den Ausgleichsvertrag als gemeinsames Grundgesetz Ungarns und Kroatiens, Slawoniens und Dalmatiens bezeichnet, was in der kroatischen Urkunde fehlt. Dadurch konnte von kroatischer Seite der Ausgleich als Vertrag zwischen zwei Staaten interpretiert werden, was natürlich in Ungarn vollkommen anders betrachtet wurde, wo weder der kroatische Landtag noch die Landesregierung als gleichwertig angesehen wurden.[8] Zwar bestimmte der Ausgleich von 1868 den bis 1918 bestehenden politischen Rahmen für die weitere Entwicklung und garantierte Kroatien-Slawonien eine Autonomie, wie sie innerhalb der Stephanskrone einzigartig war und auch im Vergleich zu den cisleithanischen Kronländern recht weit ging, doch war er ebenso der Grund für die weiteren Konflikte zwischen Budapest und Zagreb. Denn während sich die kroatische Seite für den Erhalt, wenn nicht gar die Ausweitung der autonomen Befugnisse einsetzte, beharrte die ungarische Position auf der möglichst engen Auslegung des Ausgleichs bis hin zur schrittweisen Beschränkung der Autonomie, da diese auch in der bestehenden Form das Konzept des magyarischen integralistischen Nationalstaats in Frage stellen konnte. So wie der Ausgleich auf nationaler Ebene von den beiden Vertragspartnern unterschiedlich ausgelegt und bewertet wurde, geschah dies auch auf der regionalen Ebene des Landtags selbst. Anders als in der bisherigen historischen Forschung großenteils angenommen, wurde der Ausgleich auch von einigen Adeligen keineswegs widerspruchslos hingenommen. Begrüßten führende Unionisten wie Graf Julije Janković den Ausgleich enthusi-

8 Eine konzise Darstellung der ungarischen Interpretation des Ausgleichs von 1868 sowie des staatsrechtlichen Verhältnisses zwischen Ungarn und Kroatien findet sich bei: Revesz, Laszlo: Der ungarische Reichstag 1848 bis 1918: Rechtliche Grundlagen und praktische Umsetzung. In: Die Habsburgermonarchie 1848–1918. Verfassung und Parlamentarismus. 1.Teilband: Verfassungsrecht, Verfassungswirklichkeit, Zentrale Körperschaften. Hrsg.von Helmut Rumpler u. Peter Urbanitsch. S. 1013–1018. Revesz stimmt Pliverić zu, dass womöglich die schiere Unkenntnis der Bestimmungen sowohl in Ungarn als auch in Kroatien zu den Nichteinhaltungen und Konflikten geführt habe. Angesichts der Tatsache, dass der Vertrag 50 Jahre Bestand hatte erscheint diese Erklärung jedoch etwas apologetisch, vor allem in Bezug auf die ungarischen Brüche des Vertrages.

astisch, da durch ihn die Kroaten und Ungarn wieder zueinander fänden und garantiert sei, dass es sich nicht um eine staatliche Einheit, sondern um eine staatliche Gemeinschaft handele,[9] rief vor allem die finanzielle Regelung Kritik hervor. Baron Lazar Hellenbach stellte folgerichtig dar, dass aufgrund der finanziellen Beschlüsse das Land weitaus schwächer als gewünscht sei. In seinen Reden exponierte er sich als Vertreter liberaler Ideen und Prinzipien, da nur diese die Entwicklung des Landes und der Gesellschaft sichern könnten. Da dies jedoch durch die bisherige Arbeit des Sabors und der Regierung Baron Rauchs nicht getan sei, würde er künftig schweigen – „um erröten zu können".[10] Gerade in dieser mit Haltung dargebrachten Kritik zeigt sich abermals die Heterogenität adeliger Positionen nicht nur in Fragen der Politik, sondern auch der Wirtschaft. Die sich im Landtag 1868 offenbarte Uneinigkeit (die jedoch keineswegs unüberbrückbar war) innerhalb der Gruppe der Unionisten und damit auch zum großen Teil innerhalb des Adels und der Aristokratie in Bezug auf den Ausgleich sollte im Sabor bis zum faktischen Ende der Unionistischen Partei, seit den Wahlgewinnen der Kroatisch-Serbischen Koalition 1905/06, bestehen bleiben.[11]

3.2 Pomp & Circumstance: Die Amtseinführung des Banus Baron Levin Rauch 1869 als Manifestation adeligen Elitenanspruchs

Im September 1869 wurde die Landeshauptstadt Zagreb Schauplatz der mehrtägigen Amtseinführung des Banus Levin Rauch. Es ist nicht ohne Ironie, dass diese traditionelle Inauguration des ersten zivilen Banus seit dem Anfang des 19. Jahrhunderts in dieser Form auch die letzte sein sollte. Die Amtseinführung von Baron Levin Rauch, die einer kleinen Krönung gleichkam, erhielt als gesellschaftliches Großereignis auch ein entsprechendes Presseecho in der gesamten Donaumonarchie.[12] Am 08.09.1869 wurde Levin Rauch von der Garde der Stadt Varaždin, Magnaten, staatlichen Würdenträgern und Deputationen von Politikern aus Ungarn in seinem Landschloss Lužnica begrüßt und abgeholt. Am Nachmittag begab sich der Festzug, angeführt von einer Abteilung der Landwehr-Ulanen, der als Herold im mittelalterlichen Kostüm Graf Vojkffy folgte, nach Zagreb. Baron Levin Rauch selbst fuhr in einer offenen Galaequipage, bezeichnenderweise hinter dem kroatischen Minister des ungarischen Kabinetts, Koloman pl. Bedeković. In der Gemeinde Črnomerec hielt der Zagreber Obergespan

9 Dnevnik Sabora Trojedne Kraljevine Dalmacije, hrvatske i Slavonije držana u glavnom gradu Zagrebu godine 1868–1871. Zagreb (s.d.). S. 177.

10 Dnevnik Sabora Trojedne Kraljevine Dalmacije, hrvatske i Slavonije držana u glavnom gradu Zagrebu godine 1868–1871. Zagreb (s.d.). S. 166–167.

11 Die Koalition konnte von 1906 bis 1913 fünf Landtagswahlen in Kroatien-Slawonien gewinnen

12 So schreibt *Die Presse*, dass das Volksfest gut besucht war und 300 Gedecke beim Galadinner aufgelegt wurden: Die Presse 10.09.1869. Ein detaillierter Bericht zu den Feierlichkeiten findet sich in: Das Vaterland 11.09.1869.

Mirko pl. Bogović eine erste Lobrede auf den neuen Banus.[13] Der Festzug machte in Zagreb seinen ersten Halt am Palais von Graf Samuel Keglević, wo ein Triumphbogen stand, bevor Rauch in das Banalpalais am Markusplatz als seinem neuen Amts- und Wohnsitz geleitet wurde. Am 09.11.1869 fand dann die Vereidigung im Landtag statt, bei der auch der französische, englische und portugiesische Konsul anwesend waren, sodass das Ereignis eine gewisse internationale Note erhielt.[14] Nach dem Tedeum in der Kathedrale wurde, umrahmt von einem großen Volksfest, ein Ochse gebraten und an die Menge verteilt, und am Abend fand eine Galatheatervorstellung statt, bei der das geladene Publikum – wie Jahrzehnte später zu Einweihung des Kroatischen Nationaltheaters 1895 – in Landestrachten erschien.[15] Den Abschluss der mehrtägigen Feier bildete schließlich der obligatorische Ball im Palast des Erzbischofs.

Abb. 4: Das Banuspalais und der Markusplatz während des Besuchs des Kaisers und Königs Franz Joseph in Zagreb 1895. Das Banuspalais, *Banski dvori*, war von 1809–1918 die Residenz des Banus, im sozialistischen Jugoslawien 1945-1990 beherbergte es das Präsidium der SR Kroatien und ist seit 1992 der Regierungssitz der Republik Kroatien.

Nach dem Zustandekommen des nicht unumstrittenen Ausgleichs von 1868 kam diesem glanzvollen Festmarathon als Inszenierung des Landes und der Nation eine mehrfache Aufgabe zu. Zum einen hatte die Amtseinführung des Banus Rauch einen integrativen Zweck nach innen zu erfüllen, indem der autonome Charakter des Landes trotz bzw. – im Sinne der Inszenierung – *durch* den Ausgleich betont wurde. Diese innere Affirmation zeigte auch die gewünschte Signalwirkung nach außen, da sie eine klare Loyalitätsbekundung gegenüber dem Ausgleichssystem von 1867

---

13 Das Vaterland 11.09.1869. Wie Kukuljević-Sakcinski gehörte er zu den führenden Illyristen – und wie dieser stellte er ein Beispiel für Elitenkontinuität dar, da er als ehemaliger führender Illyrist nach 1848/49 eine Karriere in der Staatsverwaltung durchlief.

14 Neue Freie Presse 10.09.1869. Ebenso: Das Vaterland 11.09.1869.

15 Neue Freie Presse 10.09.1869.

und der Zugehörigkeit Kroatien-Slawoniens zur Stephanskrone darstellte. In diesem Kontext, der die prächtige Amtseinführung wie eine Bestätigung der Richtigkeit des Ausgleichs von 1868 wirken lässt, kann man auch die Anwesenheit der ausländischen Konsuln interpretieren. So sehr diese realpolitisch unbedeutend war, gab es doch nach innen die Gewissheit, dass die ausgehandelte Autonomie gleichsam international anerkannt wurde.

Es handelte sich um eine traditionelle vormoderne Inszenierung des Landes, der Nation und der Gesellschaft, die eingebettet war in den Kontext des modernen Nation-Buildings und der sich zunehmend modernisierenden, bürgerlich geprägten kroatischen Gesellschaft. So trug das Zagreber Banderium die klassische „ungarische" Nationaltracht als Galauniform, aber in den kroatischen Nationalfarben.[16] Der *buzdovan*, das Szepter des Banus, war sowohl mit den Wappen Ungarns und des Dreieinigen Königreichs als auch mit Figürchen geschmückt, die Nationalhelden wie Nikola Šubić-Zrinski darstellten.[17]

Besonders wichtig, auch im sozialen Kontext, ist die Rolle des Adels. Die wichtigsten Akteure bei der Installation des Banus waren Adelige bzw. Aristokraten, was sich exemplarisch an den Trägern der Landes- und Banusinsignien aufzeigen lässt: Baron Inkey de Palin trug die Standarte des Banus, Hinko pl. Francisci die Fahne Kroatiens, Graf Károly Khuen-Hédervàry die Slawoniens, Graf Oskar Keglević die Staatsflagge Österreich-Ungarns und Julije pl. Jelačić das Szepter des Banus.[18] Vom akteursbezogenen Ansatz der Arbeit ausgehend, zeigt sich darin eine Darstellung adeligen Selbstverständnisses auf mehreren Ebenen. Adelige füllten damit nicht nur wichtige zeremonielle Rollen aus, sondern konnten sich durch das konkrete Tragen von Fahnen und Insignien, die die Nation und das Land symbolisierten, performativ als Träger der Nation darstellen, also als aktive Subjekte, die die kroatische Nation verkörperten. Wie im gesamten Ablauf der Feierlichkeiten lässt sich auch in diesem Detail ein Anachronismus erkennen, da dadurch das vormoderne Verständnis der Adelsnation in den Kontext der modernen Nationsauffassung eingebunden wurde.

Die Amtseinführung ging zwar nach vormodernen Mustern und Praktiken vonstatten, aber der darin transponierte Inhalt – die Affirmation der noch nicht endgültig definierten, doch sich entwickelnden kroatischen Nation – war modern, sodass man durchaus von einer Gleichzeitigkeit des Ungleichzeitigen sprechen kann.[19] Die somit

16 Neue Freie Presse 10.09.1869.

17 Neue Freie Presse 10.09.1869.

18 Neue Freie Presse 12.09.1869. Der Artikel geht detailliiert auf die Feierlichkeiten in Zagreb ein und betont die „adeligen Träger der Fahnen der Königreiche" sowie Rauch als den ersten „Civil-Ban". Vgl. dazu auch: Szabo, Gjuro: Instalacija nagodbenog bana barona Levina Raucha 1869. Zagreb 1938. S. 169. Sowie die Photographien in diesem Aufsatz der Fahnenträger in diesem Aufsatz S. 165 und S. 167.

19 Vgl. Bloch, Ernst: Erbschaft dieser Zeit. Erweiterte Ausgabe. Frankfurt am Main 1985. Für Bloch ist die Gleichzeitigkeit von Ungleichzeitigem eines der Kennzeichen der Moderne, vor allem im Verhältnis von Fortschritt und der damit verbundenen mentalen Verweigerung der Modernität.

zur Schau gestellte Elitenposition des Adels diente als Performance sowohl der Selbstvergewisserung als auch der Bestätigung durch die übrige Gesellschaft. Dies kommt unter anderem sehr deutlich in den zu diesem Anlass gemachten Fotos der fünf Insignienträger zum Ausdruck: Alle ließen sich in ihren Magnatenroben abbilden, sodass auch durch die Kleidung eine eindeutige Aussage, nämlich die deutliche Abgrenzung von anderen Gesellschaftsgruppen (und Adelsgruppen) kommuniziert wurde. Diese gesellschaftliche Komponente adeliger, im Grunde spätfeudaler Elitenaffirmation zeigte sich auch in der Rolle, die dem einfachen Volk bei den Feierlichkeiten zugedacht war. Der aristokratische Banus ließ als Stellvertreter des Königs ganz in der Tradition landesväterlicher und adeliger Generosität das Volk an den Feierlichkeiten teilhaben, indem der gebratene Ochse an die Bevölkerung verteilt wurde, nachdem der Banus selbst den ersten Teller des Bratens erhielt. Laut dem schon vorab gedruckten Programm sollte ein weiterer Höhepunkt volkstümlicher Generosität das Werfen von Silbermünzen unter die am Markusplatz versammelte Menge werden, doch entschied sich Baron Levin Rauch für einen dezenteren, moderneren Akt der Wohltätigkeit, indem er das Geld verschiedenen Stellen in Zagreb spendete – und damit für allgemeine Enttäuschung sorgte.[20]

Die Amtseinführung von Banus Rauch als prächtige Zurschaustellung des Ausgleichsystems, aristokratischen Glanzes und der habsburgischen Wirklichkeit Kroatiens wurde von der antihabsburgischen und adelsfeindlichen kroatischen bzw. jugoslawischen Geschichtswissenschaft entsprechend kritisch betrachtet. Die Person des Banus Rauch und die Feierlichkeiten im Herbst 1869 stellen ein geradezu ideales Ziel für adelskritische Polemik dar. Für Gjuro Szabo stellte der „rostige Adel, der nicht mal seine kroatische Sprache verwenden wollte“[21] lediglich die Staffage in Magnatenkleidung für „simple politische Verbrechen und Schurkereien“ dar.[22] Daher musste dieser „entfremdete Adel und Halbadel“ ebenso wie die Doppelmonarchie verfallen.[23] Diese drastischen Aussagen zeigen abermals, wie das negative Narrativ zum Adel im Ersten Jugoslawien weiter tradiert wurde und sich damit auch im jugoslawischen Sozialismus nach 1945 halten konnte. Die Trivialität dieser ex post Feststellung Szabos ist dabei exemplarisch für den jugoslawischen Umgang mit der k.u.k.-Monarchie: Das Erste Jugoslawien basierte schlichtweg auf dem Zerfall der Donaumonarchie, mit welcher auch der Adel Österreich-Ungarns in den ab 1918 jugoslawischen Landesteilen zerschlagen wurde.

---

20 Neue Freie Presse 12.09.1869.
21 Szabo: Instalacija. S. 157.
22 Szabo: Instalacija. S. 157.
23 Szabo: Instalacija. S. 157.

Abb. 5: Graf Károly Khuen-Héderváry, der spätere Banus, mit der Fahne Slawoniens. Die vier Aufnahmen auf dieser Seite entstanden zur Amtseinführung des Banus Rauch 1869.

Abb. 6: Hinko pl. Francisci mit der Fahne Kroatiens.

Abb. 7: Ferdo pl. Inkey de Palin mit der Standarte des Banus.

Abb. 8: Julije pl. Jelačić mit dem buzdovan, dem Szepter des Banus.

3.3 War Ivan Mažuranić die Ausnahme? – Das Amt des Banus aus soziologischer Sicht

Der Banus stellte seit dem Mittelalter und der ungarisch-kroatischen Personalunion 1102 als Stellvertreter des Königs den höchsten Repräsentanten des Staates, und galt daher traditionell – trotz wechselnder Befugnisse im Laufe der Jahrhunderte – als Bestätigung der kroatischen Individualität innerhalb der Stephanskrone und ab 1526 des Habsburgerreiches. Hierarchisch galt der Ban von Kroatien als der Dritte der Erz-, Kron- und Reichsbeamten des Königreichs Ungarn, der unter anderem bei der Krönung den Reichsapfel trug. Nach der Revolution 1848/49 und der oktroyierten Verfassung vom März 1848 bzw. dem Oktoberdiplom 1860 wurde der Banus vom König direkt ernannt, da bis zu den Ausgleichen 1867 und 1868 Kroatien-Slawonien ein selbständiges, juristisch und politisch von Ungarn getrenntes Reichsland darstellte. Seit 1868 wurde der Banus von der ungarischen Regierung vorgeschlagen und vom König ernannt, was die Schwäche der kroatischen Autonomie verdeutlichte, da der Banus nun von Budapest abhängig war und de facto dessen Exekutivorgan wurde. Dies engte den Handlungsspielraum des Banus vor allem bei unterschiedlichen politischen Meinungen bzw. Konflikten ein, wie es beispielsweise während der Regierungen von Ivan Mažuranić, Graf Ladislav Pejačević und dessen Sohn Teodor der Fall war. Zwar war der Banus auch Oberbefehlshaber der Honvéd-Einheiten im Land, durfte aber seit 1868 kein Militär mehr sein, was eine Reaktion der ungarischen Regierung auf die Amtszeiten von Graf Josip Jelačić 1848–1859 und Baron Josip Šokčević 1860–1867 war, die beide ranghohe erfahrene Offiziere waren und eine dezidiert antiungarische bzw. proösterreichische Politik verfolgten. Die einzige Ausnahme stellte Hermann von Ramberg dar, der von März bis September 1883 als Nachfolger von Graf Ladislav Pejačević nicht Banus, aber königlicher Bevollmächtigter mit den Befugnissen eines Banus war. Von Ramberg, der ebenfalls von der ungarischen Regierung vorgeschlagen wurde und der einzige „landfremde" in dieser Funktion war, hatte als Militär vornehmlich die Aufgabe, die politischen und sozialen Unruhen im Land, die im Zuge des Wappenschilderstreites 1883 immer wieder ausbrachen, zu unterbinden.

In soziologischer Hinsicht war das Banusamt fest in adeliger Hand: alle Banuse bis auf Ivan Mažuranić waren adeliger Herkunft, sowohl aus dem Hoch- wie Kleinadel. Eine weitere Ausnahme bildete Slavko pl. Cuvaj, der aus einer bürgerlichen Beamtenfamilie stammte und erst später als hoher Beamter und Vizegespan des Komitats Virovitica nobilitiert wurde[24], um dann nach seiner Amtszeit als Banus und königlicher Kommissar in den Freiherrenstand erhoben zu werden – und damit eindeutig der Zweiten Gesellschaft angehörte. Von den zwölf Banusen und zwei königlichen Stellvertretern (Antun pl. Vakanović und Baron Hermann Ramberg) im Zeitraum

24 Zu Slavko pl. Cuvaj: Hrvatski Biografski Leksikon, „Cuvaj, Slavko". Ebenso: Durman, Milan: Jukićev atentat na Cuvaja. Književnik 10 (1937). S. 177–185.

von 1868–1918 gehörten fünf zu den Magnatenfamilien mit Virilstimme (die Barone Levin und dessen Sohn Pavao Rauch und die Grafen Ladislav Pejačević, Károly Khuen-Hédervàry und Teodor Pejačević), sechs zum einheimischen alten Klein- und Landadel, (Koloman pl. Bedeković, Antun pl. Vakanović, Aleksandar pl. Rakodczay, Nikola pl. Tomašić, Baron Ivan Skerlecz de Lomnicza, dessen Familie 1857 den Freiherrenstand erhielt, und Antun pl. Mihalović). Traditionell war die Familie pl. Mihalović als slawonische Großgrundbesitzer eng mit den dort ansässigen Magnaten, vor allem den Grafen Pejačević,[25] verbunden. Innerhalb des kroatisch-slawonischen Adels stellte sie zusammen mit den Adamovich-Čepinski, die erst 1913 das Baronat verliehen bekamen, ein in gewisser Hinsicht soziologisch hybrides Phänomen dar, da sie zwar zu den Großgrundbesitzern gehörten und eher im hochadeligen Milieu des Landes anzusiedeln waren und von diesem auch als gleichrangig akzeptiert wurden, wie z.B. Eheschließungen zwischen den Adamovich-Čepinski, Mihalović und Pejačević zeigen, aber formal dennoch nicht dem Hochadel angehörten.

Ivan Mažuranić wurde daher nicht nur in der historischen Rückschau als Ausnahme betrachtet, was in seinem Beinamen „*Ban Pučanin* – der Bürger-Banus" Ausdruck findet. Dennoch wurde das Amt des Banus nicht abstrakt mit Adligkeit gleichgesetzt, sondern vor allem personenbezogen rezipiert: So wurde bereits zu seinen Lebzeiten Graf Ladislav Pejačević als „*Ban Kavalir* – Der Kavalier-Banus" bezeichnet[26], was auf seine ihm nachgesagte Galanterie und adelige Distinktion, aber auch „galante Abenteuer" anspielen sollte. Die Adligkeit von Graf Pejačević habe sich durch „starkes individualistisches Gepräge" und eine „aristokratische Noblesse" manifestiert, wobei er als „liebenswürdiger und herzensgute Cavalier" dennoch fernab von Standesdünkel gewesen sein soll.[27] Was wie ein Paradoxon wirkt, erscheint vor dem Hintergrund des Konzepts des Habitus aber geradezu als adelige Distinktion par excellence: Ungezwungenheit und eine gewisse Leichtigkeit im gesellschaftlichen Umgang, worauf das Etikett des „Kavaliers" rekurriert. Eine Parallele, wenn auch auf gesellschaftlich etwas höherer Ebene, stellt Vittorio Emanuele II. als erster italienischer König dar. Auch ihm wurde schon von Zeitgenossen das Etikett des „*Re Galantuomo*", des galanten „Gentleman-Königs", zugesprochen. Galanterie und Ritterlichkeit galten seit dem Mittelalter als adelige Eigenschaften und gehörten damit zu den adeligen Distinktionsmerkmalen schlechthin. Dass der adelige Charakter bestimmter Banuse stets individuell und nicht als eine gruppenspezifische Eigenschaft betrachtet wurde, zeigt sich beispielsweise an Graf Károly Khuen-Hédervàry, dessen Adligkeit im

---

25 Zur Familie Mihalović siehe: Lučevnjak: Obitelj Mihalović. S. 113–132.; Alebić, Tamara: Plemstvo orahovačkoga kraja kroz prošlost. In: Povijesni zbornik. Godišnjak za kulturno i povijesno naslijeđe. Br. 1–2, (2006/2007). S. 255–270.

26 Vgl. Cuvaj od Carevgrada, Antun pl.: Grofovi Pejačević; njihov rad za kralja i dom. Zagreb 1913. S. 56: „Das Andenken an Graf Ladislav Pejačević lebe im Volk weiter, das ihn „ban-kavalir" nennt". [Übersetzung des Verfassers]

27 Agramer Zeitung 09.04.1901. Nachruf auf Graf Pejačević.

Vergleich zu Pejačević von Zeitgenossen als negativ bewertet wurde: Von der Opposition im Landtag wurde er regelmäßig als „*Gospodin Grof*" – Herr Graf – und nicht als Exzellenz oder Banus angesprochen. Und die Standeserhöhung des neuadeligen Slavko pl. Cuvaj zum Baron nach seinem Rücktritt als Banus 1912 galt sowohl Zeitgenossen wie in der Retrospektive als Belohnung eines „Tyrannen und Blutsaugers" für die „Unterdrückung seines eigenen Volkes".[28] Dass Cuvaj ebenso wie Mažuranić bürgerlicher Herkunft war, Mažuranić aber als einziger das Epitheton des „Bürgerlichen Banus" erhielt, und damit die ebenso bürgerliche Herkunft Cuvajs übersehen wurde, ist weniger ein Indiz für eine a priori negative Konnotation des Banusamts mit Adligkeit, als vielmehr eine Betonung und Überhöhung der Rolle Mažuranićs für die Nation, da durch den Beinamen seine enge Verbindung mit dem Volk hervorgehoben werden sollte. Da das kroatische Nation-Building-Konzept dezidiert bürgerlich geprägt war, erscheint es umso schlüssiger, dass Mažuranić zwar nicht der einzige bürgerliche Banus war, aber doch als solcher rezipiert wird, sowohl im kollektiven kroatischen Gedächtnis als auch in der Geschichtswissenschaft.[29]

Neben der Tatsache, dass fast alle Banuse einen adeligen Hintergrund hatten, gibt es bezeichnenderweise eine weitere Gemeinsamkeit, die darin besteht, dass sie allesamt bereits zuvor Karriere in der Landespolitik bzw. der Verwaltung gemacht oder zumindest einen Teil ihrer Ausbildung im Kroatien-Slawonien absolviert hatten. Von einem zielgerichteten Eingang des Adels in die Funktionselite des Landes kann man jedoch erst spätestens nach dem Ausgleich 1868 ausgehen, da bis 1848 die Landespolitik und Verwaltung zu den adeligen Privilegien und ein solcher „Dienst am Vaterland" – angefangen in der Komitatsverwaltung bis hin zur Banalregierung und der Banaltafel als Oberstem Landesgericht, der *tabula banalis* – zur adeligen Lebenswelt und ihrem Habitus gehörte. Daher kann man einen klaren Generationsschnitt und damit auch Strategiewechsel feststellen: Alle Banuse bzw. königliche Stellvertreter von Baron Levin Rauch bis zu Graf Ladislav Pejačević gehörten der Generation der von ca. 1810–1830 geborenen an, hatten also ihre Ausbildung und Sozialisation noch im spätfeudalen, vorrevolutionären System durchlaufen. Ein typisches Beispiel ist hierfür Graf Ladislav Pejačević: 1824 geboren, absolvierte er das Gymnasium und die Rechtsakademie in Pécs in Südungarn, trat mit zwanzig Jahren in den öffentlichen Dienst in Osijek als Vizenotar des Komitats Virovitica ein, um dann schon 1845 zum Richter – mit 21 Jahren – an die Banaltafel in Zagreb berufen zu werden. Nach der Revolution 1848 zog er sich als führender Unionist von der Politik völlig zurück, um dann 1867 als Abgeordneter von Osijek in den Sabor zu ziehen. Den Höhepunkt seiner Laufbahn markierte schließlich seine Ernennung zum Banus 1880. Eine eindrucksvolle, doch geradezu klassische Karriere eines Aristokraten in Kroatien-Slawonien.

28 Krleža, Miroslav: Bečke varijacije. In: Danas 3 (1934).

29 Exemplarisch hierfür: Borošak-Marijanović, Jelena u. Jasna Tomičić: Ivan Mažuranić Ban Pučanin. Povijesni muzej Hrvatske. Zagreb 1990.

Mit der Abschaffung adeliger Privilegien in Politik und Verwaltung, dem Rückzug vieler Adeliger aus diesem Bereich in der Zeit des Bachschen Absolutismus der 1850er Jahre und der dadurch bedingten Konkurrenz durch bürgerliche Beamte, die vielfach die ehemals adelig besetzten Stellen und Positionen einnahmen, gerieten viele adelige Familien unter Druck, wollten sie weiterhin Teil der politisch-administrativen Elite bleiben. Die Ausbildung verlief daher in verstärkter Weise zielgerichtet, und zeigt sowohl die Anpassung an den herrschenden nationalen Diskurs (siehe oben) wie an die immer komplexer werdenden Aufgaben und Anforderungen, die an den hohen Beamtenapparat der Gesamtmonarchie gestellt wurden. Gerade in diesem Bereich zeigt sich, dass der ab 1850 geborene Adel bestrebt war, Teil dieser in gewisser Hinsicht schon funktionalen Elite zu werden, und dazu gehörte in den meisten Fällen neben dem – zumindest zeitweiligen – Besuchs des Gymnasiums vornehmlich in Zagreb das obligatorische Jurastudium, das alle Banuse seit Khuen-Hédervári absolviert hatten, wobei vier Amtsträger sogar darin promovierten.[30] War das Jurastudium eine Voraussetzung für eine höhere Beamtenlaufbahn, so galt der Schulbesuch im Land als Versicherung, dass auch die Landessprache beherrscht wurde – beides Bedingungen, um in Kroatien-Slawonien Karriere in der Politik und in der Verwaltung machen zu können.

Die Ernennung zum Banus war die Krönung einer solchen Karriere, die natürlich nicht exakt auf dieses Ziel hin konstruiert werden konnte. Es erscheint daher als ein Zufall, dass ausgerechnet mit Graf Teodor Pejačević und Baron Pavao Rauch die Söhne von zwei früheren Banusen ebenfalls das Amt innehatten. Deren Eintritt und Karriere in Politik und Verwaltung ist aber weit weniger ein Zufall, als vielmehr Teil der jeweiligen familiären Tradition, die fortzuführen zu den grundlegenden Instrumenten der Ausformung adeligen Selbstverständnisses und Identität gehört. Und wie bereits im obigen Kapitel gezeigt, gehörte die politische Betätigung bzw. der höhere Staatsdienst zweifelsohne zu den typischen Traditionen des kroatischen Hochadels und hatte damit eine identiätsstiftende Rolle – sowohl individuell innerhalb einer Familie als auch im größeren Kollektiv des Hochadels. Das Amt des Banus stellte die Spitze einer solchen eingeschlagenen möglichen Laufbahn dar, und gerade dadurch lässt sich an ihm, gleichsam verdichtet, die Strategie des Adels festmachen, durch Eingang in die sich entwickelnden Funktionseliten „oben zu bleiben".

30 So studierte Khuen-Hédervári nach seinem Privatunterricht im slawonischen Nuštar Jura in Zagreb und Bratislava, Antun pl. Mihalović nach der Matura am Theresianum in Wien und in Graz; Baron Ivan Skerlecz de Lomnicza besuchte in Zagreb das Gymnasium, um dann nach dem Jurastudium als Praktikant beim Kroatischen Minister in der Ungarischen Regierung seine Laufbahn zu beginnen; und Nikola pl. Tomašić war

Abb. 9: Banus Graf Khuen-Hédervári, 1894.

3.4 Der Sabor 1868–1918: Kompetenzen und Aufgaben

Nach dem Ausgleich von 1868 hatte der Landtag fünf Hauptkompetenzen: 1. Gesetzgebung in allen autonomen Bereichen des Landes, also der inneren Verwaltung, Gerichtsbarkeit, Kultus und Unterricht; 2. Erstellung eines Landesbudgets mit der Einschränkung, dass dieses der Bewilligung der Landesregierung unterlag, da steuerliche Angelegenheiten zu den Kompetenzen des gemeinsamen Reichstags in Budapest gehörten; 3. Kontrolle der Landesverwaltung; 4. Regelung des eigenen inneren Dienstverkehres durch entsprechende Geschäftsordnungen; 5. Recht des Landtags, eine direkte Adresse an den König zu stellen, was einen Teil der historischen Rechte des ständischen Landtags bis 1848 darstellte. Der König hatte auch das Recht, den Landtag aufzulösen, jedoch sollte sich dieser dann spätestens drei Monate später wieder neu konstituieren. Dieses Recht wurde regelmäßig angewandt, wenn die Wahlen nicht den Wünschen Budapests entsprachen oder der Landtag eine zu kritische bzw. oppositionelle Haltung gegenüber der ungarischen Regierung einnahm. So wurde der Landtag nach den Wahlen 1871 bereits 1872 vor seiner Konstitution aufgelöst, der neugewählte Landtag von 1906 schon nach einem Jahr, da die Mehrheit der Abgeordneten der kroatisch-serbischen Koalition angehörte, die in Opposition zur Regierung in Budapest stand. Nachdem die Regierungspartei des Banus Baron Pavao Rauch 1908 kein einziges Mandat erringen konnte, wurde der Landtag abermals aufgelöst, ebenso nach den Wahlen von 1910 und 1911, sodass der letzte Sabor des Dreieinigen Königreiches erst 1913 zusammentreten konnte.

Wiewohl der Sabor eine nicht zu unterschätzende Rolle spielte als Symbol kroatischer Autonomie bzw. Staatlichkeit – wie beschränkt diese auch gewesen sein mag –, so wirft diese Geschichte seiner Auflösungen ein bezeichnendes Licht auf die wahren Kräfteverhältnisse in den Beziehungen zwischen Ungarn und Kroatien-Slawonien innerhalb der Stephanskrone. Im Sabor gab es den Geschäftsordnungen von 1861 und 1875 folgend, mit einer endgültigen Novellierung 1896, acht Landtagsausschüsse. Es gab Ausschüsse für den Haushalt und dessen Kontrolle, Volkswirtschaft, Landesverwaltung, Justiz, Kultus und Schulunterricht, Petitionen und Beschwerden, Verifikation der Landtagsmitglieder und für allgemeine übrige Angelegenheiten bezüglich des Sabors. Zwar waren die Ausschüsse in der Regel regierungstreu, doch nahmen an deren Konstituierung, die durch geheime Wahl stattfand, auch die oppositionellen Abgeordneten bzw. Virilisten teil. Der Einfluss der Ausschüsse auf die Gesetzgebungs- und allgemeine Landtagspraxis war insgesamt recht groß, da alle Gesetzesentwürfe, Eingaben, Petitionen etc. von ihnen geprüft und diskutiert werden mussten. Daher konnten die Ausschüsse auch als innerparlamentarische Zensur genutzt werden: Prinzipiell sollten die Ausschüsse Abläufe im Landtag straffen, indem sie die jeweiligen Angelegenheiten einer gleichsam „professionellen" Untersuchung unterziehen sollten, bevor diese in das Plenum getragen wurden; doch in der Praxis konnten dadurch vor allem Eingaben der Opposition oder heikle Fragen und Affären effektiv verschleppt werden.[31] Darüber hinaus hatten die Eingaben und Vorschläge der Regierung Vorrang vor denen einzelner Landtagsmitglieder oder Clubs. Daher ist es für diese Arbeit von Interesse, den Anteil von Adeligen und deren Partizipation in den jeweiligen Ausschüssen zu betrachten.

Die Legislaturperiode wurde 1887 von ursprünglich drei auf fünf Jahre verlängert, was wie die Reduktion der gewählten Abgeordneten von 120 auf 90 – in der Praxis waren es aber nur 88, da Rijeka seine zwei Delegierten nie nach Zagreb sandte – im Jahre 1888 als unverschleiertes Instrument der Kontrolle Khuen-Hédervárys[32] zu bewerten ist. 29 Abgeordnete des Sabors wurden wiederum in das Unterhaus des Budapester Parlaments entsandt; nach der Vereinigung der ehemaligen Militärgrenze mit Kroatien-Slawonien 1881 wurde diese Zahl von Delegierten auf 40 aufgestockt. Ebenso hatten im ungarischen Oberhaus drei Deputierte aus dem Sabor ihren Sitz, die aber nur bei gemeinsamen Angelegenheiten auch stimmberechtigt waren.[33] Damit es zu keinerlei Überschneidungen zwischen den Sessionen in Zagreb und Budapest kam, wurden die jeweiligen Sitzungen versetzt abgehalten. 1888 wurde ein neues Wahlgesetz eingeführt, das die 1881 erfolgte Angliederung der ehemaligen Militärgrenze berücksichtigte und bis 1910 in Kraft blieb. Das Zensuswahlrecht in Kroatien-Slawonien war mit Abstand das restriktivste in der Gesamtmonarchie: Um 1900 gab es bei ca. 2,25 Mio. Einwohnern etwa 45000 Wahlberechtigte, was 2 Prozent der Gesamtbevölkerung Kroatien-Slawoniens ausmacht. Erst 1910 wurde der hohe Steuer-

---

31 Sirotković, Hodimir: Organizacija Sabora Hrvatske i Slavonije u Nagodbenom Razdoblju (1868–1918). In: Arhivski vjesnik 3–35 (1991–1992). S. 24.

32 Banus Károly Khuen-Héderváry war während seiner Amtszeit 1883–1903 der Hauptexponent einer dezidiert magyarophilen unionistischen Politik, die die Autonomiebestrebungen in Kroatien „pazifizieren" sollte.

33 Sowohl unter den Deputierten für das Unterhaus als auch den drei Abgesandten für das Oberhaus finden sich regelmäßig hohe Adelige.

zensus gesenkt, sodass nun ca. 200 000 Männer das Wahlrecht besaßen. Darüber hinaus wurde das Wahlrecht in Stadt und Land unterschiedlich angewandt: In den Städten betrug der Wahlzensus 15 fl und die Wahlen waren direkt, während in den übrigen Gemeinden auf dem Land das Wahlrecht geteilt war. Dort durften die Wahlberechtigten, die nur den Mindestzensus erbringen konnten, indirekt über Wahlmänner wählen, während die Steuerzahler, die einen höheren Zensus zahlen konnten, der jedoch sozial und lokal unterschiedlich hoch ausfiel, direkt wählen durften.[34] Dennoch war das gesamte Wahlprozedere im Vergleich zu anderen Landtagen in den cisleithanischen Kronländern oder dem Reichsrat in Wien aufgrund der Einkammerstruktur des Sabors mit „integriertem Oberhaus" recht einfach: Es gab keinerlei Wahlkurien, und aufgrund des sehr hohen Wahlzensus blieb auch der Kreis der aktiven Wähler verhältnismäßig eng umrissen. Die Wahlen unter Banus Khuen-Hédervǎry waren darüber hinaus allesamt von Willkürakten der Regierung und entsprechenden Disziplinierungsmaßnahmen bestimmt, sodass erst 1906, als es den Staatsbeamten ausdrücklich gestattet wurde, frei zu wählen, die Opposition einen grandiosen Sieg erringen konnte. 1910 wurde dann der Wahlzensus verringert und die indirekte Wahl abgeschafft, sodass schließlich acht Prozent der Bevölkerung wahlberechtigt waren.

3.5 Der adelige Virilsitz: Ein politischer Startvorteil?

Neben den 88 gewählten Vertretern gab es im Sabor noch die Virilisten, die aus eigenem Recht Sitz und Stimme im Landtag hatten und deren Zahl nicht mehr als die Hälfte der gewählten Delegierten betragen durfte, also höchstens 44. Als Virilisten galten die höchsten Würdenträger der römisch-katholischen, griechisch-katholischen und der serbisch-orthodoxen Kirche, die Obergespäne der Komitate sowie volljährige Aristokraten. Neben dem Gesetz vom 09. Januar 1891, das letztmalig festlegte, welche adeligen Familien konkret als velikaši, als Magnaten zu den Virilisten zu zählen waren, stellen die Gesetze von 1870 und 1888 eine typologische bzw. formaljuristische Definition der kroatisch-slawonischen Aristokratie dar. Diese Gruppe der hochadeligen Virilisten steht sowohl im Zentrum dieser Untersuchung wie auch des antiadeligen Diskurses des kroatischen bürgerlichen Nation-Building-Konzepts. Bezeichnend für letzteren ist beispielsweise die Sichtweise, die in einem der Standardwerke zur k.u.k.-Geschichte perpetuiert wird:

> In dieser Liste [die Virilisten] finden wir die Namen von zwei Fürsten-, 13 Grafen- und 7 Baronenfamilien, die im kroatischen bürgerlichen Landtag ein feudales Relikt und ein Surrogat des ungarischen Oberhauses darstellten. Aus dem Verzeichnis geht eindeutig hervor, daß der Groß-

34 Gross: Die Landtage der Länder der Ungarischen Krone. S. 2299.

teil der Mitglieder dieser landbesitzenden Aristokratie nicht bodenständig waren, wobei sie sich zum Teil nicht einmal formal als Angehörige des kroatischen Volkes gefühlt haben, in dessen Landtag sie als Virilisten kamen.[35]

Während der Reichsrat in Wien und der Reichstag in Budapest ein Herrenhaus hatten, in dem man als erblicher Vertreter Sitz und Stimme hatte, war der kroatische Sabor traditionell ein Einkammerparlament. Daher wurde die Gruppe der Virilisten sowohl in der heutigen Forschung als auch vor allem in Teilen der damaligen Opposition in Kroatien-Slawonien als ein „integriertes Oberhaus“ angesehen. Da es im Gegensatz zu den Ländern Cisleithaniens und dem Reichstag in Wien auch kein Kurienwahlrecht gab, waren auch die rechtlichen Bestimmungen zum aktiven und passiven Wahlrecht unterschiedlich definiert. So war in Cisleithanien das Wahlrecht in der ersten Kurie, der des Großgrundbesitzes, an eine damit verknüpfte Steuerleistung gebunden und nicht an die Zugehörigkeit zu einem Stand.[36] Lässt sich damit ein beginnender moderner Wandel der Wahlqualifikation und damit der politischen Teilhabe in der österreichischen Reichshälfte feststellen, findet sich in Kroatien-Slawonien ein System, das weitaus stärker eine Verknüpfung von traditionellen vormodernen (hochadelige Geburt) und modernen (Steueraufkommen) Strukturen aufweist. Das Gesetz vom 12. September 1870 definierte die Voraussetzungen, die man zum Erhalt einer Virilstimme erfüllen musste, daher wie folgt: Sitz und Stimme im Landtag erhielt jeder Graf und Baron, der oder dessen Vorfahren bereits das Stimmrecht innehatten oder der zumindest das kroatisch-ungarische Indigenat besaß; er musste im Land geboren, aufgewachsen oder zumindest dort wohnhaft sein, 24 Jahre vollendet haben, weder vorbestraft noch unter Vormundschaft sein, und er musste über Besitz in Kroatien-Slawonien verfügen, der bis 1848 der Jurisdiktion des Königreichs unterstand.[37] Diese erstmalige Bestimmung über die Virilstimmen zeigt noch ein zum Teil ständisch geprägtes Verständnis von adeliger politischer Partizipation und Pflichterfüllung im Sinne der bis 1848 bestehenden Verhältnisse, da das rigideste Ausschlusskriterium die hochadelige Herkunft war, während die anderen zu erfüllenden Vorgaben im Vergleich dazu recht offen gehalten wurden. Dies zeigt sich vor allem daran, dass außer der Voraussetzung, das ungarisch-kroatische Indigenat zu besitzen, konkrete Bestimmungen hinsichtlich der nationalen Herkunft bzw. der landesbezogenen Identität der Virilisten fehlen. Dies lässt sich unter anderem dadurch erklären, dass das entsprechende Gesetz noch unter der Regierung von Baron Levin Rauch erlassen

35 Sirotković: Die Verwaltung im Königreich Kroatien und Slawonien 1848–1918. S. 485. Sirotković ist dabei der Fehler unterlaufen, eine falsche Zahl anzugeben: Es waren 25 Familien, nicht 22.
36 Vgl. dazu: Schambeck, Herbert (Hrsg.): Österreichs Parlamentarismus. Werden und System. Berlin 1986.
37 Zakonski članak II: 1870 sabora kraljevina Dalmacije, Hrvatske i Slavonije o uredjenju sabora istih kraljevina od 12 rujna 1870. In: Saborski izbori. Zakoni o zaštiti slobode izbora, o izbornom redu i o uredjenju Sabora. Zagreb 1908. S. 56.

wurde, der daran gelegen war, entsprechend viele Virilstimmen an magyarophile und konservativ-unionistische Aristokraten zu vergeben. Denn aufgrund der in manchen Fällen sehr engen Verbindungen zwischen ungarischen und kroatischen Adelsfamilien, wie z.B. den Keglević, Festecsich oder Pejačević, konnten diese eher laxen Kriterien von vielen Aristokraten erfüllt werden. Die Novellierung dieses Gesetzes vom 29.09.1888 schreibt nun bereits weitaus konkretere Zugehörigkeitskriterien vor: Nun mussten die Inhaber der Virilstimmen nicht nur eine Grundsteuer von mindestens 1000 Forint auf ihre Besitzungen entrichten, sondern auch die kroatische Sprache beherrschen.[38] Diese Veränderungen lassen sich zweifelsohne als Reaktion sowohl auf die sozialen und ökonomischen Veränderungen in Kroatien-Slawonien – denn die Verknüpfung von Grundbesitz mit einem bestimmten Steuersatz stellt im Grunde eine Einkommenssteuer dar – wie auf die zunehmende Nationalisierung der Gesellschaft deuten, der sich auch der Hochadel nicht mehr entziehen konnte. Gerade die Bestimmung zur Beherrschung der Landessprache mag zuvorderst trivial erscheinen, zeigt aber auf, dass bestimmte kroatische Aristokraten diese eben nicht ausreichend beherrschten, – und das ließ sie nicht nur im Landtag, wo Kroatisch die Geschäftssprache war, sondern auch in der Gesellschaft in gewisses Abseits geraten. Es gehört daher zu den noch immer tradierten negativen Stereotypen zum kroatischen Hochadel, dass dieser kein Kroatisch sprach. So schreibt Szabo, „der Adel habe sich nicht seiner, der kroatischen Sprache bedienen wollen [...] und gab seine Muttersprache auf um das Ungarische anzunehmen."[39] Diese Vorstellung ist jedoch keine, die ex post entstand. Beispielsweise erwähnt Izidor Kršnjavi in seinem Tagebuch am 20.12.1902, dass ein ungarischer Adliger ihn in Budapest gefragt habe, ob es stimme, dass alle Aristokraten in Kroatien Ungarisch sprächen – was Kršnjavi verneinte.[40]

Es ist demnach zwar eine Reduzierung und Vereinfachung, dass der kroatische Adel des Kroatischen nicht mächtig war – die aber dennoch in individuellen Fällen durchaus zutraf. Zwei prägnante Beispiele hierfür fanden sich eben gerade im Sabor selbst: Im September 1873 erfolgte die Replik von Graf Richard Sermage auf eine vorangegangene Rede des oppositionellen, bürgerlichen Abgeordneten Milan Makanec, in der dieser den Adel scharf kritisierte und in seiner Rede geradezu paradigmatisch

---

38 Zakon od 29. rujna 1888. kojim se preinačuju nekoje ustanove zakonskoga članka II.: 1870. o uredjenju sabora kraljevina Hrvatske, Slavonije i Dalmacije. In: Saborski izbori. Zakoni o zaštiti slobode izbora, o izbornom redu i o uredjenju Sabora. Zagreb 1908. S. 60–61.

39 Szabo: Instalacija. S. 157.

40 Kršnjavi, Izidor: Zapisci. Iza kulisa hrvatske politike. Zagreb 1986. S. 230. Izidor Kršnjavi war ein bedeutender Kulturschaffender, Politiker, Maler und zeitweise ein enger Vertrauter und politischer Mitarbeiter Khuen-Hédervárys. Seine Tagebücher geben daher einen zwar subjektiven, doch überaus lebendigen Eindruck seiner Zeitgenossen wieder. So schreibt er am 04.07.1903, dass Graf Teodor Pejačević die „Intelligenz eines durchschnittlichen Grafen habe, [...] und sehr heuchlerisch sei." S. 291.; Ebenso hielt auch Graf Josef Drašković Khuen-Héderváry für keinen guten Charakter, denn er sei ein „kunstvoller Lügner". S. 296.

das antiadelige Narrativ des kroatischen Bürgertums und Nation-Buildings zusammenfasste, in einem recht holprigen Kroatisch.[41] Und im Laufe der scharf geführten Debatte über die Verifikation des magyarophilen Barons Inkey de Palins äußerte gerade Graf Miroslav Kulmer, der sich damit geradezu als Ausnahme der Regel präsentierte, dass es rechtlich niemals mehr adelige Virilisten als bürgerliche Abgeordnete geben könne, und wenn es so wäre, sie sprächen „eh nicht unsere Sprache“[42] – wofür er zustimmendes Lachen von Seiten der Opposition erntete. Neben dieser Sprachenfrage wurden wie oben erwähnt auch die finanziellen bzw. materiellen Besitzverhältnisse als Zugehörigkeitskriterium definiert. Dies lässt sich zweifelsohne als ein noch klareres soziales Distinktionsmerkmal auffassen, da es deutlich den Rang und das Prestige mit dem Besitz verknüpft. Diese damit erreichte Distinktion galt aber weniger in Abgrenzung zum Bürgertum, das a priori keine Magnaten stellen konnte, sondern eher zu den übrigen, und vor allem den verarmten Adeligen, und stellt damit eine endgültige Abkehr vom zwar längst obsoleten, aber dennoch bis 1848 maßgeblich die Mentalität und den Habitus des Adels in Kroatien und Ungarn prägenden Prinzips der adeligen Rechtsgleichheit im Sinne einer *„una eadem nobilitas“*[43] dar. Dass jedoch auch Hochadelsfamilien mit elementaren ökonomischen Problemen zu kämpfen hatten, zeigt sich in der Bestimmung, dass die Virilstimme ausgesetzt wird, wenn deren Inhaber nicht mehr über die erforderlichen Besitzverhältnisse verfügt, sie aber bei Erlangung derselben wieder gültig wird.[44] Es ist bezeichnend, dass alle Gesetze über die Zugehörigkeit zur Gruppe der Magnaten und der damit verbundenen Virilstimme während der Regierungszeiten der konservativen, magyarophilen Banuse Baron Levin Rauch und Graf Károly Khuen-Héderváry beschlossen wurden. Dass damit eine Stärkung des konservativen Elements im Sabor bezweckt werden wollte, lässt sich zweifelsohne feststellen. Dennoch bedeutet dies nicht, dass alle Magnaten mit der Politik Budapests konform waren. So bildete sich um die gräflichen Brüder Ivan und Josip Drašković Mitte der 1880er der Landtagsclub des Centrums als sogenannte „gemäßigte Opposition“ heraus, auf die weiter unten näher eingegangen wird.

Letztmalig wurde am 09.01.1891 ein Gesetz über die Zugehörigkeit zu den kroatischen Magnaten im Sabor verabschiedet, in dem eine Liste mit 25 Familien erstellt wurde, die als Virilisten zugelassen waren, sofern sie die bereits bestehenden Bestimmungen hierzu erfüllten. Diese Familien waren folgende:

---

41 Saborski Dnevnik kraljevinah Hrvatske, Slavonije i Dalmacije. Godina 1872–1875. Zagreb 1875. S. 451–467.

42 Saborski Dnevnik Kraljevinah Hrvatske, Slavonije i Dalmacije. Godina 1875–1878. Zagreb 1900. S. 179–180.

43 Kessler: Stände und Herrschaft. S. 179. Vgl. auch: Werbőczy, István: Tripartitum, p.I,tit.IX: De quatuor privilegiatiset precipuis nobilium libertatis.

44 Zakon od 29. rujna 1888. kojim se preinačuju nekoje ustanove zakonskoga članka II.: 1870. o uredjenju sabora kraljevina Hrvatske, Slavonije i Dalmacije. In: Saborski izbori. Zakoni o zaštiti slobode izbora, o izbornom redu i o uredjenju Sabora, Zagreb 1908. § 3, S. 61.

Fürsten: Batthyány-Strattmann und Odeschalci;
Grafen: Bombelles, Chotek, Drašković, Eltz-Kempenich, Erdődy, Janković, Karaczony, Keglević, Khuen-Belasi, Khuen-Héderváry, Normann-Ehrenfels, Nugent, Oršić, Pallfy, Pejačević
Barone: Edelsheim, Inkey de Palin, Hellenbach, Jelačić, Kavanagh-Ballyone, Kulmer (österreichischer Grafentitel), Ottenfels-Gschwind (ebenso), Rauch

Die Auswahl der Familien erfolgte, wenn man genauer hinsieht, jedoch nicht nur anhand der oben erläuterten Kriterien. Die Gründe für deren Auswahl lassen sich als eine Verknüpfung von politischen Zielen mit gegebenen Voraussetzungen, die nicht außer Acht gelassen werden konnten, betrachten. Allen 25 Familien gemein war die Zugehörigkeit zum Hochadel und eine mehr oder weniger ausgeprägte traditionelle konservative Grundhaltung. Damit erschöpfen sich jedoch schon die Gemeinsamkeiten, und es zeigt sich ein recht heterogenes Bild: Einige der Familien gehörten seit dem späten Mittelalter zum kroatischen Hochadel, wie die Drašković, Oršić, Keglević oder Erdődy, während andere ihren Titel erst im Verlauf des 19. Jahrhunderts erhielten, wie die Inkey de Palin oder Janković. Wir finden Familien mit einer dezidiert unionistischen, magyarophilen Tradition wie die Rauch, Pejačević oder Khuen-Belasi bzw. Khuen-Héderváry, mit einer engen Anbindung an die Dynastie der Habsburger und den Wiener Hof wie die Kulmer, Chotek und Bombelles, sowie Familien, denen man wohl aufgrund ihrer Besitzungen und ihres Titels eine Virilstimme nicht vorenthalten konnte, die aber in der Geschichte Kroatien-Slawoniens und seiner Gesellschaft keinerlei Rolle spielten, wie die Fürsten Odeschalchi und Batthyány-Strattmann, die Familien Kavanagh-Ballyone, Karaczony, Pallfy oder Edelsheim. Es ist daher auch bezeichnend, dass die männlichen Angehörigen dieser Familien in der Tat am politischen Leben des Landes keinen Anteil nahmen und damit ihren Anspruch auf den Virilistensitz im Landtag auch nicht einlösten. Ausgeschlossen wurden bezeichnenderweise Familien, die zwar die gesetzlichen Vorgaben erfüllten, jedoch aufgrund ihrer Familiengeschichte, politischen Grundhaltung sowie der Herkunft nicht in die obige Gruppe passten. So erhielten zum Beispiel weder die Barone Vranyczany-Dobrinović, Rukavina noch die Ožegović-Barlabaševec einen Virilistensitz. Die Gründe hierfür könnten in der vor allem von Budapest gewünschten politischen Funktion der Virilistengruppe als verlässliches konservatives Element im Sabor liegen – etwas, dem diese Familien aufgrund ihrer traditionellen politischen Orientierung und Wahrnehmung nicht gerecht wurden: Während bei den Baronen Rukavina deren Herkunft aus dem Offiziersmilieu der kroatischen Militärgrenze sowie die dezidiert kroatisch-nationale und somit antimagyarische Haltung von Baron Juraj Rukavina als Mitglied der Rechtspartei Ante Starčevićs eine Rolle gespielt haben könnte, so könnte es bei den Vranyczany-Dobrinović und den Ožegović-Barlabaševec vor allem deren maßgebliche Beteiligung am Illyrismus gewesen sein, die sie sowohl der Budapester wie der Zagreber Regierung als politisch unzuverlässig erscheinen ließ. Das zeigt sich vor allem im Vergleich zu den Familien, die unter dem Gesichtspunkt der adeligen Distinktionskategorie des Alters keineswegs im Vorteil waren, aber dennoch als Virilisten bestätigt wurden, wie den Janković, die zwar altadelig, aber erst 1885 in den Grafenstand erhoben worden sind – drei Jahrzehnte nach der Standeserhöhung der Ožegović-Barlabaševec zum Beispiel.

Die Etablierung der Virilisten im Landtag wurde in der Öffentlichkeit wie im Landtag selbst diskutiert. Dabei ging es nicht nur um die ihnen zugeschriebene wie zum Teil auch erfüllte Rolle als verlässliche konservative Unterstützer proungarischer Politik, sondern um deren Existenz im Sabor an sich. Seit der Revolution 1848/49 war der Landtag nicht mehr spätfeudal geprägt und damit adelig dominiert, sondern entwickelte sich zu einer modernen, bürgerlich bestimmten parlamentarischen Körperschaft. Mit der Überwindung der letzten spätfeudalen Strukturen nach 1848/49 erhielt das kroatische Nation-Building in der zweiten Hälfte des 19. Jahrhunderts eine dezidiert bürgerliche, antiadelige Richtung, was sich auch in der Perzeption des Landtags zeigte, der innerhalb des Nation-Building-Diskurses als eines der wichtigsten Symbole kroatischer Staatlichkeit galt. Dies zeigt sich beispielsweise weiterhin in der aktuellen kroatischen Forschung zur Geschichte des Sabors, in der die Virilisten hauptsächlich als Anachronismus aufgefasst werden. Dieser bürgerliche antiadelige Diskurs manifestierte sich vor allem in den Debatten über die Verifikation, die Bestätigung der Mandate bzw. der Virilsitze einzelner Adeliger, wie im oben erwähnten Beispiel des Barons Inkey de Palin.

Die Mehrheit der vom Hochadel eingenommenen Landtagssitze war zweifelsohne der Einrichtung der Virilistengruppe geschuldet, und die Möglichkeit, einen Platz als Virilist einnehmen zu können, stellte zweifelsohne einen Startvorteil und eine gewisse Privilegierung dar. Aber wie gezeigt werden wird, beließen es einige der Aristokraten nicht bei diesem Privileg, sondern erstrebten (und erreichten) regelmäßig auch Abgeordnetenmandate. Der Adelsanteil im Landtag von 1868–1918 änderte sich zwar; dennoch war der Adel während des ganzen Zeitraums im Vergleich zu seinem Anteil an der Gesellschaft im Landtag stark überrepräsentiert: Den höchsten Adelsanteil hatte dabei der Ausgleichslandtag unter der Regierung von Baron Levin Rauch 1868, als ca. 37 Prozent der Sabormitglieder dem Hochadel angehörten bzw. der Adel insgesamt fast 58 Prozent der Sitze im Landtag innehatte:

Tab. 1: Landtag unter der Regierung Rauch[45]

Wahljahr	Sabor	Hochadel	Einfacher Adel	Bürgerliche	Hochadel in %	Gesamtadel in %
1868	121	45	25	51	37,19	57,85

45 Hof- und Staatshandbuch der Österreichisch-Ungarischen Monarchie für 1869. Wien 1869. S.629–630.

Unter den Regierungen Mažuranić, Pejačević und Khuen-Hédervåry gab es mitunter recht große Schwankungen, was den Adelsanteil im Landtag betrifft, wobei unter Mažuranić die Aristokratie, vor allem in der zweiten Hälfte seiner Amtszeit, deutlich geringer im Sabor vertreten war als dann in den ersten Legislaturperioden unter Khuen-Hédervåry. Der Gesamtadelsanteil blieb aber dennoch stets zwischen 30 und 40 Prozent:

Tab. 2: Landtage der Regierung Mažuranić[46]

Wahljahr	Sabor	Hochadel	Einfacher Adel	Bürgerliche	Hochadel in %	Gesamtadel in %
1872	104	27	8	69	25,96	33,65
1875	85	12	20	53	14,11	37,64
1878	97	18	17	62	18,55	36,08

Tab. 3: Landtage der Regierungen Pejačević und Khuen-Hédervåry[47]

Wahljahr	Sabor	Hochadel	Einfacher Adel	Bürgerliche	Hochadel in %	Gesamtadel in %
1881	118	38	21	59	32,20	50,00
1883	119	37	19	63	31,09	47,05
1884	157	39	22	96	24,84	38,85
1887	144	33	25	86	22,91	40,27
1892	116	21	25	70	18,10	39,65
1897	111	17	21	73	15,31	34,23
1901	112	16	27	69	14,28	38,39

46 Hof- und Staatshandbuch der Österreichisch-Ungarischen Monarchie für 1874. Wien 1874. S. 776–777.; Hof- und Staatshandbuch der Österreichisch-Ungarischen Monarchie für 1876. Wien 1876. S. 822–823.; Hof- und Staatshandbuch der Österreichisch-Ungarischen Monarchie für 1879. Wien 1879. S. 933–934.

47 Hof- und Staatshandbuch der Österreichisch-Ungarischen Monarchie für 1882. Wien 1882. S. 717–718.; Hof- und Staatshandbuch der Österreichisch-Ungarischen Monarchie für 1883. Wien 1883. S. 725–726.; Hof- und Staatshandbuch der Österreichisch-Ungarischen Monarchie für 1884. Wien 1884. S. 738–739.; Hof- und Staatshandbuch der Österreichisch-Ungarischen Monarchie für 1885. Wien 1885. S. 809–810.; Hof- und Staatshandbuch der Österreichisch-Ungarischen Monarchie für 1888. Wien 1888. S. 1117–1118.; Imenik dostojanstvenika, činovnika i javnih službenika Kraljevina Hrvatske i Slavonije 1894. Zagreb 1894.; Hof- und Staatshandbuch der Österreichisch-Ungarischen Monarchie für 1899. Wien 1899. S. 1027–1028.; Hof- und Staatshandbuch der Österreichisch-Ungarischen Monarchie für 1903. Wien 1903. S. 1062–1063.

Diese soziale Struktur mit einem eindeutig überrepräsentierten Adel sollte der Landtag dann bis zum Zerfall der Donaumonarchie im Wesentlichen beibehalten.

Tab. 4: Landtag unter der Regierung Szkerlecz de Lomnicza 1913[48]

Wahljahr	Sabor	Hochadel	Einfacher Adel	Bürgerliche	Hochadel in %	Gesamtadel in %
1913	111	22	13	76	19,81	31,53

Der Adel spielte in der Sozialstruktur des Landtags eine wichtige Rolle, dennoch war der Sabor keineswegs ein Adelsparlament, in dem der Adel dominierte, sondern vielmehr ein *Parlament mit Adel*, in welchem der Adel sich mit den Akteuren anderer Milieus arrangieren musste – und dies auch tat.

3.6 Der Sabor als Arena für die Aushandlung von Elitenpositionen

Der Sabor spielt für die Analyse der politischen Rolle und Relevanz des Adels eine sehr wichtige Rolle. Denn trotz seiner schwachen wirklichen Position im Verhältnis zum ungarischen Reichstag, der Regierung in Budapest und der Banalregierung in Zagreb besaß der Landtag ein hohes soziales Prestige und Ansehen. Dies galt zum einen für die bürgerlichen Schichten, denn im kollektiven Gedächtnis des kroatischen Nation-Buildings nahmen die Landtage von 1848/49 bzw. 1861 eine zentrale Position ein. Gilt der Landtag der Revolutionsjahre als der erste moderne bürgerliche Sabor, der die spätfeudalen Reste im Herrschaftssystem des Landes beseitigte, erhielt der Landtag von 1861 (siehe oben) schon früh den Beinamen „Veliki Sabor“, was sich sowohl auf den darin bewältigten Umfang an beschlossenen Reformen und Gesetzen wie auch auf seine Struktur bezieht. Denn 1861 war im Prinzip die gesamte gesellschaftliche Elite des Landes versammelt, und in der Forschung wird dieser Sabor einhellig als der „intellektuellste“ aller Landtage bezeichnet.

Neben diesem modernen bürgerlichen Kontext, in den der Sabor als Institution mental und erinnerungsgeschichtlich eingebettet wurde, gab es noch den traditionellen, spätfeudalen Zusammenhang. Ebenso wie heute galt der Sabor als das historische Symbol kroatischer Eigenständigkeit, und damit auch des exklusiven adeligen Herrschaftsanspruchs, der bis 1848 auch aufrecht gehalten wurde. Ein elementarer Bestandteil adeligen Selbstverständnisses war es, Träger der Nation in diesem noch

48 Hof- und Staatshandbuch der Österreichisch-Ungarischen Monarchie für 1915. Wien 1915. S. 1294–1295.

frühneuzeitlichen, vormodernen Sinn zu sein. Und diese politische kroatische Adelsnation, die stets Teil der größeren ungarischen Adelsnation war[49], verlieh ihrem Anspruch und ihrer Souveränität Ausdruck im Sabor. Diese bis 1848 reale privilegierte Stellung wurde schließlich in veränderter Form in der Institution der Virilisten fortgeführt. Betrachtet man (wie weiter unten gezeigt wird) die adelige Partizipation bzw. ebenso den adeligen Rückzug vom Landtag, so kann man diesen Verhaltensstrategien ein Selbstverständnis zugrunde legen, das dem bürgerlichen parlamentarischen Habitus entgegenstand: Denn aus der adeligen Tradition und dem dadurch bedingten Bewusstsein heraus, Träger der natio zu sein, und durch ihre Rolle als Virilisten nochmals in der politischen Realität bekräftigt, hatten die Magnaten das Recht, am Sabor teilzunehmen, – allein aufgrund ihrer Stellung und nicht eines Verdienstes. Es musste daher nicht wie bei den bürgerlichen Abgeordneten erst erworben werden, sondern stand ihnen zu. Sowohl die Inanspruchnahme dieses Rechts als auch der Verzicht darauf können als Manifestationen adeliger Selbstbestimmung und adeligen Habitus gewertet werden. Die Teilnahme am Sabor war für die Magnaten umso mehr mit Prestige verbunden, als sie persönlich vom Banus dazu eingeladen wurden, und die Beglaubigung dieser Einladungen stets Teil der allgemeinen Verifikation vor der Konstituierung eines jeden Landtags war. Dies war fester Bestandteil der an die Öffentlichkeit gerichteten Abläufe und Zeremonien, die die Relevanz des Landtags auch performativ bekräftigen sollten, wie die feierlichen Landtagseröffnungen und die Roben der Magnaten, die zu diesem Anlass getragen wurden. Trotz seiner verhältnismäßig schwachen Position war der Landtag neben der Banalregierung dennoch die Instanz, die die für die gesamte Gesellschaft weitreichendsten Beschlüsse bestimmte.

Betrachtet man Elite nun im Sinne der theoretischen Konzepte von Dahrendorf und Zapf als den engen Kreis einer Gesellschaft, die für die ganze Gesellschaft relevante Bestimmungen und Entscheidungen trifft, so lässt sich der Sabor als Arena bzw. Forum und Bühne eben einer solchen Elite definieren. Als oberste parlamentarische Instanz mit hohem Prestige und Symbolgehalt, stellte der Sabor neben der Regierung die wichtigste politische Kommandohöhe innerhalb Kroatien-Slawoniens dar. Die Besetzung dieser Kommandohöhe war seit 1848 einem starken Wandel unterzogen, wie schon allein aus der beruflichen Zugehörigkeit der Abgeordneten ersichtlich wird, die einen insgesamt recht unterschiedlichen Hintergrund hatten: Zwar waren Angehörige der Intelligenz – hohe Beamte, Anwälte, Journalisten und zum Teil auch römisch-katholische Kleriker – dominierend, doch fanden sich auch bürgerliche wie neuadelige Kaufleute, Unternehmer, Grundbesitzer und eben Adelige aller Gruppen. Aufgrund der restriktiven Gesetzgebung zum aktiven wie passiven Wahlrecht waren die Bauern erst in den letzten Jahren vor dem Ersten Weltkrieg vertreten.[50]

49 Kessler: Stände und Herrschaft. S. 186.

50 Gross: Die Landtage der Länder der Ungarischen Krone. S. 2305.

Dieser Wandel hatte daher bestimmte Strategien zur Folge, die zum Erhalt bzw. der Neuaushandlung der jeweiligen konkreten Position innerhalb des Sabors dienten. Denn im Laufe des Untersuchungszeitraums kam es auch, was die Tätigkeit im Landtag betrifft, zu Veränderungen. Nicht mehr die Tatsache allein, dass man einen Sitz im Sabor hat, war ausreichend, um sich erfolgreich als Teil der in diesem Elitenforum versammelten Gruppe zu definieren und legitimieren, sondern vielmehr die Tätigkeit, die von diesem Sitz aus geschah. Zwar besaß der Landtag als Ganzes gesamtgesellschaftliche Relevanz und wurde als Kommandohöhe und damit Elitenforum anerkannt, doch musste nun im Zuge des modernen Nation-Building-Prozesses und des wirtschaftlichen und sozialen Aufstiegs des Bürgertums die jeweilige konkrete persönliche bzw. sozialgruppenspezifische Relevanz der Akteure dieses Elitenforums selbst bewiesen werden. In unserem Fall ging es gleichsam um die Frage der Legitimität der adeligen Teilhabe an dieser Kommandohöhe, und diese Teilhabe lässt sich als eine Form von Elitenkompromiss definieren. Das strukturelle Konzept der Arenen und der darin ausgehandelten Elitenkompromisse wird hierbei übernommen (siehe Kapitel zur Methode), jedoch in gewisser Hinsicht terminologisch modifiziert: In der bisherigen Forschungsliteratur wird von Arenen als Orten von solchen Aushandlungsprozessen ausgegangen, so auch beispielsweise von der „Arena des Parlaments“. Diese Arbeit hält für Elitenkompromisse in der Politik an dieser Terminologie fest, jedoch nicht für solche in Bereichen außerhalb der Politik. Forum wie Arena implizieren Räume, in denen Diskussionen und Konflikte ausgetragen und Entscheidungen gefasst werden. Forum und Arena sind fest umrissene, jedoch nicht völlig von der Außenwelt abgeschottete Räume – so hat auch eine Arena Fenster und Türen, durch die bewusst Besucher, also die Öffentlichkeit, hereingelassen werden. Denn erst durch die öffentliche Akzeptanz erhält ein Forum oder eine Arena seine Legitimität, und damit Relevanz. Der Unterschied zwischen Forum und Arena liegt in der Dimension des Kampfes. Diese ist in der Arena klar ersichtlich, denn gerade ein politischer Elitenkompromiss stellt durchaus eine Form des Überlebenskampfes des Adels dar, und in parlamentarischen Arenen kann es durchaus „kämpferisch“ zugehen. Im Gegensatz dazu scheinen Elitenkompromisse in der Wirtschaft oder der Gesellschaft, wie am konkreten Beispiel des kroatischen Hochadels gezeigt wird, weniger durch Kampf, als durch rationale Aushandlung zustande gekommen zu sein. Daher scheint „Forum“ den Raum eines Elitenkompromisses gerade für ökonomische und gesellschaftliche Bereiche etwas präziser zu definieren als „Arena“. Forum und Arena schließen sich jedoch nicht aus: Zwar ist nicht jedes Forum zugleich eine Arena, aber jede Arena kann auch ein Forum sein – so ist die Arena des Landtags durchaus auch ein politisches Forum.

Die allgemeinen Rahmenbedingungen in Kroatien-Slawonien förderten geradezu die Herausbildung von Elitenkompromissen, da sich hier Möglichkeiten boten, die anderswo – zum Beispiel in Wien, Budapest oder Böhmen – nicht gegeben waren. Diese spezifischen Umstände und Strategien des Hochadels in Kroatien-Slawonien hatten Konsequenzen für die eigene Lebenswelt und damit Identität und den Habitus, wie gezeigt werden soll. Welche strukturellen Besonderheiten lassen sich nun für das Königreich Kroatien-Slawonien feststellen, die es dem Hochadel erlaubten, Elitenkompromisse auf den verschiedenen Ebenen und gesellschaftlichen Handlungsfeldern einzugehen? Zuvorderst ist hier der Faktor der Peripherie bzw. Provinz zu nennen: Das Land stellte seit der Frühen Neuzeit im Zuge der osmanischen Expansion und der österreichisch-osmanischen Konflikte den Rand des Herrschaftsgebiets der Habsburger dar. Ebenso wurde es im Vergleich zu anderen Teilen der Habsburgermonarchie recht spät in den Prozess der Modernisierung und Industrialisierung eingebunden, deren Anfänge sich frühestens 1848, spätestens in den 1870ern feststellen lassen. Ein prägnantes Beispiel hierfür ist der Ausbau des Eisenbahnnetzes, der sowohl den Modernisierungsprozess beeinflusste als auch dessen Konsequenz war. So wurde beispielsweise die erste Bahnstrecke auf dem Territorium des Königreichs erst 1862 zwischen Zidani Most und Sisak eröffnet, mit der auch die Landeshauptstadt verbunden war; 1865 wurde nach Westen die Strecke der Südbahn Zagreb-Karlovac eröffnet. Richtung Norden erhielt Zagreb erst 1870 eine Eisenbahnanbindung an Koprivnica und damit weiter an Budapest. Diesen Verzögerungen gegenüber dem inneren Ungarn, Böhmen oder den österreichischen Erbländern lagen nicht nur natürliche Faktoren wie die stellenweise schwer passierbaren Berge des Dinarischen Gebirges zugrunde, sondern auch ein allgemeiner Kapitalmangel, eine dünne Besiedelung sowie der fehlende politische Wille der Zentren Wien und Budapest, das Land stärker an sich anzubinden.[51] Neben dieser tatsächlichen peripheren Lage kam vor allem seit der Einführung des Dualismus eine mental empfundene periphere Rolle hinzu: Da die Doppelmonarchie von Wien bzw. Budapest dominiert wurde, konnte Kroatien-Slawonien trotz der 1868 ausgehandelten Autonomie, die sich bei allen Beschränkungen dennoch als Achtungserfolg werten lässt, keine maßgebliche Rolle spielen, da dies den politischen Interessen der beiden Zentren entgegenstand. Darüber hinaus haben wir es mit dem Königreich Kroatien-Slawonien in vielerlei Hinsicht mit einem kleinen Land und einer in Bevölkerungszahlen kleinen Gesellschaft zu tun, deren Urbanisierung erst im letzten Drittel des 19. Jahrhunderts begann. Die Einwohnerzahl des Landes betrug 1880 ca. 2,506 Millionen; in den 1880er Jahren setzte dann aufgrund der verbesserten medizinischen Versorgung und hygienischen Umstände bei gleichzeitig hohen Geburtenraten ein Bevölkerungswachstum ein, sodass 1914 ca. 3,85 Millionen Einwohner gezählt wurden. Des Weiteren blieben die Städte klein – nicht nur im Vergleich zu Wien und Budapest, sondern auch zu den Städten in anderen vergleichbaren Peripherien der Monarchie, wie Lemberg, Czernowitz oder Krakau: Zagreb hatte zu Beginn unseres Untersuchungszeitraums 1869 ca. 20 400 Einwohner; 1900 waren es ca. 57 690. Osijek stand mit nur 23 000 Einwohnern 1900 zwar weit hinter Zagreb, war aber dennoch die zweitgrößte Stadt des Landes.[52] Der

51 Steindorff: Kroatien. S. 150–151.
52 Steindorff: Kroatien. S. 147–158.

Großteil der Bevölkerung lebte auf dem Land in Dörfern und kleinen Städten mit eher dörflichem als urbanem Charakter.

Die Frage nach dem peripheren Charakter Kroatien-Slawoniens lässt sich nicht rein essentialistisch betrachten, sondern vielmehr als ein Konstrukt, das sich im Rahmen der Dichotomie Peripherie-Zentrum behaupten lässt, d.h. in diesem Fall Kroatien-Slawonien zu Wien bzw. zu Budapest. Denn der periphere Charakter einer Region, Stadt oder eines Landes ist nicht eine gegebene unumstößliche Tatsache, sondern entsteht erst mit der Herausbildung von Zentren, die darauf Bezug nehmen.[53] Ebenso ändert sich die Position eines Ortes innerhalb eines Systems, je nachdem, wie man sich ihm nähert. Unter Zuhilfenahme der von Immanuel Wallerstein konzipierten Weltsystemanalyse, die ein System von regelhaften Beziehungen zwischen den beiden dichotomischen Punkten Zentrum und Peripherie darstellt,[54] lässt sich ein bestehendes System auf allen Niveaus (international, national, regional etc.) betrachten. Für die Donaumonarchie ergibt eine solche Betrachtung im Ergebnis, dass diese – mit Wien und Budapest – nicht nur zwei Zentren, sondern auch mehrere „innere Peripherien" hat, wie zum Beispiel Lemberg, Czernowitz oder eben Zagreb. Die Position als Zentrum oder Peripherie hängt in diesem Fall stark von der Perspektive ab, denn von Budapest aus betrachtet, war Zagreb Peripherie und Provinz, innerhalb Kroatien-Slawoniens dagegen das unangefochtene Zentrum. Die von Hans-Heinrich Nolte gestellte Aufforderung, das Verhältnis von Peripherie und Zentrum innerhalb des Systems, das eine Nation bildet, zu definieren, beinhaltet auch die Frage nach der Rolle der Akteure innerhalb dieses Systems. Dies scheint als Fragestellung für den kroatischen Hochadel heuristisch gewinnbringend zu sein, da während der zweiten Hälfte des 19. Jahrhunderts sich das kroatische moderne Nation-Building in vollem Gang befindet, sich Zagreb als nationales Zentrum etabliert, und in dieser sich wandelnden, nationalisierenden Gesellschaft der Hochadel seine Rolle neu zu finden bzw. zu erfinden versuchte. Denn gerade der Hochadel war als Akteur auf verschiedenen Ebenen zu finden: Als europäisch, oder zumindest monarchieübergreifend vernetzter Hochadel hatte er Zugang zum imperialen Zentrum des Hofes; als Teil der Oberschicht und der Elite hatte er seine Rolle im nationalen Zentrum Zagreb, das im Verhältnis zu Wien und Budapest Peripherie war; und schließlich auf seinen Landgütern und den umliegenden Dörfern und Städten, wo das Landgut häufig ein Zentrum war, aber

53 Nolte, Hans Heinrich: Innere Peripherien. Das Konzept in der Forschung. In: Innere Peripherien in Ost und West. Hrsg. von Hans Heinrich Nolte u. Klaas Bähre. Stuttgart 2001. S. 15.

54 Seine Weltsystemanalyse ist bisher als vierbändiges Werk erschienen: Wallerstein, Immanuel: The Modern World-System I. New York 1974.; Ders.: The Modern World-System II. New York 1980.; Ders.: The Modern World-System III. New York 1989.; Ders.: The Modern World-System IV. University of California Press 2011. Als Zusammenfassung und Einstieg in sein theoretisches Konzept: Ders.: The Essential Wallerstein. New York 2000.; Vgl. dazu auch: Nölke, Andreas: Weltsystemtheorie. In: Spindler, M. u. S. Schieder (Hrsg.): Theorien der Internationalen Beziehungen, Opladen 2006. S. 325–351.; Zündorf, Lutz: Zur Aktualität von Immanuel Wallerstein. Einleitung in sein Werk. Wiesbaden 2010.

von Zagreb aus eine entfernte Peripherie.[55] Diese unterschiedlichen Beziehungskonstellationen erlaubten nun meines Erachtens unterschiedliche, flexible Verhaltensstrategien, die sich unter anderem als Elitenkompromisse definieren lassen. Diese Flexibilität erscheint vor allem in Bezug auf den adeligen Habitus plausibel, sodass scheinbare Gegensätze (Strategien und Tätigkeiten, die mit dem Verhaltens- und Wertekanon eines hochadeligen Habitus nicht vereinbar scheinen) aufgelöst werden können und Sinn ergeben. Beispielsweise finden wir auf dem Land, in der Umgebung ihrer Landgüter Angehörige des Hochadels als Gründer von kleinen Sparkassen, als Mitglieder bürgerlicher Lieder- und Gesangsvereine oder freiwilliger Feuerwehren. In diesen Vereinen, sowohl in den Städten als auch auf dem Land, besetzten sie vielfach die leitenden Funktionen, und legitimierten sich somit in diesem lokal umgrenzten Rahmen als Elite – eine Elite, die durchaus Herrschaft ausübte.[56]

Dieses Eingehen von Elitenkompromissen, worunter wir zum Beispiel Vereinsaktivitäten verstehen, finden folglich auf höherer Ebene wiederum im Bereich der Wirtschaft oder der Landespolitik statt, in entsprechenden Foren, wie Landeswirtschaftsvereinen oder eben dem Sabor. Zusammenfassend gesagt, begünstigten die Rahmenbedingungen im Landtag die Herausbildung von Elitenkompromissen als Strategie des „Obenbleibens": Der Kreis der politischen Elite war recht begrenzt – „man kannte sich" –, es war ein Einkammerparlament, sodass alle Abgeordneten zusammen mit den Virilisten in einem Raum tagten; und noch mehr als in der „Öffentlichkeit", war der Adel im Landtag einem Legitimationsdruck ausgesetzt, dem er begegnen oder sich entziehen konnte. So war es in diesem eng gefassten kroatischen Rahmen (sowohl landespolitisch-administrativ als auch im modernen nationalen Sinne), dass Aristokraten auf bürgerliche Akteure trafen und mit ihnen kooperierten, trotz unterschiedlicher sozialer Herkunft, Werteorientierungen oder Habitus, aber ein gemeinsames Ziel und Interesse verfolgten. Dies lässt sich, wie unten gezeigt wird, nicht nur für diejenigen Magnaten und Adeligen feststellen, die einen gemäßigt bis offenen oppositionellen Kurs vertraten, den Interessen des Bürgertums nahestanden und damit gleichsam versuchten, ihre Position innerhalb der sich zu einer modernen Nation entwickelnden kroatischen Gesellschaft zu bewahren bzw. sich in diesen Kontext „einzuschreiben". Denn dasselbe gilt auch für diejenigen Aristokraten, die der konservativen, magyarophilen Unionistischen Partei angehörten, in der es ebenfalls zu entsprechenden Elitenkompromissen kam. Sie lassen sich als Ausdruck einer Flexibilität des kroatischen Hochadels deuten, die es seinen Angehörigen als Akteuren erlaubte, innerhalb bestimmter Handlungsfelder bzw. Foren des peripheren

---

55 Vgl.: Čepulo: Building the modern legal system in Croatia 1848–1918.

56 Vgl. dazu: Tönsmeyer: Adelige Moderne. Tönsmeyer geht von einer Stabilisierung von Adelsherrschaft auf lokaler Ebene durch Aushandlungsproszesse aus, die sowohl verspielt als auch erreicht werden konnten. Denn diese „‚Herrschaft über Land und Leute' setzte Landbesitz voraus, damit Herrschaft, auch und gerade informelle, über Leute möglich war." S. 34.

Systems Kroatien-Slawonien, adelsuntypische, weil habitusfremde Strategien anzuwenden. Dies zeigte sich in der Politik ebenso wie in den Bereichen der Wirtschaft oder des sozialen bzw. gesellschaftlichen Lebens, wobei trotz dieser Flexibilität in bestimmten Bereichen weiterhin Adligkeit affirmiert und als Teil der Identität betont wurde. Obwohl der Adel im Sabor vertreten war und im Gegensatz zur Darstellung der bisherigen (post)-jugoslawischen-kroatischen Forschung durchaus politisch aktiv war, stellt sich die Frage, ob sich durch das Eingehen von Elitenkompromissen in Parteien, Clubs etc. noch von einer adeligen Politik sprechen lässt, die in ihren Zielen genuin adelige Interessen vertrat. Dazu gehört ebenso der Aspekt des adligen Habitus als Distinktionsmuster innerhalb des Sabors, also die Frage, ob sich solche Muster erkennen lassen, oder ob gerade in der politischen Arbeit im Landtag aufgrund der Kooperation mit anderen Milieus der Habitus sich veränderte. Wir gehen davon aus, dass sich die vom Hochadel ergriffenen Strategien zum „Obenbleiben" eng auf den Habitus und die Identität dieser sozialen Gruppe auswirkten, da beides miteinander verflochten ist. So lässt sich beispielsweise spätestens ab den 1870er Jahren, als der Prozess des modernen kroatischen, bürgerlichen Nation-Buildings in vollem Gange war, auch eine zunehmende „Nationalisierung" bei einigen Aristokraten feststellen – oder eben die Verweigerung desselben. Dies bedeutete den Wandel von einer eher transnationalen, ständisch fixierten Identität hin zu einer dezidiert kroatischen, um sich durch ihn gleichsam in die moderne Nation einzuschreiben – als Teil ihrer Elite. Hierbei müssen wir natürlich zwischen der Innen- und Außensicht unterscheiden, denn neben der eigenen Affirmation als Teil der nationalen Elite ist die Anerkennung von außen bedeutend. Erst eine Akzeptanz durch die durch „Öffentlichkeit" repräsentierte Gesellschaft konnte eine Legitimierung des eigenen Anspruchs bewirken. Daher stellt sich uns folglich auch die Frage, inwieweit das Obenbleiben des Adels, sein Versuch, sich als nationale Elite neu bzw. wieder zu affirmieren, von Erfolg gekrönt war. Neben diesen aktiven Strategien, die sich nicht nur auf die Politik, sondern, wie in den folgenden Kapiteln gezeigt werden wird, auch auf andere Bereiche bezogen, finden wir auch den Rückzug des Hochadels aus der Landespolitik, so wie es das bisherige negative Master-Narrativ der kroatischen Historiografie wiedergibt. Es ist jedoch fraglich, ob es sich bei diesen Rückzügen um einen vollkommenen Rückzug ins Private[57] handelte. Es fällt jedoch auf, wie weiter unten näher erläutert wird, dass gerade bei prominenten Aristokraten dem Rückzug ein mehr oder weniger erfolgreicher Versuch einer politischen Karriere bzw. einer aktiven politischen Betätigung, vor allem im Sabor, voranging. Dieses Muster trifft auf Graf Richard Sermage zu, der in den 1880er Jahren zusammen mit den Brüdern Drašković das Centrum als Opposition zu etablieren versuchte und auch publizistisch tätig war, sowie auf Baron Lazar Hellenbach, Graf Julije Janković oder auf die Grafen Drašković, deren Centrum als

57 Whelan, Heide W.: Adapting to modernity. Family, caste and capitalism among the Baltic German nobility. Köln 1999.

„Abgesang des Adels“ bewertet wurde.[58] Kurz gefasst soll es nun um folgende Fragen gehen: Was tat der Adel im Landtag, wie war er vertreten, wie lässt sich seine Position definieren? Der Landtag besaß trotz aller Beschränkungen eine hohe politische und damit gesellschaftliche Relevanz – eine Relevanz, deren Erwerb bzw. Erhalt als das Hauptziel adeliger Partizipation im Sabor betrachtet werden kann.

58 Zmajić, Bartol: Postanak i razvitak roda Draškovića. In: Kaj. Časopis za kulturu i prosvjetu 5 (1972). S. 59.

4 Der Hochadel als Akteur im Sabor 1868–1918: Ein nationales Narrativ „revisited“

4.1 Der negative Adelsdiskurs in der Öffentlichkeit und seine Ausprägung im Landtag

Im Sommer 1886 kam es zu einem mittleren landesweiten Skandal: Ein junger Gutsherr (es sollte sich um Milan pl. Kiepach-Haselburg aus Križevci handeln, der später gegen Khuen-Hédervàry als Politiker auftreten sollte) ritt am 03. Juni des Jahres betrunken auf seinem Pferd in eine Kirche bei Karlovac ein, in der gerade die Messe abgehalten wurde, entriss dem Glöckner das Weihrauchgefäß und fuchtelte damit vor der Gemeinde herum, bis diese ihn gewaltsam aus der Kirche vertrieb. Daraufhin stürmte dieser das Pfarrhaus und schlug fluchend mit der Reitgerte um sich, dass er dies alles dürfe, da er ein Adliger sei. In der Öffentlichkeit war die Empörung über die Reaktionen der regierungstreuen Presse (die alles zu vertuschen versuchte) und der Justiz (da Kiepach straffrei ausging) zwar größer als diejenige über den durchaus skandalösen Vorfall selbst.[1] Dieser Vorfall schien jedoch das negative Bild des Adels, welches seit längerer Zeit im nationalen Diskurs vorherrschend war, zu bestätigen – und welches zwar im Sabor nicht sehr häufig, aber dennoch in für die Frage- und Zielstellung dieser Arbeit prägnanter Weise diskutiert wurde. Obwohl der Adel und die Aristokratie im Landtag 1868 bis 1918 überproportional vertreten waren, spielte der Adel als Thema für Debatten und Diskussionen eine überraschend untergeordnete Rolle. Wurde über ihn dennoch debattiert, so meistens in drei verschiedenen Kontexten: Zum einen gab es allgemeine Ausführungen über den Adel, die zum großen Teil höchst kritisch waren und seine gesellschaftliche Relevanz in Frage stellten; zum anderen, wenn es zur persönlichen Verifikation einzelner Adliger vor der Konstituierung eines neuen Landtags kam; und vor allem dann, wenn es um bestimmte adelige Landtagsmitglieder oder konkrete persönliche Belange ging und diese sich dann zu Wort meldeten, wie es zum Beispiel bei Graf Stjepan Erdődy im Krisenjahr 1903 der Fall war. Dieser griff am 19.06.1903 während der Rede des Abgeordneten Josip Frank den Redner an mit den Worten „Wenn Sie, lieber Freund, etwas gegen uns [d.i. die unionistische Nationalpartei] haben, da sind wir!“[2]

Zwischen 1868 und 1918 gab es im Sabor insgesamt vier längere Debatten bzw. Redebeiträge über den einheimischen Adel und seine Relevanz für die Gesellschaft

1 Narodne Novine 30.06.1886.; Obzor 14.07.1886. Während das Regierungsblatt Narodne Novine sehr schwammig darüber berichtete, war der Bericht des oppositionellen Obzor weitaus kritischer und exakter.

2 Stenografički zapisnici i prilozi Sabora kralj. Hrvatske, Slavonije i Dalmacije. Petogodište 1901.–1906. od LIII. do ukljičivo LX. Sab. Sjednice od 17. lipnja do 25.lipnja 1903. Zagreb 1903. S. 82.

DOI 10.1515/9783110521238-004

und die Nation: 1873 kam es zu einem kurzen, aber bezeichnenden Wortwechsel zwischen dem bürgerlichen Abgeordneten Milan Makanec und Graf Richard Sermage; 1875 widmete sich Graf Miroslav Kulmer als Redner seinem Stand; 1884 und 1890 legten die Abgeordneten Tadija Smičiklas und Fran Vrbanić in ihren Reden ihre Standpunkte dar, die wie eine Blaupause für die negative Wahrnehmung des Adels klingen. Diese vier größeren Beiträge mögen als verschwindend gering betrachtet werden, doch lässt sich aus ihnen die Entwicklung des antiadeligen Diskurses innerhalb des kroatischen Nation-Buildings prägnant nachzeichnen. Denn sie zeigen auf, wie die damalige kroatische Aristokratie bewusst aus der Nation herausgeschrieben wurde: Erhielten die Adeligen der frühen Neuzeit, wie die Zrinski, Frankopan oder Drašković, als Helden Einlass in den sich konstituierenden nationalen Pantheon, so wurde den zeitgenössischen Adeligen der Einlass in die moderne kroatische Nation von den maßgeblichen Akteuren derselben verwehrt. Es fällt ebenso auf, dass es im Sabor selbst keine unmittelbaren Reaktionen auf den außerhalb dieser Arena und Bühne der Elitenbildung geführten negativen Adelsdiskurs gegeben hat – was umso erstaunlicher ist, als gerade in diesem dem Adel die Elitenlegitimation und -zugehörigkeit abgesprochen wurde. So veröffentlichte die oppositionelle und dezidiert bürgerlich-nationalistische Zeitung „Zatočnik" am 17.01.1871 auf der Titelseite den Artikel „Naša aristokracija" – „Unsere Aristokratie" –, in welchem dem kroatischen Adel jegliche Zugehörigkeit zur Nation abgesprochen wurde. Der Adel sei aus dem historischen und politischen Blickfeld des Landes entwachsen, die Standessolidarität mit dem ungarischen Adel sei stärker als die der nationalen Zugehörigkeit, und er sei korrupt – wie im Skandal um Lonjsko Polje erkennbar, in dem der Banus Rauch die Hauptrolle spielte und in dessen Folge er zurücktreten musste.[3] Ähnlich schrieb der oppositionelle „Obzor" in seinem Nachruf auf Graf Aleksander Erdődy am 25.01.1881, dass man hoffen sollte, dass sich die heutigen kroatischen Erdődy der Geschichte ihres Volkes und ihres Geschlechts, in dem die kroatische Sprache einst fast ausschließlich verwendet wurde, bewusst würden und so zum Fortschritt ihrer kroatischen Heimat beitrügen.[4]

Der Topos „anationaler Adel" ist hier voll ausgebildet, und er sollte den Diskurs fortan bestimmen und auch von außen aufgenommen und perpetuiert werden. Josef Starè bemerkt daher, dass der Hochadel „längst alte, nationale Eigenthümlichkeiten abgestreift" habe.[5] Doch nicht nur der vermeintlich fehlende nationale Charakter, sondern auch eine gewisse Unfähigkeit wurde dem Adel von außen attestiert, so auch von Franjo Rački und Bischof Strossmayer: Die Magnaten hätten für eine „regel-

3 Zatočnik 17.01.1871.
4 Obzor 25.01.1881.
5 Starè: Die Kroaten. S. 94.

mäßige Gesetzgebung weder Willen noch Wissen“[6], „Marko [der Sohn von Graf Djuro Jelačić] würde gerne kandidieren, wisse aber nicht ob für die Regierungsseite oder die Opposition!“[7], und es sei ein „Unglück mit dieser unserer Aristokratie – größtenteils verfallen, auf keinen ihrer Mitglieder können wir rechnen.“[8]

Die wenigen, doch nicht zu unterschätzenden Diskussionen über den Adel im Landtag erscheinen daher als Widerhall eines größeren, antiadeligen nationalen Diskurses. Fünf Jahre nach dem ungarisch-kroatischen Ausgleich, der vor allem unter der aktiven Beteiligung konservativer, magyarophiler Adeliger entstand, kam es zur ersten Diskussion, konkreter zu einem ersten Wortwechsel, der sich aber über drei Sitzungstage hinzog, über den „Adel an sich“ im Sabor.

Der bürgerliche Abgeordnete und Mitglied der aus dem Illyrismus hervorgegangenen Narodna Stranka, Milan Makanec, griff am 03.09.1873 erstmalig den einheimischen Adel, und insbesondere den Hochadel an, indem er ihm jegliche Relevanz absprach: Denn das Volk betrachte die Aristokratie nicht als einen maßgeblichen Faktor, der die Entscheidungen des Volkes stören könnte.[9] Diese Aussage lässt sich vor allem auf den Landtag selbst münzen. Die Regierung unter Banus Ivan Mažuranić und die beiden Landtage von 1873 und 1875 hatten in der Tat weitreichende Reformen zu Wege gebracht, außerdem galt Mažuranić, Mitglied der Illyrischen Bewegung in der ersten Hälfte des 19. Jahrhunderts, als Proponent und Förderer des kroatischen Bürgertums und der Modernisierung. Betrachtet man in idealtypischer Weise den Parlamentarismus als Ausdruck des politischen Willens eines Volkes, so traf entsprechend auch das kroatische Volk im Sabor Entscheidungen, die es selbst betrafen. Da 1873 die Narodna Stranka an der Landesregierung beteiligt war, unterstellt Makanec eben nun den Magnaten, die sich mehrheitlich als Mitglieder der Unionistischen Partei in der Opposition befanden, sie befänden sich damit auch in Opposition zum Volk und würden dessen Willen zu stören versuchen. Bedeutend ist hierbei die vorgenommene Trennung von Volk und Adel, der als dem Volk entfremdet wahrgenommen wird. Die Darstellung des kroatischen Hochadels des 19. und 20. Jahrhunderts von Seiten des Bürgertums als anational bzw. entfremdet ist daher nicht erst eine spätere Rückprojektion seit 1918, als der Adel als rechtlich definierte Gruppe tatsächlich nicht mehr existierte, sondern hat bereits ihren Ursprung spätestens in der Mitte des 19. Jahrhunderts. Dies zeigt den Zusammenhang von Adelskritik und der bürgerlichen Affirmation einer modernen kroatischen Nation. Die Gründe hierfür liegen unter anderem in den Bezugspunkten, die für das kroatische Nation-Building maßgeblich

---

6 Korespondencija Rački –Strossmayer. Bd. 4. Zagreb 1931. S. 454. Strossmayer an Rački am 01.08. 1872.

7 Korespondencija Rački –Strossmayer. Bd. 2. Zagreb 1930. S. 400. Strossmayer an Rački am 07.08. 1881.

8 Korespondencija Rački –Strossmayer. Bd. 3. Zagreb 1930. S. 54. Rački an Strossmayer am 03.02. 1883.

9 Saborski Dnevnik Kraljevinah Hrvatske, Slavonije i Dalmacije. Godina 1872–1875. S. 451.

waren: Denn dieses grenzte sich nicht nur von den Deutschen bzw. Österreichern sowie den orthodoxen Serben ab, sondern seit dem Illyrismus der 1830er und 1840er Jahre vor allem von der sich entwickelnden modernen ungarischen Nation. Dies erscheint umso plausibler, als das ungarische Nation-Building bei etwa vergleichbaren gesellschaftlichen Voraussetzungen den Adel bewusst integrierte, und ein Großteil des kroatischen Hochadels tatsächlich Anhänger der Unionistischen Partei und mit dem Adel Ungarns sozial wie wirtschaftlich verbunden war. Ebenso bestand bei einigen Mitgliedern des kroatischen Hochadels noch keine dezidiert ausgeprägte nationale Identität im bürgerlichen modernen Sinne, sodass der Vorwurf der Anationalität aus dieser Perspektive berechtigt erschien – die eigene nationale Identität des Adels jedoch völlig außer Acht ließ. Denn wie gezeigt werden wird, identifizierte sich der Hochadel auch, doch nicht ausschließlich mit dem Kroatentum; und erst im Laufe der zweiten Hälfte des 19. Jahrhunderts finden wir durch den aufgebauten innergesellschaftlichen nationalen Druck entweder eine bewusste Nationalisierung einzelner Aristokraten (z.B. die Grafen Karlo Drašković, Miroslav Kulmer, Marko Bombelles) oder eine ebenso bewusste Aufgabe bzw. Indifferenz gegenüber einer exklusiven kroatischen Identität (z.B. die Grafen Aladár Janković, Oskar Keglević, Paul Drašković). Ein solches Entfernen des Adels aus dem nationalen Diskurs und die damit einhergehenden Reaktionen des Adels bezüglich seiner Identität – mehr oder weniger erfolgreiche Versuche sich zu „nationalisieren" bzw. der bewusste Rückzug aus der Nation – hat seine Parallele im Verhältnis vom böhmischen Adel zum tschechischen Bürgertum bzw. Nation.[10]

Der einheimische Adel im Kroatien des 19. Jahrhunderts diente daher innerhalb des modernen nationalen Diskurses von Beginn an als negative Gegenfolie zum Volk, und er war in seiner Gesamtheit nicht in der Lage, diesen Diskurs maßgeblich mitzubestimmen. In diesem Kontext sind die weiteren Ausführungen des Abgeordneten Makanec zu verstehen: So könne sich das Volk glücklich schätzen, dass der Adel so schwach und patriotisch indifferent sei. Ebenso habe er so wenige Verdienste vorzuweisen, dass man getrost über ihn hinweg zur Tagesordnung (sowohl im unmittelbaren Sinne im Landtag wie metaphorisch im übergeordneten nationalen Sinne) schreiten könne, da alles, was dazu beitrage, dass man das kroatische Volk zu den zivilisierten Nationen zählen könne, aus den Reihen des Bürger- und Bauerntums käme.[11] Makanec' Rede ist voller negativer, aber recht bildhafter Vergleiche; so halle

10 Vgl. dazu vor allem: Hlavačka, Milan: Der konservative Anbruch der Moderne. In: Adel und Politik in der Habsburgermonarchie und den Nachbarländern zwischen Absolutismus und Demokratie. Hrsg.von Tatjana Tönsmeyer u. Luboš Velek. München 2011. S. 63–64.; Georgiev, Jiíi: Konservative Gesinnung und böhmischer Adel. In: Adel und Politik in der Habsburgermonarchie und den Nachbarländern zwischen Absolutismus und Demokratie. Hrsg.von Tatjana Tönsmeyer u. Luboš Velek. München 2011. S. 43. Gerade die Jungtschechen betrachteten den Adel negativ, als anational und lehnten ihn meist ab.

11 Saborski Dnevnik Kraljevinah Hrvatske, Slavonije i Dalmacije. Godina 1872–1875. S. 451.

beispielsweise in den adeligen Höfen noch immer der Klang des Eisens, mit dem er das Volk geknechtet habe. Er greift jedoch nicht nur die von ihm postulierte mangelnde patriotische Gesinnung und die Indifferenz des Adels gegenüber der Gesellschaft an, sondern auch dessen Lebensstil und Habitus, den er drastisch und pointiert herabwürdigt: Es sei ein künstlicher „Gentlemen-Lebensstil", der sich in einer Don Quixotterie ergehe und in dieser Genugtuung und Ehre suche, aber stolz darauf sei, dass keiner seiner Mitglieder Mitglied der Akademie der Wissenschaften ist – ein solcher Adel könne eben kein Faktor in der Gesellschaft sein.[12] Makanec bedient sich gegen Ende seiner Rede aber eines rhetorischen Kniffs, was sowohl wie eine Absicherung gegen zu erwartende Vorwürfe der Pauschalverurteilung des Adels, aber nach diesem scharfen Angriff auch als gewisse Koketterie gewertet werden kann: Er nehme aus seiner Kritik bewusst die Adeligen heraus (freilich ohne sie namentlich zu nennen), die nicht in das von ihm so deutlich skizzierte Bild passten! Da es von diesen jedoch nur wenige gäbe, seien sie umso mehr hervorzuheben.[13] Die Replik auf diese scharfen Angriffe erfolgte dann am nächsten Tag durch Graf Richard Sermage – als einzigem Landtagsmitglied wohlgemerkt. Seine kurze Antwort lässt sich aber nicht nur als die subjektive Meinung eines einzelnen Vertreters seiner sozialen Gruppe verstehen, da sich Sermage berufen sah, stellvertretend für den gesamten Adel zu sprechen. Was als Rechtfertigung gedacht war, sollte sich jedoch gleichsam als selbsterfüllende Prophezeiung, als unbeabsichtigte Bestätigung der Kritik Makanec' erweisen.

Sermages kurze Rede vom 04.09.1873 fällt vor allem durch eine Besonderheit auf: Sie ist – wie das Landtagsprotokoll zeigt – in einem eher holprigen Kroatisch gehalten, was auf eine nicht sehr solide Beherrschung der Sprache schließen lässt, wobei er bezeichnenderweise seinerseits den Stil der Rede Makanec' kritisiert, der im parlamentarischen Leben nicht zulässig sei.[14] Das nicht sehr souveräne Kroatisch von Sermage sollte Milan Makanec am darauffolgenden Tag in die Hände spielen, wie sich zeigen wird. Sermage, dessen Familie zu den Unterstützern des Illyrismus der 1830er und 1840er Jahre zählte, führt in seiner Verteidigung des Adels einige Punkte an, aus denen sich gewisse allgemeine Standpunkte des Hochadels Kroatien-Slawoniens ableiten und herauslesen lassen. Diese stehen nur zum Teil im Gegensatz zu den Postulaten der modernen kroatischen Nation, zu deren Verfechtern eben Milan Makanec gehörte. So sprach er vom kroatisch-slawonischem Adel, und bezieht sich damit auf das Land, nicht aber auf die Nation. Dennoch weist er die Anschuldigung zurück, der Adel habe keinerlei Verdienste für das Volk und die Nation erbracht, in dem er schlichtweg das Gegenteil behauptet – nämlich Verdienste „unseres Adels für unser Volk".[15] Daneben verweist er auf die Wohltätigkeit vieler Adliger, was sowohl in der

12 Saborski Dnevnik Kraljevinah Hrvatske, Slavonije i Dalmacije. Godina 1872–1875. S. 451.
13 Saborski Dnevnik Kraljevinah Hrvatske, Slavonije i Dalmacije. Godina 1872–1875. S. 451.
14 Saborski Dnevnik Kraljevinah Hrvatske, Slavonije i Dalmacije. Godina 1872–1875. S. 467.
15 Saborski Dnevnik Kraljevinah Hrvatske, Slavonije i Dalmacije. Godina 1872–1875. S. 467.

Realität zutraf und zur adeligen Identität gehörte, aber auch als typischer Topos adeliger Rechtfertigung bzw. adeliger Identitätsstiftung Verwendung fand. Es seien vom Adel viele wohltätige und bildungsfördernde Stiftungen und Stipendien ins Leben gerufen worden, mit denen „tausende und abertausende Söhne unserer Heimat“ ausgebildet und unterstützt wurden.[16] Sermage versucht sich und damit den Hochadel Kroatien-Slawoniens gleichsam rhetorisch in die Nation mit einzuschreiben, mehr noch: Diese kurze Replik ist der Versuch, nicht nur seine Position im Landtag zu legitimieren, sondern auch sich als Hochadel weiterhin als nationale Elite zu affirmieren. Jedoch wird diese Zugehörigkeit zur nationalen Elite von bürgerlichen Abgeordneten wie Makanec schon dadurch verwehrt, dass dem Adel eine Zugehörigkeit zur Nation allgemein abgesprochen wird. Makanec griff dann am nächsten Tag die von Sermage dargebrachten Argumente auf, um damit seine Position umso mehr zu bekräftigen, und spitzte seine Rede abermals polemisch zu, wobei er Sermage auch persönlich angriff: Seine Kritik habe sich nicht auf den historischen, sondern den jetzigen Adel bezogen, ebenso habe er bewusst einige Adelige aus seiner Kritik ausgenommen. Da aber Graf Sermage sich zur Aufgabe gemacht habe, den Adel in seiner Gesamtheit zu verteidigen, zähle er sich selbst wohl nicht zu diesen Ausnahmen – getreu des Sprichworts „Getroffene Hunde bellen“. Sermage habe darüber hinaus durch seine Rede bewiesen, dass der kroatische Adel in der Tat seinem Volk entfremdet sei: Denn er spräche kaum die Sprache des Volkes, so wie die „peregrini in Israel“ oder die kroatischen Abgeordneten in Budapest. Und dennoch maße sich der Adel an, im Landtag über das Schicksal des Volkes zu bestimmen.[17] Makanec' Adelskritik gewann insofern aber eine gewisse Inkohärenz, als er zuvor dem Adel jegliche Relevanz und damit implizit eine Elitenrolle absprach, nun aber zugesteht, dass er dennoch Entscheidungen mitbestimmte, die für das ganze Volk und damit die ganze Gesellschaft Konsequenzen nach sich zögen – was einer Bestätigung der Elitenposition des im Landtag vertretenen Adels gleichkommt. Gleichwohl zielt seine Kritik vor allem auf die Rechtfertigung dieser Position ab, denn der Adel habe eben keinen Anspruch darauf, das Volk vertreten zu können; umso weniger, als man vom kroatischen Adel stets Beweise gefunden habe, dass er dem Herrscher gegenüber loyal sei – diese Loyalität gegenüber dem kroatischen Volk aber bisher nirgends zu sehen war.[18] Seine Rede beschließt er mit einem überaus gelungenen, sarkastischen Bonmot, das sein Verdikt über den einheimischen Adel pointiert zum Ausdruck bringt und für zustimmendes Gelächter im Sabor sorgte: Unsere Aristokratie habe sich bisher auf keinem Feld ausgezeichnet, außer auf dem Feld von Lonje (Lonjsko Polje).[19] Er spielt damit auf den Korruptionsskandal im Rahmen der Trockenlegung und Urbarmachung des

16 Saborski Dnevnik Kraljevinah Hrvatske, Slavonije i Dalmacije. Godina 1872–1875. S. 467.
17 Saborski Dnevnik Kraljevinah Hrvatske, Slavonije i Dalmacije. Godina 1872–1875. S. 512.
18 Saborski Dnevnik Kraljevinah Hrvatske, Slavonije i Dalmacije. Godina 1872–1875. S. 512.
19 Saborski Dnevnik Kraljevinah Hrvatske, Slavonije i Dalmacije. Godina 1872–1875. S. 513.

Lonjsko Polje unter der vorangegangenen Regierung von Baron Levin Rauch an, der für die daran beteiligten Aristokraten aus dem Umkreis des Banus keinerlei Konsequenzen nach sich zog. Und auch diese Adelspolemik blieb folgenlos, da es keinerlei Repliken auf Makanec gab, weder von adeliger noch bürgerlicher Seite. Zweifelsohne stellte die kurze Antwort Sermages ein erstes adeliges Rückzugsgefecht innerhalb des politischen Forums des Landtags dar, welches ebenso unzweifelhaft mit einer mehr als deutlichen Niederlage endete. Es ist bezeichnend, dass daraufhin Graf Richard Sermage seine politische Tätigkeit erst zu Beginn der 1880er Jahre im Rahmen der von den Brüdern Grafen Drašković geführten gemäßigten Opposition, dem Centrum, wieder aufgriff und sich zu einem der profiliertesten Redner des Landtags entwickelte.

Der nächste bedeutende Diskussionsbeitrag über den Adel kam dann 1875 und zeigte im Gegensatz zur Polemik von Milan Makanec gewissermaßen die Sichtweise eines Insiders. Am 08.11.1875, im Zuge der hitzigen Debatte über die Verifikation von Baron Ferdo Inkey de Palin, die von einigen bürgerlichen Abgeordneten der Narodna Stranka vehement bestritten wurde, schaltete sich einer der prominentesten Aristokraten Kroatiens überhaupt, Graf Miroslav Kulmer, in die Debatte ein.[20] Er stelle mit Bedauern fest, was für Meinungen über die Magnaten im Sabor kundgetan würden, aber ebenso bedauere er auch die Abwesenheit der einheimischen Magnaten im Landtag – was mit „Živio!"-, „Er lebe hoch"-Rufen im Plenarsaal quittiert wurde –, dass die einheimischen Magnaten nicht im Landtag anwesend seien und ihre Bänke unbesetzt blieben, obwohl es deren Pflicht sei.[21] Der Topos des adeligen Desinteresses an der Landespolitik scheint dadurch eine Bestätigung gefunden zu haben, und in der Tat befand sich die adelige Partizipation im Landtag unter der Regierung des Banus Mažuranić 1873–1880, wenn man den gesamten Untersuchungszeitraum von 1868 bis 1918 zum Vergleich nimmt, auf einem Tiefstand.

Kulmer betonte unter weiteren „Živio"-Rufen", dass er sich weder schäme, ein Graf und Reichsbaron noch ein Kroate zu sein, dessen Pflicht es sei, die Heimat zu verteidigen und ihr zu dienen.[22] Kulmer sieht dennoch einen Zusammenhang zwischen dem Fernbleiben des Adels am Landtagsgeschehen und der im Sabor wiederholt thematisierten Adelskritik, denn es „sei kein Wunder, dass die Magnatenplätze leer stünden, wenn weiterhin in dieser Form auf unseren Stand geflucht werde".[23] Gleichsam eine der von Makanec erwähnten Ausnahmen darstellend, ist es für Kulmer kein Gegensatz, Aristokrat und Teil des kroatischen Volkes zu sein, – und er

---

20 Saborski Dnevnik Kraljevinah Hrvatske, Slavonije i Dalmacije. Godina 1875–1878. Zagreb 1900. S. 179–180.

21 Saborski Dnevnik Kraljevinah Hrvatske, Slavonije i Dalmacije. Godina 1875–1878. Zagreb 1900. S. 179.

22 Saborski Dnevnik Kraljevinah Hrvatske, Slavonije i Dalmacije. Godina 1875–1878. Zagreb 1900. S. 180.

23 Saborski Dnevnik Kraljevinah Hrvatske, Slavonije i Dalmacije. Godina 1875–1878. Zagreb 1900. S. 180.

zeigt dadurch abermals, wie bedeutend der negative Adelsdiskurs in der politischen Öffentlichkeit und das Entfernen des Adels aus der Nation, aber auch wie weit seine gewisse Passivität demgegenüber vorangeschritten war.

Auch Kulmer bewies seine Zugehörigkeit zur Nation durch die Zugehörigkeit zur Sprachgemeinschaft. Durchaus geistreich verweist er auf die Befürchtungen einiger Abgeordneter, die Bestätigung von Baron Inkey de Palin wäre ein weiterer Schritt, den Sabor in ein Adelsparlament zu verwandeln (was abermals das angebliche Desinteresse des Adels am Landtag in Frage stellt!). Diese Befürchtungen seien unbegründet, denn zum einen könne der Sabor rechtlich niemals mehr adelige als bürgerliche Mitglieder haben – und sollte es doch dazu kommen, sprächen sie „eh unsere Sprache nicht“.[24] Obwohl Kulmer hiermit die nationale Indifferenz vieler seiner Standesgenossen anhand ihrer fehlenden Sprachkompetenz kritisiert, versucht er dennoch, die Dichotomie von Aristokratie und Volk auf der nationalen Ebene wieder aufzuheben, indem er den Adel als der Nation zugehörig betrachtet. Denn es sei eben die Pflicht des Adels, der Nation zu dienen, nur kämen viele dieser Pflicht nicht nach. Daher sei er für eine Verifikation Inkey de Palins, weil diese mit den Gesetzen des Landes übereinstimme. Kulmer bewies damit vor allem, dass der Hochadel Kroatien-Slawoniens durch eine große Heterogenität gekennzeichnet war, in politischer wie auch nationaler Hinsicht, sowohl was die Selbstidentität als auch die Fremdwahrnehmung betraf.

Obwohl der Adelsanteil im Landtag unter der Regierung des Banus Graf Ladislav Pejačević 1880–1883, und seit der Regierungsübernahme des Banus Graf Károly Khuen-Hédervάry wieder merklich gestiegen war[25], wurde der Adel als Thema erst wieder am 24.10.1884 in einer Rede des Abgeordneten Tadija Smičiklas aufgegriffen.[26] Jedoch ging es hierbei nicht um eine weitere bürgerliche Kritik des Adels, sondern vielmehr um einen historischen Exkurs über den kroatischen Adel und adelige Spezifika. Während Milan Makanec 1873 den adeligen Habitus verzerrt und polemisch verurteilte, versucht Smičiklas, diesen Habitus wertungsfrei zu beschreiben: Bis 1848 stellte der Adel fast überall in Europa die herrschende Schicht, und der kroatische wie ungarische Adel hatten dieselben Rechte besessen.[27] Es wird also nicht nur die Eigenständigkeit des kroatischen Adels betont, sondern auch seine Gleichrangigkeit mit dem ungarischen Adel. Dies steht in implizitem Gegensatz zum Postulat Makanec', dass der Adel nicht zur Nation zu zählen sei. Neben den gleichen Rechten hätten beide Adelsgruppen auch dasselbe Ziel gehabt, nämlich die Verteidigung ihrer Privilegien und Freiheiten – was der Redner mit einem kurzen, aber falschen, weil

24 Saborski Dnevnik Kraljevinah Hrvatske, Slavonije i Dalmacije. Godina 1875–1878. Zagreb 1900. S. 180.
25 Siehe die obige prosopografische Analyse des Landtags.
26 Saborski Dnevnik Kraljevinah Hrvatske, Slavonije i Dalmacije. Godina 1884–1887. Zagreb 1887. S. 167.
27 Vgl. dazu auch die Kapitel zum Adel bis 1848.

Kroatisch mit Latein mischenden Zitat bekräftigen möchte, indem er dies als „privilegija et libertates“ [sic!] bezeichnet.[28] Den adeligen Habitus – ohne freilich den Begriff zu verwenden – charakterisiert er durch den Umstand, dass sich ein Adliger aufgrund seiner Standessolidarität mehr seinen Standesgenossen als seinen Untertanen und Leibeigenen verbunden gefühlt habe, da diese eben nicht dieselben Rechte hatten. Dieser Verweis auf adelige Identität bis 1848 lässt sich als eine verklausulierte Erklärung interpretieren, warum der kroatische Adel eine Generation nach Verlust seines privilegierten rechtlichen und politischen Status noch immer nicht eine dezidiert nationale kroatische Identität im modernen, bürgerlichen geprägten Sinne entwickelt hatte, und sich daher dem Vorwurf der Anationalität ausgesetzt sehen musste. Diesen Vorrang der ständischen vor der nationalen Identität unterstreicht Smičiklas, indem er einen namentlich nicht genannten, aber den damaligen Mitgliedern des Landtags anscheinend bekannten Adeligen aus dem Turopolje zitiert: Er sei nicht nur der Bruder des Kaisers, sondern ein jeder Adlige weltweit sei sein Bruder.[29] Dieses Zitat, das natürlich nicht eindeutig zu verifizieren ist, ist dennoch bezeichnend für das in Ungarn und Kroatien bis 1848 vorherrschende Ideal von Adelsgleichheit und -freiheit, wie es István Werbőczy in seinem „Tripartitum“ als *una eadam libertas* definiert hat. Das Turopolje stellte eine soziale wie rechtliche Besonderheit dar, da es eine „Adelsgemeinde“ mit besonderem Status und gewisser Autonomie war, deren Vorsteher, der „Comes“, rechtlich den Obergespanen gleichgestellt war und ebenso seinen Sitz im Landtag hatte. Diese Privilegierung der Turopoljer Adligen ist umso bezeichnender, als sie sozial durchweg dem Land- und Kleinadel zuzurechnen und politisch in ihrer Mehrheit konservativ-unionistisch magyarophil waren. Einige Turopoljer Adlige wie Antun Danijel pl. Josipović zählten zu den führenden Politikern der Unionistischen Partei und arbeiteten eng mit hochadeligen Politikern wie Baron Levin Rauch zusammen, gehörten also ebenfalls zur Elite des Landes. Dass Tadija Smičiklas eben diesen traditionellen adeligen Habitus thematisiert, zeigt, dass dieser sowohl als solcher wahrgenommen wurde, als auch als etwas Gegensätzliches zu den vorherrschenden bürgerlichen Vorstellungen. Im Vergleich zu den späteren Ausführungen des Abgeordneten Fran Vrbanić über die kroatische Aristokratie vom 10.12.1890[30], die im Kontext der vom Landtag aufgestellten Familienliste zu sehen sind, und der Frage, wer Anrecht auf einen Magnatensitz im Sabor habe, findet sich in den Landtagsprotokollen kein Hinweis, in welchem größeren Zusammenhang die Rede Tadija Smičiklas’ zu verstehen ist. Es wäre jedoch durchaus denkbar, dass sie im Kontext der politischen Aktivitäten der Brüder Drašković und Graf Richard Sermages zu sehen ist, die ab 1884 sich wieder verstärkt politisch engagierten und 1886

28 Saborski Dnevnik Kraljevinah Hrvatske, Slavonije i Dalmacije. Godina 1884–1887. S. 167.
29 Saborski Dnevnik Kraljevinah Hrvatske, Slavonije i Dalmacije. Godina 1884–1887. S. 167.
30 Stenografički zapisnici Sabora kraljevina Hrvatske, Slavonije i Dalmacije za petogodište 1887.–1892. Sv. IV. Zagreb 1892. S. 312.

schließlich das Centrum als gemäßigte Opposition zur Regierung des Banus Khuen-Héderváry gründen sollten. Dies lässt sich jedoch anhand der zugänglichen Protokolle und Notizen des Landtags nicht exakt nachvollziehen. In jedem Fall zeugt der, wenn auch kurze, Beitrag von Smičiklas davon, dass der Adel als Thema dennoch wahrgenommen wurde.

Fran Vrbanić war Abgeordneter der Kroatischen Rechtspartei, die neben einem großkroatischen Nationalismus mit starker antiserbischer wie antiungarischer Tendenz auch dezidiert bürgerlich ausgerichtet war, – wobei Baron Juraj Rukavina als prominentes Parteimitglied auch hierbei ein bezeichnendes Beispiel für die Heterogenität der kroatischen Aristokratie abgibt. Er geht von der hypothetischen Frage aus, ob sich die kroatische Aristokratie an die Spitze eines freien und geeinten Kroatiens stellen könnte, welche Bedeutung sie einnehmen würde und welche Bedeutung sie nun habe. Die Antwort hierauf gibt er selbst, indem er der existierenden kroatischen Aristokratie eine Nichtexistenz attestiert: Nicht nur, dass sich der kroatische Adel im Schatten des ungarischen Adels befände, er würde darüber hinaus nicht einmal als kroatischer Adel existieren – und dies zu seinem eigenen Schaden.[31] Als einzige Lösung hierfür sieht Vrbanić nur ein Anschluss des Adels an seine Partei, denn an der „Spitze der kroatischen Rechtspartei könnte er [d.i. der Adel] das Volk beglücken“[32]. Diese Forderung wurde dann mit lebhaftem Applaus und „Živio“-Rufen von der Linken, also den Oppositionsparteien, bedacht. Gerade dies zeigt, in welchem Maße die Deutungshoheit über den nationalen Diskurs und das kroatische Nationskonzept von bürgerlichen, antiadeligen Akteuren und Gruppen dominiert wurde. Da die Rechtspartei einen exklusiven, überdeutlichen Nationalismus als Kernpunkt ihrer Ideologie und ihres Parteiprogrammes hatte, erscheint der Vorwurf der adeligen nationalen Indifferenz aus ihrer Sicht umso berechtigter. Nur durch das Zusammengehen mit der Rechtspartei könne sich der Adel wieder nationalisieren und sich als Elite der Nation beweisen und akzeptiert werden. Dies zeigt, dass der Hochadel in der Tat als Elite wahrgenommen wurde. Es fehlte ihm aus Sicht der „Nation-Builder“ lediglich eine Identität im Sinne eines modernen Nationenbegriffs. Diese Anerkennung einer eventuellen adeligen Führungsrolle bekräftigt Vrbanić auch damit, dass er der Aristokratie eine „kulturelle Mission“ zuspricht, die die „verschiedenen Teile eines Volkes“ zusammenbringt und vereint, also eine hohe integrative Fähigkeit. Im Gegensatz zu Makanec einige Jahre zuvor, verurteilt Vrbanić jedoch nicht den adeligen Lebensstil oder das, was man gemeinhin dafür hielt. Seine Kritik ist weniger sozial als eben national ausgerichtet. Dem kroatischen Adel wird nicht *a priori* gesellschaftliche Relevanz abgesprochen, sondern nur das Fehlen einer aus seiner Sichtweise wichtigen Grund-

---

31 Stenografički zapisnici Sabora kraljevina Hrvatske, Slavonije i Dalmacije za petogodište 1887.–1892. Sv. IV. S. 312.

32 Stenografički zapisnici Sabora kraljevina Hrvatske, Slavonije i Dalmacije za petogodište 1887.–1892. Sv. IV. S. 312.

voraussetzung für das Reaktivieren dieser Relevanz: die Übernahme des modernen bürgerlichen Kroatentums als nationale Identität. Dieser Nationalisierungsdruck wurde schließlich vom Hochadel auch erkannt, wobei unterschiedliche Strategien die Folge waren, wie Rückzug oder Anpassung. Wie gezeigt werden wird, manifestierte sich die Nationalisierung des Adels nicht nur in einer kroatischen Selbstdarstellung, sondern vor allem darin, dass man Elitenpositionen in verschiedenen national konnotierten Strukturen, wie Vereinen, Gruppen und Zusammenschlüssen besetzte.

4.2 „Adelspartei“ und Elitenkompromiss? – Das Centrum 1885–1887

Das Voranschreiten der nationalen Integration war seit dem Ende des Neoabsolutismus 1861 eng verknüpft mit gesellschaftlicher Modernisierung und politischer Ausdifferenzierung in Form von politischen Parteien.[33] In diesem Kontext und vor der Fragestellung der adeligen Rolle in der Politik ist daher das Centrum zu verorten und von Bedeutung.

Der kurzlebige Landtagsclub des Centrums oder der „Gemäßigten Opposition“ wird in der kroatischen Forschung zur Landtagsgeschichte und Entwicklung des Parlamentarismus recht marginal behandelt bzw. sogar mit faktisch falschen Angaben wiedergegeben[34], oder auch als „Schwanengesang der Drašković in der Politik“ bezeichnet.[35] Tatsächlich stellt das Centrum einen fehlgeschlagenen Versuch dar, eine funktionierende Opposition zur Regierung von Banus Khuen-Hédervâry zu bilden. Ebenso haben sich nach diesem Misserfolg 1887 die Grafen Ivan und Josip Drašković sowie Graf Richard Sermage als die Hauptakteure der Partei von der politischen Bühne des Landes zurückgezogen. Doch trotz dieses klaren Fehlschlages ist das Centrum als Untersuchungsgegenstand von großem Interesse: Obwohl der Landtagsclub sich nach außen erfolglos als Partei zu etablieren versuchte[36], stellte er in seiner inneren Struktur einen funktionierenden Elitenkompromiss dar. Dennoch konnte der oppositionelle Führungsanspruch des Clubs nicht eingelöst werden, da er nicht nur von den Wählern, sondern vor allem auch von den anderen Oppositionsgruppen – der Unabhängigen National-

33 Steindorff: Kroatien. S. 117. Zur allgemeinen kroatischen Parteiengeschichte siehe: Schödl: Kroatische Nationalpolitik und „Jugoslavenstvo“.
34 Gross, Mirjana: Geneza Frankove stranke. Historijski zbornik (1–4) 1964. S. 17. Gross schreibt, dass Graf Ivan Drašković den Landtagsclub 1887 [!] gegründet habe.
35 Zmajić: Postanak i razvitak roda Draškovića. S. 59.
36 Programm des Centrum-Klubs des Landtages der Königreiche Kroatien-Slavonien und Dalmatien. Agram 18.10.1886. Der Club bezeichnet seine Pläne und Ideen als „Parteiprogramm“, ohne das der Landtagsclub je parteiähnliche Strukturen außerhalb des Sabors aufbauen konnte, wie beispielsweise die Regierungspartei oder die Rechtspartei.

partei wie der Rechtspartei – abgelehnt wurde. So wurde die Effizienz und politische Rolle dieser Fraktion gleich zu Beginn ihres Bestehens in Frage gestellt: In einem Brief und Neujahrsgruß vom 01. Januar 1886 an Franjo Rački war Josip Strossmayer davon überzeugt, dass es „vom Centrum als einem Zentrum“[37] wenig gäbe und es besser gewesen wäre, sie hätten sich der Unabhängigen Nationalpartei, zumindest in moderater Form angeschlossen.[38] Der Misserfolg dieser Landtagsfraktion lag aber sowohl an den Akteuren, die merklich unentschlossen waren, als auch an ihrem Programm, das im Grunde als zu gemäßigt und konziliant betrachtet wurde. Darüber hinaus beweist das Centrum die unterschiedlichen politischen Zugehörigkeiten innerhalb des kroatischen Hochadels, die zeigen, dass mitnichten die gesamte Aristokratie den magyarophilen Unionisten angehörte.

Das Centrum bildete sich 1885 im Landtag zuerst als eine recht lose Gruppe von Virilisten und Abgeordneten, die zwar allesamt eher konservativ eingestellt waren, aber ebenso in Opposition zum seit 1883 amtierenden Banus Károly Khuen-Hédervàry standen, der eine mitunter offen aggressive Magyarisierungspolitik betrieb und die Ausgleichsbestimmungen und damit die Autonomie des Landes im Sinne Budapests auszuhebeln versuchte. Die prominentesten Mitglieder des Clubs repräsentierten gleichsam einen Querschnitt des politischen Spektrums, in dem sich der Hochadel verortete. Graf Richard Sermage war vormals ein Unionist und Anhänger des Banus Baron Levin Rauch, während Graf Djuro Jelačić, der Bruder von Banus Graf Josip Jelačić, ein sehr hohes nationales, also dezidiert kroatisches Prestige hatte, und tatsächlich im Gegensatz zur Unionistischen Partei stand. Die Brüder Ivan und Josip Drašković, auf deren Initiative hin das Centrum entstand und die gleich zu Beginn die interne Leitung sowie ab 1886 den offiziellen Fraktionsvorsitz innehatten, hatten sich zuvor in keiner Weise politisch betätigt. Die Grafen Drašković galten seit der Niederschlagung der Magnatenverschwörung 1671 und dem Aussterben der Familien Zrinski und Frankopan als die älteste Magnatenfamilie des Landes und hatten damit ein sehr hohes soziales Prestige, sowohl innerhalb Kroatiens wie auch in der Gesamtmonarchie, so dass ihre Position innerhalb des kroatischen Adels am treffendsten mit *primus inter pares* zu charakterisieren ist. Während die Drašković vor allem vom 16. bis 18. Jahrhundert eine wichtige Rolle in der Landespolitik spielten, nahmen sie letztmalig durch Graf Janko Drašković als einem der führenden Köpfe des Illyrismus sowie Graf Aleksandar Drašković[39], der als Mitglied der Unionisten in scharfem Gegensatz zu seinem Onkel stand, Einfluss auf die politische und gesellschaftliche Entwicklung des Landes. Daher erscheint das Centrum wie die Wiederaufnahme einer in den

37 Korespondencija Rački-Strossmayer. Bd. 3. Zagreb 1930. S. 202. Strossmayer an Rački am 01.01. 1886.

38 Korespondencija Rački-Strossmayer. Bd. 3. Zagreb 1930. S. 202. Strossmayer an Rački am 01.01. 1886.

39 Zmajić: Postanak i razvitak roda Draškovića. S. 55.

Jahrzehnten seit der Revolution 1848/49 verschüttgegangenen politischen Familientradition, wie sie z. B. auch von den Grafen Pejačević seit dem 18. Jahrhundert kontinuierlich geführt wurde. Dies zeigte sich auch in der Selbstwahrnehmung des Clubs, denn das Centrum versammle sich „um das Banner und die Führung der Grafen Drašković, deren Name seit Jahrhunderten der Heimat zur Ehre gereichte“.[40] Ebenso wurde die Rolle von Graf Janko Drašković legitimatorisch für die eigene Sache hervorgehoben (und damit diejenige von Graf Aleksandar Drašković als Unionist verschwiegen), da die Drašković sich „vor einem halben Jahrhundert mit ihrer [der Heimat] geistigen Wiedergeburt vereinten“.[41] Dies ist zweifelsohne als ein Reflex auf den im kroatischen Adelsdiskurs der Zeit dominanten Vorwurf der Anationalität zu werten, insofern man sich durch eine Bezugnahme auf den Illyrismus bewusst „renationalisiert“ und damit seine eigene Legitimität im nationalen Sinne unter Beweis stellt. Die Verknüpfung von sozialem adeligem Prestige der Drašković und nationaler Selbststilisierung ist ein immer wieder instrumentalisierter Topos in der Rhetorik der Partei: „deren heutige Träger [des Namens Drašković] zur Freude und Genugtuung aller Patrioten zur Verteidigung der verfassungsmäßigen Rechte der Heimat aufgestanden sind.“[42]

Das Centrum befand sich von Anbeginn an in einem Widerspruch bezüglich seiner inneren Struktur, seiner Selbstwahrnehmung sowie der erhofften wie tatsächlichen Außenwahrnehmung. Zwar waren die führenden Köpfe hochadelige Magnaten, die das soziale Prestige des Namens Drašković, das gleichsam als kulturelles Kapital mit in das politische Forum hineingetragen werden sollte, als legitimatorischen Vorteil in der Öffentlichkeit nutzen wollten. Aber gleichzeitig distanzierten sie sich davon, ein „Aristokratenclub“ zu sein – ein Etikett, das dem Centrum gleich zu Beginn seiner Formierung zugesprochen worden ist. So begrüßt die regierungstreue konservative „Agramer Zeitung“ am 12.10.1885 gleich auf der Titelseite die Gründung der neuen „Aristokraten-Partei“, und begründete ihre Zustimmung trotz der oppositionellen Haltung der neuen Partei bezeichnenderweise damit, dass sie auf den vorherrschenden negativen Adelsdiskurs Bezug nimmt:[43] Eine Aristokratenpartei sei schon lange ein Bedürfnis des Landes gewesen, denn man habe zurecht bedauern können, dass es Aristokraten mit hohem Ansehen gebe, deren „Patriotismus über alle Zweifel erhaben“ sei, die aber dennoch nicht entschlossen genug waren, ihre Meinungen in der Öffentlichkeit zu vertreten.[44] Im Kontext des oben dargelegten negativen Adelsdiskurses innerhalb der kroatischen „Öffentlichkeit“ lässt sich das Centrum als ein Versuch werten, eben diesem Vorwurf der adeligen Untätigkeit und nationaler Indif-

40 Neue Freie Presse 02.07.1887.
41 Neue Freie Presse 02.07.1887.
42 Neue Freie Presse 02.07.1887.
43 Agramer Zeitung 12.10.1885.
44 Agramer Zeitung 12.10.1885.

ferenz entgegenzutreten – denn „von nun an wird man ihnen diesen Vorwurf nicht machen dürfen“.[45] Gegen die damit betonte Adligkeit des Centrums, das als politische Gruppierung zweifelsohne adlig dominiert war, erhoben ihre adeligen Akteure selbst Widerspruch, da sie sich nicht auf die Adligkeit bzw. auf das negative Bild, das mit Adligkeit im damaligen politischen Kontext Kroatiens verbunden ist, reduziert sehen wollten. So sei das Centrum eben keine „‚Grafen- oder Magnatenpartei‘, sondern eine Partei von selbständigen und in jeder Beziehung unabhängigen Männern und politischen Charakteren“.[46] Denn im Gegensatz zu Graf Rudolf Erdődy, der Banus Graf Károly Khuen-Héderváry als „Freund in der Noth“ einen „Abstimmungsdienst“ im Sabor leiste, oder zur Nationalpartei, die dem Banus lediglich als „einfache Abstimmungsmaschine“ diene, wolle das Centrum eigenständig handeln.[47] Gerade dieser explizite Verweis auf Graf Erdődy sowie die Nationalpartei, die seit dem Ende der Regierung Mažuranić tatsächlich eine unionistisch-regierungstreue Politik betrieb und die viele Magnaten in ihren Reihen hatte, zeigt, dass sich das Centrum, und damit vor allem die Grafen Ivan und Josip Drašković nicht von der Adligkeit als solcher, sondern von der im bürgerlichen nationalen Sinne negativ konnotierten Adligkeit, personifiziert eben durch Graf Rudolf Erdődy, distanzieren wollte. Die somit hergestellte rhetorische Dichotomie von „Adligkeit“ und „Selbstständigkeit und Unabhängigkeit“ zeigt, wie stark der negative Adelsdiskurs vom Teilen des Adels selbst internalisiert worden ist, und im Falle des Centrums und seiner führenden Politiker zu einem gewissen Paradoxon führte: Man war adlig, distanzierte sich aber ebenso teilweise von Adligkeit, nur um dem Adel dennoch einen gesamtgesellschaftlichen Führungsanspruch und damit eine klare Elitenrolle zuzusprechen. Denn das Centrum rechne auf den „gesunden Sinn der kroatischen Nation und den durch Jahrhunderte bewährten Patriotismus seiner zur Führung berufenen Aristokratie.“[48] Diesen Führungsanspruch stellten sich die Mitglieder der Partei jedoch nicht nur selbst, sondern er wurde auch von außen, d.h. vonseiten der Regierung des Banus Khuen-Héderváry bzw. der regierungstreuen Presse herangetragen. Denn die Brüder Drašković schickten sich nun an, „im Landtage und in ihrem Vaterlande jene Pflichten zu übernehmen und jene Stellung zu erobern, die ihrer Ahnen und ihrer selbst würdig sind.“[49] Doch gerade dieser politische Führungsanspruch sollte nicht eingelöst werden können, weder landesweit noch innerhalb der Oppositionsparteien. Dies zeigte sich deutlich in den fehlgeschlagenen Koalitionsverhandlungen mit der Unabhängigen Nationalpartei im April und Mai 1887 sowie in den darauffolgenden Landtagswahlen, bei

45 Agramer Zeitung 12.10.1885.

46 Agramer Tagblatt 12.01.1886. Auch hier zeigt sich abermals eine gewisse Selbstüberschätzung bzw. politische Naivität, da das Centrum sich als Partei bezeichnet, ohne als solche aufgebaut zu sein.

47 Agramer Tagblatt 12.01.1886.

48 Agramer Tagblatt 12.01.1886.

49 Agramer Tagblatt 12.01.1886.

denen das Centrum eine klare Niederlage hinnehmen musste und sich daraufhin auflöste. Die Gründe hierfür lassen sich jedoch nicht in der sozialen Herkunft ihrer Mitglieder finden, sondern vielmehr darin, dass das Centrum sich zu sehr in der Mitte positionierte, und die Grenzen sowohl zur regierenden Nationalpartei als auch zur oppositionellen Unabhängigen Nationalpartei verschwommen und unklar blieben, und die Partei kein wirkliches Profil entwickeln konnte. Daher erscheint das kurzlebige politische Projekt der Grafen Drašković das Opfer einer sich selbst erfüllenden Prophezeiung, denn „die nächste Zukunft mag lehren, ob wir uns über die wahre Aufgabe unserer patriotischen kroatisch-slawonischen Aristokratie geirrt haben“.[50]

Die Clubführung hatte sich in den knapp drei Jahren des Bestehens des Centrums nur unwesentlich verändert: Unterzeichnete noch zu Beginn Graf Djuro Jelačić die ersten Statuten des Klubs als Präsident, die dann in der „Agramer Zeitung“ am 12.10.1885 publiziert wurden, übernahm schon bald danach Graf Ivan Drašković auch formal die Leitung der Fraktion, als er Jelačićs Nachfolger wurde. Ebenso erscheint auf dem Programm vom 18.10.1886 auch sein Bruder Josip als Nachfolger von Baron Jovan Živković im Amt des Schriftführers und Sprechers.[51] Bevor das Programm detailliert ausformuliert und publiziert werden konnte, machte das Centrum mit dem Vorabdruck einiger seiner Statuten und Richtlinien in der „Agramer Zeitung“ auf sich aufmerksam. Da der Angelpunkt der Fraktion der Ausgleich von 1868 war, wurde dessen Interpretation durch das Centrum ebenso in diesem Artikel Raum gegeben wie dem Clubstatut über die Serben des Landes. Der Club sah seine Legitimation und die Opposition zur Regierung und zur unionistischen Nationalpartei gerade im Ausgleichsgesetz begründet, und er betrachtete seine Aufgabe eben darin, den Ausgleich korrekt auszulegen und zu verteidigen – was impliziert, dass aus der Sicht des Centrums Banus Khuen-Hédervâry und seine Landtagsmehrheit das Ausgleichsgesetz und damit den autonomen Status des Landes bewusst verletzten und unterliefen. Aber genau dieses unbedingte Beharren auf dem Ausgleichsgesetz ließ das Centrum zum einen für die anderen beiden Oppositionsparteien, die Unabhängige Nationalpartei und die Kroatische Rechtspartei, als zu zahnlos erscheinen, zum anderen konnten die magyarophilen Unionisten mit demselben Argument dem Centrum eine de facto Übereinstimmung mit ihrer eigenen Politik zuschreiben. Doch gerade in der Interpretation des Ausgleichs von 1868 zeigen sich Unterschiede zu den konservativen Unionisten. Er wird explizit als ein paritätisch zustande gekommener Vertrag

---

50 Agramer Tagblatt 12.01.1886.

51 Gerade Živkovićs Person stellt ein Beispiel dar für die relative Offenheit und Flexibilität von Teilen des kroatischen Hochadels, Elitenkompromisse einzugehen. Aus einer serbischen bügerlichen Familie stammend, erhielt er erst 1880 das Baronat für seine langjährige Karriere in der Landesverwaltung und Politik, gehörte also gesellschaftlich und sozial zur sogenannten „Zweiten Gesellschaft“. Als Anführer der Gruppierung der „Gemäßigten Unionisten“ war er von 1873–1883 sogar Vizebanus des Landes. Vgl. hierzu das Kapitel „Serbische Adelige und Zweite Gesellschaft“.

zwischen zwei Völkern interpretiert, der die „staatlich-politische Individualität"[52] Kroatiens garantierte. Jedoch sei der Ausgleich „von seiner Entstehung bis heute in seinen wesentlichen Bestimmungen erheblich verletzt"[53] worden, sodass diese Verletzungen „entfernt und sanirt (sic!)" werden müssten, damit „das Ausgleichsgesetz seiner ursprünglichen Reinheit zurückgegeben werde."[54] War für die Unionisten der Ausgleich die Legitimation für deren Politik einer engeren Anbindung Kroatiens an Ungarn, stellte der Vertrag für das Centrum die Grundlage kroatischer Eigenständigkeit und damit die Verteidigung gegenüber ungarischen Ansprüchen dar. Dieser Unterschied in der Auslegung des Ausgleichs bildete daher für die Partei den grundlegenden identitätsstiftenden Faktor in Abgrenzung zu den Unionisten, und er stellt abermals die heterogenen politischen Strömungen innerhalb der Aristokratie Kroatien-Slawoniens unter Beweis: Während die im Centrum versammelten Magnaten, wie die Drašković, Sermage und Jelačić, allesamt aus dem engeren Kroatien kamen und traditionell austrophil eingestellt waren, kamen führende hochadelige magyarophile Unionisten wie Graf Ladislav Pejačević oder der Banus Graf Khuen-Héderváry aus Slawonien. Dies zeigt sich umso deutlicher, als kein slawonischer Magnat dem Centrum beitrat und sämtliche Dokumente und Publikationen des Centrums sowohl auf Kroatisch und Deutsch veröffentlicht wurden, das von Ivan Drašković als Parteiorgan gegründete „Agramer Tagblatt" jedoch wie die internen Clubprotokolle[55] ausschließlich auf Deutsch verfasst waren. Das Programm vom 18.10.1886 betonte daher abermals, dass der Ausgleich von 1868 die Grundlage der Parteipolitik sei. Das Centrum stehe zu den in den Ausgleichen von 1867 und 1868 definierten konstitutionellen Grundsätzen und betrachte diese als unveränderlich. Denn Ungarn und Kroaten seien zwei seit 800 Jahren verbündete freiheitsliebende politische Völker, und daher gehe das Centrum davon aus, dass Ungarn die 1868 festgelegte Autonomie achten und schützen werde.[56] Wiederholt werden auch hier die Topoi, die die Eigenständigkeit Kroatiens gegenüber Ungarn betonen sollten: Die Pragmatische Sanktion, die Freiwilligkeit und die Gleichberechtigung, mit denen Kroatien-Slawonien diese Verträge mit der Stephanskrone eingegangen haben sollen.[57] Am deutlichsten wird die dezidiert kroatisch-nationale Identität der Centrumsmitglieder im 4. Programmpunkt hervorgehoben. Die Individualität des Landes wird betont, die ihren Ausdruck

52 Programm des Centrum-Klubs des Landtages der Königreiche Kroatien-Slavonien und Dalmatien. Agram 18.10.1886. S. 2.

53 Agramer Tagblatt 02.01.1886.

54 Agramer Tagblatt 02.01.1886.

55 HDA Drašković: In diesen wenigen, unsystematischen Protokollen wird vor allem das mit dem Klub nicht abgestimmte eigenmächtige Vorgehen von Graf Richard Sermage thematisiert.

56 Programm des Centrum-Klubs des Landtages der Königreiche Kroatien-Slavonien und Dalmatien. Agram 18.10.1886. S. 1–2.

57 Programm des Centrum-Klubs des Landtages der Königreiche Kroatien-Slavonien und Dalmatien. Agram 18.10.1886. S. 2.

in der Sprache und Flagge finde, und das Centrum werde sich dafür einsetzten, Kroatisch als alleinige Amtssprache durchzusetzen und zu bewahren.[58] Dadurch positionierte sich das Centrum klar gegen die ungarische Sprachpolitik und die schrittweise Einführung des Ungarischen in der Verwaltung in Kroatien-Slawonien, die unter anderem zum Wappenschilderstreit 1883 und der damit verbundenen Demission Graf Ladislav Pejačevićs vom Amt des Banus geführt hat. Der Verweis auf eindeutig nationale integrierende Symbole und Instrumente, wie Flagge und Sprache, bestätigte nicht nur die nationale Identität der Centrumsmitglieder, sondern auch deren Distanzierung vom negativen, anationalen adeligen Diskurs. Dass sich dies durchaus als eine bewusste Renationalisierung seiner Mitglieder verstehen lässt, zeigt sich am deutlichsten in der Person von Graf Richard Sermage: 1873 war er noch Ziel der von Milan Makanec geführten Polemik, da er gerade durch seine damals eher schlechten Sprachkenntnisse als Verkörperung des „anationalen Adeligen" galt (diesen Topos sollte Sermage dann selbst in seinem Roman „Die Verlassenen" thematisieren), finden wir nun 1886 Sermage als einen selbsternannten Verteidiger der kroatischen Sprache und kroatischer nationaler Individualität, der darüber hinaus neben Baron Jovan Živković zum eloquentesten Redner der Partei werden sollte.

Die Unzufriedenheit des Centrums mit der Regierung Khuen-Hédervárys und dessen repressiver Politik zeigt auch die Forderung nach einem liberaleren Wahlgesetz – ohne dies näher zu präzisieren – und freien Wahlen im Allgemeinen.[59] Ebenso wurde dezidiert eine Abschaffung der Pressezensur gefordert[60]. Darüber hinaus gab es viele ökonomische Forderungen: So wurde ein verstärkter Ausbau des Eisenbahnnetzes gefordert, um die Infrastruktur des Landes zu heben – eine Forderung, die vor allem auf den noch immer fehlenden Ausbau einer West-Ost Verbindung zwischen Kroatien und Slawonien, also Zagreb und Osijek, abzielte. Bezeichnenderweise lässt sich ein dezidiert adeliges Interesse nur in drei Programmpunkten finden: §19 forderte die „beschleunigte Durchführung der Grundbuchs- und Urbarialgesetze und der noch nicht erledigten Urbarialverhältnisse", unter §20 wurde ein rascher Abschluss der Prozesse um den Landbesitz im Zuge der Aufhebung der Leibeigenschaft 1848 gefordert und §21 forderte die Schaffung eines Heimstättegesetzes und Erbfolgegesetzes

58 Programm des Centrum-Klubs des Landtages der Königreiche Kroatien-Slavonien und Dalmatien. Agram 18.10.1886. S. 3.

59 Programm des Centrum-Klubs des Landtages der Königreiche Kroatien-Slavonien und Dalmatien. Agram 18.10.1886. S. 8.

60 Programm des Centrum-Klubs des Landtages der Königreiche Kroatien-Slavonien und Dalmatien. Agram 18.10.1886. S. 8.

Zur Pressezensur unter Khuen-Héderváry siehe: Štefanac, Tamara: Cenzurirani ilustrirani materijal u hrvatskim časopisima u vrijeme banovanja Khuena Hédervárya (1883–1903). In: Libellarium: časopis za povijest pisane riječi, knjige i baštinskih ustanova. 1 (2012). S. 23–38.

für Bauern.[61] Dies zeigt nicht nur, wie langwierig und schleppend die Entwicklungen auf dem Land waren – fast vier Jahrzehnte nach Aufhebung der bäuerlichen Hörigkeit waren noch immer nicht alle Besitzverhältnisse geklärt (siehe obiges Kapitel), sondern auch das dringliche Interesse vonseiten des Adels, diese zu lösen. Vor dem Hintergrund der ohnehin schwachen juristischen Position der ehemaligen Leibeigenen gegenüber den adeligen Grundbesitzern, erscheint diese Forderung als eine klare Strategie, sich ökonomische Vorteile zu verschaffen bzw. diese zu bewahren, da weiterhin die Landwirtschaft die Grundlage adeliger Existenz war. Politisch lassen sich die Mitglieder des Centrums durchaus als liberal bezeichnen, vor allem im Vergleich zur Politik des Banus Khuen-Hédervâry. Diesen Liberalismus, sowohl in politischer wie wirtschaftlicher Hinsicht finden wir umso stärker im „Agramer Tagblatt“, dessen Herausgeber Graf Ivan Drašković ja war. Die Tendenz der Zeitung wird klar im Leitartikel der ersten Ausgabe hervorgehoben, da neben einem deutlichen Patriotismus auch auf eine nicht anzuzweifelnde Loyalität gegenüber der Monarchie und dem dualistischen System rekurriert wird: „Was steht höher als die Liebe zu Thron und Vaterland?!“[62] wird folglich rhetorisch gefragt, und „Unser Vaterland“ oder „unser Volk“ werden geradezu inflationär als sprachliche Topoi verwendet. Vor der Folie des negativen Adelsdiskurses lässt sich eine solche unmissverständliche Betonung der eigenen Kroatizität durchaus als Reaktion auf diesen Rechtfertigungsdruck lesen.

Im Kontext des adeligen Obenbleibens erscheint dies als eine Strategie, sich wieder in die Nation „einzuschreiben“ und an ihr teilhaben zu können, um dadurch politisch die Legitimation zu erhalten, sich als Elite an ihre Spitze stellen zu können. Doch genau diese Anerkennung sollte dem Centrum verweigert bleiben – nicht nur von der Wählerschaft bei den Wahlen 1887, sondern auch von der übrigen Landtagsopposition, wie die etwas diffus wirkenden Koalitionsverhandlungen hinter den Kulissen des Sabors 1887 zeigen. Die Verhandlungen mit der Unabhängigen Nationalpartei fanden bis Anfang Mai 1887 statt, und nahmen nach einem anscheinend vielversprechenden Beginn eine überraschende Wendung, die vor allem bei der übrigen Opposition Zweifel am Ziel des Centrums verstärkte. Denn während die Verhandlungen über ein gemeinsames Vorgehen bei den Wahlen und dann im Landtag liefen, begab sich Graf Josip Drašković zu einem längeren Aufenthalt nach Budapest, nur um nach seiner Rückkehr nach Zagreb das Aufgehen der Unabhängigen Nationalpartei im Centrum zu fordern.[63] Da dies jedoch unannehmbar war, kam eine Zusammenarbeit zwischen den beiden Landtagsclubs nicht zustande. Diese Forderung erscheint in der Tat ungewöhnlich, da zu erwarten war, dass die Unabhängige Nationalpartei,

---

61 Programm des Centrum-Klubs des Landtages der Königreiche Kroatien-Slavonien und Dalmatien. Agram 18.10.1886. S. 8.

62 Agramer Tagblatt 02.01.1886.

63 Korespondencija Rački-Strossmayer. Bd. 3. Zagreb 1930. S. 306. Rački an Strossmayer am 04.05. 1887.

die sich in der Tradition des Illyrismus sah und fest im kroatisch-bürgerlich-antiungarischen Milieu verwurzelt war, sich nie selbst auflösen würde, um mit dem Centrum zu fusionieren. Daher erschien dies einigen prominenten Oppositionspolitikern sowie ihm nahestehenden Personen des öffentlichen Lebens eher wie ein bewusst einkalkulierter Schritt, um die Opposition gegenüber Khuen-Hédervâry – und damit gegenüber der Politik der Magyarisierung – aufzuteilen und zu schwächen. Denn es „gebe zwar keinerlei Zweifel, dass die Drašković ehrenwerte und aufrichtige Leute seien. Aber jemand stünde hinter ihren Rücken, und dieser jemand denkt und atmet ungarisch.“[64] Im Herbst 1887 ging daher Strossmayer in seiner Bewertung des Centrums und der Drašković noch weiter, indem er sie als Agenten Wiens und Budapests aburteilte. „Hinter den Drašković stünde jemand in Wien und Budapest mit der Intention, dass wir [die Unabhängige Nationalpartei] den Ausgleich anerkennen und dass wir der ganzen Welt verkünden, uns fehle unter dem jetzigen System nichts... [...] und dass wir den Magyaren, Hosianna‘ zujubeln!“[65] Das Centrum wird hierbei als zu konziliant und zu moderat betrachtet, dessen einzige Aufgabe es sei, auch die Opposition zur Anerkennung des Ausgleichs von 1868 zu bewegen. Diese Vorwürfe sind aufgrund fehlender Quellen nicht zu verifizieren oder zu widerlegen, wobei von größerem Interesse das dadurch abermals aufgegriffene negative Stereotyp des anationalen Adels ist. Denn weder wird den Drašković als Magnaten eine eigenständige Vorgehensweise und damit Meinung zugetraut, noch wird ihrem stets unter Beweis gestellten Patriotismus Glauben geschenkt. Obwohl das Centrum und die Unabhängige Nationalpartei nicht formal zusammen koalierten, kamen doch alle Oppositionsparteien – darunter auch die Rechtspartei Stranka Prava und die Unabhängige Serbische Partei (Samostalna Srpska Stranka) überein, ihre Kandidaturen in den jeweiligen Wahlkreisen aufeinander abzustimmen, sodass nirgends eine Konkurrenz innerhalb der Opposition bestünde. Die Wahlen fanden vom 13. bis 17. Juni 1887 statt. Bei dieser Aufteilung der Wahlkreise bekam das Centrum acht der 78 Wahlkreise zugesprochen, konnte aber nur zwei davon gewinnen: In Plaški gewann Milan Stanković, und in Sisak wurde Nikola Šipuš als Abgeordneter der Partei gewählt. Die regierende Nationalpartei gewann ganze 86 Mandate, die Rechtspartei neun, die Unabhängige Nationalpartei sieben. Daneben wurden noch zwei parteilose Abgeordnete in den Sabor entsandt, während die Unabhängige Serbische Partei kein Mandat erringen konnte. Diese Zahlen belegen eindrucksvoll, dass die Opposition im Sabor keinerlei politische Macht hatte – aber dennoch den nationalen politischen Diskurs im der Öffentlichkeit beherrschte. Was das soziale Milieu betrifft, so waren beide der gewählten Centrumsabgeordneten (denn Ivan und Josip Drašković sowie Richard Sermage besaßen Virilstimmen) bürgerlich, und stellten allein dadurch den zugesprochenen adeligen Charakter der Partei in Frage. Vielmehr zeigt sich darin, dass auch das Centrum als

64 Korespondencija Rački-Strossmayer. Bd. 3. Zagreb 1930. S. 309. Strossmayer an Rački am 11.05.1887.
65 Korespondencija Rački-Strossmayer. Bd. 3. Zagreb 1930. S. 327. Strossmayer an Rački am 21.09.1887.

politische Gruppe unter der Führung der ältesten und zweifelsohne prestigeträchtigsten Aristokratenfamilie des Landes, wie die meisten der übrigen Parteien, einen Elitenkompromiss darstellte. Auch hier kam es zu einer zwar funktionierenden, aber im Ergebnis erfolglosen Zusammenarbeit zwischen Akteuren unterschiedlicher Milieus. Daher stellt sich abschließend die Frage, worin sich der adelige Charakter des Centrums, abgesehen vom gesellschaftlichen Hintergrund der meisten seiner Mitglieder, manifestierte? Die Redebeiträge seiner Mitglieder, vor allem von Graf Richard Sermage, behandelten fast ausschließlich Fragen des Landesbudgets, jedoch nicht dezidiert „adelige“ Themen wie z. B. die noch immer laufenden Prozesse zwischen Bauern und Grundbesitzern über strittiges Land. Als unbestreitbar ist aber das „Adelige“ in der Selbstaffirmation der Partei zu sehen, die ihren Führungsanspruch gerade durch die adelige Tradition seiner Mitglieder, vor allem der Drašković, legitimiert sah, und diesen auch nach außen trug. Darüber hinaus war Adligkeit aber keine Kategorie, die man bewusst einsetzen wollte.

Der Fehlschlag des Centrums, aber auch seine Strategien, sich und seine Politik sowohl vor der recht begrenzten Wählerschaft wie der breiten Öffentlichkeit zu legitimieren, zeigen deutlich, dass dem einzelnen Aristokraten in Kroatien-Slawonien vor allem zwei Möglichkeiten offen standen, um politisch „oben“ zu bleiben: Entweder man war auf der Seite der meist treu zu Budapest stehenden Landesregierungen und damit Teil des unionistischen Lagers, das vom restriktiven Wahlsystem wie auch der Landesregierung unterstützt wurde, oder man war Teil der Opposition unter betont „kroatisch-national-bürgerlichen“ Vorzeichen. Letzteres war vor allem eine Strategie, um im nationalen öffentlichen Diskurs, der gerade nicht von der Regierung beherrscht wurde, wieder als Teil der Nation wahrgenommen zu werden. Beide politische Optionen stellten die erfolgversprechendsten Möglichkeiten dar und forderten eine klare Entscheidung; ein Mittelweg, wie ihn gerade das Centrum zu verwirklichen versuchte, erschien in diesem Spannungsfeld von vornherein wenig erfolgversprechend, was sein Misserfolg denn auch bestätigt. Das Centrum lässt sich trotz seiner adligen Dominanz nicht als „Adelspartei“ werten – und zeigt am Beispiel der Brüder Drašković in vielerlei Hinsicht das Dilemma, in dem sich ein Großteil des kroatischen Hochadels befand. Denn als Magnaten und Virilisten konnten sie ohnehin im Sabor vertreten sein und hatten damit als Entscheidungsträger eindeutig eine Elitenposition inne – der Versuch aber, sich neben den beiden dominierenden politischen Gruppen als eigenständige dritte Kraft zu etablieren, ging nicht auf. Nicht die Person an sich der adeligen Politiker des Centrums oder deren Adligkeit wurden dabei abgelehnt, sondern deren politische Haltung und Ausrichtung. Die Grafen Drašković wurden durchaus als Teil der Elite betrachtet, ihre politischen Ideen wurden jedoch nicht akzeptiert.

4.3 Elitenkompromisse als adelige Strategie im Landtag

Da die Zugehörigkeit zur Oberschicht vor allem an den materiellen Besitz gebunden ist, können wir insgesamt einen Großteil des kroatisch-slawonischen Hochadels trotz großer Diversität innerhalb dieser Sozialgruppe der Oberschicht verorten. Dies führt dann ganz im Sinne der Elitendefinition von Dahrendorf und Zapf zur Fragestellung, ob der kroatische Hochadel auch Teil der wirtschaftlichen Elite des Landes war, also ob er zu dem exklusiven Kreis gehörte, der auf der ökonomischen Ebene Entscheidungen von weitreichender Konsequenz treffen konnte.

Wie im vorherigen Kapitel zur Zusammensetzung des Sabors 1868–1918 gezeigt wurde, war der Adel im Verhältnis zu seinem Anteil an der Bevölkerung überproportional im Landtag vertreten. Diese gewisse Konstanz des Adelsanteils im Sabor hat jedoch keine Entsprechung in einer ebenso konstanten Teilhabe aller adligen Akteure an den politischen Entscheidungsprozessen im Landtag. Wir finden jedoch ein adeliges Engagement vor allem in Bereichen, die nah an adeligen Interessen liegen bzw. ein gewisses Prestige mit sich bringen bzw. sogar erfordern: So waren in elf von den fünfzehn Ausschüssen des Landtags von 1886 Adelige vertreten. Es ist bezeichnend, dass gerade im Ausschuss für Agrarfragen Graf Richard Sermage den Vorsitz hatte, der Ausschuss für Landesverwaltung sechs Adelige umfasste sowie dass der Königliche Ausschuss, der für die Adressen an den Monarchen zuständig war, zur Hälfte aus Adeligen gebildet wurde. Und es fällt auf, dass einige Aristokraten besonderes Interesse an der parlamentarischen Ausschussarbeit hatten, da z. B. die Grafen Ladislav Pejačević, Richard Sermage und Šišman Ottenfels-Gschwind, von dem es keinen offiziellen Redebeitrag im Sabor gegeben hat, jeweils in drei Ausschüssen gleichzeitig waren.[66]

Trotz der nicht konstanten Mitarbeit an Debatten und Diskussionen lässt sich bereits durch die prosopografische Analyse des Landtags zeigen, dass entgegen des bisherigen kroatischen bzw. jugoslawischen historiografischen Narrativs des vollständigen Rückzugs des Hochadels aus der Gesellschaft die Aristokratie es durchaus schaffte, auch politisch „oben" zu bleiben. Zwar nicht mehr als geschlossene Körperschaft wie bis 1848, aber doch durch einzelne hochadelige Akteure: Der Adel bildete seit 1848 nicht mehr die alleinige politische Landeselite, gehörte aber dennoch bis 1918 dazu.

Bis in die frühen 1880er Jahre waren es Adelige, die noch vor 1848 geboren und sozialisiert waren, wie z.B. die Barone Levin Rauch und Lazar Hellenbach, oder die Grafen Ladislav Pejačević, Julije Janković und Djuro Jelačić. Diese waren Zeitgenossen des Konflikts zwischen dem Illyrismus und den Unionisten und waren zum Teil aktiv daran beteiligt, wie auch an der Revolution 1848/49. In der Zeit des Neoabsolutismus

---

66 Imenik ovjerovljenih članovah sabora i odbori sabora kraljevina Hrvatske, Slavonije i Dalmacije g. 1884–1887. Zagreb 1888.

bis zum Großen Sabor 1861 hielt sich der Hochadel weitgehend aus der Politik heraus, um dann von 1867 bis 1873 wieder deutlich in Erscheinung zu treten, vor allem durch die oben genannten Aristokraten. Bei einigen von ihnen fand jedoch bereits nach einer kurzen, sehr aktiven Zeit als Politiker ein Rückzug von der politischen Bühne des Landes statt: So war Baron Lazar Hellenbach vor allem in den 1860ern politisch tätig, sowohl im Landtag als Virilist wie auch als Autor einiger politischer Publikationen.[67] Als gemäßigter Unionist trat er für die Verbindung Kroatiens mit Ungarn ein, war aber ebenso kein Anhänger des Regimes des Banus Baron Levin Rauch – daher ist es bezeichnend, dass bereits in dieser ersten Zeit nach dem Ausgleich 1868 sich einige Aristokraten endgültig aus der Politik zurückziehen. Dieser politische Abschied, den man in gewisser Hinsicht als „Rückzug ins Private" betrachten kann, war bei einigen dauerhaft – wie bei Hellenbach oder Janković oder der gesamten Familie der Grafen Oršić, bei einigen jedoch nur temporär, da wir ab 1880 sowohl innerhalb der Landtagszusammensetzung wie in der unmittelbaren politischen Arbeit einen signifikanten Anstieg der Magnaten feststellen können.[68] Von diesen kann nur Graf Richard Sermage als „Rückkehrer" in die politische Arena bezeichnet werden, da der Großteil der nun im Landtag sitzenden Magnaten bis auf wenige Ausnahmen wie eben Sermage oder Graf Ladislav Pejačević bereits zur Generation der um 1850/1860 Geborenen gehörte. Daher erscheint die augenfällige Absenz einiger der Aristokratenfamilien im Sabor in den 1870er Jahren dadurch begründet, dass deren männliche Angehörige für einen Virilplatz entweder noch zu jung waren oder sich noch im Studium bzw. dem Militärdienst befanden.[69] Zu den politisch aktivsten Aristokraten seit etwa 1880 sind neben dem Banus Graf Károly Khuen-Hédervàry die Grafen Miroslav Kulmer, Ivan und Josip Drašković, Ladislav und Teodor Pejačević, Stjepan Erdődy sowie der Baron Pavao Rauch und bis 1887 Graf Richard Sermage zu zählen.

Das unmittelbare Verhalten und die politische Arbeit der Magnaten fand sowohl in der offenen Arena des Plenarsaals im Sabor statt, wie auch dahinter, und hierbei vor allem im Rahmen der verschiedenen Ausschüsse zu den unterschiedlichsten Kompetenzbereichen. Gerade dies sollte in Betracht gezogen werden, wenn man „adelige" Politik bzw. die parlamentarische Tätigkeit von Adeligen im Landtag untersuchen und bewerten möchte. Ein prägnantes Beispiel hierfür ist die Aufteilung der einzelnen Ausschüsse 1886.

67 Vor allem: Hellenbach, Lazar: Die Fusion. Eine Skizze aus dem kroatischen Parteileben. Agram 1866. Auch wurden seine Publikationen in der kroatischen Presse besprochen: „Hellenbachova brošura od god. 1869". In: Obzor 13.12. 1876.

68 Vgl. das Kapitel zum Sabor oben.

69 Vgl. die Lebensdaten, die zeigen, dass es gerade die Generation der nach den Erfahrungen von Illyrismus, Revolution und Neoabsolutismus geborenen und im dualistischen System sozialisierten Adeligen waren, die sich aktiv an der Politik beteiligten: Beispielsweise die Grafen Miroslav Kulmer (1860–1943), Károly Khuen-Hédervàry (1849–1918), Marko Bombelles (1858–1912) und Teodor Pejačević (1855–1928).

Der Sabor erfüllte dabei eine mehrfache Funktion, die jedoch auf den Adel übertragen sehr unterschiedlich, weil sehr individuell ausfiel: Er war für einen Teil des Adels nicht nur eine aktiv genutzte Arena, um der eigenen politischen Meinung Ausdruck und Geltung zu verschaffen, und damit ein Ort, an dem Adelige als Politiker die Entwicklung des Landes aktiv mitbestimmen konnten, wie beispielsweise für Baron Hellenbach, Graf Miroslav Kulmer oder Graf Khuen-Héderváry. Er war auch die wichtigste Bühne, um sich als Teil der politischen Elite des Landes zu affirmieren und der Öffentlichkeit zu präsentieren. Die politische Mitbestimmung zeigte sich jedoch nicht nur in regelmäßigen Redebeiträgen, sondern auch in Eingaben oder Gesetzesentwürfen. Eine weitere Möglichkeit politischer Partizipation, die vor allem von Anhängern der Regierung Khuen-Hédervárys praktiziert wurde, lag in der bloßen Teilnahme an den Abstimmungen; dies natürlich stets im Sinne des Banus. Dies wurde bezeichnenderweise vom Centrumsklub der Grafen Drašković als „Abstimmungsdienst" einer einfachen „Abstimmungsmaschine" verurteilt.[70]

Als gewählter Abgeordneter war auch der Aristokrat ein Vertreter der von dem politisch mündigen Teil der Gesellschaft durch diese Wahl bestätigten entscheidungstragenden Gruppe im Land. Eine Wahl stellte daher eine gleichsam demokratisch-bürgerlich-moderne Legitimierung des eigenen Elitenanspruches dar, sodass gerade dies, wie der gesetzlich festgeschriebene Virilsitz, dem Sabor eine elitenaffirmierende Bedeutung geben konnte. Im Kontext der von Tatjana Tönsmeyer für Böhmen beschriebenen Stabilisierung adeliger Herrschaft,[71] erscheint die Wahl eines Aristokraten in seinem Wahlkreis zum Abgeordneten, trotz seines Anrechts auf eine Virilstimme, als eine abermalige Bestätigung dieses Herrschaftsanspruchs auf lokaler wie überregionaler Ebene. Um diesen Macht- und damit Elitenanspruch durchzusetzen, musste dieser jedoch auch von der übrigen Gesellschaft als solcher anerkannt werden – und hierbei liegt meines Erachtens der Dreh- und Angelpunkt in Bezug auf die Elitenposition und die Rolle des kroatischen Hochadels.

Das kroatische Nation-Building und die moderne Gesellschaft nahmen ab der zweiten Hälfte des 19. Jahrhunderts konkrete Formen an, und diese Gesellschaft hatte sich im Vergleich zu Kroatien-Slawonien vor 1848 trotz aller Langsamkeit der Entwicklung und im Vergleich zu anderen Teilen der Habsburgermonarchie doch signifikant geändert. Vor allem im Zuge der Reformen unter Mažuranić und des in dieser Zeit erfolgten Modernisierungsschubs, den das Land erfuhr und durch den das Bürgertum endgültig die dominierende Gruppe der Gesellschaft wurde, kam es zu Veränderungen, die auch die Lebenswelt des Adels betrafen. Es ist daher bezeichnend, dass gerade nach der Regierungszeit Ivan Mažuranićs, der sich dezidiert für das kroatische Bürgertum im Sinne einer modernen nationalen Identität einsetzte, Teile des Adels wieder das politische Forum betreten, und dies nicht nur als Anhänger der Unionis-

70 Agramer Tagblatt 12.01.1886.
71 Tönsmeyer, Tatjana: Adelige Moderne. S. 277

ten – die als Verräter an der eigenen Nation galten[72] –, sondern auch als Mitglieder der Opposition, die sich stets patriotisch-kroatisch gab.

Wie im obigen Kapitel gezeigt wurde, geriet der Adel spätestens ab 1868, mit der Amtsübernahme des Banus Baron Levin Rauch, der in der Öffentlichkeit geradezu als negatives Idealbild eines selbstherrlichen, anationalen, magyarophilen Magnaten galt,[73] unter einen immer größer werdenden nationalen Druck vonseiten des Bürgertums, das die Deutungshoheit über das Nation-Building und damit den nationalen Diskurs übernommen hatte. Dies konnte dem Adel umso leichter aus der Hand genommen werden, als er, nach einer Zeit des weitgehenden Rückzugs aus der Politik und Öffentlichkeit, erst ab Beginn der 1880er Jahre wieder verstärkt zurückkehrte. Auf diesen Nationalisierungsdruck, der den Adel im Diskurs und in der öffentlichen Wahrnehmung aus der Nation herauszuschreiben versuchte, konnte der Adel im Wesentlichen mit zwei Strategien antworten, wie sie seit den 1880er Jahren deutlich fassbar werden: Anpassung und „Renationalisierung“ durch bewusste Affirmation ihrer Kroatizität oder ein bewusster Rückzug aus der Öffentlichkeit und damit der Gesellschaft. Wobei der Begriff „Renationalisierung“ eher den Vorgang bezeichnet, der eigenen nationalen Identität einen für die Gesellschaft sichtbaren Ausdruck zu verleihen; in der Form, wie er von der Gesellschaft gefordert und akzeptiert wurde. Denn eine zum Teil recht unterschiedlich ausgelegte kroatische Identität – sei sie national oder auf das Land bezogen – lässt sich bei Adeligen jeglicher politischer Ausrichtung finden (nicht nur beispielsweise bei Graf Miroslav Kulmer oder Graf Djuro Jelačić, die sich von Beginn ihres öffentlichen Lebens an als patriotische Kroaten definierten und als solche wahrgenommen wurden, sondern auch bei führenden Vertretern der magyarophilen Unionisten, wie Graf Stjepan Erdődy).[74] Diese Renationalisierung des Adels erfolgte sowohl auf der Ebene der Politik, der Wirtschaft wie in der sozialen und gesellschaftlichen Lebenswelt. Die auffälligste Strategie, die als Instrument zur Erlangung dieser Renationalisierung diente und die wiederum für die kroatische Gesellschaft die Legitimierung einer Elitenposition darstellte, war das Eingehen von Elitenkompromissen. Im politischen Alltag des Sabors sah dies in der Regel so aus, dass Parteien und Klubs soziologisch durchmischt waren und sich Adelige in allen Parteien fanden.

Da jede Elite jedoch als solche von der übrigen Gesellschaft anerkannt werden muss, lag hierin auch der kritische Punkt, der diese Elitenaffirmation des Hochadels in der Periode von 1868 bis 1918 bestimmte. Denn, wie gezeigt werden wird, ist der Hochadel zweifelsohne „oben“ geblieben und konnte Elitenpositionen besetzten und

72 Wie im Falle von Graf Stjepan Erdődy, der am 18.06.1903 im Kontext der Proteste gegen Khuen-Héderváry in Zagreb auf offener Straße als Volksverräter angegriffen wurde. Siehe im Text unten.

73 Zatočnik 17.01.1871.

74 Stenografički zapisnici i prilozi Sabora Kralj. Hrvatske, Slavonije. Petogodište 1901–1906. od LIII. do uključivo LX. saborske sjednice od 17. lipnja do 25. lipnja 1903. Svezak III. S. 100.

halten – doch wurden nicht alle Hochadeligen als *kroatische* Elite wahrgenommen: Die Teilhabe an der Nation wurde ihnen vom den nationalen Diskurs beherrschenden Bürgertum verwehrt. Daher haben wir häufig das scheinbare Paradoxon, dass konservative Aristokraten wie Graf Stjepan Erdődy sich durchaus als Kroaten definieren, von den Vertretern des modernen bürgerlichen Nationalismus zur selben Zeit aber als anational betrachtet werden.

In der Politik bedeutet die Frage nach einem Elitenkompromiss konkret: Wer macht mit wem Politik? Betrachtet man vor dieser Frage die soziologische Struktur der wichtigsten Parteien bzw. Klubs im Landtag, so fällt auf, dass in allen Aristokraten und Magnaten beteiligt waren.

Dies trifft für die Unionisten der Narodno-Ustavna Stranka (National-Konstitutionelle Partei) und die Anhänger des Banus Baron Levin Rauch, des als Adelspartei bezeichneten Centrums, der Neodvisna Narodna Stranka (Unabhängige Nationalpartei) wie der Kroatisch-Serbischen-Koalition und der Rechtspartei Starčevićs und Franks zu. Bei den Unionisten waren in diesem Zeitraum von 1868 bis 1918 die Grafen Stjepan Erdődy, Julije Janković, Károly Khuen-Hédervàry, Ladislav und sein Sohn Teodor Pejačević, sowie die Barone Lazar Hellenbach und Levin Rauch die führenden Aristokraten der Partei. Neben Bürgerlichen gehörten zu den weiteren maßgeblichen Politikern auch einfache Landadelige wie Ljudevit pl. Vukotinović oder Hinko pl. Francisci. Während Vukotinović vor 1848 zu den führenden Illyristen (siehe Kapitel oben) zählte und später einer der Begründer des Nationalmuseums war und auch 1860 von Banus Baron Josip Šokčević in den Ausschuss zur Gründung eines Nationaltheaters berufen wurde[75], war Francisci als Jurist tätig und ab 1903 Landtagspräsident. Seinen Tod kommentierte Graf Stjepan Erdődy in seinem Jagdtagebuch am 19.10.1904 damit, dass „unser guter alter Freund Heinrich von Francisci verstorben" sei – um dann im Folgenden durch die Beschreibung seines verstorbenen Freundes sein eigenes Bild adeliger Identität, und damit der adeligen Unionisten zu vermitteln: „Dieser gute Mann war noch einer der alten soliden hoch anständigen conservativen gut situierten Edelleuten die ihr Vermögen und Ansehen aufrecht erhalten konnten."[76] In der Selbstwahrnehmung Graf Erdődys als langjährigem Präsidenten der Nationalpartei galt die zugeschriebene Eigenschaft „anständig", was als Umschreibung für „ehrenhaft" und damit als zentraler Begriff adeliger Identität zu lesen ist, nicht nur für den verstorbenen Freund Hinko pl. Francisci, sondern auch für die gesamte Partei der Unionisten. So beklagte er im Dezember 1907 die „Überreste der alten, anständigen loyalen und conservativen Nationalpartei."[77] Graf Stjepan Erdődy galt zurecht vor allem der nationalpatriotisch gesinnten, bür-

---

75 Borošak-Marijanović, Jelena: Ljudevit Vukotinović. Književnik, političar, državni činovnik i znanstvenik. In: Cris: časopis Povijesnog društva Križevci.1 (2003). S. 29.

76 HDA 712 Erdődy. ZM 44/1-ZM 44/10. Lovački dnevnik grofa Stjepana Erdődyja.

77 HDA 712 Erdődy. ZM 44/1-ZM 44/10. Lovački dnevnik grofa Stjepana Erdődyja.

gerlich dominierten antiunionistischen Opposition und Öffentlichkeit als Inbegriff eines konservativen Unionisten – und diese Fremdwahrnehmung deckte sich mit seinem Eigenbild, freilich mit jeweils umgekehrten Vorzeichen. So kommentierte er in seinem weitgehend auf Deutsch verfassten Jagdtagebuch am 27.04.1904, als in Kroatien die Eisenbahner streikten aufgrund der Sprachverordnung, dass auch die Eisenbahnangestellten in Kroatien Ungarisch zu lernen hätten, die Volksversammlung am 12.04.1904 in Samobor, die in einem Tumult eskalierte, wobei das Bezirksgebäude angezündet wurde: „[...] Alles der Ausfluss der schönen u. liberalen Volksversammlung in Samobor!! Nur so liberal weiter! Dann werden wir noch so manches erleben!! [...]."[78] Und am 16.05.1906 notierte er, als sein Verwandter und persönlicher Freund (trotz politischer Gegnerschaft) Graf Miroslav Kulmer in der Nähe seines Gutes Jaska in seinem Automobil von Wegelagerern angegriffen wurde: „[...] Das sind die Früchte des grossen, Liberalismus' u. Fritz [=Miroslav] der auch von den neuen Ideen sehr angetan ist wird wahrscheinlich auch halb zur Einsicht kommen, dass nicht alles Gold ist was glänzt'.[79]

Dass die unionistische Partei trotz ihrer konservativen Ausrichtung soziologisch recht breit gestreut und frei war, zeigte sich beispielhaft an den Wahlergebnissen von 1881, die darüber hinaus bewiesen, dass die Aristokraten sich nicht alleine auf den Virilsitz beschränkten, sondern aktiv als gewählte Abgeordnete an der Politik teilnahmen. 1881 gewann die Narodna Stranka 45 von 75 Mandaten. Die Mehrheit der gewählten Abgeordneten kam aus dem vermögenden Bürgertum. Dennoch finden wir bezeichnenderweise sowohl Angehörige des einfachen, alten Adels, wie Dragutin pl. Mihalović, Koloman pl. Bedeković oder Ljudevit pl. Vukotinović, nobilitierte Neuadelige, wie die Barone Jovan Živković oder Ivo Kušević, als Vertreter der „Zweiten Gesellschaft" und Aristokraten mit Virilstimme ebenso unter den Deputierten der Partei, wie die Grafen Janko Vojkffy, Gustav Normann-Ehrenfels, Ladislav und Teodor Pejačević.[80]

Auch bei der Opposition finden sich 1881 im Vergleich dazu ähnliche soziale Strukturen: Franjo pl. Türk, dessen Familie erst 1877 in den Adelsstand erhoben wurde, und Tito pl. Ožegović-Barlabaševec, der ein Verwandter des unionistischen Deputierten Baron Ljudevit Ožegović-Barlabaševec war, als Abgeordnete der Unabhängigen Nationalpartei 1881, und Baron Juraj Rukavina als Deputierter und Vorsitzender der Rechtspartei im Landtag, wobei Rukavina dem Militäradel und damit der Zweiten Gesellschaft angehörte.[81] Dass der Adel in der politischen Vergesellschaftung

78 HDA 712 Erdődy. ZM 44/1-ZM 44/10. Lovački dnevnik grofa Stjepana Erdődyja. Eintrag vom 27.04.1904.

79 HDA 712 Erdődy. ZM 44/1-ZM 44/10. Lovački dnevnik grofa Stjepana Erdődyja. Eintrag vom 16.05.1906.

80 Perić: Hrvatski državni sabor 1868–1918. S. 197.

81 Baron Juraj Rukavina wurde am 28.04.1892 zum Vorsitzenden gewählt. Vgl. Hrvatski Narod 01.05.1892.

konstant eine soziale Flexibilität als Strategie des „Obenbleibens“ an den Tag legte, zeigt auch die Zusammensetzung des Centrums (siehe dazu das Kapitel unten), der Wahlkoalition zwischen dem Centrum und der Unabhängigen Nationalpartei 1887, der Kroatisch-Serbischen Koalition 1906 bis 1918 oder auch im kurzlebigen, erfolglosen Versuch, mit der „Partei des Nationalen Fortschritts“ eine modernisierte unionistische Regierungspartei zu etablieren. Obwohl letztere eine Episode blieb, da sie nur bei den Wahlen 1911 antrat und sich später auflöste, sodass 1913 ihre Mitglieder als „parteilose Unionisten“ kandidierten, lässt sich doch gerade an ihr der Zusammenhang zwischen der Anerkennung als führende Politiker des Landes – und damit der Nation – und der Wahrnehmung durch die nationale Öffentlichkeit darstellen. Ebenso ist sie ein prägnantes Beispiel für einen Elitenkompromiss im Rahmen einer Partei – und für die Tatsache, dass obwohl die Kroatisch-Serbische Koalition ab 1906 die Landtagsmehrheit stellte, die Unionisten nicht völlig von der politischen Bildfläche verschwanden. Die Partei wurde am 15. Juli 1911[82] von kroatischen Landtags- und Reichstagsabgeordneten in Budapest gegründet, und allein der Vorstand stellt einen national wie konfessionell übergreifenden Elitenkompromiss im Kleinen dar: Zum Präsidenten wurde der frühere Banus Graf Teodor Pejačević, zum Vizepräsidenten Dr. Avakumović und zum Schriftführer der Historiker Ferdo pl. Šišić gewählt. Von den acht Obergespänen des Landes im Jahr 1910 waren sieben Mitglieder der Partei, und davon fünf Adelige. Neben den Grafen Aladár Janković und Aleksandar Drašković, die nur als Virilisten im Landtag saßen, waren als gewählte Abgeordnete noch die Grafen Marko Bombelles, Janko Drašković, Ladislav Majláth und Baron Ottenfels-Gschwind Angehörige der neuen Partei.[83] Außer diesen Aristokraten waren noch elf bürgerliche Abgeordnete für die Partei im Sabor vertreten.[84]

Wie bereits im Kapitel zur prosopografischen Analyse des Landtags gezeigt, beschränkten einzelne Magnaten ihr Engagement im Sabor nicht allein auf ihre Rolle als Virilisten, sondern erstrebten und errangen regelmäßig Mandate als Abgeordnete. Dass Magnaten, die als Virilisten aus eigenem Recht ohnehin im Landtag Sitz und Stimme hatten, sich als Abgeordnete wählen ließen, hat mehrere Gründe. Zum einen liegt dies in einem recht pragmatischen politischen Ziel begründet: Der Stimmensicherung und damit der Mehrheit der Regierung im Landtag. Denn die gewählten Magnaten hatten in ihrer Eigenschaft als Abgeordnete und Virilisten zwar keine doppelte Stimme, jedoch konnten sie so ein potenzielles Landtagsmandat der Opposition im Sinne der meist konservativen unionistischen Landesregierung besetzen. Denn alle

82 HHStA Wien. Zeitungsarchiv 60. Presserundschau des Ministeriums des Äußeren. „Eine neue kroatische Regierungspartei: Die Partei des nationalen Fortschritts“ 18.07.1911.

83 HHStA Wien. Zeitungsarchiv 60. Presserundschau des Ministeriums des Äußeren. „Eine neue kroatische Regierungspartei: Die Partei des nationalen Fortschritts“ 18.07.1911.

84 HHStA Wien. Zeitungsarchiv 60. Presserundschau des Ministeriums des Äußeren. „Eine neue kroatische Regierungspartei: Die Partei des nationalen Fortschritts“ 18.07.1911.

der genannten Magnaten, bis auf Graf Miroslav Kulmer, gehörten der unionistischen Nationalpartei an. Ebenso wurde durch eine Wahl der politische Führungsanspruch bestätigt, und das in doppelter Hinsicht. Zum einen auf lokaler Ebene, da die meisten der aristokratischen Abgeordneten auch in den Wahlkreisen sich zur Wahl aufstellen ließen, in denen sie ihre Güter besaßen. Dieser dadurch gleichsam „modern“, weil im weitesten Sinne demokratisch durchgesetzte politische Führungsanspruch auf landesweiter Ebene lässt sich ebenso als Stabilisierung von traditioneller Adelsherrschaft betrachten.[85] Denn alle Magnaten waren Großgrundbesitzer, und dieser Besitz stellte auf lokaler wie regionaler Ebene die Grundlage für die Ausübung adeliger Herrschaft dar, da es auf den Gütern und ihrem Umfeld – den Dörfern und kleineren Städten – zu einer Interaktion zwischen den Magnaten und den anderen Gruppen der dortigen Gesellschaft kam. Diese Interaktion lässt sich, in Bezug auf die Politik bzw. das Engagement als Landtagsabgeordneter, als ein Elitenkompromiss in einem kleineren, weil sehr unmittelbaren lokalen Rahmen auffassen. Da aufgrund des sehr restriktiven Wahlrechts und des recht hohen Wahlzensus in Kroatien-Slawonien das aktive Wahlrecht nur von wenigen ausgeübt werden konnte, handelt es sich bei diesen Wahlerfolgen der Aristokraten um eine bewusste Vergesellschaftung von lokaler Elite, die in Kroatien-Slawonien in den kleinen Städten und Dörfern aus den Beamten, reicheren Kaufleuten, dem niederen Klerus, wohlhabenderen Landadeligen und den Magnaten bestand. Wer den Wahlzensus aufbringen konnte, zählte schon allein wirtschaftlich zu den Bessergestellten und damit in seinem jeweiligen Umfeld zur lokalen Oberschicht – die wiederum die Abgeordneten ihrer eigenen Gruppe wählte. Der Zusammenhang zwischen lokalem Großgrundbesitz und dem errungenen Landtagsmandat erscheint daher fast zwangsläufig.

So wurde Graf Stjepan Erdődy bei den Wahlen 1888, 1892, 1897 und 1901 stets in den Landtag gewählt, und jedes Mal in dem Wahlbezirk, in dem auch sein Gut lag, in Jaska. Nur 1892 gelang ihm die Wahl nicht in Jaska, sondern im nahen Ogulin.[86] Ähnliche politische Karrieren als gewählte Abgeordnete im Wahlkreis ihres Gutes verfolgten erfolgreich die Magnaten und Grafen Ladislav und Teodor Pejačević, Aladár Janković und die Gustav und Rudolf Normann-Ehrenfels. Als Großgrundbesitzer vertraten sie ganz natürlich auch die wirtschaftlichen Interessen der übrigen Grundbesitzer ihres Wahlkreises; und bei diesen Wahlen darf auch das jeweilige Sozialprestige nicht außer Acht gelassen werden, welches die Aristokraten durchaus besaßen. Als vielfach größte Landbesitzer in ihren Wahlkreisen und Gemeinden genossen sie innerhalb einer sehr ländlichen Gesellschaft (mit Ausnahme der größeren Städte wie Zagreb und Osijek) weiterhin noch entsprechend großes Prestige und Ansehen, das sie gegenüber anderen Kandidaten durchaus in Vorteil setzte. Diese Stabilisierung von adeliger Herrschaft auf lokaler Ebene durch erfolgreiche Teilnahme an den Land-

85 Tönsmeyer: Adelige Moderne. S. 275.
86 HDA 712 Erdődy. ZM 44/1-ZM 44/10. Lovački dnevnik grofa Stjepana Erdődyja.

tagswahlen blieb bis zum Zusammenbruch Österreich-Ungarns konstant, wie sich anhand einiger Fälle zeigen lässt: Im Sabor von 1868 war Graf Ladislav Pejačević einer der Vertreter für Osijek, Graf Julije Janković für Daruvar, Graf Ferdinand Pejačević für Našice und Kazimir pl. Jelačić für Zlatar.[87] Graf Aladár Janković war 1881 und 1884 der Abgeordnete für Virovitica bzw. Suhopolje, 1897 für Slatina sowie 1906 und 1913 für Virovitica.

Bei den Wahlen 1881 gewannen darüber hinaus folgende Magnaten und Aristokraten Mandate: Graf Ladislav Pejačević als amtierender Banus Zagreb III, Karlo pl. Mihalović Osijek I, Graf Gustav Normann-Ehrenfels Valpovo, Graf Ivan Vojkffy Krapina und der Sohn des Banus Graf Teodor Pejačević Našice, wo der Familienstammsitz lag.[88] Bei den Wahlen 1884 – die ersten unter der Regierung Khuen-Hédervárys – konnte Graf Teodor Pejačević sowohl die Mandate in Virovitica wie in Našice für sich gewinnen, sein Vater wurde Angeordneter für Kutjevo, während Graf Gustav Normann-Ehrenfels wiederum Valpovo und Graf Antun Khuen-Belasi Vinkovci erringen konnte.[89]

Ein weiterer Aspekt, der den adeligen Herrschaftsanspruch sowohl nach außen als auch nach innen – in Bezug auf die eigene adelige Sozialformation, wie die Familie – stabilisierte, war das gleichsam an die jeweils folgende Generation weitergegebene Engagement in der Politik als Teil der Familientradition. So wurde vielfach mit den Gütern und der damit verbundenen Elitenposition auf lokaler Ebene auch die Aufgabe vererbt, diese zu erhalten. Dazu gehörte auch das politische Engagement, das einem sowohl als Bestätigung der eigenen Elitenposition wie auch als Instrument zur Bewahrung derselben diente. Politik als elementarer Bestandteil der Familientradition für die männlichen Mitglieder in Magnatenfamilien zeigt sich prägnant am Beispiel der Grafen Pejačević: Denn nicht nur Ladislav und Teodor waren als Berufspolitiker tätig, sondern auch Teodors Sohn Marko, der bei den Wahlen zum letzten Sabor vor dem Zusammenbruch der k.u.k.-Monarchie 1913 das Mandat für Ruma bei Osijek, wo die Pejačević ein großes Gut mit Palast besaßen, erringen konnte, während sein Vater als ehemaliger Banus der Abgeordnete für Našice war. Innerhalb des Adels Kroatien-Slawoniens stellten die Pejačević zweifelsohne eine Ausnahmeerscheinung dar, da sie seit Mitte des 18. Jahrhunderts nicht nur die lokale Verwaltung im Komitat Virovitica mit Sitz in Osijek dominierten, sondern auch die Landespolitik maßgeblich mitbestimmten.

Die aktive politische Tätigkeit bzw. der Versuch, an der politischen Entscheidungsfindung im Land teilzuhaben, stellte dennoch kein Alleinstellungsmerkmal des kroatisch-slawonischen Adels dar. So finden sich bezeichnende Parallelen – bei dennoch

87 Hof- und Staatshandbuch des Kaiserthumes Österreich für das Jahr 1868. Wien 1868. S. 649–650.
88 Hof- und Staatshandbuch der Österreichisch-Ungarischen Monarchie für 1882. Wien 1882. S. 717–718.
89 Vgl. Perić: Hrvatski državni sabor 1868–1918. S. 260–262.

unterschiedlichen Rahmenbedingungen – im politischen Engagement des böhmischen Hochadels, wo einige von dessen Mitgliedern, wie z.B. die Fürsten Schwarzenberg, ihre Teilhabe an der Lokalverwaltung auch dazu nutzten, um Mandate für den böhmischen Landtag oder den Reichsrat in Wien zu gewinnen.[90] Dies hatte vor allem zum Ziel, adelige Herrschaft – und damit die Elitenposition – auf lokaler Ebene zu stabilisieren. Die Umleitung von adeliger Herrschaft – auf der Grundlage des Großgrundbesitzes – in die Foren der Landtage und Parlamente ist ein transnationales europäisches Phänomen, wobei der Erfolg dieses adeligen Einstiegs in die politische Elite selbstverständlich unterschiedlich ausfiel. Betrachtet man jedoch die durch den kroatisch-slawonischen Adel errungenen Mandate im Gesamtzeitraum 1868 bis 1918, so kann man durchaus nicht von einem Rückzug des Adels als ganzer Sozialformation aus der Politik ausgehen. Im Gegenteil: Gerade die Tatsache, als Abgeordneter in den Landtag einziehen zu können, beweist den Erfolg der Durchsetzung des eigenen politischen Herrschafts- bzw. Elitenanspruchs. Dieser Erfolg wiederum beruhte sowohl auf den Rahmenbedingungen des politischen Systems im Land, der engen Verbindung von adeligem Großgrundbesitz und Elitenpositionen auf lokaler Ebene, wie auch auf der Strategie der Selbst-Nationalisierung, die eine Anerkennung des Adels als Teil der Nation verfolgte und damit die eigene Position vor dem Hintergrund des modernen Nation-Buildings national, und damit gesamtgesellschaftlich, legitimieren sollte. Dies hatte schließlich zum Ziel, adelige Herrschaft – und damit die Elitenposition – auf lokaler Ebene zu stabilisieren.[91]

Nun stellt sich die Frage, worin sich aber der adelige Einfluss abseits der Tatsache, dass die Akteure adlig waren, konkret in der Politik zeigte. Betrachten wir die Landtagsklubs und Parteien in ihrer Struktur als Elitenkompromisse, so sind die jeweiligen Parteiprogramme der nach außen kommunizierte Ausdruck der in diesem Kompromiss ausgehandelten Ziele und Pläne. Dennoch sind diese Programme stets mit der nötigen Kritik zu bewerten, vor allem was deren praktische politische Umsetzung betrifft. So wirkt es geradezu wie Ironie, dass die Unionisten unter Banus Baron Levin Rauch in ihrem 1870 in der Zeitung „Sloga“ (Einheit), zu deren Inhabern unter anderem Kazimir pl. Jelačić gehörte, publizierten Programm die Einführung von unabhängigen Gerichten forderten – und gerade Rauch selbst die Justiz und Verwaltung zu einem Instrument seiner autoritären Regierung machte.[92]

Ein adeliger Einfluss auf die Interessen der jeweiligen Parteien lässt sich sehr leicht ausmachen. Eine der wichtigsten, zum Teil noch immer ungelösten Fragen seit der Aufhebung der Zweiten Leibeigenschaft 1848 betraf die noch immer größtenteils ungeklärten Besitzverhältnisse auf dem Land, deren Lösung eindeutig im Sinne des

---

90 Vgl. Tönsmeyer: Adelige Moderne. S. 274–275.

91 Vgl. Tönsmeyer: Adelige Moderne. S. 274–275.

92 Sloga 20.04.1870. Vgl. auch Cipek, Tihomir u. Stjepan Matković: Programatski dokumenti hrvatskih političkih stranaka i skupina 1842–1914. Zagreb 2006.

Adels lag. Daher verlangte die National-Konstitutionelle Partei der konservativen Unionisten 1872 nach ihrer im November 1871 in Zagreb abgehaltenen Generalversammlung auch die endgültige notarielle Festschreibung aller Grundstücke. Denn der Zustand vieler Grundstücksflächen entspräche weder der notwendigen Absicherung des jeweiligen Besitzes noch der Hypotheken.[93] Dass die Besitzverhältnisse auf dem Land auch vierzehn Jahre später noch immer nicht einer endgültigen Lösung zugeführt worden waren, schlug sich im Parteiprogramm des Centrums nieder, in dem eine „beschleunigte" Durchführung der Bestimmungen zu den jeweiligen strittigen Grundstücken gefordert wurde.[94] Da der Großgrundbesitz und die Landwirtschaft die unbestreitbare ökonomische Existenzgrundlage der Magnaten darstellte, blieb die Lösung der Agrarfrage – natürlich in ihrem Sinne –, eine Konstante adeliger Politik in Kroatien-Slawonien. Ebenso konstant und in Diskrepanz zur realen Umsetzung bzw. den Wirklichkeiten in Kroatien-Slawonien stehend sind die Forderungen liberaler bürgerlicher Freiheiten, die nicht nur das Centrum oder die Unabhängige Nationalpartei, sondern auch die National-Konstitutionelle Partei programmatisch festschrieben.[95] Besonders Baron Lazar Hellenbach, Graf Richard Sermage und Graf Ivan Drašković vertraten eine dezidiert liberale politische Grundhaltung, die sie trotz des unbedingten Festhaltens am bestehenden dualistischen System bzw. der Union zwischen Ungarn und Kroatien innerhalb der Stephanskrone in Opposition zu den Regierungen von Baron Levin Rauch und Graf Károly Khuen-Hédervâry treten ließ.

In ihren Reden, Programmen und Publikationen traten sie für mehr bürgerliche Rechte, wie Pressefreiheit oder freie, gesetzeskonforme Wahlen ein. So forderte der am 15.11.1887 von Graf Miroslav Kulmer als Mitglied des Centrums gestellte Beschlussantrag die Entsendung einer parlamentarischen Kommission zur Untersuchung der Einflussnahme der Regierung auf die vollzogenen Landtagswahlen.[96] In diesem Antrag wurden 90 Fälle von Verstößen vonseiten der Regierung Khuen-Hédervâry und ihrer Organe dokumentiert, deren Aktivität im Vorfeld und während der Wahlen „nicht nur mit den elementarsten Begriffen von Wahlfreiheit collidirt, sondern die sogar in augenfälligem Gegensatze zu den Gesetzen steht, mit denen die Freiheit der Person und die Unverletzlichkeit des Hausrechts gewährleistet wird."[97] Einen augenfälligen Gegensatz dazu bildeten die konservativen Ansichten von Aristokraten wie Graf Stjepan Erdődy, die abermals die Heterogenität der politischen Meinungen innerhalb des Hochadels aufzeigen. Dieser adelige Liberalismus war innerhalb der kroatisch-slawonischen Aristokratie jedoch nie so bedeutend wie vergleichsweise in

93 Narod 01.02.1872.

94 Programm des Centrum-Klubs des Landtages der Königreiche Kroatien-Slavonien und Dalmatien. Agram 18.10.1886. S. 8.

95 Narod 01.02.1872.

96 Zu den Landtagswahlen in Kroatien. Zagreb 1888. S. 1.

97 Zu den Landtagswahlen in Kroatien. Zagreb 1888. S. 1.

Ungarn oder Großbritannien, stellte aber dennoch eine Facette des politischen Spektrums dar, wie auch zum gewissen Teil die Ursache, weshalb sich einige der führenden adeligen Politiker aus der Politik zurückzogen. Denn es lässt sich ein Muster feststellen, dass es gerade die Aristokraten mit dezidiert liberalen Ideen wie Hellenbach, Sermage oder Drašković waren, die nach einer kurzen aber sehr aktiven Zeit in der Politik – Hellenbach bis 1870/71, Sermage und Drašković zur Zeit des Bestehens des Centrums als Landtagsklub 1885 bis 1887 – angesichts ihres Scheiterns den Rückzug aus der Landespolitik antraten. Dies umso mehr, als sowohl die Regierungszeit von Baron Levin Rauch 1868 bis 1872 wie die von Khuen-Héderváry 1883 bis 1903 durch sehr autoritäre Züge, staatliche Repression und Gewalt gekennzeichnet waren. Es scheint daher, dass gerade dieser liberale Anspruch an der Wirklichkeit des politischen Systems in Kroatien-Slawonien zerbrach. Ein prägnantes Beispiel für diesen adeligen Liberalismus ist die unter dem leicht zu durchschauenden Pseudonym „Szomszédváry“ (abgeleitet von der ungarischen Form des kroatischen Prädikats „Susedgrad“ im Namen „Sermage von Susedgrad und Medvedgrad“) 1880 im Verlag der Zagreber Universitätsbuchhandlung publizierte Abhandlung „Die Steuerschraube auf kroatisch-slavonischem Boden“ Graf Richard Sermages.[98] Darin wird die Senkung der Steuern im Land gefordert, vor allem aber nahm Sermage Stellung gegen die Erhöhung der Grundsteuer, da diese fehlerhaft und ungerecht sei und dem Land mehr Schaden als Nutzen bringe. Ebenso kritisierte er die Praxis der Steuereintreibung, die „mit ungerechten, eines Rechtsstaates unwürdigen Mitteln vor sich geht.“[99]

In der Politik, und insbesondere im Sabor als dem höchsten politischen Forum des Landes, gab es keine Trennung von Erster und Zweiter Gesellschaft und dem Bürgertum, sondern eine eindeutig diffuse soziologische Struktur aller Parteien und Klubs. Wir finden keinerlei Handlungen, Indizien oder Dokumente, von denen sich auf eine Kontaktscheu des Hochadels gegenüber anderen Milieus schließen ließe. Vielmehr sehen wir im Zeitraum von 1868 bis 1918 ein Bemühen einzelner Hochadeliger, das aber im Verhältnis zu dessen ohnehin geringer Größer umso bedeutender erscheint, sich aktiv zusammen mit den bürgerlichen und klein- und neuadeligen politischen Akteuren zu arrangieren und bewusst jene Elitenpositionen zu besetzen, die ihnen Anteil an der Mitbestimmung des Landes zusicherten. Dies geschah selbstredend durch ihre Eigenschaft als Virilisten, aber vor allem indem sie regelmäßig Mandate als Abgeordnete erringen konnten. Zwar waren die Wahlen in Kroatien-Slawonien, vor allem unter Khuen-Héderváry, alles andere als frei und aufgrund des Zensus nur auf einen verschwindend geringen Teil der Bevölkerung begrenzt, dennoch kann das Engagement von Aristokraten, vor allem in den Wahlkreisen ihrer Landgüter als Abgeordnete gewählt zu werden, als Bestreben gewertet werden, eine Bestätigung ihres Eliten- und Herrschaftsanspruchs zu erhalten und diesen dadurch zu bewah-

98 Szomszédváry: Die Steuerschraube. Zagreb 1880.
99 Szomszédváry: Die Steuerschraube. Zagreb 1880. S. 5.

ren. Aufgrund des engen Rahmens, den das Land bot, war der Adel fast zwangsläufig darauf angewiesen, Elitenkompromisse einzugehen, wollte er oben bleiben. Diese Elitenkompromisse müssen wir nicht als Selbstzweck, sondern als Instrument der Selbst-Nationalisierung des Adels betrachten. Denn nur durch diese nationale Affirmation konnte eine Anerkennung als Elite durch die kroatisch-slawonische Gesellschaft erlangt werden.

4.4 Gegen das Narrativ: Nationalisierung als Strategie adeligen Elitenerhalts

Wie oben erwähnt, richtet sich nun das Augenmerk auf die Re-Nationalisierung des Adels im Rahmen des sich formierenden kroatischen nationalen Diskurses und auf Nationalismus als Strategie, sich an der Spitze der Gesellschaft zu behaupten. Durch den vorherrschenden öffentlichen antiadeligen Diskurs gleichsam aus der Nation „herausgeschrieben", können wir die meisten Handlungen und Tätigkeiten einzelner Adliger, die auf eine bewusste Affirmation als Kroate hinauslaufen, als ebensolche bewusste „Wiedereinschreibung" in die Nation werten. Diese nationale Identität des Adels war jedoch ebenso heterogen ausgeprägt wie seine politische bzw. gesellschaftspolitische Haltung, wobei beide in einem gewissen Zusammenhang stehen: Befürworter und Verfechter einer modernen kroatischen Gesellschaft in Wirtschaft und Politik, wie beispielsweise die Grafen Miroslav Kulmer oder Djuro Jelačić, hatten ein dezidiert modernes kroatisches Nationalbewusstsein und standen in scharfer Opposition zu Ungarn, während die Kroatizität konservativer Adliger wie Graf Stjepan Erdődy oder Graf Teodor Pejačević im öffentlichen Diskurs angezweifelt wurde. Diese „Nationalisierung" betraf und geschah jedoch nicht nur in der Politik, sondern durchzog wie der Nationalismus selbst alle Bereiche des Lebens, und daher lassen sich auch in der Wirtschaft wie im sozialen-gesellschaftlichen Bereich entsprechende Tendenzen finden, die jeweiligen Akteure als Teil der kroatischen nationalen Elite zu definieren und zu legitimieren – oder auch nicht. Beispielsweise, und wie in den folgenden Kapiteln detaillierter gezeigt werden wird, in wirtschaftlichen Vereinen und Verbänden, im Finanzwesen oder in kulturellen wie sozialen Institutionen. Die Kernfrage, an der sich für den Adel dessen nationale Zugehörigkeit und Loyalität zur kroatischen Nation messen sollte, war das jeweilige Verhältnis zu Ungarn. Dies galt sowohl nach innen (innerhalb der adeligen Sozialgruppe), als auch für die kroatische Öffentlichkeit nach außen. Vor dem Hintergrund der politischen Verhältnisse seit 1848, des Drucks aus Budapest und der unverhohlenen Versuche die Autonomie des Landes zu unterhöhlen seit dem Ausgleich 1868, der Magyarisierungstendenzen sowie der Tatsache, dass sich das kroatische Nation-Building eben auch im Gegensatz zu Ungarn formierte, erscheint das Verhältnis zu Ungarn folglich als die bestimmende „Gretchenfrage", der sich der kroatische Hochadel zu stellen hatte.

Es soll hier weniger die Genese des kroatischen Nation-Buildings nachgezeichnet werden, als vielmehr der erwähnte Versuch des Adels, sich wieder in den nationalen Diskurs und damit das kollektive nationale Gedächtnis einzuschreiben. Bei der nationalen Zugehörigkeit des Adels in Kroatien-Slawonien müssen wir jedoch – wie gezeigt werden wird – die nach außen gerichtete, öffentlich dargestellte nationale Identität von der jeweils persönlichen nationalen Zugehörigkeit unterscheiden. Es steht außer Frage, dass es einen nicht nur sozialen, sondern eben vor allem nationalen, vom Bürgertum ausgehenden Rechtfertigungsdruck gab, dem sich der Hochadel ausgesetzt sah. Eine dezidiert kroatische Affirmation nach außen kann daher als Reaktion darauf verstanden werden, und diese Reaktionen lassen sich aufgrund ihres öffentlichen performativen Charakters gut nachzeichnen und analysieren. Nicht so die persönliche, selbst wahrgenommene nationale Identität – hier ist man aufgrund der eher dürftigen Quellenlage angewiesen, rekonstruktiv vorzugehen. Die Frage nach der individuellen, privaten nationalen Zugehörigkeit ist vor allem dann von Interesse, wenn sich Unterschiede zwischen der öffentlichen nationalen Affirmation und der individuellen Identität finden lassen – denn gerade dies lässt dann den Schluss zu, dass es sich bei der Renationalisierung von Teilen des Adels um eine bewusste Strategie des „Obenbleibens“ handelte. Davon abgesehen ist die Frage nach der persönlichen nationalen Identität für die Frage der Nationalisierung als elitenerhaltender Strategie des Adels eher zweitrangig, da es vor allem auf die nach außen gerichtete nationale „Performanz als Kroate“ ankommt, da nur von außen die Bestätigung – oder Ablehnung – dieses Anspruchs kommen konnte.

Im politischen Feld, und dort vor allem im Landtag als dem wichtigsten Forum, kam es zu bewussten, die eigene Zugehörigkeit zur Nation bekräftigenden Handlungen und Äußerungen vor allem als Reaktion auf Ereignisse von landesweiter und nationaler Tragweite, die eine Positionierung des Adels erforderten. Neben der bereits behandelten Amtseinführung von Banus Baron Levin Rauch waren dies der Wappenschilderstreit 1883, im Zuge dessen Banus Graf Ladislav Pejačević sein Amt niederlegte, die landesweiten Proteste 1903, die zum Ende des Regimes Khuen-Hédervárys führten, und der Erfolg der Kroatisch-Serbischen-Koalition 1906.

Der sogenannte „Wappenschilderstreit“ von 1883 war seit Beginn des dualistischen Systems 1867 und des Ausgleichs von 1868 der erste politische Konflikt zwischen Zagreb und Budapest, der vor allem in der kroatischen Bevölkerung für Unruhe und heftige Proteste sorgte.[100] Im August des Jahres beschloss der Leiter der Finanzbehörde in Zagreb, Antal Dávid, auf Anordnung des ungarischen Finanzministers Graf

100 Zum Wappenschilderstreit vgl. neben der Tagespresse vor allem: Hellenbach, Lazar: Der ungarisch-kroatische Conflict. Wien 1883. Gross: Die Anfänge des modernen Kroatien. S. 225–226.; Pavličević, Dragutin: Narodni pokret 1883. u Hrvatskoj. Zagreb 1980. Die Ereignisse von 1883 sind als eine Reaktion auf die kontinuierlichen Ausgleichsverletzungen zu betrachten und waren zwischen der Revolution 1848/49 und den landesweiten Protesten 1903 die größte Volksbewegung im Land.

Szapáry, die Wappenschilder mit alleiniger kroatischer Beschriftung durch solche mit kroatischer und ungarischer zu ersetzten – was eine eindeutige Verletzung der Ausgleichsbestimmungen von 1868 darstellte, in denen Kroatisch als alleinige Amtssprache des Landes festgelegt wurde (siehe Kapitel oben). Darüber hinaus setzte sich damit das Finanzministerium in Budapest über Banus Graf Pejačević hinweg, da dies einen klaren Eingriff in die inneren autonomen Angelegenheiten des Landes bedeutete. Am 15. August 1883 kam es dann zu Protesten in Zagreb, bei denen die zweisprachigen Wappenschilder abgenommen wurden. Während die führenden Vertreter aller Parteien im Landtag beschlossen, keine Regierung zu unterstützen, die gegen den Artikel 57 des Ausgleichsvetrags von 1868, der die Amtssprache betraf, handelte, versuchten Banus Graf Pejačević und der Minister für Kroatien in Budapest, Koloman pl. Bedeković, beim Ministerrat in Wien zu intervenieren, um die Ungesetzlichkeit der Beschlüsse von Szapáry und Dávid aufzuzeigen. Da in der Zwischenzeit jedoch Unruhen im Zagorje ausgebrochen waren,[101] gerieten sowohl die ungarische wie kroatische Regierung als auch der kaiserliche Hof unter Zugzwang; und so beschloss der Ministerrat in Wien, dass die zweisprachigen Schilder wieder angebracht werden sollten. Mit der Durchführung dieser Aufgabe wurde bezeichnenderweise Banus Pejačević beauftragt – was die faktische Nichtachtung der kroatisch-slawonischen Autonomie und ihrer Organe vonseiten Budapests und Wiens offenbarte, sofern nicht in deren Sinne gehandelt wurde. Als Konsequenz hierauf gab der Banus dann am 24.08.1883 seinen Rücktritt bekannt, da er die Wiederanbringung der ungesetzlichen Schilder nicht verantworten wollte. Nachdem der König am 04.09.1883 seine Demission schließlich bestätigte, wurde Hermann von Ramberg zum königlichen Kommissär ernannt mit der Aufgabe, die Unruhen im Land, die einen sowohl nationalen antiungarischen wie sozialen Charakter annahmen, zu unterdrücken, wobei die Wappenschilder endgültig ersetzt wurden – durch sogenannte „stumme Wappen", die „nijemi grbovi", ohne jegliche Beschriftung.

Dieser Wappenschilderstreit stellte daher nicht nur eine ernsthafte, wenn auch vorübergehende politische Krise dar, sondern durch ihn sah sich die kroatische Regierung – und vor allem Banus Graf Pejačević – nicht nur von Budapest und Wien, sondern auch von der kroatischen Öffentlichkeit und Bevölkerung unter Druck gesetzt. Diese national aufgeheizte Lage stellte Pejačević gleichsam vor die Wahl, und sein Rücktritt lässt sich als prokroatischer Protest gegen die antikroatischen Bestimmungen der Budapester Regierung und des Wiener Ministerrats deuten, und damit als eine bewusste Entscheidung und Bekundung von Zugehörigkeit zur kroatischen Nation. Pejačević war einer der führenden unionistischen konservativen Politiker, und wurde eben nicht nur als Kavalier oder Gentleman, sondern regelmäßig auch als „Magyarone" bezeichnet. Dennoch galt er der Opposition als ihr „schärfster Gegner",

101 Pavličević, Dragutin: Seljački nemiri u Stubičkom Kraju 1883.godine. In: Historijski zbornik (1976–1977). S. 397–407.

der jedoch als „Held" (junak) respektiert wurde[102]. Das Bild des anationalen Magyarophilen wandelte sich daher in der Folge des Wappenschilderstreites 1883. So kommentiert das „Vaterland" im September 1883, dass der Banus zwar ein „Mann von strenger Rechtlichkeit und ein Freund der Ungarn" sei, der indes seinen Posten aufgab, „da er sich zu einer, die Nation, der er angehört tief erniedrigenden Maßregel nicht hergeben wollte."[103] Seine Haltung während der Krise 1883 und die Tatsache, dass unter seiner Regierung die ehemalige Militärgrenze, die Vojna Krajina, mit Zivil-Kroatien 1881 vereinigt wurde, trugen vor allem vor dem späteren Erfahrungshintergrund der Regierung Khuen-Héderváry dazu bei, Pejačević in einem etwas patriotischeren Licht erscheinen zu lassen.[104] Es ist jedoch bezeichnend, dass sich Banus Graf Khuen-Héderváry auch als Teil der kroatischen Nation betrachtete – oder dies eben nur strategisch vorgab – und sich daher in seinen überaus eloquenten und sprachlich eleganten Landtagsreden als Kroate affirmierte, wie beispielsweise am 17.01.1893: In dieser Rede geht Khuen-Héderváry vor allem auf das Verhältnis zwischen Ungarn und Kroatien ein, und verwendet auffallend häufig ein „wir", wenn er von Kroatien und Kroaten spricht. Ebenso greift er rhetorisch geschickt das Motiv der „Landesverräter" auf, um seinen Standpunkt – das Ausgleichsgesetz und die Union mit Ungarn kämen Kroatien nur zugute – zu untermauern. So geht er davon aus, dass diejenigen, die die Union eingegangen sind, „unsere Vorfahren" seien, da sie zum Nutzen Kroatiens gehandelt hätten. Wäre das Gegenteil der Fall, so würde das „unsere Vorfahren" zu Volksverrätern machen und die gesamte Geschichte der Nation beschmutzen. Da dies aber „unsere Vorfahren" nicht im Sinn gehabt haben konnten, stelle die Kritik der Opposition am bestehenden System die Rechtfertigung „jahrhundertealter nationaler Politik" in Frage.[105]

In den jeweiligen familiengeschichtlichen Publikationen findet dann diese Einschreibung in die Nation ihren folglich deutlichsten performativen Ausdruck. So schreibt Antun pl. Cuvaj od Carevdara, der Bruder des Banus Slavko pl. Cuvaj, in bewusst panegyrischer Manier, dass Graf Ladislav Pejačević mit seinem Namen die „schönsten Seiten kroatischer Geschichte" beschrieben habe, und diese sich durch „wahren Patriotismus, staatsmännische Fertigkeit und ein stolzes Bewusstsein der politisch-nationalen Individualität" auszeichnen.[106] Trotz dieser Tendenzen, sich selbst und damit die Familie Pejačević nicht nur als Teil der Nation, sondern auch als deren Elite zu behaupten, was sowohl von außerhalb (Presse) wie von innen geschah

102 Zatočnik 17.01.1870.

103 Das Vaterland 06.09.1883.

104 Vgl. hierzu die verschiedenen Nachrufe auf Graf Pejačević 1901.

105 Govori presvijetloga g. odjelnoga predstojnika Danijela Stankovića i preuzvišenoga g. Bana Grofa Khuena-Hédervárya besjedjeni u saborskoj sjednici 17. siječnja 1893. Zagreb 1893. S. 27. Diese Rede wurde vom Klub der Nationalpartei gesondert publiziert.

106 Cuvaj od Carevgrada, Antun pl.: Grofovi Pejačević; njihov rad za kralja i dom. Zagreb 1913. S. 55.

(eigene Handlungen bzw. sämtliche familienhistorische Publikationen),[107] gelang es in der Rückschau Graf Ladislav Pejačević nicht, die Gleichsetzung von „magyarophilem Unionisten" mit „anationalem entfremdeten Aristokraten" ganz zu durchbrechen: seine Wahrnehmung im nationalen Kontext bleibt eher kritisch. Auch bei seinem Sohn und späteren Nachfolger im Amt des Banus Teodor finden sich diese „Nationalisierungstendenzen" als Strategie des Obenbleibens, wobei diese weitaus klarer und dezidierter erscheinen als bei seinem Vater – was sich auch zeitlich erklären lässt, da die moderne kroatische nationale Identität und damit der Nationalismus um 1900 weitaus ausgeprägter waren als zwei Jahrzehnte zuvor. Im Vergleich zu Graf Ladislav Pejačević erscheint die Diskrepanz zwischen nationaler Selbstaffirmation und öffentlicher Wahrnehmung bei Graf Stjepan Erdődy eklatant, was sich exemplarisch während der landesweiten Unruhen 1903 zeigte:

Nachdem die Opposition gegen Khuen-Hédervâry in der breiten Bevölkerung immer stetiger anwuchs, gab den Anlass zum Ausbruch der landesweiten Unruhen die Weigerung der ungarischen Regierung am 24.02.1903, den Finanzausgleich zwischen Ungarn und Kroatien-Slawonien paritätisch und nicht mehr zu dessen Ungunsten abzuschließen. Zur ersten Demonstration gegen die Regierung in Zagreb und gegen Ungarn kam es am 02.03. durch Studenten der Zagreber Universität, die sich rasch von Zagreb aus über das ganze Land verbreitete. Die Proteste und Demonstrationen richteten sich gegen Khuen-Hédervâry und dessen Regime, gegen die ungarische Regierung und forderten mehr politische Freiheiten für Kroatien-Slawonien. Die antiungarische bzw. antiösterreichische Richtung der landesweiten Unruhen zeigte sich darin, dass in größeren Städten wie Zagreb, Osijek oder Varaždin gezielt Läden und Firmen mit ungarischen oder deutschen Schildern angegriffen und ungarische wie österreichische Hoheitszeichen wie Flaggen und Wappen von öffentlichen Einrichtungen demontiert und zerstört wurden. So kam es in Zaprešić am 11.04. zu ersten Toten, als die Polizei und die Armee das Feuer auf Bürger eröffneten, die vom dortigen Bahnhof die ungarische Flagge heruntergeholt und verbrannt hatten, nachdem diese auf Geheiß der Bahnverwaltung zum Jubiläum der 1848 gebildeten ersten unabhängigen ungarischen Regierung gehisst worden war. In Kroatien-Slawonien wurden der Ausnahmezustand und das Kriegsrecht verhängt. Konsequenz der Unruhen war schließlich der Rücktritt von Khuen-Hédervâry am 27.06.1903 und der Amtsantritt von Graf Teodor Pejačević als seinem Nachfolger.

Während dieser Unruhen waren auch prominente konservative unionistische Politiker Ziel von Attacken – so auch Graf Stjepan Erdődy am 18.06.1903 in Zagreb, als einer der führenden Unionisten und deren Parteivorsitzender im Sabor. Nicht nur

107 Pejacsevich de Verőcze, Marie: A 20th Century Odyssey A personal Memoir. Groningen 2004. S. 20.: „Paternal grandfather Theodor Pejačević inherited from his father László not only a large fortune, but also success and interest in a political career that was marked by great loyalty to the Croatian nation, even if that meant opposing Hungarian orders and losing his job."

der Vorfall selbst, sondern auch die Berichterstattung darüber in der Presse wurde dann Gegenstand einer heftig geführten Debatte im Landtag, wo die Stimmung, den Ereignissen im Land entsprechend, ohnehin aufgeheizt war.

Graf Stjepan Erdődy hatte zuvor im Namen der National-Konstitutionellen Partei einen Antrag auf Ausschluss der oppositionellen Abgeordneten aus dem Landtag gestellt, was vonseiten der Öffentlichkeit als bewusste Provokation aufgefasst wurde. Am Abend des 18.06.1903 wurden daher Erdődy und Graf Marko Bombelles bei einem Spaziergang in Zagreb im Zrinjevac-Park im Zentrum der Stadt von einer wütenden Menge angegriffen. Das Wiener Fremden-Blatt publizierte am selben Abend dazu einen Artikel, der Gegenstand der darauffolgenden Debatte im Landtag wurde: So „drangen zahlreiche Personen auf ihn ein, beschimpften ihn mit den Rufen: Lump! Volksverräther! und spuckten ihm ins Gesicht. Die beiden Grafen ergriffen vor der Menge die Flucht.“[108] Wie als Verteidigung erscheint daher die Reaktion von Erdődy im Sabor am darauffolgenden Tag, da er nicht die Personen, die ihn angegriffen hatten, anklagte, sondern gleichsam die Arena und Bühne des Landtags dazu nutzte, um deren Vorwurf „Volksverräter“ zu begegnen: „Ich bin Kroate und ich werde meine Heimat so lange ich lebe verteidigen. Seit fünf Jahrhunderten arbeitet meine Familie als ergebene Söhne dieses Landes zu seinem Nutzen.“ Daher sei es nicht statthaft, dass, wenn man „hinaus geht man in dieser Weise angegriffen wird.“[109] Dem nationalen Legitimationsdruck von außen begegnet Erdődy geradezu klassisch, indem er die Verdienste seiner Vorfahren erwähnt, die zweifelsohne eine bedeutende Rolle vom 16. bis 19. Jahrhundert in Kroatien gespielt haben: adelige Familiengeschichte nicht nur als Kategorie adeliger Identität in sozialer und gesellschaftlicher Hinsicht, sondern auch in nationaler. Am 20.06.1903 wurde der Vorfall abermals im Sabor diskutiert, nachdem der oben erwähnte Artikel im Wiener Fremden-Blatt erschienen war und von Erdődy auf das Schärfste dementiert wurde. Wie tags zuvor, so betonte er deutlich seine Zugehörigkeit zur Nation, was aber angesichts des vorangegangenen Zwischenfalls im Zrinjevac-Park umso mehr als der vergebliche Versuch erscheint, die Anerkennung von außen zu erlangen: „Ich bin alter Kroate und Slawe und nicht wie die heutigen Talmi-Kroaten, und ich verteidige und werde die Rechte des kroatischen Volkes so verteidigen, wie es meine Väter, Großväter und Urgroßväter seit fünf Jahrhunderten getan haben, die stets zum Besten ihres lieben Heimatlandes gearbeitet haben.“[110]

Im Kontext adeliger Identität und Habitus in Kroatien-Slawonien ist dieser Vorfall um Erdődy und Bombelles jedoch nicht nur aufgrund der Frage nach nationaler

---

108 Stenografički zapisnici i prilozi Sabora Kralj. Hrvatske, Slavonije. Petogodište 1901–1906 od LIII. do uključivo LX. saborske sjednice od 17. lipnja do 25. lipnja 1903. Svezak III. S. 100.

109 Stenografički zapisnici i prilozi Sabora Kralj. Hrvatske, Slavonije. Petogodište 1901–1906 od LIII. do uključivo LX. saborske sjednice od 17. lipnja do 25. lipnja 1903. Svezak III. S. 100.

110 Stenografički zapisnici i prilozi Sabora Kralj. Hrvatske, Slavonije. Petogodište 1901–1906 od LIII. do uključivo LX. saborske sjednice od 17. lipnja do 25. lipnja 1903. Svezak III. S. 100.

Selbst- und Fremdzuschreibung von Interesse – der „Volksverräter“ bezeichnete sich bewusst als Kroate –, sondern auch da er eine weitere grundlegende Kategorie adeliger Identität und Distinktion betrifft: Ehre. Erdődy dementierte im Sabor den ganzen Artikel und klagte seinerseits die Opposition an, diesen Artikel bewusst lanciert zu haben, um ihn öffentlich zu desavouieren. Denn nicht nur das angebliche öffentliche Bespucktwerden stellte eine überdeutliche bewusste Demütigung des Grafen dar, auch seine Reaktion stand im Kontrast zum traditionellen Verhaltenskanon, da er nach dieser Provokation einfach die Flucht ergriffen haben soll.[111] Er habe daher einen öffentlichen Gesichtsverlust hingenommen, und werde nun fälschlich der Feigheit bezichtigt, da er sich seinen Angreifern nicht gestellt habe, sondern schlichtweg davongerannt sei. Er fühle sich daher nicht von den Jugendlichen angegriffen, die er im Sabor jovial als Kinder und Burschen bezeichnet und damit herunterspielt, sondern von jenem Artikel im Fremden-Blatt, der seine Ehre bewusst in Frage stelle, da er laut diesem in einer Situation, die die Verteidigung und Satisfaktion seiner Person erfordert hätte, unehrenhaft (Flucht anstelle von Gegenwehr) gehandelt habe. Dass die Stellungnahme Erdődys zu dieser Angelegenheit seine längste Landtagsrede darstellt, ist bezeichnend und zeigt die Bedeutung dieser Frage der persönlichen Ehre. Und dass es bei dieser Affäre – wie immer sie sich zugetragen habe, denn weniger der genaue Ablauf als die ihr zugeschriebene Bedeutung ist hier von Belang – zweifelsohne um eine bewusste Desavouierung von Graf Stjepan Erdődy ging, zeigt sich auch darin, dass er – laut eigenen Aussagen – zum Spott eine anonyme Postkarte erhielt, auf dem ein lachender Männerkopf auf einem Frauenkörper abgebildet war.[112] Seine verbale Reaktion hierauf erscheint daher als nachträgliche Forderung nach Satisfaktion und soll vor dem versammelten Landtag als dem wichtigsten nationalen Forum seine Bereitschaft demonstrieren, diese auch im Falle einer wirklichen Ehrverletzung einzufordern. Denn er würde nicht nur jeden, der ihm „in den Schnurrbart spuckte, wie einen Hund erschießen“, sondern auch die Person auf der Postkarte, die nur vor seine „Flinte kommen soll und dann werde man sehen, wer der Held sei.“[113]

Die Eröffnung des Sabors am 09. Mai 1906, die geradezu ein nationales Großereignis war, warf dann ein prägnantes Licht auf die politische Rolle und Zugehörigkeit einzelner Aristokraten und deren Wahrnehmung in der Gesellschaft. Dieses Ereignis zeigt deutlich, wie die „Nationalisierung“ des Adels wahrgenommen wurde; dass deren Erfolg oder Misserfolg vom Urteil der Öffentlichkeit abhing; wie sich die bewusste nationale Affirmation als Kroate auf das Bild einzelner Adliger und deren Bewertung

---

111 Stenografički zapisnici i prilozi Sabora Kralj. Hrvatske, Slavonije. Petogodište 1901–1906 od LIII. do uključivo LX. saborske sjednice od 17. lipnja do 25. lipnja 1903. Svezak III. S. 100.

112 Stenografički zapisnici i prilozi Sabora Kralj. Hrvatske, Slavonije. Petogodište 1901–1906 od LIII. do uključivo LX. saborske sjednice od 17. lipnja do 25. lipnja 1903. Svezak III. S. 100.

113 Stenografički zapisnici i prilozi Sabora Kralj. Hrvatske, Slavonije. Petogodište 1901–1906 od LIII. do uključivo LX. saborske sjednice od 17. lipnja do 25. lipnja 1903. Svezak III. S. 100.

durch die Öffentlichkeit auswirkte. In diesem Jahr gerieten die Unionisten endgültig in die politische Defensive, nachdem die Kroatisch-Serbische Koalition einen überragenden Sieg errungen hatte. Da in der bisherigen kroatischen bzw. jugoslawischen Historiografie der Adel als Parteigänger der Unionisten galt, wird die adelige Rolle im Zustandekommen und Wirken der Kroatisch-Serbischen Koalition, die als Meilenstein in der Entwicklung des Landes gilt, bewusst marginalisiert. Dies zeigt umso mehr die in der kollektiven Wahrnehmung vorgenommene Gleichsetzung von Hochadel und Unionisten. Nach der feierlichen Eröffnung des Landtags mit einem Plenarsaal voller Zuschauer auf der Galerie, kam es zur Verlesung der Sabormitglieder durch den Notar Edmund Lukinić. Diese erwies sich in der ohnehin recht aufgepeitschten Stimmung – die Opposition im Triumphgefühl gegenüber den Unionisten und dem ehemaligen, verhassten Banus Khuen-Héderváry – als eine tumultartige Manifestation der öffentlichen Meinung: Bei der Nennung der adeligen Virilisten und Abgeordneten Bela pl. Adamovich-Čepinski und der Grafen Rudolf Chotek, Marko Bombelles, Ivan, Dioniz und Teodor Drašković, Aladár Janković, Pavao Pejačević sowie des Banus Graf Teodor Pejačević verhielten sich sowohl die übrigen Sabormitglieder als auch das Publikum auf der Zuschauergalerie indifferent und ruhig. Bei den jeweiligen Politikern der Kroatisch-Serbischen Koalition jedoch gab es regelmäßig Beifall und Zustimmungsbekundungen: Graf Miroslav Kulmer wurde sogar mit langanhaltendem Applaus und „Živio!“-Rufen bedacht, ebenso auch Graf Rudolf Normann-Ehrenfels – nicht jedoch dessen Bruder Gustav, der als Unionist im Sabor saß. Auch für Baron Pavao Rauch wurde applaudiert, was weniger seinem Einsatz für die Opposition, der er nicht angehörte, als vielmehr seiner persönlichen wie politischen Feindschaft zu Khuen-Héderváry galt.[114] Dessen Parteigänger mussten während dieser traditionellen Namensverlesung schließlich Spott und öffentliche Demütigung erleiden. Während es bei Levin pl. Chavark-Letovanički und den gräflichen Brüdern Stjepan und Rudolf Erdődy im Saal und beim Publikum auf den Galerien zu Murren kam[115], brach bei der Nennung des früheren Banus Khuen-Héderváry – der nicht anwesend war – ein Sturm der Entrüstung aus: Im Sabor und auf der Galerie begann ein lang anhaltendes Stampfen mit den Füßen, Pfeifen, Zischen und Rufen wie „Abzug Khuen! Hulja! [Lump] Lopov! [Gauner] Pereat Héderváry!“.[116] Der Landtagspräsident bat mehrfach um Ruhe, nur um vom Abgeordneten Vinković fast gemaßregelt zu werden, dass man bei „diesem Namen nicht ruhig bleiben könne“ – worauf der gesamte Saal Vinković zujubelte und

114 Stenografički zapisnici i prilozi Sabora kralj. Hrvatske, Slavonije i Dalmacije. Petogodište 1906–1911. od I. do ukljičivo XXIX. Sab. sjednice od 9. svibnja do 18. prosinca 1906. Zagreb 1907. S. 6.

115 Stenografički zapisnici i prilozi Sabora kralj. Hrvatske, Slavonije i Dalmacije. Petogodište 1906–1911. od I. do ukljičivo XXIX. Sab. sjednice od 9. svibnja do 18. prosinca 1906. S. 5.

116 Stenografički zapisnici i prilozi Sabora kralj. Hrvatske, Slavonije i Dalmacije. Petogodište 1906–1911. od I. do ukljičivo XXIX. Sab. sjednice od 9. svibnja do 18. prosinca 1906. S. 5. Dieses Pfeifkonzert zeigt u.a. auch die weiterhin verbreitete Zweisprachigkeit in Zagreb um 1900.

applaudierte.[117] Nach diesem Tumult gab es noch einen weiteren Zwischenfall, als bei der Verlesung des Obergespans von Varaždin, Baron Radoslav Rubido-Zichy, der Saal und die Galerie in Gelächter ausbrachen, was weniger Hass wie bei Khuen-Hédervàry als vielmehr eine gewisse Verachtung ausdrückte.[118]

Diese Ereignisse lassen einige Schlüsse hinsichtlich der politischen Rolle des Adels und dessen Wahrnehmung zu. Zum einen zeigen sie, dass sowohl der Adel wie die Magnaten politisch höchst unterschiedliche Positionen vertraten, und dass dies selbstredend von der „Öffentlichkeit" auch wahrgenommen wurde. Ausschlaggebend war nicht die Zugehörigkeit zum Adel, sondern davon losgelöst die jeweilige politische Position. Durch den Protest wurde ihnen auch implizit die Legitimität aberkannt, die kroatische Gesellschaft im Sabor zu vertreten, was einer Nichtanerkennung ihrer Rolle als Mitglieder des höchsten politischen Forums des Landes gleichkommt. Der nationale Elitenanspruch wurde ihnen versagt, wie es sich überdeutlich bei Baron Rubido-Zichy zeigte – dessen Mutter bezeichnenderweise Sidonija Erdődy-Rubido war, eine der einflussreichsten Personen des Illyrismus und die heute zu den historischen nationalen Ikonen Kroatiens gehört.[119]

Die Zugehörigkeit einiger Magnaten zur Kroatisch-Serbischen Koalition, die explizit die Interessen des Bürgertums in einem dezidiert patriotischen, also antiungarischen Sinne vertrat, konnte jedoch natürlich auch Ausdruck einer inneren Überzeugung und nicht nur politisches Kalkül sein. Dies war zweifelsohne bei Graf Miroslav Kulmer der Fall war, der bereits seit Beginn seiner politischen Karriere in Opposition zu Khuen-Hédervàry, der Narodna Stranka sowie der großungarischen Politik Budapests stand.

Dass einer unionistischen Politik auch in ihrer modernisierten, also angepassten nationalisierten Form seit dem Sturz Khuen-Hédervàrys jegliche nationale Legitimität abgesprochen wurde, zeigt sich an der kurzlebigen „Partei des Nationalen Fortschritts".[120] Diese wurde von ehemaligen Mitgliedern der alten unionistischen Nationalpartei am 15.07.1911 in Budapest gegründet. Vorsitzender war Graf Teodor Pejačević, und weitere Magnaten gehörten dazu, wie die Grafen Aladár Janković, Janko Drašković, Marko Bombelles, Ladislav Majláth und der Baron Šišman Ottenfels-Gschwind.[121] Diese Parteigründung zeigt zum einen den Versuch der Unionisten – und damit der unionistischen Aristokraten –, durch dezidierte Übernahme nationaler

117 Stenografički zapisnici i prilozi Sabora kralj. Hrvatske, Slavonije i Dalmacije. Petogodište 1906–1911. od I. do ukljičivo XXIX. Sab. sjednice od 9. svibnja do 18. prosinca 1906. S. 6.

118 Stenografički zapisnici i prilozi Sabora kralj. Hrvatske, Slavonije i Dalmacije. Petogodište 1906–1911. od I. do ukljičivo XXIX. Sab. sjednice od 9. svibnja do 18. prosinca 1906. S. 6.

119 Sidonija Erdődy-Rubido (1819–1884) war nicht nur eine bedeutende Kunst- und Kulturförderin, sondern auch eine der ersten kroatischen Sopranistinnen.

120 Vgl. auch den Artikel „Die Partei und ihre Gegner". Agramer Zeitung 19.07.1911.

121 HHStA Wien. Zeitungsarchiv 60. Presserundschau des Ministeriums des Äußeren. „Eine neue kroatische Regierungspartei: Die Partei des nationalen Fortschritts." 18.07.1911.

Forderungen ihre Kroatizität als Legitimation unter Beweis zu stellen, zum anderen, dass die Öffentlichkeit diese an sie herangetragene nationale Legitimation und damit Anpassung an die Nation nicht anerkannte. Mehr noch, die oppositionelle Presse im Land, darunter auch das „Agramer Tagblatt“, brachte die Gründe für die Ablehnung der Partei recht pointiert und spottend zum Ausdruck:

„Schon der Umstand allein, dass diese Nachricht aus Budapest nach Zagreb kommt, gerade so, als würde sich das Banalpalais in Ofen befinden, kennzeichnet die Tendenz der neuen Parteigründung in einer Weise, die uns jeder Pflicht einer eingehenden Beschäftigung mit dieser ‚Partei‘ enthebt. Es sind die alten Magyaronen, wie sie im Buche stehen, die Khuenische Nationalpartei, der Kroatien die Stagnation auf allen seinen Gebieten durch mehr als ein Vierteljahrhundert zu verdanken hat.“[122]
Dieses Urteil steht dabei in klarem Kontrast zum Parteiprogramm, denn die wichtigsten Forderungen zeigen deutlich die versuchte bewusste „Nationalisierung“ der Unionisten: obligatorische Anwendung der kroatischen Sprache als Landessprache und die Durchführung ihrer Anwendung im Sinne des Ausgleichs auch in jenem Bereiche der gemeinsamen österreichisch-ungarischen Angelegenheiten, wo bisher die deutsche Sprache herrschte, sowie bei den Militärgerichten der gemeinsamen Armee auf kroatischem Territorium als Verhandlungssprache; ein kroatisches Ortsnamengesetz; Anstellung von Kroaten bei allen gemeinsamen Behörden auf dem Territorium Kroatien-Slawoniens; Errichtung einer kroatischen Schule zur Erziehung kroatischer Eisenbahnbeamter und Personals; militärische Fachausbildung der kroatischen Jugend in ihrer Muttersprache; eine medizinische Fakultät für Zagreb sowie die Erfüllung des Versprechens, wonach jährlich aus dem gemeinsamen Haushalt Budapest ein aliquoter Teil eingestellt und der in einem Jahre nicht verbrauchte Rest zugunsten Kroatiens in das folgende Jahr übernommen werden sollte.[123]

Gerade diese letzte Forderung, die eine größere finanzielle Unabhängigkeit Kroatiens von Ungarn impliziert, erscheint vor dem Hintergrund der Tatsache, dass gerade im Finanziellen die Autonomie des Landes sehr beschränkt war, als geradezu patriotisch. *Zu* patriotisch für Politiker, die sich vorher stets für eine deutliche Anbindung Kroatien-Slawoniens an Ungarn vor allem in Finanzfragen eingesetzt haben. Dass diese Forderungen jedoch in der kroatischen Öffentlichkeit nicht wirklich ernst genommen werden konnten, zeigt eine Episode, die das Parteiprogramm umso mehr als Teil einer bewussten Nationalisierung als Anpassungsstrategie erscheinen lässt. Anfang Februar statteten kroatische Abgeordnete unter der Führung von Nikola pl. Tomašić und Graf Teodor Pejačević einen „Höflichkeitsbesuch“[124] dem Klub der Natio-

122 HHStA Wien. Zeitungsarchiv 60. Presserundschau des Ministeriums des Äußeren. „Eine neue kroatische Regierungspartei: Die Partei des nationalen Fortschritts.“ 18.07.1911.
123 HHStA Wien. Zeitungsarchiv 60. Presserundschau des Ministeriums des Äußeren. „Eine neue kroatische Regierungspartei: Die Partei des nationalen Fortschritts.“ 18.07.1911.
124 Pester Lloyd 02.02.1911.

nalen Arbeit in Budapest ab. Pejačević hielt dabei eine Rede, in welcher er sich und seine übrigen kroatischen Begleiter als „wir, die alten Unionisten“ bezeichnet, und er hoffe, dass zwischen den beiden seit 800 Jahren verbundenen Nationen die Missverständnisse beseitigt seien und das brüderliche Verhältnis zwischen beiden enger geknüpft werde.[125]

Exkurs 1: Kleider machen Leute – die Magnatenrobe den Magnaten

Gottfried Keller hat in seiner Novelle „Kleider machen Leute“ von 1874 die enge Verflechtung und Wechselwirkung zwischen der Außenwirkung und eigenen Identität einer Person, zwischen „Schein und Sein“ zum Thema gemacht: Ein arbeitsloser Schneiderlehrling wird allein aufgrund eines teuren langen Mantels für einen Adeligen gehalten.[126]

Kleidung bedient in der Regel vor allem drei grundlegende Bedürfnisse: neben Schutz vor der Umwelt (insbesondere Kälte und Schmutz) und dem aus dem kulturell unterschiedlich ausgeprägten Schamgefühl geborenen Wunsch, seine Geschlechtsmerkmale zu bedecken, auch den Wunsch, seinen Träger zu schmücken.[127] Der schmückende Aspekt der Kleidung dient daher auch stets einer Hervorhebung des damit Geschmückten, hat also einen unmittelbaren sozialen Charakter – als Distinktionsmerkmal par excellence. Denn während sich andere Distinktionsobjekte, wie Immobilien oder Kunstgegenstände, stets in räumlicher oder zeitlicher Distanz zum Träger befinden, ist Kleidung ein immer unmittelbar sichtbares Objekt und eignet sich dadurch für eine „Ineinssetzung“ mit der jeweiligen Person.[128] Dieses jeweilige *visible self* entsteht durch eine enge Verbindung von Körper, persönlicher wie sozialer Identität und eben Kleidung, die ein wichtiges Instrument zur öffentlichen Sichtbarmachung der Zugehörigkeit zu einer Gruppe darstellt.[129] Ein weiterer Aspekt, der Mode befähigt, mit sozialer Bedeutung aufgeladen zu werden, ist ihre enorme Fle-

---

125 Pester Lloyd 02.02.1911. Vgl. HHStA Wien. Zeitungsarchiv 60. Presserundschau des Ministeriums des Äußeren.

126 Fränkel, Jonas (Hrsg.): Gottfried Kellers sämtliche Werke, textkritische Ausgabe. Bd. 8 (Die Leute von Seldwyla II). Zürich, München 1927.

127 Vgl. Dingens, Martin: Der ‚feine Unterschied‘. Die soziale Funktion der Kleidung in der höfischen Gesellschaft. In: Zeitschrift für historische Forschung 1 (1992). S. 49.; Vgl. auch: Barthes, Roland: Die Sprache der Mode. Frankfurt am Main 1985. Beide Arbeiten gehören zu den noch immer gültigen grundlegenden Arbeiten zur Bedeutung von Mode in historischer und sozialgeschichtlicher bzw. semiotischer Hinsicht. Als noch immer aktuellen Beitrag in dieser Disziplin: Mansel, Philip: Dressed to Rule. Royal and Court Costume from Louis XIV to Elizabeth II. New Haven 2005.

128 Dingens: Der ‚feine Unterschied‘. S. 51.

129 Vgl. dazu: Eicher, Joanne Bubolz u. Sandra Lee Evenson: The visible self. Global perspectives on dress, culture, and society. New York 2015.

xibilität und Anpassungsfähigkeit. Eine Person oder eine Gruppe kann durch Mode ihrem sich ändernden Distinktionsbedürfnis durch immer neue Abgrenzungsmöglichkeiten Ausdruck verleihen. Ebenso kann ein Kleidungsstück, ein Accessoire oder ein komplettes Outfit als Objekt dabei weitgehend von seinem Material gelöst und zu einem „Bedeutungsding“ werden.[130]

„A code is a set of shared rules that connects signifiers with signifieds“[131] – laut Barthes ist ein Objekt ein Zeichen (Signifikant), das mindestens eine spezifische Bedeutung für das durch es Bezeichnete (Signifikat) besitzt.[132] Um zu erkennen, was ein Signifikat (das Bezeichnete) repräsentiert, muss man das Signifikant (das Bezeichnende) erkennen und den dazugehörigen Code verstehen; falls nicht, so bleibt einem die Bedeutung eines Objekts und das damit Bezeichnete verschlossen. In unserem konkreten Fall des kroatischen Adels ist es die ihm eigene Magnatenrobe, die *velikaška odora*, die als Signifikant ihren Träger (das Signifikat) als besonderen Teil der gesellschaftlichen Elite des Landes be- und auszeichnet.

Kleidung ist daher auch stets ein bedeutender Marker von Identität sowie Identitätsstiftung, vor allem wegen und durch ihren performativen Charakter, der nicht nur eine soziale, sondern durchaus auch politische oder nationale Konnotation haben kann.

So traten die kroatischen Magnaten und Adeligen nicht nur in ihrer politischen Tätigkeit performativ als handelndes Subjekt auf, sondern inszenierten diese Performanz als Kommunikation sowohl nach außen für die Öffentlichkeit, als auch nach innen für die eigene Gruppe als identitätsstiftenden Faktor gerade durch ihre Inszenierung mit dem Mittel der Kleidung, nämlich der spezifischen kroatisch-ungarischen Magnatenrobe. Gerade an diesem Beispiel zeigt sich die Bedeutung von Kleidung als gesellschaftliches Distinktions- und Identitätsmerkmal, wobei es sehr viele Beispiele von Inklusions- und Exklusionsmechanismen durch modische Kennzeichnung gibt. Dazu gehören die seit dem Mittelalter in vielen Teilen Europas erlassenen Kleiderordnungen ebenso wie die Dominanz der Hofmoden seit der frühen Neuzeit, wie der spanischen Hofmode im 16. Jahrhundert oder der französischen im 17. und 18. Jahrhundert.[133]

Die Magnatenrobe des 19. Jahrhunderts entwickelte sich aus der Festkleidung ungarischer und kroatischer Adliger seit dem 16. Jahrhundert und hatte ihren Ursprung ihrerseits in der osmanischen Herrentracht. Die osmanisch-türkische Herkunft zeigt sich am kaftanartigen Schnitt sowohl der *dolama* (ung. dolmány, osm.

130 Dingens: Der ‚feine Unterschied‘. S. 51.

131 Barnard, Malcolm: Fashion as communication. London, New York 1996. S. 79.

132 Vgl. hierzu: Barthes, Roland: Mythen des Alltags (Auszug). Frankfurt am Main 1964. bzw. vollständige Ausgabe. Berlin 2010.

133 Vgl. dazu: Mentges, Gabriele: Europäische Kleidermode. In: EGO. Europäische Geschichte Online, S.33. http://ieg-ego.eu/de/threads/modelle-und-stereotypen/das-spanische-jahrhundert-16.-jhd/europaeische-kleidermode-1450-1950

türk. dolama) wie des *menten* (ung. mente)[134], die als Jacken bzw. Obergewänder übereinander gezogen wurden. Der *menten* wurde im Lauf des 18. Jahrhunderts als Überwurf über die Schulter gehängt, gekürzt und mit Schnüren verziert und war ein Teil der Uniform ungarischer und kroatischer Husarenregimenter im Siebenjährigen Krieg. Daraus entwickelte sich schließlich die sogenannte ungarische Nationaltracht, jedoch anfänglich als Festgewand des Adels, und wurde daher auch vom kroatischen Adel übernommen. Neben *menten* und *dolama* kamen noch enge Hosen, hohe schwarze Reitstiefel, eine Krawatte sowie der *kalpak* (ung. süveg oder kalpag), eine konusförmige Mütze aus Zobel- oder Bärenfell mit Reiher- oder Falkenfederschmuck an der Stirnseite, der *perjanica*, und eine schwere Kette, die als Brustschmuck über der Kleidung getragen wurde, hinzu.[135] Der nationale Charakter dieser Tracht als politisches Statement erscheint in dieser Form erstmals im Zuge der josephinischen Reformen der 1780er Jahre, als es ein Symbol des Widerstandes der ungarischen (und damit auch der kroatischen) Adelsnation gegen die Einführung des Deutschen als Amtssprache der Monarchie wurde.[136] Dennoch ist dieser nationale Charakter vor allem mit dem adeligen Nationsverständnis bis 1848 in Verbindung zu bringen, sodass diese Tracht zu Beginn weniger die ethnische nationale Identität im modernen Sinne symbolisierte, als vielmehr die Zugehörigkeit zur herrschenden und privilegierten Adelsschicht. Eine erstmals dezidiert nationale Bedeutung im modernen Sinne kommt der Kleidung in Kroatien im Illyrismus der 1830er und 1840er Jahre zu, als die *surka* aus der bäuerlichen Männertracht Nordkroatiens sowohl in die männliche wie weibliche Kleidung übernommen wurde.[137] Prominente Vertreter des Illyrismus trugen daher die *surka* in ihrer „nationalisierten" Form, wie Graf Janko Drašković, Ljudevit Gaj oder Baron Metel Ožegović-Barlabaševec.[138]

Ebenso trugen die kroatischen Paare auf dem Slawenball 1848 in Wien festliche, nationalisierte Roben: Die Herren die ungarische-kroatische Magnatentracht, die Damen kamen in großer Gala mit Krinoline und einer weißen *surka*.[139] Die *surka* blieb als modisches patriotisches Statement bis in die 1860er erhalten, wobei es in der kroa-

---

134 Schubert, Gabriella: Formen höfischer Kleidung in Südosteuropa und ihr Verhältnis zu Trachten und Modeströmungen. In: Höfische Kultur in Südosteuropa. Bericht der Kolloquien der Südosteuropa-Kommission 1988 bis 1990. Hrsg. von Reinhard Lauer und Hans Georg Majer. Göttingen 1994. S. 395.

135 Vgl. hierzu als ausführliche Beschreibung der Magnatenrobe: Instalacijska odora Josipa Jelačića. In: Znamenja vlasti i časti. S. 116. Dieser Ausstellungskatalog zu den Symbolen von Macht und Ehre im 19. Jahrhundert in Kroatien hatte vor allem die Kleidung, die Porträts und die damit verbundene Aussage der Magnaten und Politiker des Landes zum Gegenstand. Der sehr sorgfältige Katalog stellt daher eine erschöpfende visuelle Quelle für die Mode als Aspekt der Elitenaffirmation in Kroatien im 19. Jahrhundert dar.

136 Schubert: Formen höfischer Kleidung in Südosteuropa. S. 397.

137 Simončić: Moda u vrijeme Hrvatskog narodnog preporoda. S. 242–243.

138 Vgl. Znamenja vlasti i časti. S. 92–93. Baron Metel Ožegović-Barlabaševec ist auf dieser Lithografie bewusst in einer Surka abgebildet. Katalog No. 45.

139 Simončić: Moda u vrijeme Hrvatskog narodnog preporoda. S. 246.

tischen Öffentlichkeit einen regelrechten Streit zwischen den männlichen Anhängern einer dezidiert nationalen Kleidung, den *surkaši*, und den Vertretern eines von Paris und London bestimmten internationalen Modegeschmacks, den *frakaši*, kam.[140] Die Magnatenrobe blieb davon jedoch unberührt, da sie als festliche Galakleidung nicht alltäglich getragen wurde. Dieser fehlende Alltagscharakter der Robe verstärkte jedoch eher ihre Rolle als Instrument gesellschaftlicher Ex- und Inklusion: Sie stellte ein Luxusobjekt dar, das zum einen die Bedeutung und den Reichtum (der jedoch nicht immer gegeben war) betonen sollte, und dabei selbst einen distinktiven Charakter für ihre Träger untereinander haben konnte, da sich die Magnatenroben im Ensemble immer glichen (*menten*, *dolama*, *kalpak*, Säbel und Brustschmuck), aber diese Elemente sich abermals in Ausführung, Stil, Qualität, Preis etc. erheblich unterscheiden konnten, wie die zahlreichen erhaltenen Photografien und Originalkleidungsstücke zeigen.[141]

Durch das Tragen und vor allem das sich darin Photografieren- oder Porträtierenlassen wird für alle außenstehenden die Zugehörigkeit ihrer Träger zu einem elitären Kreis sichtbar gemacht. Gleichzeitig galt sie als Ausdruck einer inneren Gruppenzugehörigkeit und damit als getragene und körperlich erlebbare Versicherung des eigenen nationalen Elitenanspruches. In der Magnatenrobe konnte sich jedoch nicht nur die soziale Affirmation als Landeselite, sondern auch als Kroate zeigen, wodurch sie zur sichtbaren „Nationalisierung" des adeligen Trägers beitrug, der sich somit als Teil der nationalen Elite darstellen konnte – im Kontext der Anpassung des Adels an das Nation-Building und den damit verbundenen nationalen Diskurs (siehe Kapitel oben). Beispielsweise trägt Baron Dioniz Hellenbach, der Sohn von Baron Lazar Hellenbach, auf einem Porträtfoto in Magnatentracht eine Krawatte mit dem kroatischen Schachbrettwappen: weniger ein modisches, als vielmehr ein klares nationales Statement. (siehe unten)

Eine weitere Methode der Kroatisierung der Magnatentracht und damit eine Abgrenzung zur ungarischen Nation bestand in der Farbauswahl von *menten* und *dolama*. So wurden rot, weiß und blau als kroatische bzw. slawische Farben bevorzugt, während grün als „ungarische Farbe" weniger verwendet wurde.[142]

Daher lässt sich die Magnatenrobe auch als Teil eines Sets an „nationalisierenden" Antwortstrategien auf den nationalen bürgerlichen Druck verstehen, zu dem unter anderem auch die Pflege der Sprache gehörte. Dass Adligkeit trotz der Dominanz des negativen Adelsdiskurses bis zum Ersten Weltkrieg auch in Kroatien-Slawonien als Ausdruck gesellschaftlicher Bedeutung eine Rolle spielte, zeigt sich vor allem an der Attraktivität dieser „tragbaren Adligkeit". Denn die Magnatentracht –

140 Naše gore list. No. 4. 1862. S. 30. Dieser innerhalb der Oberschicht ausgetragene Streit war als „Societythema" ein Gegenstand der einheimischen Presse.

141 Vgl. dazu die in der Form stets ähnlichen, jedoch in der Ausführung recht unterschiedlichen Exponate der Ausstellung bzw. im Katalog: Znamenja vlasti i časti. Vor allem im Schmuck: S. 118–121.

142 Simončić: Moda u vrijeme Hrvatskog narodnog preporoda. S. 247–250. Siehe auch die feierlichen Roben bei der Einsetzung des Banus Baron Levin Rauch.

immer den jeweiligen finanziellen Möglichkeiten und dem persönlichen Geschmack gemäß – wurde nicht nur von einfachen Adeligen und Neuadeligen, sondern auch von Bürgerlichen übernommen, und das nicht nur von Kroaten, sondern auch von den Serben[143] in Kroatien-Slawonien. Gerade Letzteres zeigt, welche nicht zu unterschätzende symbolische Bedeutung diese Robe als Ausdruck von Zugehörigkeit zur gesellschaftlichen Elite des Landes innehatte. Darum wurde sie nicht nur für Porträts, sondern vor allem zu wichtigen öffentlichen politischen wie gesellschaftlichen Anlässen, wie Besuchen von Angehörigen der Habsburgerdynastie, Bällen, den feierlichen Eröffnungen des Sabors aber auch zu hohen katholischen Feiertagen getragen.[144]

Die Magnatenrobe als Ausdruck einer dezidierten kroatischen Adligkeit und Elite wurde daher auch von der Öffentlichkeit erwartet, wie bei der Eröffnung des Kroatischen Landestheaters (und jetzigen Nationaltheaters) in Zagreb 1895, als auf den Einladungen die geladenen Herren angewiesen wurden, entweder in Uniform oder im „Nationalkostüm" zu erscheinen.[145]

Abb. 10: Baron Dioniz Hellenbach in Magnatentracht, 1894.

Abb. 11: Graf Teodor Drašković in Magnatentracht, ca. 1895. Deutlich sind alle wichtigen Bestandteile der Robe zu erkennen: Menten, dolama, perijanica und Schmuck.

143 Bsp. Ognjeslav pl. Utješenović-Ostrožinski oder Tedor Georgijević. In: Znamenja vlasti i časti. S. 93, Katalog No. 46 bzw. S. 99, Katalog No. 62.

144 So zeigt eine relativ bekannte Photographie den Banus Khuen-Héderváry bei der Fronleichnamsprozession 1903 in feierlicher Magnatenrobe hinter der Monstranz. In: Buntak, Franjo: Demonstracije na zagrebačkim ulicama u proljeće 1903. godine. In: Iz starog i novog Zagreba. Zagreb 1963. S. 223.

145 Einladungskarte für Graf Hinko Khuen-Belasi und seine Ehefrau, für zwei Plätze in der Loge Nr.6 im Mezzanin. In: Nuštar. Zbornik/collected texts. Zagreb 1996. S. 94.

4.5 Der adelige Rückzug aus der Politik – Bestätigung des nationalen Narrativs?

Als Graf Aladár Janković schriftlich am 18.01.1914 im Landtag einen Antrag auf eine fünftägige Freistellung bzw. Urlaub von seinem Mandat einreichte, antwortete der Abgeordnete Zatluka ironisch: „Für die ganzen fünf Jahre!“, –gemeint war damit die gesamte Legislaturperiode des Sabors – und erntete damit zustimmendes Gelächter.[146]

Diese Episode lenkt den Blick auf ein Phänomen, das sowohl im damaligen Diskurs über den Adel, dem Narrativ in der historischen Rückschau wie auch in der Realität vorkam: den Rückzug des Adels aus der Politik bzw. sein Desinteresse an politischen Fragen bezüglich des Landes. Dies war innerhalb der Donaumonarchie jedoch kein exklusiv kroatisches Phänomen, sondern fand beispielsweise eine gewisse Parallele in Böhmen und dem Rückzug der dortigen Aristokratie aus dem politischen Leben um 1900.[147]

Was lässt sich nun jedoch unter „Rückzug“ verstehen? Zum einen die konkrete physische Abwesenheit von Adligen in politischen Prozessen, von der lokalen bis zur landesweiten Ebene wie dem Landtag, aber auch der Rückzug bzw. die Zurückhaltung aus der Teilhabe an Debatten im Sabor, trotz ihrer Anwesenheit. Gerade Letzteres traf auf einen nicht geringen Teil des kroatisch-slawonischen Hochadels zu, der, wiewohl sowohl als Virilisten wie als Abgeordnete zwar an den Sitzungen teilnahm, aber sich so gut wie nie einbrachte. Als pars pro toto mag hierfür das Abgeordnetenmandat von 1901 bis 1906 von Graf Marko Bombelles gelten: 111 Wahlberechtigte des 44. Wahlkreises Biškupić im Medjumurje unterzeichneten und sandten ihm eine auf den 15.7.1903 datierte „Nepouzdanica“, eine Misstrauenserklärung, in welcher er aufgefordert wurde, sein Mandat niederzulegen. Denn in den zwei Jahren, seit er sein Mandat für die Narodna Stranka, die Nationalpartei angetreten habe, hätte er nicht ein einziges Mal das Wort im Landtag ergriffen. So habe er entweder nicht den Mut oder nicht den Willen, die Rechte des Volkes zu verteidigen.[148] Nachdem Graf Bombelles aber weder diesem Wunsch gefolgt sei noch darauf reagiert habe, wurde dies als offener Brief im Hrvatski Narod, der Zeitung der oppositionellen Rechtspartei publiziert. Das Mandat behielt Bombelles noch bis zum Ende der Wahlperiode 1906 – ohne auch in dieser Zeit sich je aktiv mündlich am Geschehen beteiligt zu haben. Während man das Verhalten von Bombelles eher als ein politisches Desinteresse bezeichnen kann, finden wir

146 Stenografski Zapisnici sabora kralj. Hrvatske, Slavonije i Dalmacije. Petogodišta 1913–1918. Od I. do uključivo XXXIV. Saborske sjednice od 27. prosinca do 4. ožujka 1914. Svezak I. Godina 1913 i 1914. Zagreb 1914. S. 349.

147 Vgl.Lellková, Sárka: Der konservative Großgrundbesitz in Böhmen und die Reichsratswahlen von 1907. Vom kampflosen Rückzug der böhmischen Herren aus den Wahlen. In: Adel und Politik in der Habsburgermonarchie und den Nachbarländern zwischen Absolutismus und Demokratie. Hrsg. von Tatjana Tönsmeyer u. Luboš Velek. München 2011. S. 319–327.

148 „Nepouzdanica“ in: Hrvatski narod. 12 (1903) 32.

aber ebenso prominente Beispiele von einem bewussten Rückzug, da dies immer eine vorherige Position bzw. aktive politische Betätigung implizierte. Von einem Rückzug des Adels aus der Politik lässt sich vor allem bei den folgenden Akteuren ausgehen, die aufgrund ihres Status als Magnaten und ihrer vor dem bewussten Ausstieg aus der Politik innegehabten Position exemplarisch für dieses Phänomen zu betrachten sind:

Baron Lazar Hellenbach[149] war als Politiker vor allem zwischen 1861 und 1869 aktiv. In dieser Zeit war er als Virilist im Landtag, gehörte der unionistischen Partei an, wobei er mit einer engen Anbindung an Ungarn auch eine weitgehende wirtschaftliche wie gesellschaftliche bürgerliche Liberalisierung nach dem Vorbild Ungarns forderte. Am Zustandekommen des Ausgleichs 1868 war er zwar beteiligt, zog sich jedoch 1869 nach Wien zurück, um sich vor allem seiner Tätigkeit als Autor spiritistisch-philosophischer Werke zu widmen. In seiner Zeit als aktiver Politiker veröffentlichte er 1866 die Schrift „Die Fusion. Eine Skizze aus dem kroatischen Parteileben."[150], in der er sich mit den nach seiner Ansicht fruchtlosen Auseinandersetzungen zwischen der unionistischen Partei und der Opposition der Narodna Stranka befasste und eine Fusion beider Parteien forderte. Diese konziliante, auf Kompromiss und Ausgleich bedachte Haltung zeigte er ebenso in seiner Broschüre „Der ungarisch-kroatische Conflict", die er 1883 im Selbstverlag herausbrachte.[151] Auch darin forderte er einen Kompromiss zwischen Ungarn und Kroatien, äußerte aber großes Verständnis für die kroatische Position und die Unruhen im Land. Zur Aufnahme bzw. Rezeption dieser Publikation lässt sich jedoch leider nichts finden – weder gab es im Sabor, dem er ja formal als Virilist angehörte, noch in der Presse darauf eine Reaktion.

Ein weiteres Beispiel für einen bewussten Rückzug aus der kroatischen Politik ist Graf Julije Janković: Der Höhepunkt seiner politischen Laufbahn lag zwischen 1861 und 1868, als er der inoffizielle Parteiführer der Unionisten war (siehe obiges Kapitel zum Sabor 1861). Bei den Wahlen 1868 wurde er in seinem Wahlkreis Daruvar-Pakrac zum Abgeordneten gewählt, war Mitglied des königlichen Ausschusses in den Verhandlungen zum ungarisch-kroatischen Ausgleich. Zusammen mit Baron Lazar Hellenbach, Jovan Živković (der 1880 das Baronat erhielt, siehe unten) und Ivan Brlić, die als sogenannter „Minderheitsklub, klub manjinje" den gemäßigten Flügel der Unionisten bildeten, stimmte er jedoch am 12.09.1868 gegen die Annahme des

149 Baron Lazar Hellenbach de Paczolay (1827–1887) gehörte bis 1868 zu den führenden liberalen Unionisten im Land. Über seine Mutter, eine pl. Adamovich-Čepinski und seine Ehefrau, Klotilda pl. Jelačić, zu umfangreichen Besitzungen gekommen, war er 1861, 1865–68 und 1872–73 Virilist im Sabor und Mitglied der Banalkonferenz sowie der Ausschüsse für Eisenbahnen und Sparkassen. Zu Hellenbach: Šćitaroci, Mladen u. Bojana Šćitaroci: Slawoniens Schlösser. Von Zagreb bis Vukovar. Graz, Stuttgart 2000. S. 282–287.; Kolar-Dimitrijević, Mira: Sukob Eugena Kvaternika i Baruna Lazara Hellenbacha oko stvaranja prvoga kreditnog zavoda u Hrvatskoj. In: Acta historico-oeconomica 18 (1991) S. 59–74.; Szabo, Agneza: Baruni Hellenbach u javnom životu Hrvatske. In: Matica 48 (1998). S. 2–5.

150 Hellenbach, Lazar: Die Fusion. Eine Skizze aus dem kroatischen Parteileben. Agram 1866.

151 Ders.: Der ungarisch-kroatische Conflict. Wien 1883.

Ausgleichs, vor allem aufgrund der finanziellen Bestimmungen, da diese die Autonomie des Landes erheblich einschränkten.[152] Aus Protest legte er in derselben Sitzung noch sein Landtagsmandat nieder[153] und nahm in der Folge seinen Abschied von der Politik: In der Korruptions-Affäre um die Urbarmachung des Lonjsko Polje, in dessen Konsortium Janković Mitglied war, sagte er dennoch vor dem Untersuchungsausschuss des Landtags aus. Danach zog er sich völlig von der Politik zurück, verkaufte bis 1879 alle seine Besitzungen in Kroatien-Slawonien, um mit seiner Frau und seiner jüngeren Tochter Ana Jelisava nach Wien zu ziehen. Deren Memoiren sind, worauf weiter unten eingegangen wird, eine nicht zu unterschätzende Quelle zur Geschichte ihres Vaters.[154]

Graf Richard Sermages politische Karriere dauerte zwar nur drei Jahre von 1885 bis 1888, als er Mitglied des Centrums war und sich in dieser Zeit als sehr eloquenter Redner, vor allem zu wirtschaftlichen und budget-politischen Themen, im Landtag profilierte. Nach dem Misserfolg der Partei (siehe obiges Kapitel) zog er sich zwar als Virilist aus der Politik zurück, nicht jedoch als Publizist und Autor. Noch im Jahr seines dauerhaften Umzugs 1888 von seinem Gut in Oroslavje in Nordkroatien in das damals nur wenige Stunden entfernte Graz veröffentlichte er „Im Tartarus“, das in der Form des klassischen Totengesprächs die Situation Kroatiens beschreibt, und in dem er unter anderem auch Ljudevit Gaj auftreten lässt.[155] Sein utopischer, fiktiver Essay „Rückblick auf Oesterreich im Jahr 2000“ von 1898 behandelte den Zerfall des Habsburgerreiches und die daraus resultierende staatliche Neuordnung Mittel- bzw. Osteuropas.[156] Von besonderer Bedeutung für die Geschichte des kroatischen Adels ist jedoch sein 1889 publizierter Roman „Die Verlassenen“[157], der im Milieu des nordkroatischen Adels angesiedelt ist und dessen Beziehung zu Land und der bäuerlichen Bevölkerung zum Thema hat. Wiewohl der Roman in Vergessenheit geraten ist, stellt er geradezu einen autobiografischen *Schlüsselroman* dar, der weiter unten näher betrachtet werden soll.

Das vierte Beispiel eines prominenten adeligen Rückzugs aus der Politik stellt Graf Ivan Drašković mit seinem gescheiterten Centrums-Landtagsclub dar. Nach der Wahlniederlage 1887 führte er noch ein knappes Jahr das Centrum weiter, bevor es sich 1888 auflöste und er seinen Posten als Herausgeber des Agramer Tagblatts an den bisherigen Chefredakteur Frank abgab. Nach diesem gescheiterten Versuch,

152 Dnevnik Sabora Trojedne Kraljevine Dalmacije, Hrvatske i Slavonije držana u glavnom gradu Zagrebu godine 1868–1871. Zagreb. (ohne Jahr) S. 178–179.

153 Dnevnik Sabora Trojedne Kraljevine Dalmacije, Hrvatske i Slavonije držana u glavnom gradu Zagrebu godine 1868–1871. S. 230.

154 Kempf, Julije: Dnevnik Ane Jelisave Janković, poslijedne iz grofovske porodice Jankovića Daruvarskih. Slavonska Požega 1933.

155 Sermage, Richard: Im Tartarus. Politische Studie. Graz 1888.

156 Ders.: Rückblick auf Oesterreich im Jahr 2000. Graz 1898.

157 Ders.: Die Verlassenen. Leipzig 1889.

sich sowohl in der Politik als auch als Opposition zu Khuen-Héderváry zu etablieren, stellte Drašković jegliche politische Tätigkeit ein, wiewohl er weiterhin einen Anspruch auf einen Virilsitz hatte, aber im Landtag selbst bis zu seinem Tod nie mehr das Wort ergriff.[158]

Was lässt sich nun anhand dieser ausgewählten vier Fallbeispiele von Rückzügen aus der Politik erfahren? In jedem Fall ist festzuhalten, dass sich der Hochadel als gesamtes soziales Kollektiv nicht aus der Politik entfernt und damit seine Elitenposition aufgegeben hatte. So wie einzelne Aristokraten durchaus erfolgreiche politische Karrieren verfolgten, wie die Grafen Károly Khuen-Héderváry, Ladislav und Teodor Pejačević oder Miroslav Kulmer, so sind diese hier thematisierten, weil prominentesten Rückzüge aus der Politik in erster Linie individuelle Phänomene. Doch ebenso, wie bei den erfolgreichen adeligen Politikern sich gewisse parallele Strategien feststellen lassen – vor allem das Eingehen von Elitenkompromissen und die damit verbundene soziale Flexibilität, so finden wir auch bei diesen Beispielen Parallelen. Die Gründe für dieses Verhalten lassen sich jedoch aufgrund der geringen Quellenlage nur rekonstruktiv feststellen. Wir können selbstverständlich die Abwesenheit bzw. den Rückzug aus der Politik sehr gut dokumentieren – wie eben aus der Analyse der Landtagsakten und -protokolle, jedoch konnten keinerlei Ego-Dokumente oder Quellen der betreffenden Aristokraten ausfindig gemacht werden, die konkrete Aussagen über deren Beweggründe zulassen. Am aufschlussreichsten sind hierbei zweifelsohne zwei Texte: Die Erinnerungen von Gräfin Anna Janković und der Roman „Die Verlassenen" von Graf Richard Sermage. Gerade dieser Roman ist von Bedeutung, da er im Grunde einen nur leicht verklausulierten Ego-Text darstellt.

„Die Verlassenen" ist zweifelsohne ein autobiografischer Schlüsselroman, der trotz aller Fiktionalität ein wahrhaftiges „Lebensbild" sein soll, in dem nichts „erfunden ist als der Rahmen und die Namen"[159] – also ein authentischer Insiderbericht mit deutlichem Wahrheitsanspruch. Ein Werk, in dem es dem Autor sowohl um die Struktur der Gesellschaft geht, die er verlassen hat, wie um seine persönlichen Beweggründe zu diesem Schritt. Der Roman handelt von der gräflichen Familie Korilović im Zagorje, von deren Unfähigkeit sich an die gesellschaftlichen Veränderungen anzupassen, dem und dem finalen Wegzug des Hauptcharakters Graf Leo Korilović aus Kroatien. Dabei ist Leo leicht als Sermage selbst zu erkennen. Es geht um die – angenommene oder tatsächliche – innere Distanz des Adels zum einfachen Volk, womit Sermage in seinem Roman exakt den Vorwurf an seine eigenen Standesgenossen erhebt, der ihm selbst Jahre zuvor im Landtag gemacht wurde: Die Entfremdung des Adels von der Nation. Er greift damit ein zentrales Motiv des antiadeligen kroatischen Narrativs auf – welches in individuellen Fällen durchaus zutraf –, und erhebt es gleichsam zur Wahrheit: Als Objekt dieses Narrativs (der anationale Aristokrat)

158 In den Jahren bis zu seinem Tod 1910 sind keinerlei Wortmeldungen in den Saborakten belegt.
159 Sermage: Die Verlassenen. Vorwort.

perpetuiert er dieses Stereotyp als Subjekt, und durch diesen bewussten Wechsel vom passiven Gegenstand zum aktiven Subjekt des Narrativs stellt er dessen Richtigkeit unter Beweis. Ein kroatischer Adeliger, der über kroatische Adelige schreibt – und allein dadurch innerhalb des antiadeligen Diskursrahmens über alle Zweifel erhaben zu sein scheint. Den ganzen Roman durchzieht ein Mitleid mit der ländlichen kroatischen Bevölkerung, das „der vollen Theilname werth ist, denn es leidet – und leidet unverdient.“[160]

Der Roman ist durchweg gegenüber seinem Thema, dem Adel, kritisch eingestellt. Den adligen Habitus und die Frage des sozialen Umgangs mit anderen gesellschaftlichen Gruppen stellt er in Frage, und es ist im Roman die Stiefmutter des Grafen Leo, die diesen Habitus am deutlichsten personifiziert: Denn sie stellte das Hausgesetz auf, „daß man mit Unadeligen nur dann auf gleichem Fuß verkehren könne, wenn sie durch hervorragende Stellung und Verwandtschaft oder durch großes Vermögen diese Erbsünde der Geburt vergessen machten.“[161] Im Roman bezieht sich dies auf den Grafen Leo, der eine Bürgerliche geheiratet hatte, und es ist bezeichnend, dass Sermage selbst nach seiner Scheidung von Franziska Gräfin Wurmbrand-Stuppach 1886 (die einzige Scheidung überhaupt im kroatischen Hochadel von 1868 bis 1918!) die Bürgerliche Karolina Feldkirchen geehelicht hatte.[162] Leider ist die Quellenlage hierbei recht dürftig, und es konnten keinerlei Quellen oder Dokumente ausfindig gemacht werden, die die Reaktionen des Adels auf diesen Roman aufzeigen. Gerade im Falle des adeligen Habitus innerhalb des Hochadels in Kroatien-Slawonien wirkt der Roman wie eine deutliche literarische Spiegelung der realen Verhältnisse und gibt exakt die in dieser Arbeit verfolgte These wieder, dass die kroatische Aristokratie eine bemerkenswerte Flexibilität im sozialen Umgang mit anderen sozialen Gruppen an den Tag legte, aber das Konnubium eher strikt auslegte. Wie gezeigt wird, blieb der Hochadel was sein Heiratsverhalten betrifft, bis auf wenige Ausnahmen (u.a. auch Sermage selbst nach seiner Scheidung,) innerhalb seiner Gruppe. Im Roman führte die Heirat von Graf Leo Korilović mit einer Bürgerlichen zum Ausschluss nicht nur aus der Familie, sondern auch aus der übrigen adeligen Gesellschaft. Ob dies jedoch eine Parallele zu Sermage und seiner zweiten Heirat darstellt, lässt sich anhand fehlender Quellen nicht klären.

Der Autor streift ebenso die Frage der Aufteilung der strittigen Wald- und Wiesenflächen seit 1848, und er geht auf das Wahlverhalten der stimmberechtigten Bauern und Bürger ein, da diese wo „sie in der Mehrheit waren, diese Gutsbesitzer durchfallen“ ließen. Mehr noch, in „allen öffentlichen Angelegenheiten wurden sie über-

---

160 Sermage: Die Verlassenen. Vorwort.

161 Sermage: Die Verlassenen. S.11.

162 Zu biografischen Angaben siehe vor allem: Österreichisches Biographisches Lexikon. 1815–1950. Bd. 12 (Lfg. 56, 2002). S. 189–190.

gangen, wo irgend das Volk ohne Einfluß der Behörde sich aussprechen konnte.“[163] Sermage gibt in seinem Roman jedoch keine Gründe, warum die Wählerschaft adelige bzw. gutsbesitzende Kandidaten nicht wählte, sondern erwähnt nur diese Tatsache, sodass, abstrakt im Rahmen dieser Arbeit formuliert, auch in diesem Roman die politische mündige Bevölkerung durch die Wahlen dem Adel dessen Eliten- und Führungsanspruch womöglich verwehrt. Auch hier gibt es die gewisse autobiografische Parallele, die eine Anspielung auf den Misserfolg des Centrumsklubs bei den Wahlen 1887 darstellt.

Graf Leo Korilović wird als ein zwar politisch interessierter, jedoch völlig desillusionierter und resignierter Mann gezeichnet, der an den politischen Verhältnissen verzweifelt, und seinen Protest nur noch durch Boykott bzw. Entziehen artikulieren kann: Die Vertreter der Regierungspartei verübelten es ihm, dass Leo (Sermage) nicht für ihren Kandidaten gestimmt hatte, und dass er vielmehr seine Stimme überhaupt nicht abgegeben habe. Graf Leo Korilović kritisiert auch den Kandidaten der Opposition, einen bürgerlichen Arzt, da dieser seinen Patriotismus nur auf die Wahlperiode beschränke und für den Grafen Leo wahrer Patriotismus darin läge, konkrete gesellschaftliche Verbesserungen für das Volk zu unternehmen, statt sich in bloßer nationaler Affirmation zu ergehen: „wenn der Patriotismus nicht bloß darin besteht, dem Volke Bilder zu entwerfen einer problematischen, noch im Schooße der Zeiten ruhenden Zukunft“.[164] Da aber weder die Regierungspartei noch die Opposition wirkliches Interesse an einer Weiterentwicklung und Verbesserung der Lebensumstände des Volkes hätten, habe er für „keine Partei gestimmt und werde nächstens die Flinte in’s Korn werfen und mich an dieser danklosen Arbeit gar nicht mehr beteiligen.“[165] Wegen dieser pragmatischen Ansichten wurde von „Patrioten von dem Schlage des [...] Doctors und Volksfreundes [...] jede Vaterlandsliebe und jede Befähigung zu öffentlichen Geschäften abgesprochen.“[166] Graf Leo Korilović verlässt am Schluss Kroatien, und es bleibt sein junger Halbbruder Gustav zurück, an den eine der Hauptprotagonistinnen, Marie, ihre Worte am Ende des Romans richtet: Er solle sich nie von dem Land trennen, dem er entstamme, und er solle dem Volk, dem er angehöre, treu bleiben. Ebenso solle er einst versuchen die „alte Schuld unserer Standesgenossen an diesem armen Volk zu tilgen.“[167]

Obwohl Sermage in seinem Roman das antiadelige kroatische Narrativ bewusst perpetuiert, erscheint ihm der Vorwurf, er selbst sei aufgrund seines Wegzugs aus Kroatien unpatriotisch und anational, ungerechtfertigt. „Die Verlassenen“ lesen sich insgesamt wie eine persönliche Rechtfertigung Graf Sermages seines eigenen Han-

163 Sermage: Die Verlassenen. S. 39–40.
164 Sermage: Die Verlassenen. S. 52.
165 Sermage: Die Verlassenen. S. 53.
166 Sermage: Die Verlassenen. S. 53.
167 Sermage: Die Verlassenen. S. 218–219.

delns, d.h. für seinen Rückzug nicht nur aus der kroatischen Politik, sondern der gesamten kroatischen Gesellschaft überhaupt, der er sich dennoch zugehörig fühlt. Als Gründe hierfür erscheinen vor allem Frustration über die herrschenden Verhältnisse und die aus den politischen Misserfolgen resultierende Resignation. „Die Verlassenen“ ist darüber hinaus von Bedeutung, als gerade seine Form – ein Roman – wie sein Inhalt – der kroatische Adel – eben nicht dem gängigen adeligen Habitus entsprechen, sondern vielmehr eine Selbstreflexion und damit ein Durchbrechen dieses Habitus darstellt.

Wie lässt sich nun dieses Phänomen des Rückzugs aus der Politik fassen bzw. bewerten? Zuvorderst muss man betonen, dass sich anhand dieser vier Fallbeispiele keine für den gesamten Adel gültigen Gesetzmäßigkeiten und Aussagen über den Rückzug des kroatischen Adels aus der Politik gewinnen lassen, da es *den* Rückzug in einer gleichbleibenden Art und Weise nicht gab. Dennoch lassen sich einige Parallelen feststellen: Es ist offenkundig, dass es sich hierbei stets um einen Rückzug als Folge eines Misserfolges bzw. einer Unzufriedenheit und Frustration über die politischen Verhältnisse handelte. Allen vier Fallbeispielen ist auch gemeinsam, dass ihre Akteure dem gemäßigten, liberalen Teil der Unionisten angehörten. Sie waren zwar für eine Union mit Ungarn, jedoch auch für eine dezidiert ausgeformte kroatische Autonomie innerhalb der Stephanskrone. Damit standen sie in dieser staatsrechtlichen Frage im Gegensatz zu den Regierungen der Banuse Rauch (1869–1871) und Khuen-Héderváry (1883–1903). Hellenbach und Janković traten nicht zufällig ihren Rückzug unmittelbar nach dem Ausgleich 1868 an, und sowohl Rauch wie Khuen-Héderváry vertraten einen sehr repressiven Kurs in Fragen von bürgerlichen Freiheiten, Pressezensur, politischer Mitbestimmung etc. Dazu kam bei Drašković und Sermage zweifelsohne das Moment der Wahlniederlage 1887 ihres Centrums und dessen Marginalisierung im Sabor, was sowohl eine Nichtanerkennung vonseiten der politisch mündigen Bürger bedeutete als auch eine Niederlage gegenüber dem repressiven Regime Khuen-Héderváry und dessen politischen Strukturen.

Bei diesen vier Fallbeispielen handelt es sich jedoch nicht nur um einen Rückzug aus der Politik, sondern um einen kompletten Rückzug aus der Gesellschaft: nicht nur die politischen, sondern auch die übrigen Elitenpositionen werden aufgegeben, was bei Hellenbach, Janković und Sermage schon allein durch ihre physische Abwesenheit aus dem Land verdeutlicht wird. Drašković zog sich ebenfalls fast völlig aus der Öffentlichkeit zurück, blieb aber dennoch Teil ihrer Oberschicht, jedoch nicht ihrer Elite (siehe obiges Kapitel zum theoretischen Ansatz).

Ein eventuell weiterbringender Ansatz wäre die Frage, ob und wie gemachte Fremdheitserfahrungen bzw. der Wandel der politischen Kultur dazu beigetragen haben, dass sich bestimmte adelige Akteure von der politischen Bühne verabschiedeten. Diesen Aspekt hat beispielsweise Šárka Lellková in einer Analyse zum Rückzug der böhmischen Aristokraten zu den Reichsratswahlen 1907 beleuchtet, und gewisse strukturelle Parallelen zu Kroatien-Slawonien sind nicht von der Hand zu weisen. So fühlte sich Graf Oscar Parish als Abgeordneter im Wiener Reichstag völlig fremd, er kannte niemanden und die für ihn nun neuen, gewandelten parlamentarischen Verhältnisse überforderten ihn.[168] Er passte nach eigenem Bekunden nicht in die neuen Verhältnisse, die ihm „graulich“ vorkamen. Der Umgang mit neuen parlamentarischen Vorgängen, das demokratische Zusammenfinden mit Abgeordneten anderer Milieus und Schichten stellten einen Wandel der politischen Kultur dar, dem Parish sich nicht stellen wollte.[169] Und wie Sermage, rechtfertigt auch er seinen Rückzug, da zwar die erlittenen Enttäuschungen ihn nicht kränkten, er aber dennoch guten Gewissens abtreten könne, weil er stets das Gute gewollt habe.[170] Auch in Kroatien-Slawonien haben wir nach 1848 bzw. ab 1868 gewandelte Verhältnisse, was vor allem im Sabor seinen Ausdruck fand – auch im persönlichen Umgang innerhalb dieses politischen Forums. So ist es bezeichnend, dass in seiner Auseinandersetzung mit Milan Makanec 1873 Sermage ausdrücklich dessen Wortwahl und Redeweise beklagte, und Graf Miroslav Kulmer zwar kritisch bemerkte, dass nicht so viele Magnaten im Sabor anwesend seien wie vorgesehen, dies aber auch angesichts der Art und Weise, wie über sie gesprochen würde, nicht verwunderlich sei.[171] Diese Fremdheitserfahrung kann darüber hinaus auch als Konfrontation des Adels mit der Moderne gelesen werden, die die Frage nach einer Anpassung bzw. Nichtanpassung des Adels aufwirft. Gerade unter dem Gesichtspunkt der Moderne und deren neuen Herausforderungen an den Adel zeigt sich, ob und welche Strategien angewandt wurden, um auch in der Moderne „oben zu bleiben“. Ein Rückzug erscheint daher wie eine Kapitulation bzw. Resignation, eine Unfähigkeit sich anzupassen. Dass jedoch adeliger Habitus mit der Moderne vereinbar war, zeigt sich an zahlreichen Beispielen in der kroatischen Aristokratie: Dass dieser Rückzug vor allem eine individuelle Entscheidung war, zeigt wiederum das Beispiel des Sohnes von Baron Lazar Hellenbach, Dioniz. Ihn finden wir ab seiner Volljährigkeit in verschiedenen leitenden Funktionen und Positionen wieder, sowohl im Landtag als Virilist und Abgeordneter, als auch in übrigen Bereichen der Gesellschaft, wie beispielsweise als Präsident des Ersten Kroatischen Automobilklubs.[172] Eines Vereines, der zur Zeit seiner Gründung 1914 einen dezidiert elitären Charakter hatte, da das Automobil als Luxusobjekt mit hohem Prestigewert nur einem sehr kleinen Teil der kroatischen Bevölkerung überhaupt zugänglich war, aber auch geradezu exemplarisch für die Moderne bzw. Modernisierung steht, an der der Adel durchaus seinen Anteil hatte. Neben dieser Fremdheitserfahrung im Parlament bzw. der Politik kam im Falle des kroatischen Adels, wie auch in Teilen der böhmischen Aristokratie, eine nationale Komponente hinzu. Diese hing weniger davon ab,

168 Vgl. Lellková: Der konservative Großgrundbesitz in Böhmen. S. 325.
169 Lellková: Der konservative Großgrundbesitz in Böhmen. S. 325.
170 Lellková: Der konservative Großgrundbesitz in Böhmen. S. 326.
171 Saborski Dnevnik Kraljevinah Hrvatske, Slavonije u Dalmacije. Godina 1875–1878. Zagreb 1900. S. 180.
172 Hrvatski Automobilni List. „LAutomobiliste Croate“ 1 (1914) No.1.

ob und wie sich die jeweiligen Aristokraten als Kroaten identifizierten, als davon, in welchem Maße deren nationale Identität mit dem neuen, bürgerlichen Nationsbegriff und -verständnis kollidierte bzw. zu vereinbaren war. Und wie gezeigt wurde, wurde der Adel aus dem kroatischen Nation-Building herausgeschrieben, wobei sich Teile des Adels tatsächlich vollständig von der kroatischen Gesellschaft zurückgezogen hatten, wie beispielsweise die Grafen Oršić.[173] Grundlegend scheint daher, wie sehr sich ein adeliger Akteur noch mit dem Land und dem Volk identifizierte, wobei auch dies einem Wandel unterzogen war. Die Familie der Grafen Sermage war seit dem 18. Jahrhundert sowohl familiär wie materiell fest in Nordkroatien verwurzelt – Graf Carl Peter Johann Sermage (1793–1851) gehörte mit Graf Juraj Oršić zu den führenden Vertretern des Illyrismus und der nationalen Wiedergeburt, während Graf Richard Sermage noch 1873 aufgrund seiner damals noch mangelhaften kroatischen Sprachkenntnisse zum Objekt des antiadeligen Diskurses im Landtag wurde (siehe Kapitel oben).

Eine kollektive Abstinenz des Hochadels von der Politik bzw. sein Desinteresse an politischen Fragen kann man aber sogar während der Regierung Mažuranić 1873 bis 1880 nicht feststellen, als unter einem bürgerlichen Banus die eher bürgerlich orientierte Narodna Stranka regierte und der Anteil des Hochadels im Landtag dennoch 20 bis 30 Prozent betrug. Der adelige Rückzug aus der Politik war individuell, sichtbar und wurde wahrgenommen, wo er stattfand, und er bestimmte das kollektive Narrativ zum Adel nachhaltig. Dies weit mehr als es die aktive politische Teilhabe des Adels, die noch heute weitgehend ausgeblendet wird, wie beispielsweise die faktisch reichhaltige und detaillierte, aber gerade den Adel im Sabor größtenteils negierende mehrbändige Monographie von Ivo Perić zum kroatischen Landtag zeigt.[174]

Worin jedoch lag nun das spezifisch „Adelige“ an der von Adeligen verfolgten und betriebenen Politik? Wie gezeigt wurde, gab es zum einen keine Partei oder Landtagsklub, der mehrheitlich aus Adeligen bestand oder gar mit den Begriffen „adelig“ oder „Adligkeit“ arbeitete. Zum anderen haben die meisten Redebeiträge, Eingaben und Vorschläge von Adligen im Sabor keine vordergründig adlige Bedeutung, abgesehen von seltenen Ausnahmen wie z. B. die von Graf Miroslav Kulmer angeführte Debatte 1877 über die Reform der Gutsherren-Patronate auf dem Land, die als Last empfunden wurden. Betrachten wir die Parteien und politischen Gruppen jedoch als Elitenkompromisse, so ist nun für uns von Interesse, worin sich der adlige Anteil in diesen Kompromissen zeigte. Dieser bestand nun vor allem in der Forderung nach Lösung der Landfrage, die parteiübergreifend gestellt wurde, jedoch ganz explizit in den Programmen der Unionisten und des Centrums definiert wurde – gerade der beiden Gruppierungen, die einen recht hohen Anteil von Aristokraten hatten.

173 Szabo: Grofovi Oršić-Slavetićki iz Gornje Bistre. S. 73–84.
174 Perić, Ivo: Hrvatski državni sabor 1848.– 2000. Prvi svezak: 1848–1867. Zagreb 2000.; Hrvatski državni sabor 1848.– 2000. Drugi svezak: 1868–1918. Zagreb 2000.

Exkurs 2: National und sozial „anders“? – Serbische Adelige und die Zweite Gesellschaft in Kroatien-Slawonien

Innerhalb der Aristokratie des Landes herrschte bei aller Heterogenität bezüglich der nationalen Identität eine ausnahmslose Homogenität der Konfession, da alle Magnatenfamilien römisch-katholisch waren. Daher finden wir keinerlei orthodoxe Aristokraten, und damit auch keine Serben im Kreis des Hochadels – wohl aber innerhalb der sogenannten Zweiten Gesellschaft der Neuadeligen seit Mitte des 19. Jahrhunderts sowie als nobilitierte Beamte und Militärs bereits seit dem 18. Jahrhundert. Im Kontext dieser Arbeit ist nun die Frage von Bedeutung, wie sich die Gruppe der serbischen Adligen innerhalb des Adels des Landes verorten und definieren lässt.

Die besondere politische Rolle der Serben in Kroatien-Slawonien vor allem ab 1881 hing vor allem mit der Auflösung der ehemaligen Militärgrenze und deren Anschluss an Kroatien-Slawonien sowie der gesellschaftlichen Modernisierung zusammen und ist ein wichtiger Bestandteil der Identität der serbischen Elite des Landes. Durch die Abschaffung des Grenzsystems und damit auch der traditionellen Zadruga[175], geriet vor allem die in diesen Gebieten siedelnde serbische Bevölkerung unter einen großen ökonomischen Druck, der auch nicht durch die Integration in Zivil-Kroatien langfristig gelöst wurde. Dies hatte vor allem politische Gründe, insbesondere im südlichsten Komitat des Landes, Lika-Krbava. Die dortige orthodoxe Bevölkerung wurde bewusst durch Khuen-Héderváry ab 1883 politisch instrumentalisiert, da die ihnen zu machenden Zugeständnisse weitaus geringer sein konnten als gegenüber dem kroatischen urbanen Bürgertum, das sich als Träger der nationalen Integration in der Opposition zu Khuen-Héderváry befand. Ebenso war die mehrheitlich ländliche serbische Bevölkerung ein weitaus geringerer Unruhefaktor für das System als das kroatische

---

175 Die Zadruga war die südosteuropäische, vor allem auf dem Balkan vorherrschende Form von Familienverbänden, in der mehrere Familien der patrilinearen Linie in einem Haushalt zusammenlebten und arbeiteten. Diese Hauskommunion galt sowohl in Zivil-Kroatien und Slawonien wie dem Gebiet der Militärgrenze, die 1883 angeschlossen wurde. Schon während der Zeit ihrer Auflösung war die Zadruga Gegenstand des wissenschaftlichen Interesses. So ist es bezeichnend, dass eine der ersten Arbeiten dazu überhaupt gerade von einem Angehörigen der neunobilitierten serbischen Zweiten Gesellschaft stammte: Utješenović-Ostrožinski, Ognjeslav pl.: Die Hauskommunionen der Südslaven. Wien 1859. Ebenso werden die Konsequenzen der Anschaffung der bäuerlichen Hauskommunion von Graf Richard Sermage in seinem Roman „Die Verlassenen“ (s.o.) thematisiert. Aus der Fülle der Forschung zu diesem Aspekt südosteuropäischer Sozialgeschichte vgl. als ausgewählte Beispiele: Marković, Milan: Die serbische Hauskommunion Zadruga und ihre Bedeutung in der Vergangenheit und Gegenwart. (o.O.) 1903.; Mayer, Artur: Die bäuerliche Hauskommunion (Zadruga) in den Königreichen Kroatien und Slavonien. Heidelberg 1910.; Cless, Christine: Theorienbildung um die südslavische Großfamilie (Zadruga) im 19. und 20. Jahrhundert. Aspekte zu e. Forschungsgeschichte. München 1981.; Kaser, Karl: Familie und Verwandtschaft auf dem Balkan. Analyse einer untergehenden Kultur. Wien [u.a.] 1995. Ders.: Freier Bauer und Soldat: Die Militarisierung der agrarischen Gesellschaft an der kroatisch-slawonischen Militärgrenze (1535–1881). Wien, Weimar 1997.

Bürgertum.[176] Die Politik Khuen-Hédervárys unterstützte dabei gezielt die serbische orthodoxe Kirche und das sich entwickelnde serbische Bürgertum als Gegenpol zum oppositionellen kroatischen bürgerlichen Lager. Die Serbisch-Orthodoxe Kirche erhielt so 1884 und 1887 weitgehende Autonomie im Bereich der Bildung und des Kultus, und der Name der Landessprache wurde von Kroatisch zu Kroatisch-Serbisch geändert.

Die sich ab den 1880er Jahren herausschälende Dichotomie Kroaten – Serben hatte daher viele Gründe und beeinflusste die Identität und politische Rolle der Serben im Land maßgeblich. Zwar finden wir in einer der am meisten entwickelten und reichsten Gespanschaften Syrmien (Srijem) ein ebenso zahlreiches serbisches Bürger- und Beamtentum, dennoch blieb für die Entwicklung der serbischen Identität in Kroatien das rurale, ländliche Moment in der Krajina und Lika maßgeblich – im Gegensatz zum eher urbanen kroatischen Bürgertum im ehemaligen Zivil-Kroatien. Und gerade die Rolle des letzteren als Träger der nationalen kroatischen Integration trug dazu bei, dass sich ab den 1880er Jahren diese Dichotomie Land-Stadt/Serbe-Kroate verfestigte und der Serbische Klub im Sabor zu den Stützen der Regierung Khuen-Héderváry werden konnte. Da der Banus ganz im Sinne der großungarischen Politik Budapests das Ideal eines integralen ungarischen Einheitsstaates verfolgte, geriet er damit in Konflikt mit dem kroatischen Bürgertum bzw. des Teils der kroatischen Elite, dessen Ziel einer kroatischen nationalen Integration eben dieses Prinzip eines einheitlichen ungarischen Staates in Frage stellte. Im Gegensatz dazu war der ungarische Einheitsgedanke keine Bedrohung für die Serben im Land, im Gegenteil: Ein einheitlicher Staat kam ihren ökonomischen und politischen Interessen entgegen, vor allem da ein großer Teil der serbischen Bevölkerung der Monarchie sich im engeren Ungarn selbst befand. Die Identität der Serben bezog sich daher nicht auf das Land Kroatien-Slawonien, sondern auf die angenommene und affirmierte ethnische-kulturell-konfessionelle Gemeinsamkeit mit den Serben der gesamten Stephanskrone. Daher erscheint es nur logisch, dass sowohl die Serben aus dem eher rückständigen Landesteil der Lika und Krajina wie die aus dem entwickelten, sich modernisierenden Teil Zivil-Kroatiens loyal zur Regierung Khuen-Héderváry und zu Budapest standen. Der im Sabor vertretene Serbische Klub als die serbische politische Elite des Landes wurde daher von der Opposition, vor allem von der nationalistischen, antiserbischen wie antiungarischen Rechtspartei unter Ante Starčević, als „Khuenovi Srbi“ tituliert, als die „Serben Khuens“. So schreibt das Regierungsblatt Agramer Zeitung, dass die Beilegung des Konflikts zwischen Kroaten und Serben im Land „nach mühevollen Anstrengungen dem gerechten und weisen Walten des gegenwärtigen Banus [Khuen-Héderváry] und der patriotischen Einsicht der Vertreter des serbischen Volksstammes im Landtage gelang, die sich in der Überzeugung, das Beste ihres Volkes zu fördern,

176 Vgl. Rumenjak, Nives: Politička i društvena elita Srba u Hrvatskoj potkraj 19. stoljeća. Uspon i pad srpskoga kluba. Zagreb 2005. S. 92–93.

der Nationalpartei und ihrem Führer Banus Grafen Khuen-Hédervàry, rückhaltlos anschlossen.“[177] Dieser Abschnitt ist bezeichnend für die Politik und Strategie Khuen-Hédervárys, da er zwar korrekt die enge Zusammenarbeit von serbischen Politikern im Sabor mit dem Banus hervorhebt, zum anderen bewusst falsch eine Beendigung des Konflikts zwischen Serben und Kroaten suggeriert, was zu diesem Zeitpunkt in keinster Weise zutraf. Denn die interethnischen Spannungen kulminierten in antiserbischen Ausschreitungen und Demonstrationen, bezeichnenderweise am 10. August 1902, nachdem die serbische Zeitschrift „Srbobran“ einen provokativen nationalistischen Artikel unter der Überschrift „Bis zu Eurer oder Unserer Ausrottung“ publiziert hatte, in welchem das Bestehen einer kroatischen Nation negiert wurde und die baldige Niederlage der Kroaten und deren Aufgehen im Serbentum postuliert wurde.[178]

Die Politik Khuen-Hédervárys zielte jedoch darauf ab, auch nach außen einen ruhigen und „pazifizierten“ Eindruck von Kroatien-Slawonien entstehen zu lassen. Daher entbehrt es nicht einer gewissen Ironie, dass er 1883 nach Beendigung der Unruhen zum Wappenschilderstreit die Regierung antrat, aber selbst im Zuge der landesweiten Proteste 1903 zurücktreten musste.

Eine wichtige neuere Monografie zum Thema der serbischen Elite in Kroatien-Slawonien stammt von Nives Rumenjak, die in der Analyse der politischen Rolle der Serben und des Serbischen Klubs sehr detailliert vorgeht und die Nationalisierung der Serben als Teil der Modernisierung begreift, jedoch im Kapitel zum serbischen Adel innerhalb des Landes einige Fehler und Falschannahmen aufweist. Völlig richtig wird die Schaffung eines zwar quantitativ geringen serbischen Neuadels im 19. Jahrhundert als Teil der Bürokratisierung und staatlicher Durchdringung verstanden, da gerade durch Nobilitierungen Loyalität gegenüber dem Staat generiert werden sollte.[179] Die Verleihung eines „von“ bzw. „pl.“ stellte bis 1918 eine erstrebenswerte Belohnung für Verdienste dar und symbolisierte den persönlichen Erfolg sowie die – vor allem von außen wahrgenommene – Zugehörigkeit zur Oberschicht bzw. Elite des Landes. In ihrer Betrachtung der serbischen Adligen greift Rumenjak jedoch unkritisch die Thesen von Mirjana Gross auf und postuliert ganz in der bisherigen kroatischen historiografischen Tradition den Niedergang des Adels; außerdem rechnet sie sowohl die Angehörigen des aus dem Militär hervorgegangenen serbischen Adels, wie beispielsweise die Familie der Budisavljević,[180] als auch die erst im 19. Jahrhundert nobilitierten Personen, wie Baron Jovan Živković,[181] zur Ersten Gesellschaft, also

---

177 Agramer Zeitung 10.04.1902.

178 Stojanović, Nikola: Do istrage vaše ili naše. In: Srbobran 168/169. Zagreb 1902. Zu den Ausschreitungen vgl.: Artuković, Mato: Pitanje šteta i odštete u antisrpskim demonstracijama 1902. godine. In: CSP 1 (2010). S. 179–217.

179 Rumenjak: Politička i društvena elita Srba. S. 86.

180 Rumenjak: Politička i društvena elita Srba. S. 87.

181 Rumenjak: Politička i društvena elita Srba. S. 85.

der Aristokratie zu. Dabei werden die Unterschiede und Distinktionsmuster zwischen dem Hochadel und dem übrigen Adel übersehen, die zwar innerhalb Kroatien-Slawoniens nicht so rigide waren wie beispielsweise in den österreichischen Erbländern, in Böhmen oder in Wien, aber dennoch vorhanden waren. Überdies galten auch in Kroatien-Slawonien Neuadelige nicht zur Ersten, sondern eindeutig zur Zweiten Gesellschaft. Beide Gruppen trafen sich, kommunizierten und arbeiteten zwar eng zusammen in den verschiedensten Bereichen des Alltags, jedoch blieben – wie unten gezeigt werden wird – einige dezidiert aristokratische Distinktionsmuster erhalten, wie beispielsweise das fast ausnahmslos hochadelige Konnubium. Dennoch – und dies zeigt eindeutig, dass es auch in Kroatien-Slawonien eine Zweite Gesellschaft gab – haben wir familiäre Beziehungen zwischen verschiedenen großbürgerlichen, neugeadelten Familien, auch über Konfessionsgrenzen hinaus. So ist bezeichnend, dass die beiden Töchter des Barons Jovan Živković jeweils in reiche, katholische kroatische bzw. österreichisch-kroatische Familien einheirateten: Während Irena 1891 Milan Turković, der 1912 das Baronat erhielt, heiratete, wurde Zorka 1885 durch Heirat Mitglied der Industriellenfamilie Pongratz in Zagreb.[182]

Die Karriere von Baron Jovan Živković ist zweifelsohne die glänzendste und erfolgreichste eines serbischen Politikers zwischen 1868 und 1918 in Kroatien-Slawonien, stellt aber in ihren Grundzügen keine Ausnahme dar: Von 1865 bis 1873 war er Abgeordneter aus dem Komitat Syrmien im Landtag und als solcher maßgeblich am Zustandekommen des Ausgleichs 1868 beteiligt, und von 1873 bis 1883 Sektionschef des Inneren unter den Banusen Mažuranić und Graf Pejačević – was der Stellung eines Innenministers gleichkam – und damit gleichzeitig auch Stellvertreter des Banus, was die höchste Beamtenposition im Land überhaupt bedeutete. 1880 wurde ihm das Baronat mit dem Prädikat „Fruškogorski“ verliehen.[183] Dennoch wird er sogar von der regierungstreuen Agramer Zeitung in einem Nachruf auf ihn zum Teil kritisch bewertet: So sollen die Unruhen von 1883 auch auf seine Fehler und Mängel in der Leitung der Landesverwaltung zurückgehen, und seine Unterstützung für Graf Ivan Drašković und sein Centrum „förderte weder diese, noch ihn selbst.“[184] Živkovićs Engagement abseits der Politik ist ebenso vielfältig und bezeichnend vor allem für die mehrfache Besetzung von Elitenpositionen und Schaltstellen in der Wirtschaft. Er war im Vorstand der 1873 gegründeten regierungsnahen Kroatischen Kommerzialbank und in der 1895 gegründeten Serbischen Bank in Zagreb. [185] Živković kann aufgrund seiner Laufbahn und errungenen gesellschaftlichen Stellung als Mitglied der Zweiten Gesellschaft par excellence gelten. Daneben waren weitere bedeutende geadelte serbische Vertreter der Zweiten Gesellschaft Ognjeslav pl. Utješenović-

182 Rumenjak: Politička i društvena elita Srba. S. 85.
183 Agramer Zeitung 10.04.1902.
184 Agramer Zeitung 10.04.1902.
185 Rumenjak: Politička i društvena elita Srba. S. 91.

Ostrožinski, der als Schriftsteller, Politiker und Beamter ein enger Mitarbeiter Graf Josip Jelačićs war, 1875 bis 1886 als Obergespan von Varaždin als Virilist im Landtag saß und 1884 in den Adelsstand erhoben wurde, Svetozar pl. Kušević od Blacka, der 1861 bis 1874 das Obergespan von Syrmien war, oder Bude pl. Budisavljević, dessen Familie zwar schon 1787 geadelt wurde, aber aufgrund materieller Schwierigkeiten den wirklichen gesellschaftlichen Aufstieg erst durch ihn erreichte, da er als hoher Beamter 1884 bis 1903 der Obergespan des Komitats Lika-Krbava war.[186] Ebenso war er ein persönlicher wie politischer Freund von Graf Stjepan Erdődy, die sich beide regelmäßig trafen, aber bezeichnenderweise nie zur gemeinsamen Jagd[187] (siehe dazu das Kapitel zur Jagd weiter unten). Die Aristokratie ging daher mit den serbischen Angehörigen der neugeadelten Zweiten Gesellschaft wirtschaftliche, politische und – in gewissen Maßen – auch soziale Kontakte ein, und diese wurden ebenso wie ihre kroatischen „Standesgenossen" in das Zustandekommen von Elitenkompromissen miteingezogen. Die serbischen Adligen im Königreich Kroatien-Slawonien stellen insgesamt einen gesellschaftlichen Sonderfall dar: Aufgrund der Tatsache, dass die Konfession recht früh zum Unterscheidungsmerkmal in den beiden Nation-Building-Konzepten sowohl der Serben wie der Kroaten wurde, und dies bei den Serben eng mit der Orthodoxen Kirche verbunden war, finden wir bei den serbischen Adeligen und Nobilitierten recht früh eine dezidiert serbisch-ethnisch-nationale Identität. Ein Aufstieg in die Erste Gesellschaft Kroatien-Slawoniens blieb ihnen wie allen Neuadeligen verwehrt, wobei dies weniger durch die unterschiedliche Konfession, als vielmehr durch die weiterhin bestehende und gepflegte Distinktion der Aristokratie zu erklären ist. Blieb die Erste Gesellschaft des Landes unter sich, wenn es um Fragen der Familie ging, so traf dies auch weitgehend auf die Zweite Gesellschaft zu. Und wie in der kroatisch-slawonischen Aristokratie, wo wir Fälle von interkonfessionellen Ehen haben, war auch innerhalb der Zweiten Gesellschaft die Konfession diesbezüglich anscheinend kein Hindernis: Die Töchter des Barons Živkovićs heirateten beide katholisch und konvertierten, während die Tochter von Djuro pl. Djurković vor ihrer Heirat mit dem Anwalt Pavle Janković aus Novi Sad von der katholischen zur orthodoxen Konfession übertrat.[188]

Auch serbische nobilitierte Angehörige übernahmen wie Kroaten der Zweiten Gesellschaft so weit es ging die Distinktionsmuster der Aristokratie und versuchten wie das Großbürgertum, aus dem sie hervorgegangen waren und dem sie hinsichtlich des Milieus weiterhin angehörten, den Adel in seinen Verhaltensweisen zu imitieren, sei es im Abhalten von Bällen, Empfängen, in der Kunstförderung oder Wohltätig-

186 Vgl. dazu die betreffenden Jahrgänge der Hof- und Staatshandbücher der österreichisch-ungarischen Monarchie.

187 HDA 712 Erdődy. ZM 44/1-ZM 44/10. Lovački dnevnik grofa Stjepana Erdődyja.

188 Srbobran 21.11.1887. Artikel „Prelaz na pravoslavlje".

keit.[189] Ausdruck der Zugehörigkeit zur Elite des Landes, wenn auch nicht zur Ersten Gesellschaft, war auch hier vor allem bei den Männern das Tragen und die Zurschaustellung der Magnatenrobe. Gerade dies sollte man aber mehr als Ausdruck einer Elitenaffirmation und Loyalität dem Land gegenüber werten, nicht jedoch als die Bekundung eines kroatischen Nationalbewusstseins. Der serbische Adel lässt sich daher – entsprechend seines Alters – als Adel in Kroatien-Slawonien bzw. von Kroatien-Slawonien bezeichnen, sofern er in die Adelsmatrikel aufgenommen und/oder das entsprechende Indigenat verliehen bekam, aber nicht als Teil des kroatischen Adels.

189 Rumenjak: Politička i društvena elita Srba. S. 84.

5 Die Rolle des kroatisch-slawonischen Hochadels in der Wirtschaft

5.1 Armer Adel, reicher Adel? – Die Diversität hochadeliger ökonomischer Verhältnisse

Während im Geschichtsdiskurs der meisten Nachfolgestaaten der k.u.k.-Monarchie das „Obenbleiben“ des Adels als konsensfähig gilt und allgemein anerkannt ist, herrscht, wie in den vorherigen Kapiteln dargestellt, in Kroatien noch immer weitgehend das Narrativ vom Niedergang des Adels vor. Mehr noch: Die Vorstellung, dass der Adel sich seit der Aufhebung der Leibeigenschaft 1848 vor allem ökonomisch in einem verlorenen Abwehrkampf befand, wird gleichsam als internalisiertes Autostereotyp noch heute von einigen Nachfahren bzw. den Angehörigen des kroatisch-slawonischen Hochadels tradiert.[1] Dies ist umso paradoxer, als gerade die wirtschaftliche Entwicklung einzelner Güter und der Landwirtschaft im Allgemeinen recht erschöpfend erforscht sind und eindeutig gezeigt werden kann, dass diese in vielen Fällen profitabel waren.[2] Wie dieses Narrativ auf die Rolle des Adels in der Politik nicht zutrifft, gilt es ebenso wenig, wie gezeigt wird, im Bereich der Wirtschaft. Wie in der Landespolitik konnte der Hochadel auch in der Wirtschaft seine Elitenpositionen behaupten bzw. neue besetzten. So geben die veröffentlichten Listen der größten Steuerzahler im Land einen aufschlussreichen Einblick sowohl in die Besitzverhältnisse einzelner Adliger, wie auch in die Tatsache, dass die wirtschaftlichen bzw. finanziellen Verhältnisse innerhalb der Adelsformation sehr disparat waren. So waren von den zwanzig größten Steuerzahlern des Komitats Zagreb im Jahr 1892 fünfzehn adelig, darunter neun altadelige Aristokraten.[3] Die Liste führte Baron Géza Rauch, der Sohn bzw. Bruder der Banuse Levin und Pavao Rauch, mit 19368,98 Forint an Steueraufkommen an. Auf dem fünften bzw. siebenten Platz waren Graf Stjepan Erdődy mit 4203,10 Forint bzw. Graf Djuro Jelačić mit 3298,97 Forint, auf dem elften Graf Miroslav Kulmer mit 2131,71 Forint und Graf Teodor Drašković auf Platz fünfzehn mit 1871, 81 Forint. Wie groß die Spanne innerhalb der Vermögensverhältnisse der Aristokraten war, zeigt sich am jeweiligen Steueraufkommen der Grafen Stjepan Oršić mit 562,95

1 So stellte mir während meines Aufenthaltes im Juni 2012 in Güssing, Burgenland Dr. Karl Draskovich häufig die Frage, warum denn der Hochadel ökonomisch so unbedarft gewesen sei. Anm. des Verfassers.

2 Vgl. dazu: Karaman: Valpovačko vlastelinstvo. Ders.: Sumarni katastar veleposjeda u Slavoniji od 18.do 20.stolijeća. Zagreb 1973.; Sršan, Stjepan: Nestanak veleposjeda u Slavoniji 1848–1945. Godine. In: Glasnik Arhiva Slavonije i Baranje 7 (2003). S. 9–23. Ders.: Vukovarsko vlastelinstvo 1719– 1945.: sumarni inventar. Osijek 2008.; Simončić-Bobetko, Zdenka: Agrarna reforma i kolonizacija u Hrvatskoj. Zagreb 1997.

3 Narodne Novine 30.04. 1892.

DOI 10.1515/9783110521238-005

Forint und Tomo Erdődy mit 386,21 Forint – ein deutlicher Gegensatz zu den Brüdern Rauch. Dass es auch innerhalb einer Magnatenfamilie zu mitunter großen Unterschieden kommen konnte, zeigen Stjepan und Tomo Erdődy. Und obwohl Graf Tomo Erdődy ca. fünfzigfach weniger Steuern zu bezahlen hatte als Baron Géza Rauch, gehörte er dennoch zu den wohlhabenderen Bürgern des Landes, und damit zweifelsohne zur Oberschicht. Das gerade Baron Géza Rauch der größte Steuerzahler im Komitat Zagreb war, erscheint insofern plausibel, als er den Großteil des Erbes seines Vaters Baron Levin Rauch, angetreten hatte. Das – auf Deutsch verfasste – am 18.03.1888 in Zagreb notariell beglaubigte Testament des Banus Baron Levin Rauch gibt selbstredend einen detaillierten Einblick die ökonomischen Verhältnisse der Familie Rauch. Zum Universalerben aller Güter und Besitzungen, die nicht ausdrücklich anderweitig vergeben waren, wurde sein ältester Sohn Géza bestimmt, sodass diese „in das volle und unumschränkte Eigenthum“[4] Gézas übergingen. Seine übrigen Kinder, darunter auch der spätere Banus von 1908 bis 1910 Baron Pavao Rauch, erhielten „zu gleichen Theilen“ seine Besitzungen im Zagorje; außerdem vermachte er paritätisch alle fälligen Zins-, Pacht- und Montanforderungen an seine Kinder. Seine Ehefrau bzw. Witwe sollte nach seinem Tode zur Gänze ihren Lebensunterhalt von Géza bestritten bekommen und, trotz dieses apanagierten Verhältnisses, als „Haupt der Familie“ eine „unabhängige und sorgenfreie Stellung“ einnehmen können.[5] Dennoch erhielt sie im später angefügten Kodizill das Haus in der Kapuzinergasse neun in Zagreb, in der Oberstadt, da sie es zum Teil selbst gekauft, zum anderen Teil von Levin als Geschenk erhalten hatte.[6] Es fällt auf, dass es sich bei den Rauchschen Besitzungen um Allodialgüter, über die der Eigentümer völlig frei verfügen konnte, und nicht um Fideikommisse handelte. Dennoch muss man auch bei der Familie Rauch eher von einem relativen Wohlstand sprechen, wie vor allem die regelmäßigen Hypotheken auf einzelne Immobilien belegen. So wurde am 27.11.1885 Baronin Antonija Rauch bezeichnenderweise auf ihr Grundstück in der Kapuzinergasse 9 in Zagreb eine Hypothek über 22 000 Forint gewährt – dies jedoch von der Ersten Kroatischen Sparkasse, die traditionell das kroatische nationale, also antiungarische bzw. antimagyaronische Bürgertum und den mit ihm verbundenen Teil des Adels (wie die Grafen Kulmer, Bombelles etc.) unterstützte.[7] Wenige Monate später wurde jedoch ein gemeinsamer Darlehensantrag von Géza und Levin Rauch über 190 000 Forint abgelehnt – ohne nähere Gründe zu erwähnen.[8] Dass der als Inbegriff des Magyaronen geltende ehemalige Banus gerade bei dem Geldinstitut seiner politischen Gegner einen Kredit ersuchte, mag vor allem

4 DAZG 828 Obitelj Rauch. Testament Baron Levin Rauch.
5 DAZG 828 Obitelj Rauch. Testament Baron Levin Rauch.
6 DAZG 828 Obitelj Rauch. Testament Baron Levin Rauch.
7 DAZG 247 Prva Hrvatska Štedionica. Zapisnik sjednica ravnateljstva. Od 17. srpnja 1885 do 31. prosinca 1888.
8 DAZG 247 Prva Hrvatska Štedionica. Zapisnik sjednica ravnateljstva. Od 17. srpnja 1885 do 31. prosinca 1888.

daran liegen, dass die Ungarische-Kroatische Hypothekenbank erst 1892 ins Leben gerufen wurde, die sowohl als Leitung wie Hauptkunden Angehörige des dezidiert unionistischen und magyarophilen Großgrundbesitz hatte.[9]

Gleichsam am anderen Ende des ökonomischen Spektrums im kroatisch-slawonischen Hochadel lässt sich beispielsweise die finanzielle Lage der Baronin Antonie Jelačić verorten, die mit Baron Levin Rauch verwandt bzw. verschwägert war. Die Witwe von Baron Eduard Jelačić vermachte am 06.06.1887 ihren Erben weder Kapital noch Grundbesitz, sondern lediglich die Rechtstitel auf das Erbe ihres verstorbenen Mannes – und außerdem noch zu begleichende Schulden in Gesamthöhe von 36 310 Gulden[10] Bezeichnend für die finanziellen Verhältnisse des Hochadels in Kroatien-Slawonien waren jedoch nicht nur die Unterschiede innerhalb dieser Sozialformation, sondern auch innerhalb von einzelnen Familien: Während Ivan IX. Drašković und dessen Erben weiterhin zu den reichsten Magnaten des Landes gehörten, befanden sich einige seiner Verwandten in eher schwierigen Verhältnissen: So stellte im April 1886 Gräfin Klotilda Drašković einen Hypothekenantrag bei der Ersten Kroatischen Sparkasse über 20 000 Forint auf das Gut Klenovnik und über 80 425 Forint auf ihre restlichen Güter.[11] Dies war jedoch kein Einzelfall, denn gerade die kleineren bis mittelgroßen Güter waren relativ häufig mit Hypotheken bzw. Darlehen belastet. Die Bücher der Ersten Kroatischen Sparkasse sind diesbezüglich aufschlussreich: Am 23.03.1876 wurde Kazimir pl. Jelačić ein Darlehen über 2000 Forint bewilligt; am 26.04.1877 wurde der Darlehensantrag von Graf Artur Nugent über 100 000 Forint abgelehnt; am 16.02.1882 bat Ladislav pl. Jelačić um ein Darlehen über 1000 Forint und am 03.04.1886 wurden Stjepan pl. Jelačić 2000 Forint für sein Gut Batina bewilligt.[12]

Ebenso gegen die Annahme des Narrativs von einem wirtschaftlichen Verfall des kroatischen Adels sprechen die häufigen Erbschaftsprozesse, die zwar kein Spezifikum des kroatisch-slawonischen Hochadels waren, aber dennoch einen detaillierten Einblick in die Vermögens- (und Familien-) Verhältnisse bieten. Diese waren, wie oben dargelegt, innerhalb der adeligen Sozialformation recht unterschiedlich und konnten auch innerhalb einer Magnatenfamilie sehr unausgewogen sein. So kam es nach einem längeren Streit um das Erbe von Graf Teodor Drašković zwischen seiner Witwe Felicie und ihrem Sohn Ivan am 24.01.1918 zu einem Ausgleich: Graf Ivan Drašković zahlte ab dem 01.02.1918 seiner Mutter eine jährliche Rente von 12 000 Kronen, während im Gegenzug die Mutter ihre Zwei-Zimmer-Wohnung im Schloss in Dugo Selo verließ und eine Wohnung in Zagreb bezog. Sie bekam aber das Recht, für

9 Gross: The Position of the Nobility. S. 148–149.
10 DAZG 1387 Jelačić.
11 DAZG 247 Prva Hrvatska Štedionica. Zapisnik sjednica ravnateljstva. Od 17. srpnja 1885 do 31. prosinca 1888.
12 DAZG 247 Prva Hrvatska Štedionica. Zapisnik sjednica ravnateljstva. Od 17. srpnja 1885 do 31. prosinca 1888.

einige Stunden im Jahr Dugo Selo zu besuchen. Ferner sollte ihr Sohn das Darlehen über 100 000 Kronen, das er bei seiner Mutter hatte, an seine Schwester Margot pl. Balogh entrichten. Ein weiterer Streitpunkt schien die Rentabilität des Gutes gewesen zu sein, denn konnte er beweisen, dass Dugo Selo weniger als 60 000 Kronen Reinertrag abwerfe, durfte er die Rente seiner Mutter um maximal 4000 Kronen ermäßigen. Erstaunlich erscheinen jedoch in diesem Kontext – denn es handelt sich bei diesem Prozess um nicht geringe Summen –, zwei weitere Vereinbarungen, die vor dem Hintergrund des Ersten Weltkriegs die schwierige allgemeine Versorgungslage im Land eindrucksvoll illustrieren: Graf Ivan Drašković verpflichtete sich, während der Dauer des Kriegs seiner Mutter täglich drei Liter Milch nach Zagreb zu liefern, und Gräfin Felicie Drašković erhielt das Recht, Anfang September einen Korb mit Trauben selbst zu füllen und mitzunehmen.[13]

Die Feststellung, dass es sowohl reiche wie arme Hochadelige gab, erscheint vordergründig trivial, zog aber in der Realität nicht zu unterschätzende Konsequenzen nach sich: Sowohl im unmittelbaren Lebensstil einzelner Familien, aber auch in der Politik: Wie im Gesetz von 1888 über die Virilisten festgelegt, war der Virilsitz im Sabor an ein bestimmtes Steueraufkommen gebunden. Konnte dieses nicht erreicht werden, ruhte das Anrecht solange, bis man es nachweisen konnte. Dies bedeute daher auch eine klare Teilung innerhalb des Hochadels in elitenfähige und -unfähige Akteure, da der Elitenstatus eindeutig an das Einkommen gekoppelt war.[14]

5.2 Landwirtschaft und Grundbesitz als ökonomische Grundlagen adeliger Elitenposition

Einer der gravierenden strukturellen Unterschiede zwischen dem Hochadel im engeren Kroatien und dem in Slawonien lag eindeutig in der Größe der Güter und den daraus häufig resultierenden ökonomischen Verhältnissen:[15] Der slawonische Hochadel wurde zwar auch von der Grundentlastung und dem Erfordernis, sich an neue ökonomische Gegebenheiten anzupassen, getroffen, aber nicht in den Ausmaßen wie die Aristokratie im engeren Kroatien. Einen wichtigen ökonomischen Vorteil besaßen die meisten der großen Landgüter in Slawonien im Forstbesitz, sodass dort gerade die Wald- und Forstwirtschaft zu einer der Hauptstützen adeligen Reichtums und damit zu einem der Hauptmotoren wirtschaftlicher Entwicklung wurde. Dennoch

13 Privatarchiv Draskovich Güssing; Karton 42. Ausgleich zwischen Graf Ivan Drašković und seiner Mutter Gräfin Felicie Drašković. Zagreb 24.01.1918.

14 Zakon od 29. rujna 1888. kojim se preinačuju nekoje ustanove zakonskoga članka II.: 1870. o uredjenju sabora kraljevina Hrvatske, Slavonije i Dalmacije. In: Saborski izbori. Zakoni o zaštiti slobode izbora, o izbornom redu i o uredjenju Sabora. Zagreb 1908.

15 Kessler: Politik, Kultur und Gesellschaft. S. 234–268.

gehörte gerade Graf Marko Bombelles, dessen sämtliche Güter in Nordkroatien im Zagorje lagen, als langjähriger Präsident des Kroatisch-Slawonischen Forstvereins zu den wichtigsten Modernisierern der Forstwirtschaft im Land und konnte auf seinen eigenen Gütern eine sehr effiziente und gewinnbringende Forstindustrie etablieren.[16] Trotz dieser strukturellen Unterschiede zwischen den beiden Landesteilen blieb jedoch für den Hochadel die Landwirtschaft die Grundlage seiner wirtschaftlichen Existenz – und damit auch die Basis des Erhalts adeliger Elitenpositionen.

Der erste und einzige Gesamtschematismus der Großgrundbesitzer Kroatien-Slawoniens bis 1918 wurde 1902 von Josip Krška publiziert.[17] Seine Angaben stützen sich auf einzelne wissenschaftliche Arbeiten, amtliche Dokumente sowie Angaben der jeweiligen Gutsbesitzer. Diese dem Minister Ervin pl. Cseh „als academischem und praktischem Landwirthe“[18] gewidmete Statistik der Güter in Kroatien-Slawonien weist zwar einige Schwächen auf – so sind einige Informationen lückenhaft, da Krška nicht genügend Materialien sammeln konnte bzw. ihm einige der Gutsbesitzer oder Verwalter „trotz mehrfacher Bitten und Urgenzen nähere Auskunft versagten“,[19] – ist aber dennoch eine nicht zu unterschätzende Quelle für die Frage nach den ländlichen Besitzverhältnissen um 1900. Von den 309 erfassten Gütern entfallen 149 auf adelige und 128 auf bürgerliche Besitzer, während 32 Güter sich im Besitz des Staates, der römisch-katholischen oder serbisch-orthodoxen Kirche befanden. Setzt man diese Zahlen nun in Verhältnis zueinander, so befanden sich ca. 48 Prozent der Güter in adeliger Hand. Dies ist zwar knapp weniger als die Hälfte, aber man muss diese Zahlen in den Kontext stellen: Dass auch fast sechzig Jahre nach Aufhebung adeliger Privilegien sich dennoch fast die Hälfte der Güter in adeligem Besitz befanden, impliziert eher ein Obenbleiben denn einen Niedergang des Adels, wie es das bisherige kroatische Narrativ postuliert. Dies wird umso deutlicher, wenn man den hochadeligen Anteil erfasst: Von den 149 adeligen Gütern waren 77 in aristokratischer Hand, also ca. 52 Prozent. Demnach gehörte jedes zweite adelige Gut bzw. mit knapp 25 Prozent jedes vierte Gut im Land Aristokraten bzw. Magnaten. Bezeichnend ist dennoch die weiterhin bestehende Unklarheit bei vielen Gütern bezüglich deren juristischer Form, vor allem im Erbrecht. Von den adeligen Gütern weist Krška 40 explizit als Allodialherrschaften aus, aber nur zwei als Majorate bzw. zwei weitere als Fideikommiss. Wobei Krška selbst stellenweise unklar bleibt: So wird der juristische Status des Gutes Nasice der Grafen Pejačević nicht erwähnt, obwohl dies eindeutig ein Fideikommiss war.

16 Martić, Davor: Bombelles. Grofovska lovišta Varaždinske županije. Split 2004.

17 Krška, Josip: Statistika i šematizam veleposjednika u Hrvatskoj i Slavoniji. Zagreb 1902. Krška blieb auch Grundlage für spätere Forschungen. Vgl. hierzu: Karaman: Sumarni katastar.

18 Krška: Statistika i šematizam. Vorwort.

19 Krška: Statistika i šematizam. Vorwort.

Našice gehörte mit 37 532 Morgen[20] Land nicht nur zu den größten Gütern im Land, sondern stellte auch ein anschauliches Beispiel für die erfolgreiche Transformation eines traditionellen Großgrundbesitzes in einen modernen, marktorientierten Betrieb dar, zu dem neben der Landwirtschaft unter anderem auch Fabriken und Gasthäuser gehörten.[21] Nicht nur die Erträge aus der landwirtschaftlichen Produktion brachten Einnahmen ein[22], sondern auch der Verkauf oder die Verpachtung von Grund und Immobilien bzw. Gewinne aus der Produktion von den jeweiligen auf den Gutsbesitzungen bestehenden kleineren Fabriken. So stellte am 15. August 1906 Graf Teodor Pejačević gleich einen umfassenden Antrag an das für die Gemeinde Našice zuständige Gericht, um vier getätigte Verkäufe an die Gemeinde zu bestätigen.[23] Dazu gehörte ein Gasthaus über 64 000 Kronen, sowie drei einzelne Grundstücke für die Sparkasse, die Feuerwehrgesellschaft und deren Casino, den Speise- und Aufenthaltsraum. Insgesamt belief sich die Summe auf 66 917, 50 Kronen, die er mit diesen Verkäufen erhielt. Darüber hinaus bat er noch im selben Antrag, seine mit eigenem Privatvermögen errichtete Ziegelei, die 1904 den Betrieb aufgenommen hatte und nun einen jährlichen Reinertrag von 12–14000 Kronen erzielte, als Gegenwert in den Fideikommiss Našice einzutragen, da die Ziegelei zusammen mit den Häusern der Angestellten und Arbeiter einen Gesamtwert von ca. 70 000 Kronen hätte.[24]

Analog zu den zum Teil eklatanten Unterschieden der finanziellen Verhältnisse innerhalb des Hochadels waren auch die Erfolge bzw. Gewinne der jeweiligen Güter: Während 1913 der Wert des Gutes Valpovo der Grafen Normann-Ehrenfels auf ca. zehn Millionen Kronen geschätzt wurde,[25] belegen die Bücher des Gutes Šestine 1896 von Graf Miroslav Kulmer, dass zwar die Ausgaben gedeckt werden konnten, der Gewinn jedoch mit 6435,70 Gulden eher gering ausfiel.[26] Zwar waren die Bedingungen für eine modernisierte und effizientere Landwirtschaft zweifelsohne in Slawonien aufgrund der größeren Güter besser als im engeren Kroatien, dennoch kann man Gut Šestine eher als Ausnahme betrachten: 1883 konnte Graf Ivan Drašković auf seiner Gutsherrschaft Trakošćan einen Reingewinn von 23717,20 Gulden erwirtschaften; und 1881 belief sich sein Gesamtvermögen auf 3.408 975,67 Gulden.[27]

---

20 Sršan: Nestanak veleposjeda u Slavoniji. S. 21.

21 DAOS 475 Našičko vlastelinstvo. Kut. 1.

22 Einen detaillierten Überblick über die landwirtschaftliche Produktion auf den jeweiligen Gütern findet sich bei: Krška: Statistika i šematizam. Vgl. ebenso: Imenik proizvodjača i izvoznika industrijskih i zemljoradničkih proizvoda zemalja madjarske krune. Budapest 1905. S. 265–269 und S. 292–295.

23 DAOS 475 Našičko vlastelinstvo. Kut. 1.

24 DAOS 475 Našičko vlastelinstvo. Kut. 1.

25 Karaman: Valpovačko vlastelinstvo. S. 99.

26 HDA Vlastelinstvo Šestine. Glavna knjiga za gospodarstvo god. 1896. vlastelinstva Šestine. Einnahmen von 20 791,77 Gulden standen Ausgaben von 14 356,07 Gulden gegenüber.

27 HDA 711 Drašković. Kutija 83.

Dass die adeligen Güter eben durchaus nach rationalen, den Marktbedürfnissen angepassten wirtschaftlichen Gesichtspunkten strukturiert und geführt wurden, um eine größtmögliche Effizienz zu gewährleisten, zeigt auch die Tatsache, dass die meisten Güter zwar von ihren Besitzern bewohnt und geleitet wurden, die eigentlichen Abläufe aber in der Hand ausgebildeter Fachleute lagen. Aufschluss über die Strukturierung der Güter bzw. des Verhältnisses zwischen Gutsbesitzer und Angestellten geben so die jeweiligen Administrationsvorschriften. Exemplarisch ist hierfür das Reglement der Güter Sellye, Slatina und Trakošćan von Graf Ivan X. Drašković, des Sohns und Erben von Graf Ivan IX. Drašković (siehe oben).

Die Verwaltung der drei Güter ist minutiös „zur Erzielung hoher Reinerträge" ausgelegt: Demnach soll der Betrieb nach „den Grundsätzen der modernen landwirtschaftlichen Technik betrieben werden"[28], wozu vor allem ein „wohlüberlegter Wirtschaftsplan"[29] sowie eine hohe Diversität der Organisation gehörte: so gab es beispielsweise für alle drei Güter 46 Konten für die Landwirtschaft und 25 Konten für die Forstwirtschaft.[30] Das Reglement definiert ebenso eindeutig das Verhältnis zwischen dem Gutsherren und seinen Angestellten, und die dominierende Rolle des Gutsherren wird deutlich hervorgehoben: Den Angestellten der Draškovićschen Güter waren jegliche Nebenerwerbstätigkeiten untersagt, und für gesellschaftliche Ehrenämter oder ein politisches Mandat war die ausdrückliche Zustimmung des Grafen vonnöten. Zuwiderhandeln zog die unmittelbare Kündigung nach sich.[31] Die adelige Herrschaft bezog sich auch auf das konkrete Privatleben der Angestellten, da auch Eheschließungen die Erlaubnis des Grafen benötigten. Die „Reservate des Gutsherren" auf den als Fideikommiss geführten drei Gütern waren umfassend: Er hatte die letzte Entscheidungsgewalt in Patronatsfragen, Gnadensachen, der Dienstordnung, bei sämtlichen An- und Verkäufen, der Wirtschaftspläne sowie in allen Personalfragen.[32] Der bewusst paternalistische Charakter der Gutsherrschaft zeigt sich aber auch in gewissen Zugeständnissen, die allen auf den Gütern Beschäftigten zukamen. So wurde der Arzt des Grafen Drašković dazu verpflichtet, allen Beamten, Angestellten samt ihren Familien unentgeltlich medizinische Versorgung zukommen zu lassen.[33] Dies stellt zweifelsohne eine gewisse Privilegierung im Vergleich zur großen Masse der Landbevölkerung dar, und sollte sowohl eine funktionierende medizinische Versorgung, als auch damit eine Bindung an das Gut und den Gutsherren bewirken. Es ist eine geradezu klassische Strategie, adelige Herrschaft durch patronale Beziehungen zwischen Gutsbesitzern und Landbevölkerung zu stabilisieren. Denn dort, wo das

28 Administrationsvorschrift für die Beamten der Gräflich Ivan Draškovićh'schen Herrschaften Sellye, Slatina und Trakostjan. Osijek 1913.
29 Administrationsvorschrift. S. 24–25.
30 Administrationsvorschrift. S. 8–10.
31 Administrationsvorschrift. S. 20.
32 Administrationsvorschrift. S. 4–5.
33 Administrationsvorschrift. S. 13.

Konfliktpotential zwischen den verschiedenen Gruppen – in diesem Fall Adel und Bauern bzw. alle Personen, die auf den Gütern beschäftigt waren oder mit diesen in einem Zusammenhang standen – niedrig blieb, konnte auch die adelige Herrschaft auf lokaler Eben und damit die adelige Elitenposition gestärkt werden.[34] Gerade die Tatsache, dass beide Gruppen aus dieser adligen Elitenposition einen Nutzen ziehen konnten, wirkte stabilisierend auf die ländlichen Verhältnisse. Lag der Nutzen für die bäuerlichen Gruppen ganz unmittelbar in der Tatsache, dass mit einer Anstellung auf einem adeligen Großgrundbesitz die eigenen Lebensverhältnisse positiv beeinflusst werden konnten, wie eben durch regelmäßigen Lohn, medizinische oder soziale Versorgung, konnte der Adel neben der effizienten und im Idealfall gewinnbringenden Bewirtschaftung der Güter vor allem soziale Distanzen, das Sozialgefüge und damit seine Elitenposition aufrechterhalten.

Wie im Falle von politischen Foren mit nationaler Bedeutung, wie dem Sabor, oder von dem analysierten Fall der Amtseinführung des Banus Baron Levin Rauch, fand auch im ländlichen Raum die „Adelsherrschaft“ bzw. adelige Elitenaffirmation stets öffentlich statt. Dazu eigneten sich die regelmäßigen Feste: Seien es Kirchweihen, hohe kirchliche Feiertage oder auch persönliche Feste, die die Gutsherrschaft betrafen, wie Geburten, Taufen, Hochzeiten oder Beerdigungen. In all diesen Fällen wurde das „Volk“ bewusst miteinbezogen, sodass wir in diesen symbolischen Handlungen eine Repräsentation der realen Lebens- und Sozialverhältnisse gespiegelt und dadurch bestätigt bekommen.[35] Exemplarisch hierfür mag das Fest sein, das im Juni 1881 auf Gut und Schloss Klenovnik (siehe oben) stattfand:

Das Gut mit seinem weitläufigen Barockschloss in Nordkroatien befand sich bis zur Mitte des 19. Jahrhunderts im Eigentum der Familie Drašković, bis es Juraj VI. Drašković zusammen mit weiteren Besitzungen verkaufte, um den Wieder- bzw. Neubau des Familienstammsitzes (was darüber hinaus eine geradezu klassische adelige identitätsbildende Handlung ist), Trakošćan, finanzieren zu können. Gräfin Klotilda Drašković, die als Witwe von Graf Franjo Drašković in Graz lebte, konnte im September 1880 jedoch Klenovnik wieder erwerben.[36] Dieser Wiedererwerb des Gutes für die Familie Drašković wurde feierlich begangen, und gerade in dieser durchaus kleinen, ländlichen Feierlichkeit zeigte sich abermals, wie adelige Herrschaft und damit die Elitenposition auf lokaler Ebene affirmiert und stabilisiert wurde: Die 73jährige Gräfin erschien am 19.06.1881 in Klenovnik in Begleitung ihrer Tochter und Erbin Ferdinandina und ihres Schwiegersohnes Graf Marko Bombelles sen. sowie deren Kinder Graf Marko Bombelles jun. und Gräfin Sofija Brandis. Gräfin Klotilda Drašković wurde an einem Triumphbogen von örtlichen Schülern und Lehrern und sämtlichen Angestellten des Gutes sowie des Gemeindepfarrers feierlich begrüßt.

34 Vgl. Tönsmeyer: Adelige Moderne. S. 248.
35 Tönsmeyer: Adelige Moderne. S. 250.
36 Gregurić, Gordana: Kulmer. Zabok 2009. S. 29.

Nachdem die Blaskapelle die Kaiserhymne intoniert hatte, wurde sie mit mehrfachen „Živila!"-Rufen empfangen, worauf der Pfarrer eine Lobrede auf die Gräfin hielt.[37]

Nach dem Ersten Weltkrieg jedoch ging die hierin exemplarisch repräsentierte soziale Ordnung zusammen mit dem wirtschaftlichen Gefüge des Großgrundbesitzes weitgehend zugrunde. Dennoch hielten sich gewisse adelige, paternalistische Verhältnisse zumindest im engen unmittelbaren Rahmen der Landschlösser und Güter (sofern diese als Gebäude die Umbruchsphase von 1918 bis 1919 überstanden hatten), wie beispielsweise die Erinnerungen von Gräfin Marie Pejačević an ihre Kindheit zeigen.[38]

Adelige Güter spielten jedoch nicht nur als lokale Zentren von Wirtschaft, adeliger ökonomischer Existenz und damit als Grundlage adeliger Elitenpositionen eine bedeutende Rolle, sondern auch als gewisse Vorreiter technischer Modernisierung auf dem Land: So ist es bezeichnend, dass 1911 in den meisten Gemeinden und Ortschaften, in denen es auch hochadelige Güter gab, der einzige Telefonanschluss gerade zu diesen Besitzungen gehörte. Dies traf ebenso für Cabuna (Janković), Jaska (Erdődy), Valpovo (Normann-Ehrenfels) oder Mali Bukovec (Drašković) wie für Našice (Pejačević), Vinkovci/Nuštar (Khuen-Belasi) oder Opeka (Bombelles) zu.[39]

Das wirtschaftliche Ende des adeligen Großgrundbesitzes vollzog sich schrittweise ab 1918, wobei gerade die zweite Hälfte von 1918 bis zur ersten Hälfte 1919 von Übergriffen und Plünderungen der Gutshäuser vonseiten der Bauern, zurückkehrender Soldaten und der „Grünen Kader" geprägt ist. So schrieb das Wiener Fremdenblatt am 30.11.1918 von „ungeheuren" Verwüstungen in Kroatien und Slawonien, und dass bereits Herrschaftsgüter im Wert von geschätzten 500 000 Kronen zerstört seinen, da nicht nur „sämtliche Kastelle und Gebäude in Flammen aufgegangen" seien, sondern auch die Getreideernte vernichtet worden wäre.[40] Die jugoslawischen Landreformen ab 1918 setzten dem adeligen Großgrundbesitz, vor allem in Slawonien, auch juristisch weitgehend ein Ende. Schon am 26.11.1918 beschloss der Nationalrat des SHS-Staates die Abschaffung jeglicher Grundlasten bzw. leibeigenschaftlicher Verhältnisse, was sich natürlich auf Bosnien und die Herzegowina bezog.[41] Von 1919 bis 1931, als das Gesetz zur Durchführung der Agrarreform auf den Großgrundbesitzungen beschlossen wurde, kam es durch einzelne Gesetze und Verordnungen bereits zu weitreichenden Veränderungen in der ländlichen Besitzstruktur des Landes. Zu den wichtigsten Konsequenzen gehörten daher, dass sämtliche Besitzungen der Habsburger ohne Abfindung sowie alle größeren Forstgebiete in Staatsbesitz übergingen,

37 Gregurić: Kulmer. S. 29–45.

38 Pejacsevich de Verőcze: A 20th Century Odyssey. S. 41–42.

39 Imenik pretplatnika državnih telefonskih mreža u Hrvatskoj i Slavoniji. Prosinac 1911. Zagreb 1911.

40 Wiener Fremdenblatt 30.11.1918.

41 Sršan: Nestanak veleposjeda u Slavoniji. S. 17.

und dass alle Güter, deren Umfang mehr als 100 Morgen betrug, schrittweise aufgeteilt und an die Bauern verteilt wurden.[42] Das Agrargesetz vom 19.06.1931 und dessen Novellierung vom 05. 12.1931 erlaubten zwar wieder den privaten Besitz von Wald in einer Gesamtfläche von max. 1000 ha bzw. Landbesitz bis max. 1400 Morgen (im Falle von Viehzucht), aber zu diesem Zeitpunkt war der adelige Großgrundbesitz vor allem in Slawonien bereits vergangen: Graf Ivan Drašković verlor mit 11237 Morgen ca. 30 Prozent seines Gutes in Slatina, Graf Aladár Janković jun. mit 4763 Morgen ca. 40 Prozent des Besitzes seines Gutes in Cabuna, und Graf Jakov Eltz verlor mit 20197 Morgen sogar ca. 61 Prozent seines Gutes in Vukovar.[43] So wie sich der Adel bis 1918 auf die politisch-sozialen Verhältnisse der k.u.k.-Monarchie stützen konnte, war das politische System des neuentstandenen Jugoslawiens adelsfeindlich. Die Worte Graf Miroslav Kulmers, der sich im Gegensatz zu manch anderem Magnaten stets dezidiert kroatisch national, sozial und ökonomisch flexibel und offen gezeigt und als Politiker eine klare antiungarische Position vertreten hatte, an seinen Freund Baron Ljudevit Vranyczany-Dobrinović sind daher bezeichnend für den Umgang mit dem Adel und dessen neuer Position im ersten Jugoslawien: Die Vereinigung [mit Serbien] –, denn er könne es nur dann Befreiung nennen, wenn er Nichtstun und Unordnung als Freiheit ansehen würde –, die Agrarreform und der Wechsel von Krone zu Dinar hätten ihn fast um seinen ganzen Besitz und seine Einkünfte gebracht, und er müsste nun aufpassen, um irgendwie über die Runden zu kommen.[44] Da die Zugehörigkeit zur Oberschicht vor allem an den materiellen Besitz gebunden ist, können wir insgesamt einen Großteil des kroatisch-slawonischen Hochadels (trotz großer Diversität) innerhalb dieser Sozialgruppe verorten – ein Elitenanspruch ließ sich daraus aber zwangsläufig nicht herleiten.

5.3 Elitenkompromisse in Unternehmen, Banken und Wirtschaftsvereinen

War die Politik, von der lokalen Ebene bis hin zum Sabor, zumindest bis 1848 das ureigene Handlungsfeld des Adels, in welches das Bürgertum und der nobilitierte Neuadel sich erst Zugang verschaffen mussten, so sind in der Wirtschaft – abgesehen von der Land- und Gutswirtschaft – die Rollen der Etablierten und der Akteure, die neu dazu stoßen, bezeichnenderweise umgekehrt. Hier war es vor allem der landbesitzende, bessergestellte Hochadel, der sich ein neues Feld erarbeiten musste – und ab ca. 1890 unzweifelhaft einige Schlüsselpositionen der heimischen Wirtschaft besetzen konnte.

42 Sršan: Nestanak veleposjeda u Slavoniji. S. 17–18.
43 Sršan: Nestanak veleposjeda u Slavoniji. S. 20–21.
44 NSK Zagreb, R 5626 b. Graf Miroslav Kulmer an Baron Ljudevit Vranyczany-Dobrinović, undatiert.

Mehr noch als in der Politik, scheint sich mit dem Konzept der Elitenkompromisse vor allem das Wirtschaftsverhalten bzw. die ökonomischen Strategien des Hochadels in Kroatien-Slawonien definieren und erklären zu lassen. Denn im Vergleich zur Politik lässt sich das Handlungsfeld der Wirtschaft nach außen hin weit weniger scharf abgrenzen, und die Anzahl der Akteure war weitaus größer, auch was ihre Unterschiedlichkeit des sozialen Milieus und der sozialen Gruppen anbelangt. Betrachtet man daher die Zusammensetzung der Führungsebene der wichtigsten Unternehmen, Banken und Wirtschaftsvereine, so fällt der überproportionale Anteil von Hochadeligen daran auf. Und parallel zur Fähigkeit, in der Politik Elitenkompromisse einzugehen bzw. sich an neue Gegebenheiten anzupassen, zeigte der Adel gerade im Bereich der Wirtschaft diese Flexibilität. Denn in der Wirtschaft war eine Zusammenarbeit mit Akteuren anderer sozialer Milieus unumgänglich; und so wie die Landespolitik durch ihren eng gefassten Rahmen die Bildung von Elitenkompromissen förderte, galt dies auch für die ökonomischen Verhältnisse im Land. Hinzu kommt, dass es sich häufig um dieselben hochadeligen Akteure handelte, denn gerade diejenigen Magnaten, die politisch sehr aktiv waren und im Sabor eine Bereitschaft zu Elitenkompromissen bzw. zur Zusammenarbeit mit Vertretern anderer sozialer Milieus zeigten, handelten entsprechend innerhalb der Wirtschaft. So zeichneten sich beispielsweise die Grafen Miroslav Kulmer oder Teodor Pejačević sowohl als Politiker wie als Geschäftsleute aus. Innerhalb des „kroatisch-slawonischen" Handlungsfeldes und seines im Vergleich zu Wien oder Budapest peripheren Charakters, erlaubte gerade dieser Zustand als imperiale Peripherie andere Verhaltensmuster und Beziehungsgeflechte zwischen Angehörigen der Elite und der Oberschicht, als im imperialen Zentrum selbst. „Geschäfte macht kein Windisch-Grätz"[45] – dieser ganz dem altadeligen Habitus verpflichtete bekannte Ausspruch von Fürst Alfred I. Windisch-Grätz aus dem Jahr 1856, mit dem er sich weigerte, seine Aktiengewinne einzustreichen, steht daher im klaren Gegensatz zum modernen Wirtschaftsverhalten des kroatisch-slawonischen Hochadels – denn dieser machte durchaus Geschäfte.

Die prosopografische Analyse der Unternehmensleitungen im Jahr 1910 zeigt, dass diese in ihrer sozialen Zusammensetzung eindeutig als Elitenkompromisse zu bewerten sind, dass der Hochadel an diesen einen wichtigen Anteil hatte und damit ebenso eine nicht unbedeutende Rolle auch bei der wirtschaftlichen Modernisierung des Landes spielte. Die Magnaten begnügten sich nicht nur mit ihrer Position als Großgrundbesitzer, auch wenn die Landwirtschaft weiterhin die Basis ihrer ökonomischen Existenz darstellte, sondern waren auch Unternehmer, Bänker, Aktionäre, Industrielle und Vorstandsvorsitzende. Graf Stjepan Erdődy (siehe oben) saß 1910 im

45 Stekl, Hannes u. Marija Wakounig: Windisch-Graetz: ein Fürstenhaus im 19. und 20. Jahrhundert. Wien 1992. S. 119.

Direktionsrat der Banovianer Montanindustriegesellschaft in Zagreb.[46] Im Direktionsrat der Aktiengesellschaft für Keramische Industrie Zagreb waren unter anderem die Brüder Grafen Miroslav und Milan Kulmer, Graf Maximilian Montecuccoli sowie der bedeutende Architekt und Stadtplaner Hermann Bollé vertreten, während Franjo pl. Kukuljević-Sakcinski Direktionsrat der Aktienbuchdruckerei in Zagreb war.[47] Graf Miroslav Kulmer, der zweifelsohne als der exponierteste Vertreter des hochadeligen Unternehmertums in Kroatien-Slawonien galt, war 1910 ebenso im Direktionsrat der Aktiengesellschaft der Breganer Kohlenwerke in Zagreb[48] sowie der Chef der Königlich Landesbefugten Agramer Dampf- und Kunstmühle.[49] Darüber hinaus war er im Aufsichtsrat der Croatia Versicherungs Genossenschaft in Zagreb, sowie als eine seiner wichtigsten Positionen der langjährige Präsident des Kroatisch-Slawonischen Wirtschaftsvereins (siehe oben), dessen Vorstand 1909 geradezu idealtypisch einen Elitenkompromiss darstellt: Vizepräsident Dragan Petar Turković wurde als Besitzer des Gutes Kutjevo 1913 als Baron in den Freiherrenstand aufgenommen; zu den weiteren Vorstandsmitgliedern zählten unter anderem Dragutin pl. Gvozdanović aus einer altadeligen Familie, Graf Ljudevit Kulmer als Bruder des Vereinspräsidenten, der neuadelige Marcel pl. Kušević sowie der Arzt und Politiker Bogoslav Mažuranić, der ein Verwandter des Banus Ivan Mažuranić war.[50]

Der Kroatisch-Slawonische Wirtschaftsverein war nicht nur eine der bedeutendsten ökonomischen Institutionen des Landes, sondern gleichsam der erste Elitenkompromiss auf wirtschaftlicher Ebene überhaupt im Land. Am 03.02.1841 in Zagreb gegründet, waren unter den 35 Gründungsmitgliedern zehn Aristokraten, dreizehn einfache Adelige und zwölf Bürgerliche. Ebenso bezeichnend ist, dass der Verein zu seiner Gründung parteiübergreifend ausgerichtet war: Führende Illyristen wie die Grafen Juraj Oršić, Dioniz Sermage oder Janko Drašković waren ebenso vertreten wie die Grafen Ladislav Pejačević und Aleksandar Drašković oder Mirko Inkey de Palin als Unionisten.[51] Und im Ausschuss für die Landesausstellung 1864 in Zagreb, die „Dalmatinska-Hrvatsko-Slavonska izložba" waren ganz selbstverständlich ebenso

46 Kroatischer Kompass. Finanzielles und kommerzielles Jahrbuch nebst Verzeichnis der handelsgerichtlich protokollierten Firmen von Kroatien, Slavonien, Dalmatien, Bosnien u. Hercegovina. Agram 1910. S. 231.

47 Kroatischer Kompass. S. 235.

48 Kroatischer Kompass. S. 232.

49 Kroatischer Kompass. S. 238.

50 Kroatischer Kompass. S. 284. Adeliges Unternehmertum blieb natürlich nicht nur auf Kroatien-Slawonien beschränkt, sondern fand sich umso häufiger in Ländern, die weitaus industrialisierter waren. Vgl. dazu exemplarisch: Rasch, Manfred: Adelige als Unternehmen zwischen Industrialisierung und Ende des deutschen Kaiserreichs. Beispiele aus Württemberg und Baden, in: Conze, Eckart u. Sönke Lorenz (Hrsg.): Die Herausforderung der Moderne. Adel in Südwestdeutschland im 19. und 20. Jahrhundert. Viertes Symposion „Adel, Ritter, Ritterschaft vom Hochmittelalter bis zum modernen Verfassungsstaat" (17./18.Mai 2007, Schloss Weitenburg). Ostfildern 2010. S. 83–111.

51 HDA 1333 Hrvatsko-slavonsko gospodarsko društvo kao središnja zadruga u Zagrebu. Fond 1.

Aristokraten vertreten.[52] Dennoch – und das ist bezeichnend für die Verflechtung von antiadeligem Diskurs und der wiewohl recht unterschiedlichen adeligen Positionen zur kroatischen Nationalbewegung – wurde bereits 1864 das vermeintlich geringe Engagement der slawonischen Großgrundbesitzer an der Landesausstellung desselben Jahres kritisiert, und ebenso wurde die politische Gesinnung der Aristokraten in Frage gestellt – denn man müsse die guten Absichten der Magnaten in Zweifel stellen oder annehmen, dass sie in allem weit von der Demokratie entfernt seien.[53]

Vergleichbar damit war das Bank- und Finanzwesen: So stellen die Leitungen zwei der wichtigsten Banken des Landes nicht nur erfolgreiche Elitenkompromisse dar und beweisen abermals die Fähigkeit und Bereitschaft des Hochadels zur Zusammenarbeit mit Vertreten anderer sozialer Milieus, sondern in den Führungsebenen der Croatisch-Slavonischen Landes-Hypothekenbank sowie der Kroatischen Volksbank-Aktiengesellschaft zeigen sich auch die beiden unterschiedlichen Standpunkte bezüglich der Nation und der Beziehung zu Ungarn. Damit offenbaren sich auch die unterschiedlichen politischen Standpunkte innerhalb des Hochadels, die sich diesmal auf ökonomischer Ebene manifestierten. Die Croatisch-Slavonische Landes-Hypothekenbank wurde 1900 von Graf Rudolf Erdődy als Direktor geleitet, im Vorstand befanden sich Graf Teodor Drašković, Nikola pl. Tomašić, einer der engsten Mitarbeiter Khuen-Héderváry s und späterer Banus, sowie Graf Oskar Keglević als Mitglied im Aufsichtsrat.[54] Gerade letzterer erscheint hier in einer seiner seltenen leitenden Positionen in der Wirtschaft, da kurze Zeit später er und seine Familie durch einen landesweiten Skandal diskreditiert wurde und er sich endgültig aus dem öffentlichen Leben des Landes zurückziehen sollte.[55] Alle diese Magnaten waren Mitglieder der konservativen Nationalpartei bzw. standen ihr nahe und zeigten eine dezidiert magyarophile Haltung. Im Gegensatz dazu wurde die Kroatische Volksbank-Aktiengesellschaft von Personen geleitet, die der Opposition gegen Khuen-Héderváry angehörten und damit das nationale kroatische Bürgertum unterstützten: Direktor war Baron Ljudevit Ožegović, dessen Familie seit dem Illyrismus eine bewusst kroatische, proösterreichische und antiungarische Tradition pflegte. Im weiteren Präsidium waren unter anderem Stefan pl. Daubachy, der Oppositionspolitiker Fran Folnegović, sowie Aurel pl. Türk und Baron Janko Vranyczany-Dobrinović, die beide der Zweiten Gesellschaft angehörten, während im Aufsichtsrat mit den Grafen Thomas Erdődy und Milan Kulmer zwei Magnaten vertreten waren. Am deutlichsten war die klare kroatisch-nationale politische Ausrichtung innerhalb des Finanzwesens bei der Ersten Kroatischen

52 DAOS 1159 Osječke gospodarske izložbe i sajmovi; Kutija 1. So saßen im Ausschuss die Grafen Ladislav und Adolf Pejačević, Baron Gustav Hilleprand-Prandau, sowie Ivan Kapistran und Ivan Nepomuk pl. Adamovich-Čepinski.

53 Domobran 05.09.1864. Zur Ausstellung von 1864: Despot, Miroslava: Slavonija na gospodarskoj izložbi u Zagrebu 1864. Slavonski Brod 1969.

54 Compass. Finanzielles Jahrbuch für Österreich-Ungarn. Wien 1900. S. 336.

55 Vgl. folgendes Kapitel zur adeligen Familie.

Sparkasse in Zagreb vertreten, die, 1841 gegründet, auch die älteste Sparkasse des Landes war. Es ist daher bezeichnend, dass gerade die Adeligen, die der Opposition gegen Khuen-Hédervâry und dessen Magyarisierungspolitik nahestanden, auch in der Ersten Kroatischen Sparkasse, die das nationale Finanzinstitut schlechthin war, hohe Posten innehatten: Graf Miroslav Kulmer als langjähriger Präsident, Graf Marko Bombelles und Vladimir pl. Nikolić-Podrinski bzw. Ljudevit pl. Josipović und Franjo pl. Türk als Direktionsmitglieder bzw. Mitglieder des Aufsichtsrates.[56]

Gerade das Sparkassenwesen erweist sich als ein Bereich der kroatisch-slawonischen Wirtschaft, an dem der landbesitzende Adel einen hohen Anteil hatte, was aber mit dem tradierten adeligen Wirtschaftshabitus auf den ersten Blick nicht zu vereinbaren zu sein scheint. Tatsächlich lässt sich das starke Engagement vor allem des Hochadels darin als eine Strategie werten, auch auf der unmittelbaren lokalen Ebene ihre Elitenposition zu erhalten bzw. in einem Bereich des Finanzwesens, das sich erst entwickelt, neue Elitenpositionen zu erwerben. Denn es ist kein Zufall, dass fast überall in den Gemeinden bzw. Städten, wo die Magnaten ihre Güter besaßen, diese auch als Präsidenten der jeweiligen lokalen Sparkassen amtierten – und damit die Macht über die Vergabe von Krediten und Geld hatten. In Anbetracht der Tatsache, dass in diesen ländlichen Gemeinden die Güter noch immer die zahlreichsten Arbeitsstellen schufen, und wie oben festgehalten die Gutsherren rechtlich in einer vorteilhaften Position waren, bzw. die Lebens- und Arbeitsbedingungen weiterhin im Sinne eines adeligen Paternalismus gestaltet werden konnten, erscheint das Phänomen der „aristokratischen Sparkassendirektoren" wie ein weiteres Instrument, diese etablierten Herrschaftsstrukturen aufrecht zu erhalten. Da sowohl der Lebensmittelpunkt bzw. der Kernbereich ihrer ökonomischen Existenz die ländlichen Güter waren, erscheint dies umso plausibler als ein weiterer Versuch, adelige Herrschaft zu stabilisieren. Dazu kommt als besonderer Aspekt die Frage der nationalen Identität ins Spiel: Wie bereits im obigen Kapitel zur Politik gezeigt wurde, war die nationale die entscheidende Kategorie in Bezug auf den Adel, um von der kroatischen Gesellschaft als Teil der kroatischen Elite akzeptiert zu werden. War die Erste Kroatische Sparkasse in Zagreb *das* nationale Finanzinstitut, so galt diese nationale Konnotation ebenso für ihre zahlreichen Außenstellen – und damit selbstredend auch für deren Präsidenten. 1880 haben wir in dieser Position Baron Gustav Hilleprand-Prandau in Osijek, Graf Julije Janković in Pakrac (der zu diesem Zeitpunkt bereits in Österreich wohnte!), oder Graf Ladislav Pejačević in Našice.[57] An dieser adeligen Besetzung einer gerade im ländlichen Raum nicht unbedeutenden Kommandohöhe – die Leitung des häufig einzigen lokalen Kreditinstituts – sollte sich auch über zwei Jahrzehnte später wenig ändern. 1900 bzw. 1910 haben wir als lokale Sparkassenpräsidenten Milan pl. Kiepach-Haselburg in Samobor, Graf Aladár Janković in Virovitica, oder Graf Ladislav

56 Kroatischer Kompass. S. 29.
57 Compass. Finanzielles Jahrbuch für Österreich-Ungarn. Wien 1880. S. 397–400.

Pejačević in Našice, dessen Stellung nach seinem Tod sein Sohn Teodor übernahm,[58] oder Graf Marko Bombelles in Vinica.[59]

Dass der kroatisch-slawonische Hochadel in vielen Bereichen, so auch in diesem, eine erstaunliche Flexibilität an den Tag legte, wird eben durch die Tatsache seines Engagements im Bankenwesen deutlich, vor allem da gerade das Finanzwesen oder gar das Kreditgeschäft mit klassischen adeligen Distinktionsmustern kaum etwas zu tun hatte. Bezeichnend ist außerdem die Parallele zum ungarischen Hochadel, der sich ebenso in hoher Zahl am Bankengeschäft beteiligte, wie es sich beispielsweise anhand der Führungsriege des Ungarischen Bodenkreditinstituts und der Ungarischen Allgemeinen Creditbank zeigen lässt. Neben der Fähigkeit und dem Bestreben, Elitenkompromisse auch in der Wirtschaft einzugehen, zeigten einzelne Magnaten auch ein großes Interesse an der ökonomischen Modernisierung des Landes: So formulierten sie 1910 in einem offenen Brief an die Regierung in Zagreb Reformvorschläge für die heimische Wirtschaft, von denen der bedeutendste die Forderung nach einer eigenständigen Wirtschaftsabteilung in der Landesregierung war, was de facto einem Wirtschaftsministerium hätte gleich kommen sollen.[60] Auch hierin zeigt sich eine adelige Zusammenarbeit sowohl über Milieugrenzen als auch politische Differenzen hinweg. Zu den Mitverfassern und Unterzeichnern aus der Gruppe der Magnaten zählten ebenso – und wenig überraschend – die Grafen Miroslav und Ljudevit Kulmer sowie der konservative Graf Aladár Janković. Dazu kamen neben den Altadeligen Ljudevit pl. Josipović, Gjuro pl. Bedeković und Dragutin p. Mihalović auch neugeadelte Bürgerliche wie Dragutin pl. Pisačić oder Nikola pl. Šipuš, sowie Petar Dragan Turković, der 1913 als Baron in den Freiherrenstand erhoben werden sollte. Bezeichnend ist auch, dass in diesem Schreiben, dessen Mitunterzeichner allesamt Grundbesitzer waren, vor allem die Hebung der landwirtschaftlichen Produktivität gefordert wurde, die man bewusst mit der deutschen Landwirtschaft in Vergleich setzte.[61]

Und so wie der Kroatisch-Slawonische Wirtschaftsverein die Anfänge von wirtschaftlichen Elitenkompromissen darstellte, so stand er auch im Zentrum eines der wichtigsten Ereignisse der kroatisch-slawonischen Wirtschaft und Gesellschaft am Ende des 19. Jahrhunderts überhaupt, das die wirtschaftlichen Elitenpositionen des Hochadels wie kein zweites aufzeigte: der Jubiläumsausstellung zum fünfzigjährigen Bestehen des Kroatisch-Slawonischen Wirtschaftsvereins 1891 in Zagreb. Dieser Wirtschaftsverein war die bedeutendste Organisation, die sich seit ihrer Gründung 1841 während der Hochphase des Illyrismus zum Ziel gemacht hatte, im Sinne einer

---

58 Compass. Finanzielles Jahrbuch für Österreich-Ungarn. Wien 1900. S. 633ff.

59 Kroatischer Kompass. S. 181.

60 Otvoreno Pismo velemožnoj gospodi narodnim zastupnicima na saboru kraljevina Hrvatske, Slavonije i Dalmacije uoči otvorenja sabora mjeseca studenoga 1910. Zagreb 1910. S. 30f.

61 Otvoreno Pismo velemožnoj gospodi. S. 20.

Modernisierung die Entwicklung und das Niveau der Landwirtschaft wie der übrigen Wirtschaftszweige des Landes zu heben. Der Verein arbeitete landesweit und hatte bei 52 Außenstellen neben der Zentrale in Zagreb insgesamt ca. 8500 Mitglieder im Jahr 1890/1891, was in einem Land mit ca. 85 Prozent Landbevölkerung nicht wenig ist und die gesellschaftliche Bedeutung des Vereins deutlich werden lässt. Darüber hinaus publizierte der Verein mit dem „Gospodarski List" auch die älteste, vor allem auf die Landwirtschaft spezialisierte ökonomische Zeitung, die über eine hohe Auflage sowie ein effizientes Verteilungssystem verfügte.

Für unsere Fragestellung ist die Ausstellung insofern von Bedeutung, als sie zum einen die wichtigste wirtschaftliche Schau Kroatien-Slawoniens bis 1918 bleiben sollte und sie daher eine Manifestation der einheimischen, nationalen Wirtschaftsleitung darstellte, und damit als das Symbol der Modernisierung schlechthin galt. Und es ist kein Zufall, dass gerade mit Beginn der 1890er Jahre das Land in eine bedeutende Modernisierungsphase eintrat, die von einem allgemeinen wirtschaftlichen Wachstum geprägt ist. Die zeigt sich allein am Umfang der Ausstellung, der bis dahin in Kroatien-Slawonien unerreicht blieb: Auf 19 Abteilungen verteilt gab es insgesamt über 3200 Aussteller, sowohl aus Kroatien-Slawonien selbst, den übrigen Landesteilen der Habsburgermonarchie wie Österreich, Ungarn, Böhmen und Galizien sowie aus dem Deutschen Reich. Obwohl landwirtschaftliche Produkte und Maschinen dominierten, gab es auch zahlreiche Aussteller aus den Bereichen Handwerk, Handel und der verarbeitenden Industrie sowie der Forstwirtschaft. Während die meisten Aussteller die Präsentationsmöglichkeiten in Form der größeren gemeinschaftlichen Ausstellungshallen bzw. -gebäude nutzten, gab es insgesamt auch 33 individuelle Pavillons, darunter die Pavillons einiger Magnaten wie Graf Josip Drašković, Baron Géza Rauch oder bezeichnenderweise auch von Fürst Livio Odescalchi.[62] Dieser hatte zwar als Besitzer des Guts Ilok in Ostslawonien das kroatische Indigenat, beteiligte sich aber niemals politisch oder gesellschaftlich am Leben des Landes – außer in diesem einen Fall, im dem es um unmittelbare wirtschaftliche Interessen ging – und kann damit schwerlich als Teil des kroatisch-slawonischen Hochadels bezeichnet werden, sodass er in der Tat das stereotype Narrativ des landfremden Adels zu bestätigen scheint. Dass diese überaus erfolgreiche Landesausstellung einen dezidiert nationalen Charakter hatte, zeigt sich auch darin, dass sie sich nicht auf Kroatien-Slawonien beschränkte, sondern sowohl einen dalmatinischen Pavillon wie einen bosnisch-herzegowinischen Pavillon beinhaltete.[63] Die Ausstellung bot sowohl den Ausstellern als auch Organisatoren eine prestigeträchtige nationale Bühne, um sich als Teil der nationalen ökonomischen Elite präsentieren zu können. Und sie war, wie im Verlauf des Kapitels weiter dargelegt wird, in ihrer Struktur ein Elitenkompromiss,

62 Arčabić, Goran: Korak do novog stoljeća. Gospodarska izložba u Zagrebu 1891. Zagreb 2007. S. 43.
63 Gospodarski List Jg 39. 1891. Nr. 24. Ibler, Janko: Gospodarsko-šumarska jubilarna izložba Hrvatsko-slavonskoga družtva u Zagrebu godine 1891. Zagreb 1892. S. 22.

was sich deutlich auf der konkreten, eng gefassten Ebene der Ausstellungsorganisation widerspiegelt. Unter den Hauptorganisatoren und Verantwortlichen für die Landesausstellung befanden sich mit Graf Miroslav Kulmer, Graf Djuro Jelačić als Präsidenten des Vereines und Ljudevit pl. Vukotinović als Vorsitzendem des Exekutivkomitees zwei Magnaten bzw. ein Mitglied des alten Landadels, sowie mit Baron Ljudevit Vranyczany-Dobrinović und Baron Teodor Dumreicher auch zwei Vertreter der neugeadelten Zweiten Gesellschaft.[64]

Neben landwirtschaftlichen Erzeugnissen, die selbstredend den Großteil der von den hochadeligen Großgrundbesitzern ausgestellten Produkte darstellten, kam vor allem der Forstwirtschaft und dem Weinbau bzw. der qualitativ hochwertigen Spirituosenherstellung besonderes Gewicht zu. So stellte beispielsweise Fürst Odescalchi in seinem Pavillon die Weine seines Gutes aus, Baron Géza Rauch bot unter anderem Cognac[65] an und Graf Marko Bombelles wurde für die Präsentation verschiedener Jagdtrophäen aus seinen Forstrevieren, sowie für seine Pferdezucht mehrfach ausgezeichnet.[66]

5.4 Militär und Diplomatie: Adelige Karrieren außerhalb der freien Wirtschaft

„Wenn sich kein besonderes Talent zeigte, blieb es bei der altbekannten Alternative: Landwirt, Soldat oder Geistlicher."[67] Diese pointierte Aussage von Vincenz Windisch-Graetz, die vor allem auf die Bildung der Aristokraten abzielte, die für die Geschäftswelt ungenügend gewesen sei, lässt sich nur bedingt auf den Adel Kroatien-Slawoniens anwenden. Denn die geschilderten Elitenkompromisse im Wirtschaftsleben gingen einher mit einer allgemeinen Entwicklung, welche die Professionalisierung des Adels zur Folge hatte. Die Landwirtschaft blieb zwar der ökonomische Mittelpunkt der meisten hochadeligen Familien – aber gerade dort, wo dies nicht der Fall sein konnte, beispielsweise aufgrund fehlendes Landes oder problematischer finanzieller Umstände, wurden bewusst Karrieren jenseits der Trias *Landwirt-Soldat-Geistlicher* verfolgt. Exemplarisch hierfür steht daher die von überproportional vielen Adligen in der k.u.k.-Monarchie eingeschlagene diplomatische Laufbahn, die auch für den kroatisch-slawonischen Hochadel attraktiv war.

---

64 Arčabić: Korak do novog stoljeća. S. 26–29. So zeigt eine in der Tagespresse verbreitete Lithographie die wichtigsten Organisatoren der Ausstellung: Ljudevit pl. Vukotinović, Andrija Jakčin, Franjo Gašparić, Djuro Jelačić, Ivo Mallin, Fran Kuralt und Graf Miroslav Kulmer. Vgl. dazu: Arčabić: Korak do novog stoljeća. S. 26.

65 Arčabić: Korak do novog stoljeća. S. 44.

66 HDA Zagreb 702 Bombelles.

67 Windisch-Graetz, Vincenz: Der ungarische Adel (in der Zeit 1815–1914). In: Études Danubiennes. 7/2 (1991). S. 127.

Mit der Ausnahme von Hugo pl. Mihalović als Kardinal und Erzbischof von Zagreb 1870 bis 1891 finden wir in der Zeit von 1868 bis 1918 kein Mitglied des Hochadels in höheren Positionen der Kirche, und ähnliches lässt sich auch für das Militär feststellen: Ab Mitte des 19. Jahrhunderts war der Anteil der Aristokraten in höheren militärischen Rängen sehr gering. Unter den Generälen und Flaggenoffizieren zwischen 1815 und 1900 finden wir sechs Angehörige der kroatisch-slawonischen Magnatenfamilien, zwei aus dem alten unbetitelten Landadel, aber sieben aus der Gruppe der Berufsmilitärs, die als Militäradel die Nobilitierung als Lohn für militärische Dienste erhielten und somit zur Zweiten Gesellschaft gehörten.[68] In Kroatien-Slawonien waren dies vor allem die weitverzweigten Familien der Barone Rukavina (mit jeweils anderen Namenszusätzen) sowie der Barone Filipović. Bei den Stabsoffizieren 1815 bis 1900 kam die Dominanz der neuadeligen Familien noch deutlicher zum Vorschein: Während mit Graf Ladislav Pejačević nur ein einziger Magnat vertreten war, finden wir allein sechzehn Rukavinas als Hauptmänner.[69] Der Militärdienst schien daher gerade für die kroatisch-slawonische Aristokratie – mit den Ausnahmen von den Grafen Josip und Djuro Jelačić und Nikola Pejačević, der als Husarenoberst bei Königgrätz 1866 einen Arm verlor, 1871 Generaladjutant des Kaisers und 1883 General wurde – recht unattraktiv gewesen zu sein. Dies war jedoch nicht nur der Fall in Kroatien-Slawonien. Denn parallel zur immer weiter voranschreitenden Professionalisierung des Offizierskorps – nicht nur durch Bürgerliche, sondern vor allem durch Angehörige des Militäradels in der Monarchie – blieb gerade dem Adel der k.u.k.-Monarchie, neben der Landwirtschaft oder dem Staatsdienst bzw. der Verwaltung (was vor allem in Kroatien-Slawonien einen geradezu klassischen Karriereweg darstellte), vor allem eine Laufbahn offen, die bis zum Ende der Habsburgermonarchie eindeutig aristokratisch dominiert wurde: Der diplomatische Dienst. Dieser stellte für viele die akzeptabelste Alternative dar, denn „ [...] some noblemen, little enticed by life as an army officer or as a celibate clergyman, no doubt, chose the foreign office almost by default. “[70]

In dieser Hinsicht reihte sich der kroatisch-slawonische Hochadel völlig in die übrige Aristokratie Österreich-Ungarns ein: So wurde am 08.01.1919 Graf Josef Drašković im Alter von 34 Jahren als Hof- und Ministerialvizesekretär des Äußeren in den Ruhestand versetzt, nachdem er seine Karriere als Praktikant in der Verwaltung am 08.08.1908 in Susak bei Rijeka begonnen hatte, die ihn dann über die k.u.k-Botschaft in St. Petersburg mit Ausbruch des Ersten Weltkriegs zum Militär-Generalgou-

68 Österreichisches Staatsarchiv Wien, OeSTA Kriegsarchiv. Verzeichnis der Generale und Flaggenoffiziere 1815–1900. Wien 1903.
69 Österreichisches Staatsarchiv Wien, OeSTA Kriegsarchiv. Verzeichnis der Stabsoffiziere 1815–1900. Wien 1903.
70 Godsey: Aristocratic Redoubt. S. 33.

vernement Serbien mit Sitz in Novi Sad kommen ließ.[71] Auch sein Bruder schlug eine diplomatische Laufbahn ein, die aber jäh endete: Graf Ludwig Drašković war als Dolmetscher und Vizekonsul dem k.u.k-„Botschaftsdragomanat" in Istanbul zugeteilt, da er – laut eigener Bewerbung beim Außenministerium um Aufnahme in den diplomatischen Dienst – „[...] außer in Deutsch, Ungarisch, Französisch, Englisch und Italienisch auch Kenntnisse der serbo-kroatischen, russischen, bulgarischen, böhmischen, türkischen, arabischen und neupersischen Sprache"[72] besaß. Dort verstarb er jedoch am 25. Juli 1909 plötzlich an Typhus, was seine Familie, und damit seinen Bruder Josef, auch in finanzielle Bedrängnis brachte: Die Rückführung nach Kroatien konnte die „minderbemittelte Familie" der Grafen Drašković aus Bisag nicht selber aufbringen, sodass ein Kostenübernahmeantrag an das Außenministerium gestellt wurde.[73]

Da es sich bei den Brüdern Drašković aus Bisag um keinen Einzelfall von kroatischen Aristokraten im diplomatischen Dienst handelte – aus der Generation der um 1880 Geborenen wären u. a. ebenso Baron Ivan Rubido-Zichy[74] und Graf Elemer Pejačević, ein Sohn des Banus Graf Teodor Pejačević, zu nennen –, lässt sich dieses Phänomen wie auch das adelige Engagement in der Verwaltung bzw. Politik als ein aktives Eingehen des kroatischen Hochadels in sich herausbildende bzw. voll ausgebildete Funktionseliten des Landes bewerten. Darüber hinaus zeigte sich gerade in diesen Einzelfällen abermals das bestehende ökonomische Gefälle innerhalb der kroatisch-slawonischen Aristokratie. Während die Brüder Drašković mit ihren Berufen ihren Lebensunterhalt bestreiten mussten und damit alles andere denn wohlhabend waren, finden wir beispielsweise bei Baron Ivan Rubido-Zichy einen geradezu klassisch adeligen nonchalanten Umgang mit Geld sowie einen auch im Ausland gepflegten kostspieligeren Lebensstil: Als Gesandtschaftsattachee und Legationssekretär war er von Juli 1906 bis Mai 1907 in Peking stationiert und verließ das Land sowohl mit – wenn auch eher geringen – Schulden in Höhe von 266,80 Dollar sowie einem gut gefüllten Weinkeller.[75] Es ist unklar, ob Rubido-Zichy seine Schulden bei der Banque Russo-Chinoise jemals beglich, da er auf mehrfache Mahnbriefe nicht reagierte, und es „bei der Geringfügigkeit des Betrags und der grösseren Distanz" – wie er im

71 HHStA Wien. MdÄ AR F4 75–6 Draskovich Josef. Aktennummer 10677.

72 HHStA Wien MdÄ AR F4 75 Draskovich Ludwig. Aktennummer 5505.

73 HHStA Wien MdÄ AR F4 75 Draskovich Ludwig. Aktennummer 77378.

74 Baron Ivan Rubido-Zichy (1874–1964), Sohn des langjährigen Obergespans von Varaždin Radoslav pl. Rubido-Zichy und damit der Enkel einer der wichtigsten patriotischen Frauengestalten des Illyrismus, Sidonija Erdődy-Rubido. Nach 1918 war er in ungarischen Diensten und war 1924–1932 ungarischer Botschafter am St. James Palast in London. Nach 1945 zog er nach Österreich, wo er 1964 in Graz verstorben ist.

75 HHStA Wien Diplomatie und Außenpolitik 1848–1918, GsA Peking 62–1, Gesandschaftspersonalia Ivan Frh. Rubido-Zichy, ohne Aktennummer.

September 1908 aus Stockholm schrieb –, für besser hielt, einfach zu warten.[76] Graf Josef Drašković hingegen konnte nicht warten: Nachdem er am 10.11.1918 in Zagreb aus Novi Sad zurückgekehrt war – nach einer sechstägigen Reise, was bezeichnend ist für die chaotischen Verhältnisse im Land nach dem Zerfall der k.u.k.-Monarchie – ersuchte er bereits am 17.12.1918 die Versetzung in den Ruhestand als Hof- und Ministerial-Vizesekretär, was ihm am 08.01.1919 vom Liquidierten Gemeinsamen Finanzministerium auch bewilligt wurde, mit einer jährlichen Pension von 2537 Kronen. Dies geschah jedoch nicht ohne ein abschließendes Arbeitszeugnis, was den Grafen Drašković als Angestellten recht greifbar werden lässt: In der vorgedruckten, standardisierten Dankeszeile wurden die sich auf die Bewertung der Dienstleistung beziehenden Worte „vieljährige, hingebungsvolle und vorzügliche" durchgestrichen und durch „bewährte" ersetzt, während die Dankesformel „meinen besten Dank und meine volle Anerkennung" ersatzlos gestrichen wurde.[77]

Es lässt sich daher feststellen, dass die bereits in der Politik an den Tag gelegte Flexibilität des Adels ihre Entsprechung auch im Wirtschaftsleben fand, wo sich Aristokraten in zahlreichen führenden, zum Teil für den Adel untypischen Positionen wiederfinden: Als Unternehmer, Vereinsvorsitzende oder Kreditgeber. Wie in der Politik, so war auch in der Wirtschaft der Adel bereit, Elitenkompromisse einzugehen – um dadurch Elitenpositionen zu bewahren bzw. neu zu besetzten. Ebenso gab es jedoch auch „typisch adelige" Karrieren bzw. Bereiche, in denen Adelige dominierten, wie vor allem im diplomatischen Dienst des Landes. Zwar war das ökonomische Gefälle innerhalb der hochadeligen Sozialformation in Kroatien-Slawonien recht groß, doch stellten die Grafen Drašković auf Bisag, die nicht das Geld für die Überführung und Beerdigung von Ludwig Drašković aufbringen konnten, eine extreme Ausnahme der Regel dar: Denn der Hochadel des Landes konnte, wie in der Politik, so auch in der Wirtschaft „oben bleiben". Schlüsselstrategien waren dazu zum einen die Kapitalisierung und Modernisierung der landwirtschaftlichen Produktion ihrer Güter, die Erschließung neuer Einnahmequellen wie beispielsweise durch die Errichtung von Fabriken oder der Teilhabe an Unternehmen, und das damit verbundene Eingehen von Elitenkompromissen. Dies alles lässt daher umso mehr die Frage nach dem adeligen Habitus, nach der Adligkeit des kroatischen Adels berechtigt erscheinen.

---

76 HHStA Wien Diplomatie und Außenpolitik 1848–1918, GsA Peking 62–1.
77 HHStA Wien. MdÄ AR F4 75–6 Draskovich Josef. Dokument No. 15598.

6 Adelige Identität: Worin manifestierte sich die „Adligkeit" des kroatisch-slawonischen Hochadels?

6.1 Der Hochadel als Teil gesellschaftlicher Elitenkompromisse

Die Flexibilität des Adels blieb nicht auf die Politik und die Wirtschaft beschränkt, sondern zeigte sich auch im Sozial- und Gesellschaftsleben. Gerade hier zeigte sich eine bewusste adelige Vergesellschaftung mit Mitgliedern anderer sozialer Herkunftsmilieus, die aber nicht nur auf die Oberschicht beschränkt blieb, sondern vor allem im ländlichen, lokalen Raum ihrer jeweiligen Landgüter auch die Bauern und das einfache Bürgertum miteinbezog. Gerade hier zeigt sich, dass es sich vielfach um Elitenkompromisse handelte, und dass vor allem im lokalen Raum die Etablierung bzw. Verteidigung des adeligen Elitenanspruchs durchaus erfolgreich war. Wie in der Wirtschaft, so waren es vor allem Vereine und Klubs, hier natürlich kultureller, wohltätiger oder sportlicher Art, in denen der Hochadel aktives Engagement zeigte. Und wie in der Politik oder der Wirtschaft, so war auch hier das Prinzip des Nationalen ausschlaggebend: Denn es waren vor allem die dezidiert nationalen und patriotischen Vereine, die der nationalen Affirmation dienten, und damit die notwendige gesamtgesellschaftliche Legitimation bieten konnten. Neben diesem Aspekt kann man gerade in dem Bereich des Sozialen von fast idealtypischen Win-Win-Situationen ausgehen: Denn konnte sich der Adel durch Teilhabe an Vereinen national wie gesellschaftlich legitimieren, stellte das Engagement des Adels für die jeweiligen Vereine, aber auch Ereignisse wie Ausstellungen, Bälle, Theatereröffnungen etc. eine prestigeträchtige soziale Aufwertung dar. Die Beispiele hierfür sind vielfältig: So waren 1911 als lebenslange Mitglieder der Literatur- und Lesegesellschaft „Književno Društvo Sv. Jeronima" in Zagreb die Grafen Rudolf Normann-Ehrenfels, Teodor Pejačević und Miroslav Kulmer, die Gräfinnen Margaretha und Sabina Khuen-Belasi aus Nuštar sowie Milan pl. Kiepach-Haselburg aus Zagreb, der noch 1886 mit seinem Pferd in der Kirche für einen Skandal gesorgt hat, eingetragen.[1] Eine parallele Mitgliederstruktur weist 1904/1905 einer der prestigeträchtigsten und ältesten damaligen kroatischen Vereine überhaupt, das 1786 gegründete „Gradjansko Streljačko Društvo", der Bürgerliche Schützenverein in Zagreb, auf: Neben Vertretern des kroatischen Großbürgertums sowie des Klerus, wie Josip Juraj Strossmayer oder Bischof Pavao Gugler, finden wir fast selbstverständlich auch die Grafen Miroslav Kulmer und Teodor Pejačević – aber auch die aus zwar alter Familie stammenden, doch mit relativ neuem Baronstitel ausgestatteten Brüder Dragan und Ljudevit Vranyczany-Dobrinović als Mitglieder. Der

1 DAZG 812 Građansko streljačko društvo u Zagrebu.

DOI 10.1515/9783110521238-006

Verein war daher sowohl milieu- wie politikübergreifend, dabei jedoch dezidiert national: Während der schon verstorbene Graf Ladislav Pejačević weiterhin als Mitglied geführt wurde (mit einem entsprechenden Vermerk), ist der Name Khuen-Héderváry dick durchgestrichen: Eine kleine, aber vielsagende Geste.[2] Der Schützenverein stellt in seiner Struktur im Prinzip ein sehr frühes Beispiel eines Elitenkompromisses dar, da seit seiner Gründung der Adel stets darin aktiv war. So wurde z. B. am 27. August 1837 Graf Djuro Jelačić mit einer auf Deutsch vorgedruckten, prächtig lithografierten Urkunde feierlich in die „bürgerliche Schützen-Gesellschaft der königlichen Freystadt Agram" aufgenommen.[3]

Und nicht nur der erste kroatische Automobilklub stellte einen Elitenkompromiss mit hochadeliger Beteiligung dar, sondern bezeichnenderweise auch das erste Automobilrennen im Land. Unter den neun Teilnehmern waren der Zagreber Oberbürgermeister Vjekoslav Heinzel, der Industrielle Ferdinand Budicki, aber auch Graf Miroslav Kulmer sowie Baron Dioniz Hellenbach als Präsident des Automobilklubs. Das Rennen auf der Strecke Zagreb-Varaždin glich dabei eher einem gesellschaftlichen Großereignis von landesweiter Bedeutung: So wurde in Varaždin ein gemeinsames festliches Mittagessen begangen, nachdem die „Rennfahrer" vom Varaždiner Obergespan und dem Stadtkapitän begrüßt worden waren.[4]

Die sozialen Kontakte blieben jedoch nicht nur auf Vereine oder Klubs beschränkt, sondern wir finden ebenso eine Vergesellschaftung bei prestigeträchtigen Veranstaltungen wie Galaabenden oder Bällen. So war ein Ball – und ist es noch heute – ein gesellschaftliches Ereignis ersten Ranges, aus dem sich sehr deutlich gewisse Haltungen und Verhaltensnormen ableiten lassen. Was dem österreichischen Hochadel nahezu unmöglich schien, war andererseits im geschlossenen kroatisch-slawonischen Rahmen keine Seltenheit: Das Zusammentreffen der verschiedensten, die Oberschicht bildenden Gruppen. Ein sehr prägnantes Beispiel für diese gesellschaftliche Flexibilität im Zusammenhang mit nationaler Elitenaffirmation ist der am 02.02.1912 im Wiener Hotel Kontinental abgehaltene Kroatenball, der „Ples Hrvata",[5] der ganz in der Tradition der Bälle des Illyrismus der 1830er und 1840er Jahre stand.[6] Diese dezidiert patriotischen gesellschaftlichen Veranstaltungen spielten seit dem Illyrismus eine gewichtige Rolle, da sie mit zu den prestigeträchtigsten Veranstaltungen gehörten, auf denen man seine Zugehörigkeit zur nationalen Elite öffentlich präsentieren und damit affirmieren konnte: als Teil der Elite im sozialen wie auch im nationalen Sinne. Die Schirmherrschaft über diesen Ball hatten Baron Marijan Varešanin

---

2 DAZG 812 Građansko streljačko društvo u Zagrebu.

3 DAZG 1387 Jelačić.

4 Male Novine 09.09.1912. Vgl. dazu auch: Valjak, Valentino: Bešte ljudi – ide auto! Povijest automobilizma u Hrvatskoj 1898. –1945. Zagreb 2012.

5 Agramer Zeitung 24.01.1912.; HDA 776 Turković-Puškarić.

6 Zur Bedeutung von Bällen und Abendgesellschaften im kroatischen Nation-Building siehe vor allem: Katarinčić: Zagrebačke plesne zabave s kraja 18. i tijekom 19.stoljeća. S. 49–68.

von Vareš, General der Infanterie und Gouverneur Bosnien-Herzegowinas, und seine Gemahlin Irena inne, die beide als nobilitierte Aufsteiger eindeutig der Zweiten Gesellschaft angehörten. Ein sehr aufschlussreiches Indiz für den Umgang der adeligen Gruppen in Kroatien-Slawonien untereinander gibt die weitere Zusammensetzung der einzelnen Ausschüsse und Organisationskomitees des Balles: Im Ehrenausschuss der Damen gehörten fünf dem hoffähigen Hochadel, elf dem Neuadel und 17 Personen dem Bürgertum an. Im Ehrenausschuss der Herren lag das Verhältnis bei fünf Aristokraten, elf Neuadeligen und 24 Bürgerlichen. In diesen beiden Ausschüssen fanden sich sowohl Angehörige des hoffähigen Hochadels wie Graf Marko Bombelles, aber auch Baron Petar Dragan Turković als Beispiel eines großbürgerlichen Unternehmers, der die Baronie gerade erst erhalten hatte, und Mitglieder der Intelligenzija, wie der Slavist Vatroslav Jagić, wieder. Alle an der Organisation dieses prestigeträchtigen patriotischen Balles in der kaiserlichen Hauptstadt beteiligten Personen gehörten unterschiedlichen sozialen Gruppen an, denen aber ein Merkmal gemeinsam war: Sie waren Teil nicht nur der Oberschicht Kroatien-Slawoniens, sondern im weiteren Sinne auch der österreichisch-ungarischen Gesamtmonarchie.

Wie ersichtlich ist, zogen sich Elitenkompromisse mit hochadeliger Beteiligung durch sämtliche Bereiche des Landes und der kroatischen Gesellschaft. Auch dadurch können wir den Adel mit dem Ansatz von Dahrendorf und Zapf als Elite betrachten: Er war an Entscheidungen beteiligt, die über ihre eigene Sozialformation hinausgingen und die Gesellschaft allgemein betrafen. Natürlich wurden diese Entscheidungen nicht allein durch den Adel bestimmt, jedoch von ihm im Rahmen der Elitenkompromisse mitbestimmt und -gestaltet.

Die Frage ist nun, ob und wie sich diese unbestreitbar hohe soziale Flexibilität auf die adelige Identität, sowohl individuell als auch kollektiv, auswirkt hatte, und ob sich in bestimmten Bereichen der Lebenswelt noch ein „klassischer" adeliger Habitus und Exklusionsstrategien finden lassen? Wie gezeigt wurde, zeichnete sich der kroatisch-slawonische Hochadel vor allem durch eine hohe Heterogenität aus, wobei Heterogenität nicht zwangsläufig ein Gegensatz zu adeliger Kohäsion und damit zu einer Identität sein muss, wie es beispielsweise die jüngste Forschung für den hessischen Adel gezeigt hat. Im Folgenden soll der Frage nachgegangenen werden, ob es gruppenverbindende Strukturen oder Verhaltensweisen innerhalb des kroatischen Hochadels gegeben hat, und worin sich der adelige Charakter des Adels, seine Adligkeit, als kohäsionsstiftendes Element manifestierte.

Gerade diese Frage wurde bisher in der kroatischen Forschung weitgehend übergangen, und dem Adel wurde dessen Adligkeit pauschal abgesprochen: Mirjana Gross schreibt bezeichnenderweise von einer Verbürgerlichung des Adels, als ob es den Adel als eine sowohl von außen wie von innen, von sich selbst wahrgenommene soziale Kategorie nicht mehr gäbe.[7] Der Adel wurde daher vor allem durch die For-

7 Gross: The Position of the Nobility. S. 168.

schung in die Bürgerlichkeit der kroatischen Gesellschaft integriert, sodass er sowohl als Sozialformation wie als Kulturmodell so gut wie jegliche Eigenständigkeit verlor. Dabei stehen Adligkeit und Bürgerlichkeit als Konzepte in einem engen Zusammenhang: Adligkeit wurde vor allem in der jüngeren Forschung als ein Konzept verwendet, das analog zur aus der Bürgertumsforschung stammenden Idee der Bürgerlichkeit als verbindendem, identitätsstiftendem Kulturmodell auf den Adel übertragen wurde. Das adelige Handeln wird als kulturelle Praxis begriffen, die ein Ergebnis der Wechselwirkung von Eigen- und Fremdwahrnehmungen darstellt. Dieses daraus entstandene Deutungsmuster gebraucht dabei stets Familie und Landbesitz als zentrale, interdependente Kategorien, die den Kern von Adligkeit ausmachen.

Worin zeigte sich folglich „kroatische Adligkeit"? Gab es eine adelige Identität bzw. eine adelige Gruppenkohäsion? Dazu sollen drei geradezu klassische Bereiche adeliger Lebenswelt untersucht werden, denen gemeinhin eben diese gruppenumfassende Wirkung zuerkannt wird, deren Analyse aber aufgrund der oben beschriebenen problematischen allgemeinen Quellenlage eher rekonstruktiv verstanden werden soll: Jagd, Wohltätigkeit und Familie. Denn diese drei Bereiche gehören neben Besitz, Politik und Prestige mithin zum Kanon von Adligkeit, mit dessen Hilfe man sich der Frage nach adeliger Identität bzw. Distinktion nähern kann.

6.2 Jagd als Ausdruck von Adligkeit?[8]

Graf Stjepan Erdődy soll nach eigenen Angaben im Laufe von 40 Jahren als aktiver Jäger 10712 Stück Wild erlegt haben[9] – was einen Durchschnittswert von ca. 268 Tieren im Jahr bedeutet –, und sein Neffe Graf Karlo Drašković (1873–1900) starb kurz nach einer Operation als Konsequenz eines Jagdunfalls im November 1898, bei dem durch „unglückliche Entladung seines Gewehres" sein linkes Auge durchschossen wurde.[10] Adel und Jagd scheinen untrennbar zusammen zu gehören – und tatsächlich

8 Vgl. zur Jagd: Bode, Wilhelm und Elisabeth Emmert: Jagdwende. Vom Edelhobby zum ökologischen Handwerk. München 2000. Eckardt, Hans Wilhelm: Herrschaftliche Jagd, bäuerliche Not und bürgerliche Kritik. Zur Geschichte der fürstlichen und adligen Jagdprivilegien vornehmlich im südwestdeutschen Raum. Göttingen 1976.; Hrvatsko šumarsko društvo (Hrsg.): Hrvatsko šumarsko društvo 1846–1996. Zagreb 1996.; Kesterčanek, Fran: Lovstvo. Zagreb 1896. Ders.: Forst- und Jagdwesen. In: Die Österreichisch-Ungarische Monarchie in Wort und Bild. Kroatien und Slawonien. Kronprinzenwerk, Band 24. Wien 1902. S. 242–249. Kolar-Dimitrijević, Mira und Elizabeta Wagner: Lov i plemstvo u Hrvatskoj i Slavoniji. In: Ekonomska i ekohistorija 5 (2009). S. 44–58.; Martić, Davor: Bombelles. Grofovska lovišta varaždinske županije. Split 2005. Maylein, Klaus Friedrich: Die Jagd – Bedeutung und Ziele. Von den Treibjagden der Steinzeit bis ins 21. Jahrhundert. Marburg 2010.; Rösener, Werner: Die Geschichte der Jagd. Kultur, Gesellschaft und Jagdwesen im Wandel der Zeit. Düsseldorf 2005.

9 HDA 712 Erdődy. Z-2834 - Z-2843. Lovački dnevnik grofa Stjepana Erdődyja.

10 Agramer Zeitung 13.01.1900.

gehört die Jagd klassischerweise zum Kanon von Adligkeit. Mehr noch, sie wird geradezu stereotyp mit „dem Adel“ verknüpft. Und so lange adelige Privilegien bestanden, zu denen das Jagdrecht gehörte, – in der Habsburgermonarchie bis 1848 –, traf dies auch zu: Gerade von bürgerlicher Seite wurde die Jagd als ein Zeitvertreib der adeligen Oberschicht empfunden, der wie kein anderer dazu prädestiniert schien, soziale Distanz zu anderen Bevölkerungsgruppen (nach unten) zu demonstrieren.[11] Dies änderte sich jedoch im Laufe des 19. Jahrhunderts mit der Abschaffung adeliger Vorrechte, sodass es auch bürgerliche Jäger gab, die aber in der kollektiven Wahrnehmung „gegen alle Regeln der Kunst“ jagten, und damit weiterhin im Gegensatz zum jagenden Adel zu stehen schienen.[12]

Im kroatischen Kontext kommt der historischen Jagd noch eine weitere Bedeutung hinzu, die sich fast zwangsläufig aus der mentalen Verbindung von Adel und Jagd ergibt: Die Jagd war als Topos ein weiterer Bestandteil des kroatischen antiadeligen Narrativs. Beide Begriffe befanden sich in einer engen Wechselseitigkeit, und schienen sich innerhalb des Diskurses zu bedingen und bestätigen. Gustav Krklec erinnerte sich zum Beispiel an den neugeadelten Zagreber Großindustriellen Oskar pl. Pongratz, „in einer lächerlichen Tiroler Jagdaufmachung“.[13] Dadurch kam nicht nur Kritik an der Jagd und am Adel zum Ausdruck, sondern auch am adeligen Habitus bzw. gegenüber dem, was man für adelig hielt: Denn das Tragen von Janker, Lederhosen und Gamsbart zur Jagd in Österreich-Ungarn hatte bezeichnenderweise Franz Joseph mit etabliert und gehörte spätestens seit Ende des 19. Jahrhunderts zur obligatorischen Jagdgarderobe – und war damit Symbol für Adligkeit. Somit zeigten sowohl Pongratz wie Krklec, dass sie – ganz im Sinne von Barthes – diese Jagdkleidung als Signifikanten lesen konnten, dem sich ein bestimmter (angenommener oder tatsächlicher), in diesem Fall adeliger Habitus zuordnen ließ. Pongratz eignete sich durch die Übernahme der Kleidung auch den Habitus an, den er für adlig hielt, und Krklec erkannte diese Aneignung eines vermeintlich adeligen Habitus, ohne freilich diese Worte zu gebrauchen. Vor allem in der Außenwahrnehmung war die Jagd a priori adelig. Dass dieses Narrativ auch in der jüngsten kroatischen Forschung weiterhin dominant ist, zeigt sich prägnant an einem Aufsatz von Mira Kolar-Dimitrijević, der zwar eine ausführliche Darstellung der Geschichte der Jagd in Kroatien im 19. Jahrhundert darstellt, sich aber weiterhin der stereotypen Topoi über den Adel bedient und die Gleichsetzung von Adel und Jagd nicht reflektiert.[14] Jedoch haben gerade neuere Arbeiten zum Thema des Verhältnisses von Jagd und Adligkeit gezeigt, dass es sich bei-

11 Veblen, Thorstein: Theorie der feinen Leute. Frankfurt am Main 1986. S. 244.

12 Tacke, Charlotte: Die „Nobilitierung“ von Rehbock und Fasan. Jagd, „Adel“ und „Adligkeit“ in Italien und Deutschland um 1900. In: Aufsteigen und Obenbleiben in Europäischen Gesellschaften des 19. Jahrhunderts. Akteure – Arenen – Aushandlungsprozesse. Hrsg. von Karsten Holste, Dietlind Hüchtker u. Michael G. Müller. Berlin 2009. S. 223.

13 Krklec, Gustav: Lica i krajolici. Zagreb 1977. S. 14.

14 Kolar-Dimitrijević u. Wagner: Lov i plemstvo u Hrvatskoj i Slavoniji. S. 44–58.

spielsweise bei der Jagd in Deutschland um 1900 nicht um ein adeliges, sondern um ein Phänomen der Oberschicht handelte. Die Jagd bot ein Forum sozialer Strukturbildung, da gerade in diesem „typisch adeligen“ Zeitvertreib überkommene Verhaltensmuster und Regeln in die Aushandlung einer neuen Elitengruppe eingebracht und übernommen werden konnten.[15] Im Kontext dieser Arbeit wäre daher die Frage zu beantworten, ob es sich auch bei der Jagd in Kroatien-Slawonien um ein vergleichbares Phänomen gehandelt haben könnte, und inwieweit die Jagd tatsächlich „adelig“ geblieben war.

Mit dem Jagdgesetz von 1893 konnten Jagdreviere nur dort mit der Zustimmung der zuständigen Kreisverwaltungen etabliert werden, wenn der Forstbesitz mindestens 400 Morgen betrug. Da die Jagd somit weiterhin an den Grundbesitz gebunden war, konnten die Reviere vor allem in Slawonien weiterhin in adeligem Besitz bleiben. In gewissem Gegensatz hierzu standen die Verhältnisse im engeren Kroatien, wo es aufgrund der weitaus stärker parzellierten Besitzverhältnisse populär wurde, sich in Gemeindeeigentum befindliche Reviere zu pachten.[16] Die Jagd spielte ebenso eine Rolle als ökonomischer Faktor, wofür die Reviere von Graf Marko Bombelles ein prägnantes Beispiel sind. Nicht nur wurde das erlegte Wild nach Zagreb, Wien, Budapest und Paris exportiert – so wurden um 1900 jährlich ca. 4000 Fasane allein aus dem Revier Komar verkauft –, sondern großen Gewinn erzielten die exklusiven mehrtägigen Jagdgesellschaften.[17] So erlegten bei einem mehrtägigen Jagdausflug vom 3. bis 11. November 1911 neun Jäger insgesamt 6147 Fasane und 1083 Hasen.[18]

Es liegt auf der Hand, dass allein aufgrund der Bodenbesitzverhältnisse – wie im Kapitel zur Wirtschaft dargelegt – der Adel und damit vor allem der Hochadel eine dominierende Rolle bei der Jagd einnahmen. Dies traf auch auf die Forstwirtschaft zu: Adelige traten nicht nur als Besitzer von rational geführten profitablen Waldgebieten in Erscheinung, sondern befanden sich auch auf landesweiter Ebene in der Forstwirtschaft auf leitenden Positionen. Prominentestes Beispiel ist hierfür Graf Marko Bombelles, der von 1897 bis zu seinem Tod 1912 der Präsident des Kroatisch-Slawonischen Forstvereins war, der als einer der ersten in Kroatien-Slawonien überhaupt die Jagd und Forstwirtschaft zu einem ökonomisch relevanten Bereich aufbaute.[19] Aber auch bei der Jagd als konkreter Handlung lässt sich trotz der Dominanz des Adels eine zunehmende Vergesellschaftung zwischen Angehörigen der Oberschicht feststellen, die aber aus unterschiedlichen sozialen Milieus stammten. Dazu zwei Beispiele, die dies recht gut dokumentieren: Die Familie Mihalović war zwar nicht hochadelig, aber aufgrund ihres Besitzes und Prestiges familiär sehr eng mit dem Hochadel Slawoni-

---

15 Tacke: Die „Nobilitierung“ von Rehbock und Fasan. S. 225–226.
16 Kolar-Dimitrijević u. Wagner: Lov i plemstvo u Hrvatskoj i Slavoniji. S. 51.
17 Martić: Bombelles. S. 22.
18 Martić: Bombelles. S. 22.
19 Šumarski List 36. 01.10.1912. Nachruf auf Graf Marko Bombelles. Er galt nicht nur als vorbildlicher Jäger und Förster, sondern auch als patriotischer Kroate.

ens verbunden, vor allem den Grafen Pejačević. 1856 haben nun sechzehn verschiedene Jäger an 68 Tagen im Jahr in den Revieren der Familie Mihalović in Slawonien gejagt: Von diesen Jägern gehörten drei der Familie Mihalović an, dazu kamen die Grafen Adolf und Ladislav Pejačević, – der im Jagdtagebuch stets freundschaftlich als „Laczi" bezeichnet wird – und elf weitere, allesamt bürgerliche Jäger aus der lokalen Umgebung.[20] Jagd trug also auch zur Stärkung sozialer Beziehungen bei. Eine ähnliche soziale Struktur der Jagdgesellschaft findet sich 1911 in den Revieren der Herrschaft Dolnji Miholjac von Graf Ladislav Majláth: Von lediglich acht Jägern waren fünf Aristokraten, ein Neuadeliger sowie zwei Bürgerliche, darunter ein Linienschiffskapitän.[21] Im Gegensatz dazu jagte Graf Stjepan Erdődy meist in seinen eigenen Revieren um seine Güter Jaska und Jastrebarsko westlich von Zagreb, und wie man seinen Aufzeichnungen entnehmen kann, jagte er meist allein – obwohl er häufig Besuch bekam und sein sozialer Umgang nicht nur auf seine eigene Sozialformation des Hochadels beschränkt blieb. Aber auch Erdődy machte Ausnahmen: So ging er 1916 regelmäßig mit einem russischen Kriegsgefangenen namens Nikolaj Sergejevič Kaltinin aus Jekaterinoslav, dem heutigen Dnipro, zur Jagd, der schließlich zeitweise mit ihm in seinem Schloss Jaska wohnte und ihm bei der Jagd das Gewehr trug.[22] Seine mehrheitlich deutschen Eintragungen geben einen zwar subjektiven, doch dadurch umso plastischeren Einblick nicht nur in ein individuelles Jägerleben, sondern auch in den Alltag auf einem aristokratischen Gut in Kroatien um 1900: So wurden Graf Erdődy am 29.04.1903 von seinem Förster Pažovski und seinem Landaufseher Matković vier Adler auf seinem Besitz gemeldet. Und da er dem „Personale das Schiessen auf Adler u. Bussarde längst verboten habe",[23] durfte auch keiner sie erlegen – woran man wiederum erkennt, dass gerade die Jagd auf eigenem Grund und Boden nicht nur einen sportlichen Zeitvertreib, sondern auch eine starke symbolische Handlung darstellte, die die bestehenden Herrschaftsverhältnisse bestätigte und festigte.

Dass die Jagd eine sehr zentrale Rolle im Leben eines Jägers spielen konnte, wie es bei Erdődy eindeutig der Fall war, zeigt sich auch an seinen Gedanken zu einem Aufenthalt in Karlsbad im November und Dezember 1905. Aufgrund eines hartnäckigen „Darmcatarrhes den ich mir am 13ten Jänner 1905 in Fiume durch Essen von Austern zugezogen habe" befand er sich in Kur – und es ist bezeichnend, welches Resümee dieses Kuraufenthalts er zieht:

> „In Böhmen sah ich nichts von Belang, das Wetter war infam, immer neblig, kalt, regnerisch, oft Schneefall, weswegen ich auch stets nur zwischen den langweiligen Stadtmauern Carlsbad's

---

20 HDA 688. Vlastelinstvo Orahovica, Feričanci. Jagdtagebuch Mihalović 1856/57.

21 DAOS 1351. Vlastelinstvo Dolnji Miholjac. Schussliste über erlegtes Wild während der Pürsch im Jahre 1911.

22 Čebotarev, Andrej: Prvi svijetski rat u očima grofa Stjepana Erdődyja. In: Gazophylacium 1–2 (1995). S. 43.

23 HDA 712 Erdődy. ZM 44/1-ZM 44/10. Lovački dnevnik grofa Stjepana Erdődyja. 29.04.1903.

> wandelte u. glücklich war von dort wegzukommen. Ich durchfuhr ganz Böhmen u. Niederösterreich u. sah ausser wenig Krähen u. Dohlen u. einem Sperber bei Pilsen keinen Adler, Falken, Bussard. Bei Frauenberg sah ich etliche 20 Stück Rehwild auf Feldern äsen. [...][24]

Die fraglos große Bedeutung der Jagd für adelige Männer als Zeitvertreib zeigt sich auch im ebenfalls größtenteils auf Deutsch geschriebenen Jagdtagebuch seines Neffen Graf Karlo Drašković. Angefangen am 18. Juni 1885, als dieser erst zwölf Jahre alte war, besteht es vor allem aus den jeweiligen Abschusslisten, gelegentlichen persönlichen Anmerkungen, die aber merklich lakonisch gehalten sind: „Am 12. Sept. 1898 mich selbst angeschossen in Szilos“:[25] Sein selbstverschuldeter Jagdunfall, an dessen Folgen er zwei Jahre später sterben sollte, ist ihm nur einen Satz wert. Wie sein Onkel illustrierte auch Karlo Drašković sein Tagebuch mit farbenfrohen Zeichnungen, jedoch klebte er auch viele Fotografien von Bauern der Umgebung, Naturaufnahmen und vor allem von sich selbst ein, was sein Tagebuch umso „moderner“ erscheinen lässt.

Abb. 12: Eintrag vom April 1894 im Jagdtagebuch des Grafen Karlo Drašković.

24 HDA 712 Erdődy. ZM 44/1-ZM 44/10. Lovački dnevnik grofa Stjepana Erdődyja. 19.12.1905.
25 Privatarchiv Draskovich in Güssing. Jagdtagebuch des Grafen Carl Drašković. Angefangen am 18. Juni 1885.

Abb. 13: Photographie eines erlegten Bussards aus der Sammlung von Graf Stjepan Erdődy: „Adlerbussard. erlegt durch Stefi Erdődy. in Jaska am 29. August 1911. Dimensionen. 61 ½ Cent. Totallänge = Breite 154. Flügellänge 71. Schwanzlänge 27. Mittelzehe samt Kralle 6 Cent."

Beide Jagdtagebücher stellen interessante, weil seltene Ego-Dokumente zweier Magnaten verschiedener Generationen in Kroatien-Slawonien dar. Vor allem Graf Stjepan Erdődy gibt darin über seinen Alltag und seine Lebenswelt Aufschluss: Neben den stets obligatorischen Anmerkungen zu Wetter und Jagdhergang finden sich vor allem Reflexionen über das politische Tagesgeschehen, sowohl im In- und Ausland, Anekdoten und alltägliche Erlebnisse wieder, jedoch keinerlei selbstreflexive Gedanken über die Jagd oder gar über seine adelige Identität, da beide Aspekte allem Anschein nach Selbstverständlichkeiten darstellten. Und Hinweise auf einen eindeutig adeligen Charakter seiner Jagd, wodurch sein Handeln ihn von anderen jagenden Sozialformationen unterschiede, lassen sich nicht finden: ein jagender Adliger allein adelt die Jagd nicht. Denn wenn es adlige Jäger gab, die sich von den anderen, also bürgerlichen Jägern distanzieren wollten, bedeutet dies nicht, dass es adlige Jagd als solche gegeben haben muss.[26]

26 Tacke: Die „Nobilitierung" von Rehbock und Fasan. S. 224.

Vielmehr zeigt sich auch in Kroatien-Slawonien, dass die Jagd weniger ein exklusiver Zeitvertreib einer Sozialformation blieb (wie dem Adel), sondern sich für die höheren sozialen Schichten insgesamt öffnete und dadurch auch Aufsteiger, Bürgerliche wie Zweite Gesellschaft an der Jagd teilnehmen ließ. Dies konnte daher die Jagd als Ausdruck der Zugehörigkeit zu einer neuen Elitengruppe erscheinen lassen. Die gesellschaftliche Öffnung der Jagd, das heißt ihre Zugänglichkeit für Angehörige der Oberschicht zeigt sich u. a. an den publizierten Fachzeitschriften zur Jagd und zur Forstwirtschaft[27], wie auch an den Mitgliederzahlen, dem Erfolg und Prestige des Kroatisch-Slawonischen Forstvereins, dem nach dem Tode von Bombelles ab 1914 bezeichnenderweise Marko, der Sohn des Banus Graf Teodor Pejačević, als Präsident vorstand.[28]

Ein dezidiert adeliger Charakter der Jagd oder die Tatsache, dass die Jagd ein klares adeliges Distinktionsmerkmal darstellte, lässt sich daher in Kroatien-Slawonien anhand der verfügbaren Quellen nicht feststellen, da allein die Tatsache, dass die Mehrheit der Jäger in Kroatien-Slawonien adelig war, die Jagd nicht a priori adelig macht. Jagd blieb auch in der Zeit nach Abschaffung adeliger Vorrechte ein exklusiver Zeitvertreib, der im Vergleich zu anderen Freizeitbeschäftigungen recht kosten- und zeitintensiv war und es noch immer ist. Um waidgerecht zu jagen, benötigt man die entsprechende Ausrüstung, Kleidung, Waffen, und man muss die Regeln beherrschen – all dies erfordert eine gewisse Vorbereitung und Investitionen. Daher kann man die Jagd eher als ein Distinktionsmerkmal der Zugehörigkeit zur Oberschicht der Gesellschaft verstehen, und damit auch von Teilen der Elite. Die Jagd in der Moderne in Kroatien-Slawonien stellte somit keine Exklusivität des Adels dar, sondern vielmehr einen Elitenkompromiss, dessen Akteure sich dadurch wiederum von anderen Gruppen abgrenzen konnten, die eben nicht zur Jagd gingen oder gehen konnten. Die Vorstellung, dass Jagd zwangsläufig einen Ausdruck von Adligkeit darstellt, ist jedoch in Kroatien weiterhin präsent, wie das negative, unreflektierte Narrativ zum Adel im Allgemeinen: Es ist daher bezeichnend, dass es laut Kolar-Dimitrijević im 19. Jahrhundert nur noch Reste des Adels gegeben haben soll, und die Magnaten im kroatischen Zagorje immer mehr in materielle Schwierigkeiten geraten seien.[29] Beide Aussagen sind jedoch nicht haltbar, da zum einen recht sorglos mit den Begrifflichkeiten umgegangen wird – velikaši [Magnaten] und plemstvo [Adel] werden gleichgesetzt –, und zum anderen waren es gerade die Magnaten, die es geschafft haben, „oben zu bleiben". Und wie in den Kapiteln dieser Arbeit bisher gezeigt wurde, gab es zwar eine große Diversität in den ökonomischen Verhältnissen innerhalb des Hochadels, aber dennoch gehörte die Mehrzahl der Magnaten aus dem Zagorje wie die Grafen Marko Bombelles und Ivan Drašković oder die Barone Géza und Pavao Rauch zweifelsohne zur Oberschicht

27 Wie beispielsweise der 1892 in Varaždin gegründete „Viesnik Prvoga obćega hrvatskoga družtva za gojenje lova i ribolova", der schließlich von 1909 bis 1947 als „Lovačko-ribolovni vjesnik" erschien.
28 Hrvatsko šumarsko društvo. S. 135.
29 Kolar-Dimitrijević u. Wagner: Lov i plemstvo u Hrvatskoj i Slavoniji. S. 51.

des Landes. Ebenso wird die These postuliert, dass der Adel Kroatiens in Wien als zweitrangig betrachtet wurde, und somit auch die Jagdgesellschaften des Adels in Kroatien-Slawonien als zweitklassig galten.[30]

Abb. 14: Graf Marko Bombelles in der typischen alpenländischen Jagdtracht: Kniebundhose, Janker und Hut, 1911.

Abb. 15: Selbstporträt des Grafen Stjepan Erdődy mit Hund. Dieses Photo ist nur eines von unzähligen, manchmal sogar experimentellen Selbstporträts des Grafen, und weist ihn nicht nur als passionierten Jäger, sondern auch als begeisterten Hobbyphotographen aus. Ohne Jahresangabe.

Diese Behauptungen sind schon allein dadurch zu entkräften, dass die Zugehörigkeit zum Hochadel und vor allem zum Hofadel nicht an die Nationalität, sondern an die Anzahl der adeligen Ahnen gebunden war. Der Hochadel Kroatien-Slawoniens war daher ebenso hoffähig wie es der böhmische, ungarische oder galizische Hochadel war. Mitgliedern des kroatisch-slawonischen Hochadels wurden ebenso regelmäßig prestigeträchtige Hofwürden verliehen (vor allem die des k.u.k.-Kämmerers), wie sie zu den Hoftafeln eingeladen wurden.[31] Und die Jagdgesellschaften von Graf Marko Bombelles, der sich bewusst als Kroate und kroatischer Aristokrat definierte, hätte man unter Umständen als zweitrangig bezeichnen können, wenn an ihnen – unter

30 Kolar-Dimitrijević u. Wagner: Lov i plemstvo u Hrvatskoj i Slavoniji. S. 54.

31 HHStA Wien. Ome Neuere Zeremonialakten NZA 270 – 4. So gehörte Gräfin Bombelles zur Suite der Erzherzogin Marie Valerie und erhielt eine Einladung zur Marschallstafel am 21. Februar 1902 anlässlich der Feierlichkeiten zur Goldenen Hochzeit von Erzherzog Rainer und Erzherzogin Marie, ließ sich jedoch entschuldigen.

anderen hochadeligen Gästen – nicht regelmäßig ein enger Freund von Bombelles und Taufpate seiner Kinder teilgenommen hätte: Erzherzog Franz Ferdinand, der Thronfolger Österreich-Ungarns.[32]

6.3 Adelige Wohltätigkeit in Kroatien-Slawonien um 1900

Das von Johann Michael von Loen in seiner 1752 erschienenen Abhandlung zum Adel geforderte Ideal menschlicher Empathie gehörte seit der frühen Neuzeit zum traditionellen adeligen Tugendkatalog, der dem landbesitzenden Adel nicht nur die religiös begründete Caritas, sondern auch die Partizipation an der Herrschaft und Verwaltung, sowie persönliches militärisches Engagement zum Dienst werden ließ: „Ein rechter Edelmann muss aller Menschen Freund, Schutz und Hilfe sein.“[33] Das Bewusstsein, als begüterte Aristokraten zur herrschenden Schicht zu gehören, beinhaltete in seinem Selbstverständnis die Pflicht zur Unterstützung Notleidender und sozial Benachteiligter. Diese adelige Wohltätigkeit, die im heutigen Rückblick eine nicht zu unterschätzende Rolle für die Deutung und eine damit häufig verbundene Verklärung des Adels innerhalb der Gesellschaft spielt, wurde auch nach den Erfahrungen von Absolutismus, Revolution und Restauration im Europa des 19. Jahrhunderts weitergepflegt. Sehr deutlich kommt diese Verbindung von Adligkeit und Wohltätigkeit in den jeweiligen Nachrufen zum Ausdruck; so auch exemplarisch zum Tode von Baron Gustav Hilleprand-Prandau:

> Der Hauptzug seines Charakters bildete chevalereske Ritterlichkeit, Humanität und ein reger Wohltätigkeitssinn. [...] Auch die Stiftung eines Stipendiums, welches die Bestimmung hat, zur Ausbildung hervorragender Landessöhne in den Rechtswissenschaften verwendet zu werden, ist das Werk Baron Prandau's, welcher dieses Stipendium anlässlich des im Jahre 1874 dem kroatischen Geschichtsschreiber Peter Katančić im Orte Valpo errichteten Monumentes gründete.[34]

Parallel zur immer weiter fortschreitenden Industrialisierung kam es daher in fast mechanischer Weise zur Gründung neuer Wohltätigkeitsvereine, Hilfsorganisationen und privater humanitärer Initiativen, sowohl von bürgerlicher wie auch adeliger Seite.[35] Die öffentlich praktizierte adelige Wohltätigkeit in Europa im Verlauf des

32 Šumarski List 36. 01.10.1912. Nachruf auf Graf Marko Bombelles. „Seine vorbildlichen Jagdreviere wurden häufig von hohen Gästen besucht, und sie wurden auch mehrfach vom erlauchten Thronfolger Erzherzog Franz Ferdinand aufgesucht“. Vgl. ebenso Martić: Bombelles. S. 21. Fotografie von Bombelles, Franz Ferdinand und sieben erlegten Rehböcken nach einer Jagd auf Gut Zelendvor, 30.03.1895.

33 Loen, Johann Michael von: Der Adel. Ulm 1752. S. 265.

34 Agramer Zeitung 26.05.1885.

35 Die Erforschung von Wohltätigkeit und Philanthropie in den verschiedensten Disziplinen wie Soziologie und Geschichtswissenschaft hat bis dato eine recht große Anzahl an Publikationen hervorgebracht, von denen an dieser Stelle einige der relevanten Werke angeführt werden: Brandes, Inga u.

19. und zu Beginn des 20. Jahrhunderts, und damit auch in Kroatien-Slawonien, konnte sich sowohl in individuellen Aktionen – deren Spektrum von Gefälligkeiten wie Empfehlungen, kleineren Geldsummen bis hin zum Aufbau von privaten Schulen oder medizinischen Einrichtungen reichen konnte – als auch in gemeinschaftlich organisierter Form als Arbeit von Stiftungen und Vereinen entfalten.

Zwischen 1800 und 1905 entstanden daher 153 wohltätige und karitative Vereine, die damit ca. 19 Prozent aller in diesem Zeitraum gegründeten Vereine in Kroatien-Slawonien darstellten.[36] Wohltätigkeit im 19. Jahrhundert hat neben ihrem altruistischen Charakter eine weitere Bedeutung: Es ist eine geradezu klassische Aktivität der jeweiligen Eliten einer Gesellschaft, die von großer habitueller Bedeutung ist: wer viel gibt, besitzt viel und bedeutet dementsprechend viel. Vom konzeptuellen Ansatz dieser Arbeit her, soll nun die Rolle der Wohltätigkeit als Ausdruck und Instrument der Zugehörigkeit zur gesellschaftlichen Elite wie auch als adeliges Distinktionsmerkmal betrachtet werden. Wie in der Politik oder der Wirtschaft, so finden wir auch in der Wohltätigkeit Foren, die für die Herausbildung von Elitenkompromissen geeignet waren. Ein solches Forum innerhalb des sozial-gesellschaftlichen Handlungsfelds stellt die „Gesellschaft des Roten Kreuzes der Königreiche Kroatien-Slawonien“[37] dar. 1912 standen dem aus neun Mitgliedern bestehenden Präsidium Graf Aladár Janković sowie Gräfin Lilla Pejačević vor, die beide zur aristokratischen Spitze der Gesamtmonarchie gehörten. Neben diesen beiden Angehörigen des hoffähigen Hochadels und fünf bürgerlichen Mitgliedern waren noch Jutta pl. Mošinsky od Zagrebgrada und Zorka pl. Pongratz, geb. Baronin Živković, im Vorstand vertreten, die beide der neuadeligen Zweiten Gesellschaft zugezählt werden können. Analog zur Elitendurchmischung des Präsidiums einer der zweifelsohne prestigeträchtigsten humanitären Organisationen gestaltete sich auch der Ausschuss des kroatisch-slawonischen Roten Kreuzes. Von den insgesamt 31 Ausschussmitgliedern waren elf

---

Katrin Marx-Jaskulski (Hrsg.): Armenfürsorge und Wohltätigkeit. Ländliche Gesellschaften in Europa, 1850–1930. Frankfurt am Main 2008. In diesem Band vgl. besonders: Bernhardt, Kirsten: Adelige Armenhausstiftungen im Münsterland. Wandlungen und Auflösungstendenzen nach 1850. S. 201–223. Goujon, Bertrand: Re-inventing Seignorial Charity in Nineteenth-Century Europe: The Example of the Dukes and Princes of Arenberg. S. 187–201.; Bremner, Robert H.: Giving. Charity and Philanthropy in History. New Brunswick, London 1996. Henning, Hansjoachim: „Noblesse oblige?“ Fragen zum ehrenamtlichen Engagement des deutschen Adels 1870–1914. In: VSWG 79 (1992). S. 305–340.; Parnica, Robert: Filantropija u Hrvatskoj u drugoj polovini XIX. i početkom XX. stoljeća. In: Historijski zbornik 53 (2000). S. 100–123. Für das weitere Osteuropa und insbesondere Russland besipielhaft: Lindenmeyer, Adele: The Ethos of Charity in imperial Russia. In: Journal of Social History 23 (1990). S. 679–689.

36 Matković, Stjepan u. Alexander Buczynski: Das Kroatische Vereinswesen. In: Die Habsburgermonarchie 1848–1918. Band VIII: Politische Öffentlichkeit und Zivilgesellschaft. Hrsg.von Helmut Rumpler u. Peter Urbanitsch. Wien 2006. S. 1297.

37 „Zemaljski odbor društva crvenoga križa kraljevina Hrvatske i Slavonije“. In: Imenik dostojanstvenika, činovnika i javnih službenika kraljevina Hrvatske i Slavonije 1912. Zagreb 1912. S. 138.

adelig, darunter Marija pl. Jelačić, geb. Baronin Rauch, ebenso wie Angehörige des alten, aber unbegüterten Kleinadels wie beispielsweise Dr. Aleksandar pl. Rakodczay, oder die zu einer der reichsten Familien des Landes gehörende Baronin Maja Turković und ihre Schwägerin, Baronin Irena Turković, geb. Živković. Ein weiteres Beispiel für Vereine als Foren gesellschaftlicher Elitenkompromisse war der „Landesdamenverein zur Bildung und zum Lohnerwerb der Frauen in Kroatien und Slawonien"[38], dessen Leitung weitgehend dem identischen Personal des Kroatisch-Slawonischen Roten Kreuzes oblag, und in dessen siebenköpfigen Präsidium (darunter ein Mann) neben Margita Gräfin Khuen-Hédervåry als Ehrenvorsitzender auch Elvira Gräfin Kulmer und Tereza pl. Macsvansky vertreten waren. Neben der – mehr oder weniger – aktiven Tätigkeit in Wohltätigkeitsvereinen traten jedoch weitgehend alle Aristokraten des Landes als sogenannte Stifter verschiedener Vereine in Erscheinung, was durch eine höhere Geldspende geschah. Sowohl die Vereine als auch ihre adligen Mitglieder bzw. Unterstützer profitierten voneinander: Die Vereine wurden durch ihre adeligen Mitglieder gleichsam selbst „geadelt" und konnten von deren Sozialprestige profitieren; die Adligen konnten sowohl ihrer erwarteten Rolle als Wohltäter gerecht werden sowie dadurch abermals ihren Elitenstatus öffentlich manifestieren. Daher lesen sich auch viele Mitgliedslisten von Wohltätigkeitsvereinen wie ein „Who is Who" des kroatischen Hochadels. Unter den Stiftern der 1873 gegründeten „Gesellschaft zur Unterstützung armer aber wertvoller Schüler des Königlichen Großen Gymnasiums in Osijek" finden wir daher neben Josip Juraj Strossmayer mit 2321 gespendeten Forint u.a. die Grafen Petar, Pavao und Ladislav Pejačević und Baron Gustav Hilleprand-Prandau, die alle 50 Forint gegeben hatten, die Grafen Rudolf Normann-Ehrenfels und Karlo Eltz mit 100 Forint, Ivan pl. Adamovich-Čepinski mit 200 Forint und Dragutin pl. Mihalović mit 210 Forint Spendenbeitrag.[39]

Im Gegensatz zu den Wohltätigkeitsvereinen jeglicher Couleur, in denen es zu den oben erläuterten Elitenkompromissen zwischen dem Hochadel und den Mitgliedern der neuen aufsteigenden Bevölkerungsgruppen kam, stellte die individuelle und selbstbestimmte karitative Arbeit eine der wichtigsten Bastionen aristokratischer Lebenswelt dar. Zwar waren einige hochadelige Männer und Frauen in den entsprechenden Vereinen und Organisationen durchaus aktiv, fällt dennoch auf, dass eine nicht unerhebliche Anzahl von Aristokraten sich eben dieser Form von gemeinschaftlicher sozialer Hilfsarbeit verweigerte, und ihr wohltätiges Engagement daher individuell entfaltete. Als paradigmatisches Beispiel für eine solche individuelle

38 „Zemaljska gospojinska udruga za obrazovanje i zaradu ženskinja u Hrvatskoj i Slavoniji." Ebd., S. 139. Vgl. dazu: Benyovsky, Lucija: Dobrotvorna gospojinska (ženska) društva u Hrvatskoj od osnivanja do Prvog svjetskog rata. In: Časopis za suvremenu povijest 30 (1998). S. 73–93. Dieser empirische Aufsatz gibt einen recht guten Überblick zur Tätigkeit weiblicher Wohltätigkeitsvereine.

39 DAOS 406/3 Popis članova Društva za potporu ubogih a vrijednih učenika Kraljevske Velike Gimnazije u Osijeku 1873.

adelige Wohltätigkeit abseits fester Vereinsstrukturen kann das langjährige karitative Wirken Graf Rudolf Erdődys und seiner Frau Lujza gelten, das sich bezeichnenderweise hauptsächlich auf deren Besitzungen in Nordkroatien beschränkte. So wurde 1889 eine Elementarschule mit privaten Mitteln des Grafen Erdődy in Mađarevo eingerichtet, und im darauffolgenden Jahr, am 28.06.1890 nahm das Krankenhaus in Možđenac bei Novi Marof seine Arbeit auf, welches ebenfalls ausschließlich von den Erdődys finanziert und zum Jahreswechsel 1898/1899 renoviert wurde.[40] Das Krankenhaus, welches drei Zimmer mit 13 bis maximal 15 Krankenbetten aufwies, bot jedoch nicht nur den Landarbeitern und Pächtern der gräflichen Besitzungen kostenlose medizinische Behandlung, sondern auch der übrigen lokalen Landbevölkerung. Die dezidiert konfessionelle Ausrichtung des Hospitals unter dem Namen „Sukromna bolnica Sv. Marije della Salute“ bedingte auch das dort beschäftigte Pflegepersonal. Zu Beginn wurde das Krankenhaus vom Orden der Barmherzigen Schwestern aus Zagreb betreut; ab 1906 waren dann die Schwestern vom Orden des Heiligen Kreuzes aus Đakovo für die Krankenpflege verantwortlich.[41]

Wohltätigkeit war neben dem Kulturleben für adelige Frauen das mitunter wichtigste Betätigungsfeld, in dem sie relativ eigenständig auf öffentlicher Bühne handeln konnten, da weibliche Berufstätigkeit in hochadeligen Kreisen mehr noch als im Bürgertum verpönt war. Dennoch sollte man karitative Vereine und Clubs nicht als Oasen oder gar als Katalysatoren der Emanzipation verstehen. Die Güter und Ländereien der Magnaten stellen für die hochadeligen Frauen das primärste Umfeld dar, in welchem sie sich auf individuelle Weise philanthropisch und karitativ betätigen konnten. Mit der Verbreitung des bürgerlichen Ideals von Mütterlichkeit Ende des 18. und zu Beginn des 19. Jahrhunderts verstärkte sich der Anspruch, weibliche Fürsorge nicht nur im engeren familiären Umfeld, sondern auch in der Öffentlichkeit walten zu lassen. Durch diese Erweiterung des Wirkungskreises konnten adelige Frauen zweifelsohne Zugang zu öffentlichen Bereichen erhalten, blieben aber durch diese Übertragung der „mütterlichen Eigenschaften“ vom Privaten ins Öffentliche ideologisch ihrer klassischen Geschlechterrolle verhaftet.[42] Ein deutliches Beispiel für die Verschmelzung der bürgerlichen Mutterrolle mit traditionellen aristokratischen Tugenden ist das Bild

40 Agramer Zeitung 08.02.1899.

41 Szabo, Agneza: Istaknute žene iz hrvatske grane grofova Erdődy. In: Gazophylacium. Časopis za znanost, umjetnost, gospodarstvo i politiku. 7 (2002). S. 120–121. Das Hospital arbeitete kontinuierlich bis zum Jahr 1922, als im Zuge der Agrarreform des neugegründeten Königreichs der Serben, Kroaten und Slowenen ein Großteil des Besitzes der Erdődy enteignet wurde und die Gemeindeverwaltung von Novi Marof das Hospital bezog, und im folgenden Jahr die meisten Mitglieder der Erdődys Kroatien verließen.

42 Diemel: Adelige Frauen im bürgerlichen Jahrhundert. S. 196. Vgl. hierzu: Sachße, Christoph: Mütterlichkeit als Beruf. Sozialarbeit, Sozialreform, Frauenbewegung 1871–1929. Frankfurt am Main 1986. S. 110–114.; Köhle-Hezinger, Christel: „Weibliche Wohltätigkeit“ im 19. Jahrhundert. In: Zwischen Ärgernis und Anerkennung. Mathilde Weber 1829–1901. Hrsg.von Helga Merkel. Tübingen 1993. S. 43–52.

der Landesmutter, die ihren regierenden Mann durch die Sorge um das Wohl ihrer Untertanen tatkräftig unterstützte. Christliche Caritas war ein unbestreitbar konstitutiver Faktor der weiblichen adeligen Identität und ihres Habitus, sodass der in Literatur, Kunst und in (populär-)wissenschaftlichen Werken überkommene Topos der mildtätigen edlen Dame fast einem Stereotyp gleichkommt, welches nicht nur von der Außenperspektive, sondern auch von den Akteurinnen selbst gepflegt und tradiert wurde. In den Memoiren von Gräfin Anna Janković erscheint die Wohltätigkeit gegenüber ihrer Umgebung bereits in jungen Kinderjahren als eine nicht zu hinterfragende Selbstverständlichkeit:

> War es so verwunderlich, dass ich bereits als Kind über soziale Fragen gegrübelt habe, und die Lage der Löhne verändern wollte? Dass ich, kaum dass ich die Schule beendet hatte, im Schloss einen Schulraum für die Kinder unserer Landarbeiter einrichtete, unter denen ich meine seligsten Stunden verbracht habe! Ich weiss nicht, ob sie viel von mir gelernt haben, aber dass sie mir auch nach einer Trennung von einigen Jahrzehnten treu geblieben sind, konnte ich nicht nur einmal auf die herzergreifendste Weise erfahren![43]

Von Bedeutung sind hierbei nicht nur die wie beiläufig und nonchalant erwähnten Verdienste der Gräfin, sondern auch die Treue und damit implizierte tiefe Dankbarkeit der ehemaligen, von ihr betreuten Landarbeiterkinder, die trotz der bescheidenen pädagogischen Selbstzweifel die unbedingte Richtigkeit des eigenen karitativen Handelns bestätigt. Betrachtet man die Verbundenheit der die adelige Gnade empfangenden Menschen als deren einzig mögliche Reaktion in diesem nicht sehr ausgeglichenen altruistischen Wechselspiel von Geben und Nehmen, kann man über die Position der Empfangenden zu einem der Hauptprobleme humanitärer Hilfsarbeit gelangen. Damals wie heute basiert Wohltätigkeit auf einem System mit klar definierten Rollen: Der Geber befindet sich in der eindeutig stärkeren, und damit *aktiven* Position, während der Nehmer als das schwächere *passive* Subjekt abhängig vom Geber bleibt – und dies womöglich auch bleiben soll. Gerade der Tradition adeliger Caritas haftet ein nicht vermeidbarer paternalistischer Zug an. Einer der Hauptkritikpunkte an historischer Wohltätigkeit liegt in der durch sie geförderten Passivität der Hilfeempfänger. Es stellt sich daher die berechtigte Frage, inwieweit wohltätige Aktivitäten und Initiativen der gesellschaftlichen Eliten im späten 19. und dem beginnenden 20. Jahrhundert – trotz ihres zwar recht unterschiedlichen, doch unbestreitbaren Verdiensts zur Besserung der Lebensumstände sozial Benachteiligter – zur Verfestigung eben dieser gesellschaftlichen Zustände führten. Die Grundvoraussetzung jeglichen Mitleids und jeglicher Wohltätigkeit stellt bereits in sich ein moralisches Dilemma dar: Um jemanden bedauern zu können, muss dieser in einem bedauernswerten Zustand sein, und um Gutes zu tun, muss jemandem Böses widerfahren sein. Sinnvolle Hilfe kann nur demjenigen angeboten werden, der diese auch benötigt –

43 Kempf: Dnevnik Ane Jelisave Janković. S. 10.

ein Zustand absoluter gesellschaftlicher Gerechtigkeit und Zufriedenheit würde eine solche Hilfe unweigerlich überflüssig erscheinen lassen. Daher lassen sich auch folgende Zeilen aus dem Gedicht *The Human Abstract* des englischen Dichters und Malers William Blake wie das pessimistische Gegenstück zum obigen idealistischen Postulat des Johann Michael von Leon lesen:

> Pity would be no more; If we did not make somebody poor; And mercy no more could be, if all were as happy as we.[44]

In der Wohltätigkeit des Adels sehen wir eine bezeichnende Doppelfunktion: Zum einen hatte sie – neben dem unmissverständlich helfenden Charakter – die Aufgabe, den Adel gerade in Zusammenarbeit mit anderen Sozialformationen als Elite gesellschaftlich zu positionieren, wie im Falle der verschiedensten Wohltätigkeitsvereine oder Gesellschaften. Zum anderen konnte sie aber weiterhin in ihrer individuellen Form als ein typisch adeliges Verhalten verstanden werden, um dadurch bewusste Distinktion von anderen, ebenfalls wohltätigen Elitengruppen zu erzeugen. Das karitative Element blieb daher weitaus mehr als die Jagd ein klassisches adeliges Handlungsfeld, und war elementarer Teil vor allem weiblicher adeliger Lebenswelt.

6.4 Die adelige Familie: Stammbaum, Wappen, Familiensitz, Konnubium

Familie war für den Adel nicht nur ein primärer Referenzpunkt adeliger Lebensführung[45], sondern auch eine Erinnerungskategorie von grundlegender identitätsstiftender Bedeutung. Das Erinnern an eine gemeinsame Vergangenheit aufgrund gemeinsamer Abstammung konstituiert einen Vergangenheitsbezug, durch den der Adel auch als „Erinnerungsgemeinschaft“[46] gedeutet werden kann. Eine gemeinsame Erinnerung ist, wegen ihres identitätsstiftenden Charakters, jedoch nicht als Ersatz,

---

44 Blake, William: The Human Abstract. In: The works of William Blake. Poetic, Symbolic, and Critical. Vol. III Ellis. Hrsg.von John Edwin u. William Butler Yeats. London 1893. S. 57.

45 Clemens, Gabriele B.: Obenbleiben mittels Historiographie. In: Hochkultur als Herrschaftselement. Italienischer und deutscher Adel im langen 19. Jahrhundert. Hrsg. von Gabriele B. Clemens, Malte König u. Marco Meriggi. Göttingen 2011. S. 191.

46 Conze, Eckart: Einführende Überlegungen. In: Adel in Hessen. S. 377. Zum Adel als Erinnerungsgruppe vgl. vor allem: Matzerath, Josef: Adelsprobe an der Moderne.; Matzerath, Josef u. Silke Marburg (Hrsg.): Der Schritt in die Moderne. – Zur konkreten Gedächtniskultur als identitätsstiftender Praxis innerhalb einer Familie vgl. vor allem: Bahlcke [u.a.] (Hrsg.): Das Haus Schaffgotsch. Konfession, Politik und Gedächtnis eines schlesischen Adelsgeschlechts vom Mittelalter bis zur Moderne. Würzburg 2010.

sondern geradezu als Grundvoraussetzung adeliger Kohäsion zu verstehen[47]: Das Bewusstsein einer gemeinsamen familiären Herkunft schafft Identität, und ebenso galt eine alte Herkunft als Merkmal von Adligkeit und damit als Distinktionsmerkmal sowohl innerhalb wie außerhalb der eigenen sozialen Gruppe.

Während einige der Magnatenfamilien, wie die Drašković[48] oder Keglević,[49] einen gesicherten, altadeligen Stammbaum vorweisen konnten, finden wir gerade bei den Familien, die bei unklarer Herkunft innerhalb relativ kurzer Zeit einen gesellschaftlichen Aufstieg vollbracht haben, das Bestreben eben diesen „Makel" fehlender Anciennität durch prestigeträchtige, aber anzweifelbare Familiengeschichten auszugleichen. Ein prägnantes Beispiel hierfür sind die Grafen Pejačević. Aus Westbulgarien bzw. Mazedonien stammend, ist man sich in der Forschung uneins, ob sie ursprünglich kroatischer, bulgarischer oder serbischer Herkunft waren. Gerade die Frage der ethnischen Herkunft, die in kroatischen wie bulgarischen Publikationen zu den Pejačević eine Rolle spielt, stellt aber eine anachronistische Übertragung moderner nationaler Identität auf Verhältnisse der Frühen Neuzeit dar.[50] Eindeutig gesichert ist in jedem Fall, dass die Pejačević im Zuge der Neubesiedlung des Landes während des Großen Türkenkrieges 1683–1699 erstmals um 1690 in Slawonien auftreten, und schon 1772 in den Grafenstand erhoben wurden.[51] Es ist daher bezeichnend, dass die Pejačević sich selbst eine Abstammung zuschrieben, die diese doch eher obskure Herkunft adeln sollte: Graf Julius Pejačević (1833–1906), der als Privatier und Hobbygelehrter in Wien lebte, verfasste als unveröffentlichtes sechsbändiges Manuskript seine „Forschungen über die Familie der Freiherren und Grafen Pejacsevich."[52] Mit dem Fokus auf Stammtafeln, Wappen und Testamente wurde hier eine bewusst mystifizierende Abstammung vom bosnischen König Stjepan Dabiša (1391–1395) über dessen Sohn Parčija und die von diesem begründete und nach Bulgarien ausgewanderte Familie Parčević behauptet, was den Pejačević gleichsam eine königliche Herkunft bescheinigen sollte.[53] Die Grafen Pejačević sollten dadurch den anderen Magnatenfamilien mindestens als ebenbürtig, wenn nicht gar überlegen erscheinen. Diese historisch nicht belegbare und verklärte familiäre Geschichte ist jedoch kein Einzelfall einer

---

47 Conze: Einführende Überlegungen. S. 377. Vgl. dazu: Hengerer, Mark, Elmar L. Kuhn u. Peter Blickle (Hrsg.): Adel im Wandel. Oberschwaben von der Frühen Neuzeit bis zur Gegenwart. Ostfildern 2006.

48 Bojničić, Ivan von: Der Adel von Kroatien und Slavonien. Nürnberg 1899. S. 40.

49 Bojničić: Der Adel von Kroatien und Slavonien. S. 86.

50 Vgl. Balta: Značajnije osobe porodice Pejačević. S. 31.

51 Balta: Značajnije osobe porodice Pejačević. S. 28.

52 Pejacsevich, Julius: Forschungen über die Familie der Freiherren und Grafen Pejacsevich und die stammverwandten Freiherren von Parchevich, Knezevich, Thoma-Gianovich und Czerkiczy zur näheren Erläuterung der im Jahre 1876 zusammengestellten grossen Stammtafel von Julian Pejacsevich. Wien 1876, 1877, 1878, 1879, 1890.

53 Bojničić: Der Adel von Kroatien und Slavonien. S. 143. „Ihre angebliche Abstammung von König Dabiša ist eine Fabel."

adeligen Historiographie zum Adel in Kroatien-Slawonien, wie beispielsweise die Arbeiten und Forschungen von Emilij pl. Laszowski[54] oder Ivan pl. Bojničić zeigen.[55] Hierbei handelte es sich aber eindeutig um ein transnationales europäisches Phänomen, das auch in weiteren Adelsgesellschaften, wie beispielsweise in Deutschland oder Italien, ausgeprägt war.[56] Denn gerade im Lauf des 19.Jahrhunderts als einer Zeit gesellschaftlicher Umbrüche wurde der Beschäftigung mit der eigenen Familiengeschichte eine „geradezu emblematische Bedeutung“[57] beigemessen. Das adelige historiographische Interesse beschränkte sich nur nicht auf den Kreis der Familie bzw. der eigenen Sozialformation, sondern wurde bewusst in die Öffentlichkeit getragen durch Publikationen und Vorträge, der Betätigung als Archivare oder Bibliothekare sowie durch die Mitgliedschaft in Geschichtsvereinen.[58]

Stellen Stammbaum und tradierte Familiengeschichten gleichsam imaginierte, weil erinnerte Manifestationen adeliger Identität dar, so sind Wappen als deren materialisierte und visualisierte Entsprechung zu verstehen. Heraldische Arbeiten und Wappenbücher, die mithin am Beginn der Adelsforschung in Kroatien durch Emilij pl. Laszowski und Ivan pl. Bojničić stehen, bringen dies prägnant zum Ausdruck. Vor allem der 1899 publizierte Band „Der Adel von Kroatien und Slavonien“ von Bojničić, der noch immer das grundlegende Referenzwerk für kroatische Heraldik darstellt, hat eine eindeutig identitätsstiftende Intention: Zum einen auf der Ebene des Sozialen, da versucht wurde, den gesamten kroatischen Adel mit weit über 2000 Familien in einem Band zu versammeln, denn „bisher wurde der Adel Kroatiens und Slavoniens nirgend als zusammen gehöriges Ganzes behandelt“. Zum anderen auf der nationalen Ebene, da hier bewusst gegen das anationale antiadelige Narrativ von einem eindeutig „vaterländischen“ Adel ausgegangen wird.[59]

Bojničić betrachtet den Adel Kroatien-Slawoniens sowohl sozial wie national als eine Einheit.

Wie oben erwähnt, spielt für Adligkeit neben der Familie der ländliche Besitz als identitätsstiftende Kategorie eine Rolle. Vor allem auf den Landgütern mit ihrer bebauten Substanz konnte Familie gleichsam baulich erfasst und präsentiert werden – als *Familiensitz.* So wurden die Schlösser und Landgüter vom Hochadel nicht nur konsequent bewohnt, sondern dementsprechend ausgebaut, renoviert oder wie im Falle der

54 Laszowski: Matica plemstva županije Požeške, Srijemske i Virovitičke 1745–1902.; Plemenita općina Turopolje: zemljopis, narodopis i povjesni prijegled uredio, napisao i troškom iste općine izdao Emilij Laszowski uz suradništvo Velimira Deželića i Milana Šenoe.; Povjesni spomenici plem. općine Turopolja nekoć »Zagrebačko polje« zvane.

55 Bojničić: Der Adel von Kroatien und Slavonien.; O Plemstvu. S osobitim obzirom na hrvatsko plemstvo. Družbi „Braće Hrv. Zmaja“ dne 6. Maja 1908. Zagreb 1908.

56 Vgl.dazu besonders: Clemens: Obenbleiben mittels Historiographie. S. 189–209.

57 Clemens: Obenbleiben mittels Historiographie. S. 191.

58 Clemens: Obenbleiben mittels Historiographie. S. 208–209.

59 Bojničić: Der Adel von Kroatien und Slavonien. Vorwort, Ohne Seitenzahl.

Abb. 16: Titelbild des Wappenbuchs von Ivan pl. Bojničić, 1899.

Burg Trakošćan der Grafen Drašković, fast komplett neu errichtet. Der alte verfallene und unbewohnte ursprüngliche Stammsitz der Familie wurde 1850 bis 1860 von Graf Juraj Drašković zu einem romantischen, neogotischen Schloss umgebaut, für dessen Kosten er bewusst andere Immobilien, darunter das barocke Schloss Klenovnik, verkaufte. Vergleichbares taten die Normann-Ehrenfels mit dem Erhalt des von Baron Hilleprand-Prandau geerbten Schlosses Valpovo oder die Grafen Pejačević mit dem Stammsitz in Našice. Gerade der Wiederauf- bzw. Neubau von Trakošćan ist exemplarisch für die bauliche Schaffung von familiärer adeliger Identität. Denn die Bewahrung historischer Baukörper dient neben der ganz praktischen Bewohnbarkeit auch der Darstellung ihres adeligen Selbstverständnisses. Dies finden wir als identitätsstiftende Praxis gleichsam auf einer höheren Ebene bei regierenden Dynastien Europas im 19. Jahrhundert, wie beispielsweise den Hohenzollern mit der Burg Hohenzollern in Schwaben.

Analog zu den Stammbäumen und den weit zurückreichenden (mitunter sagenhaften) Herkunftsgeschichten soll durch den Erhalt von Schlössern, Landhäusern oder Burgen vor allem Anciennität betont werden, die wiederum der Legitimation von Herrschaft und damit der Elitenposition dient.[60] Vor allem diese als typisch adelig empfundene Wohnkultur wurde von der Zweiten Gesellschaft und dem wohlhaben-

60 Ottersbach, Christian: Burg, Schloss, Herrenhaus – Überlegungen zum Gehäuse des Adels in Hessen. In: Adel in Hessen. S. 461.

Abb. 17: Die eher ungemütliche mittelalterlich-frühneuzeitliche Burg Trakošćan vor dem Umbau, vor 1853.

Abb. 18: Das recht komfortable neogotische Schloss Trakošćan nach dem Umbau, 1897.

den Bürgertum als Verhaltensmuster und Habitus übernommen. Es ist beispielsweise kein Zufall, dass die wohlhabende Händler- und Unternehmerfamilie Turković aus Karlovac, die 1912 in den Freiherrenstand erhoben wurde, sich als Stamm- und Familiensitz kein neues Schloss baute, sondern 1882 das halb verfallene ehemalige Zisterzienser- und spätere Jesuitenkloster Kutjevo bei Požega in Slawonien, einen Barockbau aus dem 18. Jahrhundert, samt 25.283 Joch Grundbesitz erwarb. Unter Vjenceslav Turković und seinen Söhnen Milan und Petar Dragan wurde Kutjevo dann konsequent zu einem der fortschrittlichsten und erfolgreichsten Güter Kroatiens aufgebaut.[61] Das dreiflügelige Schloss wurde zum Stamm- und Familiensitz der Turković, mit allen typisch adeligen Schlossbauelementen wie Bibliothek, Kirche und Archiv, aber auch

61 Šćitaroci: Slawoniens Schlösser. S. 199–201.

mit einer archäologischen und einer volkskundlichen Sammlung, was in kroatischen Schlössern dieser Zeit eher außergewöhnlich war.[62]

Neben dieser Affirmation und Präsentation von Familie im Kontext von Adligkeit spielte vor allem das Konnubium eine nicht zu unterschätzende Rolle für den Erhalt und die Bestätigung adeliger Identität. Da Eheschließungen in der Vergangenheit vor allem von sozialen Faktoren abhingen[63] und Familie bzw. Abstammung eine elementare Kategorie von Adligkeit darstellt, eignet sich gerade eine Analyse des hochadeligen Heiratsverhaltens, um zu zeigen, wie weit die gesellschaftliche Offenheit und Flexibilität der Aristokratie in Kroatien-Slawonien ging. Es ist ein Indiz dafür, ob sich der Hochadel nach „unten" abschloss oder öffnete, bzw. ob es dem Bürgertum und der neuadligen Zweiten Gesellschaft gelang, familiären Anschluss an den Hochadel zu finden. Hierzu wurden, auch abhängig von der Quellenlage der Stammbäume bzw. genealogischen und familienhistorischen Dokumente, vierzehn der 25 Magnatenfamilien ausgewählt, und deren Konnubium im Zeitraum von 1850–1918 untersucht.

Tab. 6: Konnubium ausgewählter Hochadelsfamilien in Kroatien-Slawonien 1850–1918[64]

	Gesamt	Hochadelig		Altadelig		Neuadelig		Bürgerlich	
		Absolut	in %	Absolut	in %	Absolut	in %	Absolut	in %
Khuen-Belasi	**10**	10	100	0		0		0	
Bombelles	**4**	4	100	0		0		0	
Janković	**5**	5	100	0		0		0	
Eltz	**5**	5	100	0		0		0	
Ottenfels-Gschwind	**1**	1	100	0		0		0	
Inkey de Palin	**2**	2	100	0		0		0	
Pejačević	**18**	16	89	1	5,5	0		1	5,5
Drašković	**12**	10	83	2	17	0		0	
Sermage	**4**	3	75	0		0		1	25
Kulmer	**5**	3	60	0		2	40	0	
Hellenbach	**7**	4	57	2	28,6	1	14,4	0	
Normann-Ehrenfels	**3**	1	33,3	1	33,3	0		1	33,3
Keglević	**1**	0		1	100	0		0	
Oršić	**26**	1	4	10	38,5	4	15,4	11	42,1

Die Mehrzahl der untersuchten Familien heiratete 1850–1918 hochadelig bzw. adelig, sechs (Khuen-Belasi, Janković, Bombelles, Eltz, Ottenfels-Gschwind und Inkey de

62 Šćitaroci: Slawoniens Schlösser. S. 203.

63 Mitterauer, Michael: Zur Frage des Heiratsverhaltens im österreichischen Adels. In: Beiträge zur neueren Geschichte Österreichs. Hrsg.von Heinrich Fichtenau u. Erich Zöllner. Wien 1974. S. 178.

64 Quelle: Eigene Erhebungen aus den genealogischen Handbüchern des Adels: Gräfliche Häuser Band I, II, III, V, IX, XI, XII, XIII, XV, XVII; Freiherrliche Häuser Band I, VIII, XXIV, XXV.

Palin) sogar ausschließlich aristokratisch, die Drašković hatten bei zehn hochadeligen Eheverbindungen zwei mit altadeligen Partnern. Bei den Pejačević finden wir bei 17 adeligen Eheschließungen nur eine bürgerliche Heirat. Es fällt auf, dass der überwältigende Teil der Eheverbindungen innerhalb der eigenen adeligen Sozialformation vor allem in den Familien zu finden ist, die als dezidiert konservativ galten, wie den Eltz, Janković, Pejačević oder Khuen-Belasi. Die Auswertung des hochadeligen Konnubiums 1850–1918 in Kroatien lässt daher trotz ihres stichprobenartigen Charakters dennoch gewisse Rückschlüsse zu: Es kam nur zu insgesamt sieben neuadeligen und vierzehn bürgerlichen Eheschließungen. Dies lässt den Schluss zu, dass es dem Bürgertum und der Zweiten Gesellschaft nur in einem sehr begrenzten Umfang gelang, familiäre Verbindungen zur Aristokratie des Landes zu knüpfen, und hierbei fast ausschließlich mit der Familie Oršić.

Umso bezeichnender ist es, dass es gerade dieser Familie nicht gelang, nennenswerte Elitepositionen innerhalb der Gesellschaft zu besetzten.[65] Gerade der Vergleich der Familien Oršić und Kulmer, die beide, wenn auch in unterschiedlichem Ausmaße, doch Ausnahmen vom hochadeligen Konnubium darstellen, lässt die Wechselwirkung von öffentlicher Präsenz und der damit verbundenen Elitenaffirmation durch prestigeträchtige Heiraten deutlich werden.

Die Grafen Miroslav und Milan Kulmer gehörten als Politiker, Unternehmer, Banker und Gutsbesitzer zweifelsohne zur Elite der kroatischen Gesellschaft. Die Verbindung mit einer reichen, neuadeligen Familie scheint diese Position weiter gefestigt zu haben: Die Brüder Kulmer heirateten die Schwestern Elvira bzw. Beata pl. Türk, die aus einer wohlhabenden, 1877 geadelten Kaufmanns- und Unternehmerfamilie aus Karlovac stammten.[66] Und gerade die Kulmer galten innerhalb des kroatisch-slawonischen Hochadels unbestreitbar als führende Liberale, flexible Unternehmer und Geschäftsleute sowie oppositionelle Politiker gegen die magyarophile Regierung von Khuen-Héderváry. In diesem Kontext stellen deren sozial offene Heiraten nur eine konsequente, vertiefende Verbindung mit dem Großbürgertum dar. Dennoch finden wir trotz dieser Eheschließungen keinen Ausschluss der Kulmer aus dem Zirkel der adeligen Gesellschaft des Landes, die Kontakte blieben auf den verschiedensten Ebenen weiter erhalten. Bei der Familie der Grafen Oršić, die zum kroatischen Uradel gehörte und bis zum Illyrismus der 1830er und 1840er Jahre eine wichtige Rolle in der Politik spielte[67], fällt jedoch der nahezu vollkommene Rückzug aus der kroatischen Gesellschaft nach 1850 auf. Parallel zu dieser Aufgabe von ehemals innegehabten Elitepositionen in Politik und Wirtschaft zeichnete sich die Familie Oršić durch ein für den kroatischen Hochadel sehr untypisches Heiratsverhalten aus: Es gab nur eine hochadelige Heirat bzw. zehn altadelige, aber dafür vier neuadelige und elf bürgerli-

65 Vgl. Szabo: Grofovi Oršić-Slavetićki iz Gornje Bistre. S. 73–84.
66 Bojničić: Der Adel von Kroatien und Slavonien. S. 236.
67 Bojničić: Der Adel von Kroatien und Slavonien. S. 135.

che Eheverbindungen. Die offenkundige Parallele zwischen Verlust/Aufgabe von Elitenpositionen und Heiraten außerhalb der eigenen Sozialformation mit wenig Prestige kann man freilich nur als Tatsache feststellen. Denn ob und welche konkreten Wechselwirkungen dabei bei den Oršić zum Tragen kamen, muss aufgrund fehlender Quellen unbeantwortet bleiben.

Anhand des Konnubiums und der individuellen gesellschaftlichen Stellung der Familien scheinen sich zwei elitefördernde Heiratsstrategien des Hochadels feststellen zu lassen: Zum einen finden wir bei den Kulmer Verbindungen mit der Zweiten Gesellschaft, die deren führende Rolle im liberalen, ökonomisch aufstrebenden Teil der kroatischen Gesellschaft unterstützten. Zum anderen bekräftigte ein dezidiert adeliges Konnubium die Distinktion zu anderen Sozialformationen und diente damit ebenfalls der Elitenaffirmation, wie im Falle der konservativen Magnatenfamilien Janković, Eltz, oder Pejačević. Dies stellt einen klaren Unterschied zu den Oršić dar, die sowohl gesamtgesellschaftlich keine Bedeutung mehr hatten, als auch mehrheitlich wenig prestigeträchtige Heiraten eingingen.

Ein weiteres Indiz dafür, dass ein Familienleben abseits der akzeptierten normativen Strukturen in das gesellschaftliche Abseits führen konnte, finden wir im Fall der Grafen Keglević, deren familiäre Lebensumstände weder dem adeligen Wertekanon noch bürgerlichen Moralvorstellungen dieser Zeit entsprachen: In der zweiten Hälfte des 19. Jahrhunderts bestand die kroatische Linie der Keglević nur noch aus Graf Samuel Keglević (1812–1882) und seiner Ehefrau Emilia geb. Gräfin Collenbach sowie deren Sohn Oskar (1839–1918). Die Familienverhältnisse waren für den Zeitkontext zweifelsohne eher ungewöhnlich: Von seiner Ehefrau Gräfin Emilia Collenbach getrennt, lebte Graf Samuel Keglević zusammen mit seiner Lebensgefährten Ana Raskaj, einer Bäuerin, abwechselnd auf Gut Lobor und seiner Wohnung in der Zagreber Oberstadt.[68] Oskar wiederum tat es seinem Vater gleich und lebte mit der bereits verheirateten Ana pl. Mattačić, der illegitimen Tochter eines katholischen Priesters und Ehefrau von Lazar pl. Mattačić, zusammen.[69] Dennoch kam es 1867 zum Bruch zwischen Vater und Sohn (die Mutter lebte von beiden entfremdet allein auf Gut Gorica), als Graf Oskar Keglević aufgrund seiner langjährigen Beziehung zu Ana pl. Mattačić vom Familiensitz Lobor verwiesen wurde. Erst 1882 kam es zu einer Versöhnung innerhalb der Familie, und Oskar konnte nach dem Tode seines Vaters mit seiner Lebensgefährtin dorthin zurückkehren. Nach deren Scheidung heirateten sie, und Keglević adoptierte schließlich sogar ihren Sohn Geza pl. Mattačić.[70] Keglević führte mit seiner Frau ein zurückgezogenes Leben auf Gut Lobor, das zu den größten

68 Hrvatska Straža 30.12.1934. Im Artikel „Sudbina Kegelvićeva Lobor-grada" werden die beiden Lebensgefährtinnen der Grafen Keglević als „Konkubinen", und der Ehemann von Ana pl. Mattačić bezeichnenderweise als „šljivar", Zwetschkenjunker erwähnt.

69 Hrvatska Straža 30.12.1934.

70 Vgl. hierzu: Mattachich, Géza: Aus den letzten Jahren. Memoiren von Géza Mattachich. Leipzig. 1904.

und prächtigsten Schlössern im Zagorje gehörte. 1905 musste er es jedoch aufgrund finanzieller Schwierigkeiten verkaufen und schließlich nach Graz umziehen, wo er als Jugendlicher erzogen worden war.[71] Neben diesen eher unkonventionellen Familienverhältnissen, die schon an sich die Familie Keglević zu Außenseitern innerhalb des kroatischen Adels werden ließ, kam 1898 noch ein Skandal hinzu, der die Familie Keglević unzweifelhaft auf Dauer diskreditierte, da dessen Hauptakteur der Kavallerieoffizier und Rittmeister Graf Geza Mattačić-Keglević war[72]: 1895 begann er eine Liebesaffäre mit der zehn Jahre älteren Fürstin Louise von Sachsen-Coburg, die eine Tochter des belgischen Königs Leopold II. und damit Schwägerin des 1889 in Mayerling durch Selbstmord umgekommenen Thronfolgers Erzherzog Rudolf war. Nach einem Duell mit ihrem Mann Philipp von Sachsen-Coburg am 18.02.1898, bei dem der Fürst leicht verletzt wurde,[73] flohen die beiden nach Lobor, wo sie jedoch von der Polizei gefunden wurden. Während Louise für geisteskrank erklärt und unter Vormundschaft gestellt wurde, wurde Geza wegen Wechselbetruges angeklagt und zu vier Jahren Haft verurteilt. Der Reputationsschaden für den kroatischen Zweig der Familie Keglević konnte kaum größer sein, und so überrascht es nicht, Graf Oskar Keglević sich nach diesem vielleicht größten gesellschaftlichen Skandal der k.u.k.-Monarchie weitgehend aus der Öffentlichkeit zurückzog bzw. weiterhin zurückgezogen lebte: Obwohl er zum Kreis der Virilisten zählte und sogar bei den Wahlen 1893 als Abgeordneter in den Sabor zog, trat er als Politiker nie in Erscheinung. Auch finden wir ihn, wie seinen Vater Graf Samuel Keglević, nicht in den verschiedenen führenden Vereinen oder Clubs der Zeit, wie es bei den anderen Magnaten der Fall war. Ebenso erhielten beide Grafen Keglević nicht die geradezu klassischen höfischen Auszeichnungen, wie den Titel eines k.u.k.-Geheimrats oder eine Verleihung des Stephansordens, des Leopoldsordens oder des Ordens der Eisernen Krone, mit der ebenfalls der Geheimratstitel verbunden war. Diese Titel zeichneten abermals die Elite der k.u.k-Monarchie aus, zu denen ein Graf Miroslav Kulmer oder ein Graf Ladislav Pejačević eindeutig gehörten – ein Graf Oskar Keglević jedoch nicht.

Lässt sich das Heiratsverhalten der Oršić bzw. das geradezu nonkonformistische Familienleben der Keglević als eindeutig unadelig interpretieren, so finden wir ein konsequent adeliges Heiratsverhalten umso deutlicher bei den übrigen Magnatenfamilien, sodass sich dies als familiäre identitätsstiftende Praxis deuten lässt, die eindeu-

---

71 Szabo, Gjuro: Spomenici kotara Krapina i Zlatar. In: Vjesnik Arheološkog muzeja u Zagrebu. 13/1 (1914). S. 128–129.

72 Dieser Skandal wurde in der damaligen Presse ausgiebig behandelt, und diente u. a. auch als Stoff für historische Romane, Spielfilme sowie ein Stück von Felix von Salten. Vgl. hierzu: Dahl, Richard: Die Leidensgeschichte einer Königstochter. Die Wahrheit in der Affaire der Prinzessin Luise von Sachsen-Coburg und Gotha und des ehemaligen österr. Ulanen-Oberl. Grafen Géza Mattachich-Keglevich. Offener Brief an alle Freunde der Menschlichkeit und Gerechtigkeit. Zürich 1904.; Bestenreiner, Erika: Prinzessin Louise von Belgien. In: Die Frauen aus dem Hause Coburg. München 2008. S. 107–167.

73 Das Vaterland 19.02.1898.

tig aristokratischer Distinktion und damit dem Habitus geschuldet war. Zwar fanden die Eheschließungen nicht nur innerhalb des kroatisch-slawonischen Rahmens statt, doch stand die Mehrzahl der aristokratischen Familien in einem Verwandtschaftsverhältnis zueinander. Die Verbindungen der Familien Kulmer, Drašković, Erdődy und Bombelles sind hierfür exemplarisch: Die Grafen Miroslav und Milan Kulmer, Ivan IX. Drašković und dessen Sohn Karlo, Stjepan Erdődy sowie Marko Bombelles waren alle miteinander verwandt.[74] Familiäre Netzwerke waren daher besonders für den Adel ein stabilisierender wie kohäsionsstiftender Faktor, und es ist bezeichnend, dass es gerade die Oršić und Keglević waren, die aufgrund ihrer Heiraten bzw. ihres nichtkonformen Familienlebens aus diesen Netzwerken herausfielen bzw. sich entfernt hatten.

Es wird ersichtlich, dass sich adelige Distinktion und adelige Identität sehr klar innerhalb der Kategorie Familie nach innen manifestierte und damit nach außen sichtbar gemacht wurde. Dies geschah trotz, oder vielmehr aufgrund der in den meisten Lebensbereichen gezeigten Flexibilität des Hochadels, wie in der Politik, der Wirtschaft und dem Sozialleben. Die Exklusivität des Hochadels manifestierte sich

Abb. 19: Zwei private Momente: Der Sprung des Grafen Stjepan Erdődy. Dieses von seinem Neffen Graf Karlo Drašković 1894 auf Trakošćan aufgenommene Photo ist eines der bekanntesten Bilder kroatischer Photographiegeschichte.

Abb. 20: Der eingeschlafene Banus Graf Khuen-Hédervàry. Das von Graf Stjepan Erdődy aufgenommene Photo zeigt seinen engen Freund als dessen Gast auf Schloss Jaska. Ohne Jahresangabe.

74 Vgl. dazu die Stammbäume: Gregurić: Kulmer. S. 36–37. Martić: Bombelles. S. 43.; Hojsak, Ivan: Rodoslovlje obitelji Drašković. Varaždin 2004.

durch dessen Familienpolitik, die die Grenze zwischen sich und den übrigen Sozialformationen klar definierte. Dies galt nicht nur in Bezug auf die gesamte Gesellschaft, sondern vor allem als Distinktionsmerkmal innerhalb der Oberschicht sowie der Elite. Gerade dadurch, dass die familiäre Vermischung mit dem Bürgertum sehr gering war, kann man nicht von einer Verbürgerlichung des Adels ausgehen, sondern eben von einem Erhalt adeliger Identität und adeliger Distinktionsmuster im späten 19. und frühen 20. Jahrhundert. Der kroatische Hochadel war insgesamt recht flexibel und zeigte die Bereitschaft, Elitenkompromisse einzugehen – jedoch nicht im Heiratsverhalten. Dort blieb der Hochadel weitgehend unter sich, und diese klare Distinktion lässt sich eindeutig als eine identitätsstiftende Praxis auffassen. Während die Jagd in Kroatien-Slawonien weniger ein exklusives adeliges, denn elitenbedingtes Phänomen darstellt, und wir bei der Wohltätigkeit Elitenkompromisse mit adeliger Beteiligung, aber auch individuelle adelige Wohltätigkeit finden, manifestierte sich die Adligkeit des kroatischen Hochadels vor allem in der Familie. In diesem Bereich blieb adeliger Habitus erhalten, da das Heiratsverhalten eindeutig Distinktion schuf und erhielt. So sehr der Hochadel mit dem Bürgertum und der Zweiten Gesellschaft zusammenarbeitete und sich mitunter erfolgreich in Elitenkompromisse einbrachte, so sehr hielt er auch – geradezu kompromisslos – seine Familienkreise exklusiv.

7 Fazit, Kontext und Ausblick

„Lumpenproletarische Hochstaplergesellschaft“[1] – wie lässt sich Miroslav Krležas' Diktum über den kroatischen Hochadel, das den negativen Adelsdiskurs pointiert verdichtet, nun bewerten?

Als ein Hauptergebnis dieser Arbeit lässt sich, entgegen des vorherrschenden Narrativs zum kroatischen Adel, feststellen, dass es ihm – und vor allem dem Hochadel – sehr wohl gelang, „oben zu bleiben“. Dieses „Obenbleiben“ bezeichnet hierbei nicht nur die Zugehörigkeit zur Oberschicht aufgrund der materiellen Verhältnisse, sondern auch die Zugehörigkeit zur sozialen Elite, die „oben“ an der Spitze der Gesellschaft stand und an ihrer Gestaltung mitwirkte. Zwar waren die Vermögensverhältnisse des Hochadels sehr unterschiedlich, und einige Familien bzw. einzelne Adelige waren in der Tat nicht wohlhabend, aber dennoch kann man nicht eine kollektive Verarmung oder gar „Proletarisierung“ des Hochadels erkennen, wie es Krleža postuliert. Das Stereotyp des *„šljivars“*, des verarmten, konservativen anachronistischen Zwetschgenjunkers, entbehrte zwar nicht einer gewissen Grundlage, bezog sich aber dezidiert auf den Klein- bzw. Landadel und nicht auf die Aristokratie. Dennoch sollte festgehalten werden, dass es sich beim „Obenbleiben“ des kroatischen Hochadels um ein fragmentiertes Geschehen handelte: Wiewohl nicht wenige Aristokraten oder hochadelige Familien Teil der Elite blieben, so waren es stets Individuen, und nicht der ganze Stand oder die soziale Gruppe als solche, die „oben“ blieb. „Oben“ bezieht sich hierbei sowohl auf den tatsächlichen individuellen sozialen Status als auch auf die in der Gesellschaft verbreitete kollektive Vorstellung, die dem Adel a priori ein „Obensein“ attestiert. Ein Adelstitel galt zweifelsohne als Bestätigung der Zugehörigkeit zur Oberschicht bzw. zur Elite. Denn wie in den übrigen Landesteilen der Donaumonarchie, so wurde auch im Königreich Kroatien-Slawonien ein Titel, und sei es nur der Namenszusatz „pl.“ für „plemeniti“, als erstrebenswerter und prestigeträchtiger Ausdruck sozialen Aufstiegs bzw. gesellschaftlicher Anerkennung gewertet, der auch bewusst getragen wurde. Hier zeigt sich, dass der dominierende negative Adelsdiskurs, wenn auch nicht explizit, so doch implizit in der Praxis infrage gestellt wurde, da einerseits dem Adel vor allem im politischen Diskurs seine Zugehörigkeit zur Nation (siehe oben) aberkannt, andererseits aber sein hohes Sozialprestige gesellschaftlich akzeptiert wurde. Aber auch hier finden sich feine Distinktionsunterschiede, vor allem zwischen dem Hochadel und der Zweiten Gesellschaft. Während Graf Ivan Drašković auf der Visitenkarte, die er dem Archivar und Adelsforscher Laszowski am 12. März 1923 als Antwort auf eine Anfrage bezüglich eines Familienkodex gab, ein schlichtes, bezeichnenderweise französisches „Le Comte Ivan Draskovich“[2] genügte, waren gerade für den Neuadel der volle Titel samt Prädikat („od Carevdara“,

1 Krleža: Glembajevi. S. 192.

2 HDA 884 Hrvatsko plemstvo. Mapa Drašković.

DOI 10.1515/9783110521238-007

„od Macelja“) und Beruf von Bedeutung, wie eindrucksvoll die Telefonbücher der Zeit belegen. Denn vor allem in peripheren, ländlich geprägten Räumen wie Kroatien-Slawonien stellen diese gleichsam einen Index der vermögenden Oberschicht dar, da ein privater Telefonanschluss zweifelsohne eher kostspielig und damit selten war: Dr. Josip pl. Antolković, Arzt; Vilim pl. Deutsch od Macelja, Holzhändler; Dr. Ferdo pl. Šišić, Königlicher Universitätsprofessor; oder Zora pl. Tomaj, Hausbesitzerin.[3] Gerade hierbei zeigt sich, dass sich Adligkeit und Bürgerlichkeit als Habitus nicht unbedingt ausschließen, sondern geradezu ergänzen: Das die Zugehörigkeit zum Adel (wenn auch Neuadel) markierende Kürzel „pl.“ gehörte ebenso selbstverständlich zum Namen wie der Beruf, der ganz im bürgerlichen Sinne die funktionale Position innerhalb der Gesellschaft versinnbildlichte. Sowohl der verliehene Adelstitel, wie auch der erworbene akademische Titel oder die Profession kennzeichnen den Träger als Mitglied, wenn nicht der Elite, dann zumindest der Oberschicht.

Aufgrund seiner inneren Heterogenität und seiner gesellschaftlichen Flexibilität erscheint der kroatische Hochadel als soziale Gruppe in der Tat nicht sehr leicht zu erfassen bzw. ohne klare Konturen zu sein. Dies erschwert auch die Verortung seiner Position innerhalb der Gesellschaft, trotz der Tatsache, dass er es weitgehend schaffte „oben zu bleiben“. Um dieses „Oben“ und damit auch die Stellung des Hochadels exakter definieren zu können, wurde auf einige Überlegungen aus den Elitenkonzepten von Dahrendorf und Zapf zurückgegriffen. Zwar gehören diese zweifelsohne zu den etwas älteren Konzepten der Elitenforschung, bieten aber für diese Arbeit einen gewinnbringenden Ansatz. Es ist gerade die Unterscheidung zwischen Oberschicht und Elite, die auf den kroatischen Hochadel übertragen wurde. Während Oberschicht als „Sammelbegriff für alle Positionen von hohem Prestige und Einkommen“ gilt, ist Elite jener weitaus kleinere Kreis, der an Entscheidungsfindungen mit Konsequenzen und Bedeutung für die gesamte Gesellschaft beteiligt ist.[4] Auf die Aristokratie Kroatien-Slawoniens angewandt, lässt sich dadurch eine Zuordnung einzelner Akteure vornehmen, mit dem Ergebnis, dass durchaus eine nicht geringe Zahl an Hochadeligen zur Elite des Landes gezählt werden muss: Allen voran beispielsweise die Grafen Miroslav Kulmer, Ladislav und Teodor Pejačević oder Marko Bombelles. Bei diesen fällt die Zugehörigkeit zur Oberschicht mit der zur Elite zusammen, wobei es im Gegensatz dazu auch Aristokraten wie die Grafen Oršić oder Grafen Eltz gab, die zur materiellen Oberschicht gehörten, aber aufgrund ihrer weitgehenden öffentlichen Passivität in Bezug auf nationale bzw. gesellschaftliche Dinge nur bedingt zur Elite des Landes gezählt werden können.

Zwei Besonderheiten waren für die kroatische adelige Elite bestimmend: Zum einen die bewusste (Re)-Nationalisierung, zum anderen das Eingehen von Eliten-

---

3 Imenik pretplatnika državnih telefonskih mreža u Hrvatskoj i Slavoniji, Prosinac 1916. Zagreb 1916.

4 Zapf: Führungsgruppen im West- und Ostdeutschland. S. 10.

kompromissen in gesellschaftlichen Foren, die der Elitenaffirmation dienten. Die (Re)-Nationalisierung des Adels ab der zweiten Hälfte des 19. Jahrhunderts, nach den Erfahrungen von Illyrismus, Revolution, Neoabsolutismus und Wiedereinführung der Verfassungsmäßigkeit steht in einer engen Wechselwirkung mit dem zeitgleich entstehenden antiadeligen nationalen Diskurs als Teil des kroatischen Nation-Buildings. Dieser sprach dem Hochadel eine Zugehörigkeit zur kroatischen Nation ab. Zu dem geradezu klassischen sozialen kam nun ein nationaler Legitimierungsdruck hinzu. So wie dieses antiadelige Narrativ von der Anationalität des Adels jedoch keineswegs auf den Hochadel in seiner Gesamtheit zutraf, der in seiner nationalen Identität so heterogen war wie in seiner politischen Einstellung oder sozialen Position, fielen auch die (Re-)Aktionen des Hochadels darauf unterschiedlich aus. Sie reichten von einem Rückzug aus der Gesellschaft, der selbstredend auch ökonomische oder politische Gründe haben konnte, wie bei Graf Richard Sermage, über eine fortgeführte und gepflegte Kroatizität der Familie wie bei den Grafen Kulmer oder Drašković bis hin zu einer dezidierten Kroatisierung von Familien, wie den Grafen Bombelles: Während Graf Markus Bombelles sen. erst durch seine Frau Gräfin Ferdinandina Drašković nach Kroatien kam, war sein Sohn Marko Bombelles jun. u. a. langjähriger Präsident des Kroatisch-Slawonischen Forstvereins und galt als „aufrichtiger und berühmter patriotischer Kroate“[5], der seinen Sohn Josip in Varaždin das öffentliche Gymnasium besuchen ließ.[6] Neben dieser bewussten Entscheidung für die kroatische Nation gab es jedoch auch parallele Fälle von Familien, die sich beispielsweise bewusst magyarisierten: Während die Grafen Marko und Josip Bombelles keineswegs zufällig kroatische Vornamen trugen, hatten die Grafen Janković mit Aladár oder Imre ungarische Namen.

Die Nationalisierung des kroatisch-slawonischen Adels ab der zweiten Hälfte des 19. Jahrhunderts hat viele verschiedene, sich gegenseitig bedingende Aspekte: Zuvorderst kann sie als Reaktion auf den herrschenden negativen Adelsdiskurs interpretiert werden, der den Adel in ein anationales Narrativ einschrieb, aus dem sich Adelige wiederum zu befreien versuchten. Ebenso erscheint die Nationalisierung als eine Wechselwirkung zwischen der Außen- und Selbstwahrnehmung, denn jegliche nationale identitätsstiftende bzw. -affirmierende Handlung war nach außen für die Öffentlichkeit bestimmt, die diesen Handlungen und Bekundungen ihre Legitimität verleihen sollte. So wie die politische Zuordnung des Adels sehr heterogen war, waren die Aristokraten auch sehr unterschiedlich in ihrer persönlichen bzw. von außen zugeschriebenen nationalen Identität. Neben der wiederholten eigenen nationalen Bekundung als kroatischer Magnat war vor allem die Anerkennung eben dieser Affirmation von außen, also von der „Öffentlichkeit“, vonnöten. Gerade erfolgreiche, bewusste persönliche Nationalisierungen zeigen, dass das Narrativ vom anationalen, der Nation

5 Naše pravice 12.09.1912.
6 Krklec: Lica i krajolici. S. 27.

entfremdeten Adel keineswegs durch die Bank auf den Gesamtadel zutrifft, es aber wohl die negative Gegenfolie darstellte, vor der dann die dezidiert kroatisch-patriotischen Aristokraten umso mehr hervorstachen. Beispiele hierfür sind die Grafen Djuro Jelačić, Rudolf Normann-Ehrenfels oder Karlo Drašković, die beide ihre patriotische Gesinnung bewusst öffentlich manifestierten und schon zu Lebzeiten von der Presse und der Öffentlichkeit als nationalbewusste kroatische Adelige wahrgenommen wurden. Graf Karlo Drašković, der Sohn von Ivan IX. Drašković, hatte sich zeitlebens dezidiert als Kroate und kroatischer Patriot gegeben und pflegte, seine nationale Identität stets nach außen zu tragen, – so auch in seiner Gewohnheit, die Schuhe der Bauern, „opanci", zu tragen und die Tamburica zu spielen. Das bewusste Tragen von bäuerlicher Kleidung oder gar von Tracht dient hier eindeutig der öffentlich zur Schau gestellten nationalen Identität, und damit der nationalen Elitenaffirmation. Graf Karlo Drašković war daher kein singulärer Fall: So ließ sich beispielsweise nicht nur Baronin Tilda Vranyczany-Dobrinović auf Fotografien in bäuerlicher Kleidung abbilden, sondern auch Martha pl. Kiepach-Haselburg, eine geborene Baronin Locatelli aus Italien, die sich in Nationaltracht am Spinnrad mit ihren barfüßigen Kindern als volksverbundene Kroatin inszenierte.[7]

Abb. 21: Baronin Tilda Vranyczany-Dobrinović als „einfache" Bäuerin, 1906.

Die Nachrufe zum Tod von Graf Karlo Drašković Tod 1900 waren daher stets bemüht, seinen Patriotismus hervorzuheben. So galt er als „junger kroatischer Aristokrat seltener Tugenden", in dem das „Blut seines Vorfahren Janko Drašković erwacht" sei; er sei ein „begeisterter Kroate gewesen" und dazu ein „ungewöhnlich demokratischer

7 Vgl. Abbildung in: Šćitaroci: Slawoniens Schlösser. S. 193.

Geist“[8]. Auch die Normann-Ehrenfels, als Erben des Grafen Hilleprand-Prandau in Valpovo, galten der oppositionellen, und damit dezidiert antiungarischen Presse eindeutig als Kroaten: Graf Gustav Normann-Ehrenfels sei ein „großer Wohltäter des Volkes“ und „Unterstützer vieler humanitärer und literarischer kroatischer Vereine“, und seine Angestellten seine alle „Kroaten und gute Patrioten.“[9] Ebenso habe in seiner Jugend sein Bruder Graf Rudolf Normann-Ehrenfels den Bischof von Djakovo, Josip Juraj Strossmayer, mit „einem kroatischen Lied und kroatischer Rede begrüßt.“[10] Dieser an Panegyrik grenzende Artikel endet daher fast folgerichtig mit einem Aufruf an den Adel des Landes, er solle sich an „der hervorragenden und edlen Familie der Grafen Normann-Ehrenfels ein Vorbild nehmen und ihren Nachwuchs ebenso in patriotischem Geist erziehen“, damit dieser dann auch in das „patriotische Kolo zum Glück und Nutzen des kroatischen Volkes miteinsteige“[11].

Graf Djuro Jelačić war als Bruder des Nationalhelden und Banus Graf Josip Jelačić geradezu prädestiniert für die Rolle eines patriotischen Aristokraten, vor allem nach seiner Rede am 10.08.1861 im Sabor und seiner darauffolgenden Suspendierung aller Ämter, was ihn gleichsam zu einem adeligen nationalen Märtyrer machte. Dieser Vorfall, und sein Engagement für wirtschaftliche und soziale Fragen – so war er ab 1873 Präsident des Kroatisch-Slawonischen Wirtschaftsvereins und gehörte zusammen mit Miroslav Graf Kulmer zu den Hauptinitiatoren der großen Landesausstellung in Zagreb 1891 – trugen dazu bei, dass Jelačić als Patriot wahrgenommen wurde. So heißt es in einem geradezu panegyrischen Gedicht, dass ihm sein Freund Ivan Trnski zum Namenstag am 24.04.1899 verfasst hatte, dass der Graf noch immer heiß seine Heimat und sein Volk liebte, und man sich fragen würde, wo denn „weitere wahre kroatische Magnaten“[12] seien. Auch hier wird die negative Folie des anationalen Adels verwendet, um Jelačić noch mehr hervorzuheben. Aufgrund ihrer Herkunft, ihres Status und ihrer materiellen Lebenswelt gehörten sowohl Jelačić wie Drašković an sich bereits der Oberschicht an, jedoch wurden sie im Vergleich zu anderen Magnaten, die sich ebenso, wenn auch nicht so dezidiert national affirmierten, von der breiten Öffentlichkeit als Teil der nationalen Elite anerkannt.

Gerade bei diesen Beispielen lässt sich erkennen, dass die Nationalisierung als Strategie des Obenbleibens nicht alleine auf die Politik beschränkt bleiben konnte, sondern in enger Wechselwirkung mit den Bereichen der Wirtschaft und dem sozialgesellschaftlichen Leben stand. Diejenigen Aristokraten, die sich politisch in Opposition zu Budapest befanden, und mit ihrer Solidarität mit dem kroatischen Bürgertum dessen moderne nationale Identität annahmen und mittrugen, hatten auch maßgeb-

8 Obzor 24.02.1900.
9 Obzor 10.04.1901.
10 Obzor 10.04.1901.
11 Obzor 10.04.1901.
12 DAZG 1387 Jelačić.

liche Positionen in dezidiert nationalen Wirtschaftsvereinen, Banken, Firmen oder kulturellen und sozialen Institutionen inne, wie die Grafen Miroslav Kulmer, Marko Bombelles oder Djuro Jelačić. In diesen Bereichen, wie auch im Landtag, zeigt sich die Flexibilität bzw. Offenheit des Hochadels im Umgang mit Angehörigen anderer Milieus oder sozialer Herkunft, solange beide dieselben oder ähnliche Ziele verfolgten.

In der Politik und insbesondere im Sabor als dem höchsten politischen Forum des Landes, gab es keine Trennung von Erster und Zweiter Gesellschaft und dem Bürgertum, sondern eine eindeutig diffuse soziologische Struktur aller Parteien und Klubs. Wir finden keinerlei Handlungen, Indizien oder Dokumente, die von einer Kontaktscheu des Hochadels gegenüber anderen Milieus zeugen. Vielmehr sehen wir im Zeitraum von 1868 bis 1918 ein Bemühen einzelner Hochadeliger, sich aktiv zusammen mit den bürgerlichen und klein- und neuadeligen politischen Akteuren zu arrangieren und bewusst jene Elitenpositionen zu besetzten, die ihnen Anteil an der Mitbestimmung des Landes zusicherten. Dieses Bemühen erscheint im Verhältnis zur ohnehin geringen Anzahl Hochadeliger umso bedeutender. Es geschah selbstredend durch ihre Eigenschaft als Virilisten, aber vor allem indem sie regelmäßig Mandate als Abgeordnete errangen. Zwar waren die Wahlen in Kroatien-Slawonien, vor allem unter Khuen-Hédervàry, alles andere als frei und aufgrund des Zensus nur auf einen verschwindend geringen Teil der Bevölkerung begrenzt, doch kann das Engagement von Aristokraten, vor allem in den Wahlkreisen ihrer Landgüter als Abgeordnete gewählt zu werden, als Bestreben gewertet werden, eine Bestätigung ihres Eliten- und Herrschaftsanspruchs zu erhalten und diesen dadurch zu bewahren.

Aufgrund des engen sozialen, politischen wie wirtschaftlichen Rahmens, den Kroatien-Slawonien bot, war der Adel fast zwangsläufig darauf angewiesen, Elitenkompromisse einzugehen, wollte er oben bleiben. Diese Elitenkompromisse lassen sich weiterhin als Instrumente betrachten, die vor allem der Durchsetzung der nach außen gerichteten Nationalisierung des Adels dienten. Denn nur die gesamtgesellschaftliche Akzeptanz dieser adeligen nationalen Affirmation bedeutete die erfolgreiche Selbstpositionierung des Adels als Teil der Landeselite.

Das antiadelige kroatische Narrativ des 19. Jahrhunderts ist daher immer im Kontext der kroatisch-ungarischen Beziehungen zu verstehen, die seit 1848 nicht immer konfliktfrei waren. Denn das kroatische, bürgerliche Nation-Building entstand u. a. vor der Gegenfolie der ungarischen Dominanz bzw. der Magyarisierungspolitik, sodass gerade das jeweilige Verhältnis eines Aristokraten bzw. dessen Familie zu Ungarn für die nationale Wahrnehmung wichtig war. Dazu kommt als Tatsache, dass der kroatische Hochadel auch stets ein integraler Bestandteil der Aristokratie der Stephanskrone war, und zum Teil politisch, wirtschaftlich wie familiär eng mit dem ungarischen Adel verbunden war. Ein prägnantes Beispiel ist hierfür ein Artikel aus dem ungarischen Society-Magazin „Szalon Ujság“ von 1904 zur Familie Drašković, der deutlich die Zwischen- bzw. Mittlerstellung des kroatischen Hochadels zeigt: „Die Aristokraten von Kroatien standen immer zwischen den zwei Ländern mit dem Glanz ihres Reichtums, ihrer adeligen Vornehmheit, ihrem patriotischen Gefühl und edler Menschenliebe, und gleichen mit ihrem taktvollen Benehmen die Gegensätze aus. [...] Aus diesen Aristokratenfamilien tritt die gräfliche Familie Drašković von Trakošćan hervor, die in der Geschichte beider Länder so in der Vergangenheit, wie in der Gegenwart eine rühmliche Rolle spielte."[13] Gerade diese hier zum Ausdruck gebrachte nationale Ambivalenz scheint einer der Hauptpunkte gewesen zu sein, die ein „Ausschreiben" des Adels aus der kroatischen Gesellschaft ermöglichte – und eine Nationalisierung umso erforderlicher machte, wollte man zur Elite der Gesellschaft gehören. Diese Nationalisierung geschah jedoch nicht nur aus dem Hochadel selbst heraus. Etwa ab 1900 finden wir parallel zum antiadeligen Diskurs Versuche, den Adel bewusst wieder als Instrument kroatischer Eigenständigkeit zu begreifen und als solches zu affirmieren, was vor allem vonseiten der Wissenschaft ausging. Gerade die Tätigkeit des Direktors des kroatischen Landesarchivs in Zagreb, Ivan pl. Bojničić, ist hierbei von Bedeutung. Im Hauptaugenmerk seiner Arbeiten stand zwar die Heraldik, doch sah er in der Erforschung des Adels auch eine dezidiert nationale Aufgabe. Und ganz im Sinne des Nationskozepts als einer kontinuierlichen ethnischen Herkunftsgemeinschaft legt er auch stets Wert darauf, zu betonen, dass im Grunde nur noch die Drašković, Jelačić, Keglević und Oršić aus dem Hochadel kroatischen Ursprungs seien.[14]

Am 30. April 1911 hielt er auch einen weit beachteten Vortrag unter dem Titel „Skizzen aus der Geschichte des kroatischen und europäischen Adels", in dem er bewusst auf das Verhältnis zwischen Kroatien und Ungarn und die Rolle des Adels in diesem Spannungsfeld einging.[15] Dieser Vortrag hatte eine klare nationale identitätsstiftende Funktion, da Bojničić mit zahlreichen Originaldokumenten hervorhob, dass die Könige den Bewohnern des Dreieinigen Königreichs stets den kroatischen, nicht aber den ungarischen Adel verliehen, und dass das ungarische Indigenat nicht zwangsläufig das kroatische bedeutete: So erhielten die Grafen Auersperg das ungarische Indigenat 1655, das kroatische erst 1723, während die Kulmer das kroatische Indigenat vom Sabor 1722 verliehen bekamen, das ungarische aber 1790. Dies führt Bojničić als klare Beweise dafür an, dass es einen kroatischen Adel sowohl in nationaler wie in staatsrechtlicher Form gibt, was wiederum für die Beurteilung des staatsrechtlichen Verhältnisses beider Länder von Bedeutung sei. Und obwohl der ungarische Ministerrat am 5. April 1869 den Beschluss fasste, dass neue Adelige in Kroatien-Slawonien ihre Diplome auf Kroatisch erhalten sollten, würden diese nun im Jahre 1911 nur noch auf Ungarisch verfasst mit entsprechenden ungarischen Namensprädikaten. Denn „überall, selbst bei diesen altehrwürdigen Reliquien früherer

13 Szalon Ujság 15.08.1904. S. 6–7.
14 Bojničić: O Plemstvu. S. 19.
15 Slavisches Tagblatt 16.05.1911.

unwiederbringlich verschwundener politischer Institutionen tritt die Tendenz hervor: Alles zu magyarisieren."[16]

Neben dieser nationalen Frage im Spannungsfeld von Kroatien und Ungarn war das zweite hervorstechende Merkmal des kroatischen Hochadels die Strategie der Elitenkompromisse, mit der er seine Elitenpositionen halten bzw. neu erringen konnte. Wie in der Arbeit dargelegt wurde, zeigte der kroatisch-slawonische Hochadel eine bemerkenswerte Fähigkeit und Flexibilität, Elitenkompromisse mit Akteuren anderer sozialer Milieus einzugehen, sei es im Sabor als dem wichtigsten und prestigeträchtigsten politischen Elitenforum oder in der Wirtschaft in führenden Vereinen oder in der Leitung von Unternehmen oder Banken.

Die Flexibilität des peripheren kroatisch-slawonischen Hochadels zeigt sich sehr deutlich im Vergleich zum sozialen Verhalten der österreichischen Ersten Gesellschaft, vor allem im imperialen Zentrum Wien. Die Exklusivität des dortigen Hochadels beschrieb Kraft Prinz zu Hohenlohe-Ingelfingen recht pointiert: „Dass die Wiener höchste Aristokratie sehr abgeschlossen war, erwähnte ich bereits. Wollten doch Schönburgs, Schwarzenbergs, Liechtensteins usw. den Minister Bach nicht bei sich empfangen."[17] Im Vergleich dazu zeigten sich die ebenfalls hochadeligen, hoffähigen Pejačević, Drašković, Kulmer, Erdődy oder Bombelles sehr offen, denn diese verkehrten und arbeiteten zum Teil recht eng mit Bürgern oder Angehörigen der Zweiten Gesellschaft in Politik, Wirtschaft und im gesellschaftlichen Rahmen. Dieses flexible Verhalten lässt sich am ehesten durch die periphere Lage und den engen Handlungsrahmen, den Kroatien-Slawonien bot, erklären: Zum einen war man geographisch, und damit in gewisser Weise auch mental, stets etwas entfernt vom Zentrum Wien, sodass man in diesem Sinne den kroatisch-slawonischen Adel (wie auch den galizischen oder bukowinischen) als einen Adel in der Peripherie betrachten kann.

Und innerhalb dieser Peripherie waren zwangsläufig andere Verhaltensmuster gegeben als im imperialen Zentrum am Kaiserhof. Zum einen war es in manchen Bereichen auf lokaler, regionaler wie nationaler Ebene in diesem vergleichsweise engen kroatisch-slawonischen Rahmen aufgrund fehlender Konkurrenz einfacher, sich erfolgreich als Elite zu positionieren, wie beispielsweise in der höheren Landesverwaltung. Zum anderen war es jedoch ebenso unumgänglich, sich mit den elitebildenden Akteuren anderer sozialer Milieus zu arrangieren, da spätestens ab 1848/49 das Bürgertum in ehemals exklusiv adelige Elitenpositionen vordrängte und der Hochadel deshalb Elitenkompromisse eingehen musste, wollte er „oben bleiben". Die Anerkennung der hochadeligen Elitenpositionen erfolgte dabei nicht nur in Foren wie dem Landtag, sondern auch auf unmittelbarer lokaler Ebene. Dies zeigt eindrucksvoll die Geburtstagsgratulation des Veteranenvereins in Osijek an deren Schirmherren,

16 Slavisches Tagblatt 16.05.1911.

17 Hohenlohe-Ingelfingen, Kraft zu: Aus meinem Leben. Bd. 1. Berlin 1897. S. 323.

Graf Teodor Pejačević vom 24.09.1911. Die recht reich verzierte Mappe enthielt ein Porträtfoto des Grafen, eine Urkunde, ein Schreiben und ein Sonett, das an Ehrerbietung schwer zu überbieten ist, da darin Gott unter Freudentränen gebeten wird, ihren Schirmherren zu segnen[18]. Und der Verein nahm die Einladung von Pejačević an, um ihm dieses Geburtstagsgeschenk „auf Knien darzubringen".[19]

Dennoch war der Elitenstatus des Hochadels niemals unangefochten, und parallel zur hochadeligen Dominanz im ländlichen Raum bestanden dort ebenso Spannungen zwischen den Bauern und den Gutsbesitzern, die sich dann im Herbst 1918 in Plünderungen und Überfällen auf viele Landgüter entluden. Bezeichnenderweise auch auf Gut Našice von Graf Teodor Pejačević, wo am 30.10.1918 eingebrochen und geplündert wurde.[20] Dies zeigt abermals, dass der adelige Elitenstatus in Kroatien-Slawonien aufs engste mit dem politischen System der k.u.k.-Monarchie verknüpft war.

Angesichts der situativ bedingten sozialen Flexibilität des Hochadels erscheint die Frage berechtigt, worin sich schließlich die „Adligkeit des Adels" manifestierte und was die Besonderheiten kroatischer adeliger Identität waren:

Wie gezeigt wurde, war die Jagd als vermeintlich klassische adelige Tätigkeit zwar ein kostspieliges Freizeitvergnügen, das aber ab der zweiten Hälfte des 19. Jahrhunderts keine exklusiv adelige Angelegenheit mehr war. Es gab zwar prominente adelige Jäger wie die Grafen Stjepan Erdődy oder Marko Bombelles, aber dies bedeutete nicht, dass die Jagd vom Adel dominiert wurde, im Gegenteil: Gerade das Beispiel von Bombelles als langjährigem Präsidenten des Kroatisch-Slawonischen Forstvereins zeigt, dass das Jagd- und Forstwesen in Kroatien-Slawonien eine Vergesellschaftung durchlief und damit einen elitenkonstituierenden milieuübergreifenden Charakter hatte. Ebenso behielt die Wohltätigkeit ihre identitätsstiftende Bedeutung für den Hochadel und war vor allem eine Ausdrucksform des weiblichen adeligen Habitus, war aber um 1900 ebenso wie die Jagd kein exklusiv adeliges Handlungsfeld mehr. Neben der individuellen adeligen Wohltätigkeit traten immer mehr bürgerliche caritative Vereine in Erscheinung. Im Zuge dieser mildtätigen Konkurrenz kam es auch hierbei zu einer Vergesellschaftung, so dass die meisten Wohltätigkeitsvereine vom landesweit agierenden Roten Kreuz bis hin zu lokalen Gruppen Elitenkompromisse darstellten.

Im Vergleich zur Jagd und Wohltätigkeit lassen sich daher eindeutige Manifestationen adeliger Identität bzw. von Adligkeit vor allem in zwei Bereichen feststellen: Zum einen in der Familie, die als bestimmende identitätsstiftende Kategorie innerhalb des Hochadels bewahrt wurde. Sie fand ihren Ausdruck sowohl in der Erinnerung in Form von Stammtafeln, Wappen und Familienhistorien, als auch als unmittelbar gelebte Kategorie, wie die Analyse des hochadeligen Heiratsverhaltens ergab, das

---

18 HDA 753 Pejačević. „Oči vlažne svraćaju se gore, moleć onog, koji nebom vlada, komu kori angjeoski dvore: „Protektora" Bože blagosovi".

19 HDA 753 Pejačević. Siehe auch Abbildung auf S. 213.

20 HDA 124 Narodno vijeće Slovenaca, Hrvata i Srba.

eindeutig adelig blieb. Denn so sehr das Bürgertum und der Neuadel politische, wirtschaftliche oder soziale Kontakte zur Aristokratie pflegten, so sehr blieb ihnen der familiäre Zugang verwehrt. Gerade darin lässt sich eine gruppenimmanente Bestätigung adeligen Habitus und sozialer Identität erkennen. Zum anderen fand Adligkeit ihren eindeutigen Ausdruck durch die Magnatenrobe. Das Tragen und Präsentieren der Robe ist zweifelsohne als affirmativ nationaler wie sozialer perfomativer Akt zu verstehen. Die Magnatentracht wurde nur zu bestimmten feierlichen öffentlichen Anlässen oder für Porträts und Fotografien getragen, und war als sofort erkennbarer visueller Code ein klares Instrument sozialer Distinktion. Die Magnatenrobe kennzeichnete hierbei nicht nur die Position ihres aristokratischen Trägers innerhalb der Gesamtgesellschaft, sondern auch innerhalb seiner eigenen Sozialgruppe des Adels.

Wie ist der Hochadel Kroatien-Slawoniens im Kontext der k.u.k.-Monarchie zu verorten? Neben der Tatsache, dass er stets eng mit dem ungarischen Hochadel auf den verschiedensten Ebenen wie Politik, Wirtschaft und Familie verflochten war – nicht jedoch mit dem Adel Dalmatiens! – finden sich, wie bereits in der Analyse kursorisch dargelegt wurde, einige Parallelen vor allem zum Adel der Bukowina und dem Hochadel in Böhmen. Gerade der Vergleich mit den adeligen Verhältnissen in der Bukowina um 1900 erscheint gewinnbringend, da es einige strukturelle Gemeinsamkeiten mit Kroatien-Slawonien gab.

Mit dem bukowinischen Adel ist der kroatisch-slawonische Hochadel zwar nicht in seiner inneren Struktur, aber doch was seine gesellschaftliche Rolle und Funktion als Teil von Elitenkompromissen innerhalb einer räumlichen Peripherie betrifft, vergleichbar. Dieses Zusammenfallen von peripheren Strukturen und sozialer Flexibilität des Adels ist eine nicht zufällige Parallele mit Kroatien-Slawonien und zeigt, dass sich das Konzept der Elitenkompromisse für die Analyse der Position und des Handelns elitefähiger Gruppen in geographisch peripheren Räumen als tragfähig erweist.

Die zahlenmäßig größte Gruppe der Adeligen um 1900 stammte aus dem alten moldauischen Adel.[21] 1787 wurde durch ein kaiserliches Patent dieser moldauische Adel den mittel- und westeuropäischen Strukturen angepasst, so dass alle bisherigen

21 Die Erkenntnisse zum Adel der Bukowina beruhen vor allem auf eigenen Recherchen, die u.a im Vortrag „Elite an der Peripherie – Der Adel in der Bukowina um 1900. Ein Forschungs- und Arbeitsentwurf“ im Rahmen der Konferenz „Border regions and multiple identities across Central and Eastern Europe“ vom 30.09.–01.10.2013 in Czernowitz dargelegt wurden. Zum Adel der Bukowina vgl.: Prokopowitsch: Der Adel in der Bukowina. S. 116–178.; Ceauşu: Mutaţii etno-sociale în structura nobilităţii din Bucovina. S. 167–175.; Ders.: Der Landtag der Bukowina. In: Die Habsburgermonarchie 1848–1918. Band VII: Verfassung und Parlamentarismus, 2. Teilband. Hrsg.von Helmut Rumpler u. Peter Urbanitsch. Wien 2000. S. 2171–2198. Botez u. Radeş (Hrsg.): Nobilimea.; Corbea-Hoisie, Andrei: Czernowitz 1892. Die imagologische Projektion einer Epochenschwelle. In: Räume und Grenzen in Österreich-Ungarn 1867–1918. Kulturwissenschaftliche Annäherungen. Hrsg.von Wladimir Fischer Waltraud Heindl, Alexandra Millner u. Wolfgang Müller-Funk. Tübingen 2010. S. 35–49.

Titel abgeschafft wurden und die Einteilung des Adels in den Herren- und Ritterstand erfolgte. Da die Anerkennung des Herrenstandes mit der Verleihung eines Grafen bzw. Freiherrentitels an ein jährliches Einkommen von mindestens 3000fl. geknüpft war, und dieses von keiner der ehemaligen Bojaren- oder Mazilenfamilien aufgebracht werden konnte, wurde ihnen nur der einfache Ritteradel zuerkannt; erst im Laufe des 19. Jahrhunderts sollte es zu Standeserhebungen in den Hochadel kommen. Neben dieser ersten, „einheimischen“ Adelsgruppe kam es im 19. Jahrhundert zum Zuzug von Adeligen aus anderen Teilen der k.u.k.-Monarchie in die Bukowina, wie auch zu Nobilitierungen von Bürgerlichen. Die Heterogenität der Bevölkerung zeigte sich auch im Adel des 1861 von Galizien abgetrennten, zum Herzogtum erhobenen Kronlands. Um 1900 präsentierte sich daher folgendes Bild: Der Adel der Bukowina bestand aus alten Großgrundbesitzerfamilien, Eigentümer kleinerer Güter sowie nobilitierten Beamten, Militärs, Akademikern und Bürgerlichen. Gab es hinsichtlich der Vermögensverhältnisse große Unterschiede, galt dies nicht in Bezug auf eine allzu strikte Unterscheidung zwischen Hoch- und Kleinadel, da erst im Laufe des 19. Jahrhunderts einzelne altadelige Familien wie die Wassilko-Sereckis, Flondors oder Styrczeas in den Hochadel aufgenommen worden waren, vornehmlich mit Verleihung des Freiherrentitels als dem niedrigsten aristokratischen Rang war.

Grundlage der wirtschaftlichen Existenz weiter Teile des Adels blieben wie in der Gesamtmonarchie die Landwirtschaft und der Grundbesitz. Obwohl es in der Bukowina wie in vielen anderen Teilen Österreich-Ungarns ausgedehnte Ländereien gab, ist es bemerkenswert, dass nur ein einziger Fideikommiss eingerichtet wurde, nämlich das Gut Berhometh der Freiherren (ab 1918 Grafen) Wassilko-Sereckis, die mit Abstand bedeutendsten Großgrundbesitzer des Landes waren.[22] Neben der Land- und Forstwirtwirtschaft und den Versuchen ihrer Kapitalisierung fand gleichzeitig eine Professionalisierung des Adels statt, der vor allem berufliche Karrieren als Juristen, hohe Beamte oder Militärs einschlugt – und damit eine dem kroatischen Adel vergleichbare Flexibilität an den Tag legte.

Bis zum „Bukowiner Ausgleich“ und der Wahlrechtsreform 1910 sollte der Adel eine führende Rolle in der Politik des Landes spielen, nicht nur über ihre eigene Wahlkurie des Großgrundbesitzes im Landtag. So gehörten 1893 von 30 Landtagsmitgliedern 13 dem Adel an, 1906 waren es 14 von 31.[23] Darüber hinaus waren auch die meisten der Landeschefs und Landespräsidenten Adelige. Diese adelige Einflussnahme auf die Politik sollte sich jedoch nicht auf der Ebene des Kronlandes erschöpfen, da sich eine aktive Beteiligung einzelner Adeliger auch auf lokaler bzw. kommunaler Basis feststel-

22 Freiher Georg von Wassilko-Serecki war mit einem Gesamtbesitz von ca. 30 000 Hektar der reichste Landbesitzer der Bukowina. Vgl. dazu: Sandgruber, Roman: Österreichische Agrarstatistik. 1750–1918. Wien 1978.

23 Hof- und Staatshandbuch der Österreichisch-Ungarischen Monarchie für 1893. Wien 1893. S. 740. Vgl. auch: Ceauşu: Der Landtag der Bukowina. S. 2171–2198.

len lässt, so war z.B. Freiherr Anton Kochanowski von Stawczan (1817–1906) langjähriger Bürgermeister von Czernowitz oder Graf Franz von Bellegarde Abgeordneter für Câmpulung Moldovenesc. Diese überproportionale Beteiligung des Adels an allen Ebenen der Politik und Verwaltung, dieses Aktivsein auf lokaler Ebene, sei es in Stadt- und Gemeinderäten, in Vereinen und Interessengruppen lässt sich auch für die Bukowina kaum als ein „Rückzug" des Adels von der großen Politik im Zuge der Territorialisierung der staatlichen Herrschaft seit der frühen Neuzeit begreifen, und ist mit den Elitenkompromissen des kroatisch-slawonischen Hochadels in diesen Bereichen vergleichbar.

Im Gegensatz zum kroatischen oder bukowinischen Hochadel war die böhmische Aristokratie keineswegs peripher – die Schwarzenbergs, Lobkowicz, Kinskys oder Parishs waren vielmehr aufs engste mit dem imperialen Zentrum Wien und dem Kaiserhof verbunden. Die Gemeinsamkeit lag in der adeligen Rolle im politischen bzw. nationalen Kontext. Denn auch der böhmische Hochadel war national eher ambivalent und wurde im Zuge des tschechischen Nation-Buildings, das wie das kroatische dezidiert bürgerlich ist, aus dem nationalen Narrativ ebenfalls herausgeschrieben, bzw. es wurde die Zugehörigkeit des böhmischen Hochadels zur tschechischen Nation in Frage gestellt. So wie es auch in der böhmischen Aristokratie zu einem Rückzug aus der Politik gekommen war, lassen sich auch hier in einigen Fällen Nationalisierungstendenzen einzelner adliger Akteure feststellen.[24] Auch dies lässt sich als eine Reaktion auf den vor allem von Seiten der Jungtschechen vorgebrachten Vorwurf der Anationalität interpretieren.[25]

Da der kroatische Hochadel vor allem mit der ungarischen und der österreichisch-erbländischen Aristokratie sowohl persönlich als auch wirtschaftlich verflochten war, wirkte sich sein Engagement bzw. Nichtengagement im Rahmen des Kgr. Kroatien-Slawonien durchaus stabilisierend auf die bestehenden politischen Verhältnisse aus. Denn der Hochadel hatte ein elementares Interesse am Fortbestand der politischen und damit der gesellschaftlichen Ordnung: Dies zeigt sich auch daran, dass es zwar kroatische Aristokraten wie die Draskovic oder Kulmer gab, die der ungarischen Regierung und der Magyarisierung negativ und oppositionell gegenüberstanden, aber niemand aus dem Kreis der kroatischen Magnaten der Rechtspartei angehörte, die die Unabhängigkeit sowohl von Budapest als auch von Wien zum Ziel hatte. Diese Loyalität des Adels gegenüber der Habsburgerdynastie und dem System der Doppelmonarchie brachte den Hochadel Kroatien-Slawoniens zwangsläufig in einen Loyalitätskonflikt gegenüber der Idee der modernen kroatischen Nation, so dass der bürgerlich geprägte nationale Diskurs den Adel schließlich weitgehend aus dem nationalen

24 Vgl. Hlavačka, Milan: Kindheit, Adoleszenz und Familienstrategie in den Briefen der Lobkowicz-Kinder an ihren Vater Fürst Georg Christian. In: Adelige Ausbildung. Die Herausforderung der Aufklärung und die Folgen. Hrsg. von Ivo Cerman u. Luboš Velek. München 2006. S. 213–227.

25 Vgl. hierzu: Hlavačka: Der konservative Anbruch der Moderne. S. 63–64.; Georgiev: Konservative Gesinnung und böhmischer Adel. S. 43.

Narrativ entfernen konnte. Nach 1918 wurden dann schon ganz konkret die ersten Spuren adeligen Lebens in Kroatien verwischt: Schon während des Zusammenbruchs Österreich-Ungarns im Herbst 1918 kam es zu Plünderungen und Brandschatzungen einzelner Landgüter und Schlösser; von der von vielen Kleinpächtern lang ersehnten Landreform war vor allem der adelige Großgrundbesitz in Slawonien betroffen. Der neue südslawische Staat, ab 1929 auch offiziell Jugoslawien, in dem sich der Adel des ehemaligen Königreichs Kroatien-Slawonien wiederfand, war zwar eine Monarchie, aber in seiner Struktur alles andere als „adelsfreundlich". Der deutlichste Unterschied in diesem Zusammenhang zwischen Serbien und den vormals habsburgischen Landesteilen lag schon allein in der Tatsache, dass es in Serbien schlichtweg keinen Adel gab. Die serbische Oberschicht setzte sich aus Großbürgern, Militärs und höheren Bürokraten zusammen, und der königliche Hof in Belgrad unterschied sich nicht nur in seinem sehr geringen gesamteuropäischen Prestige – was als Faktor für adelige Selbstwahrnehmung und aristokratischen Habitus gar nicht zu überschätzen ist –, sondern auch in seiner Struktur und Funktion grundlegend vom Wiener Kaiserhof. Das erste Jugoslawien bis 1941 war eine Monarchie, in dem der kroatische Adel keinerlei politische oder gesellschaftliche Funktion zu erfüllen hatte – und auch nicht erfüllen wollte. Die Ablehnung dieses jugoslawischen Staates zeigt sich auch daran, dass während des Zweiten Weltkriegs im faschistischen kroatischen NDH-Marionettenstaat – der de jure von 1941 bis 1943 ein Königreich mit Aimone, dem 4. Herzog von Aosta und Herzog von Spoleto als Titularkönig „Tomislav II." war – einige Aristokraten, wie z.B. Graf Petar Pejačević, hohe diplomatische Ämter innehatten.[26] Das endgültige Aus kam dann mit der Errichtung des sozialistischen Regimes nach 1945 unter Josip Broz Tito und der Gründung des Zweiten Jugoslawiens, als alle adeligen Güter und Besitzungen ausnahmslos enteignet und die ehemaligen Eigentümer vertrieben wurden bzw. das Land freiwillig verließen, wie es beispielsweise bei den Grafen Pejačević aus Našice, Drašković aus Trakošćan oder den Normann-Ehrenfels aus Valpovo der Fall war. Viele Schlösser, Villen und Gutshäuser wurden ganz im Sinne des aufzubauenden Sozialismus neuen Zwecken zugeführt und beispielsweise als Schulen, Krankenhäuser, Lager oder Scheunen verwendet.[27]

---

26 Graf Petar Pejačević war Botschafter des NDH-Regimes in Spanien 1941–1945. Vgl. dazu: Stuparić, Darko: Tko je tko u NDH: Hrvatska 1941–1945. Zagreb 1997. S. 315.

27 Vgl. dazu: Šćitaroci: Slawoniens Schlösser. Dies ist die bisher umfangreichste Monographie zu den Schlössern und damit auch der unmittelbaren Lebenswelt des kroatischen Adels vom 18. bis 20. Jahrhundert in Slawonien. Wenn auch stark deskriptiv, liefert die Arbeit gerade dadurch viele wertvolle Informationen. Beispielhaft für den Umgang mit der erhaltenen Bausubstanz nach der Vertreibung der meisten hochadeligen Eigentümer sind das Schloss Kiepach in Križevci (nach Leerstand 1965 abgerissen) (S. 190), das Schloss Adamovich-Čepinski-Hellenbach-Mixich in Sveta Helena, das von 1975 an als Schule diente und seither verfällt, sodass nun nur noch Reste übrig sind (S. 282), oder das Schloss Janković in Cabuna, das seit 1970 völlig dem Verfall überlassen ist (S. 97). – Als konziser Beitrag zum 18 Jahrhundert: Kessler, Wolfgang: Zur Kultur der Magnatenhöfe in Kroatien und Slawonien

Abb. 22: Das Schloss der Grafen Pejačević in Našice aus dem frühen 19.Jahrhundert, 1913.

So verschwand der Adel nicht nur real aus der kroatischen Gesellschaft, sondern auch größtenteils mental aus der allgemeinen Wahrnehmung – nicht jedoch ohne als negatives Narrativ gewisse Spuren hinterlassen zu haben, ganz im Sinne des kroatischen Nation-Buildings des 19. Jahrhunderts. Beispielhaft hierfür ist ein kurzer Essay von Gustav Krklec über seine Besuche als Jugendlicher auf Schloss Trakošćan der Grafen Drašković. Die Adeligen seien allesamt „verwirrte, zurückgebliebene oder mehr oder weniger degenerierte Typen“[28] gewesen. Des Weiteren geht er sehr ironisch auf Graf Josip Bombelles ein, dessen Besuch eines öffentlichen Gymnasiums in Varaždin damals [vor den Weltkriegen und der Etablierung der sozialistischen Ordnung in Kroatien bzw. Jugoslawien] als Errungenschaft des „demokratischen Liberalismus“ gewertet wurde, als etwas, was natürlich im sozialistischen Kontext verpönt war. Das Schloss sei eine „exaltierte Welt der Gobelins, Porträts, ausgestopfter Vögel“[29] gewesen. Dass unter den nun herrschenden sozialistischen Rahmenbedingungen das wissenschaftliche historische Erforschen des Adels erschwert bzw. vernachlässigt wurde, steht außer Frage. Wie bereits einleitend erwähnt, ist seit der kroatischen Unabhängigkeit 1991/92 auch das Interesse an der eigenen Adelsgeschichte stetig gewachsen. Diese Arbeit ist daher als ein Beitrag zur kroatischen und südosteuropäischen Sozial- bzw. Gesellschaftsgeschichte gedacht, da sie eine soziale Gruppe thematisiert, die bisher von der kroatischen bzw. (post-) jugoslawischen Geschichtswissenschaft mit wenigen Ausnahmen weitgehend übergangen wurde, und erst seit

im 18. Jahrhundert. In: Höfische Kultur in Südosteuropa. Bericht der Kolloquien der Südosteuropa-Kommission 1988 bis 1990. Hrsg.von Reinhard Lauer u. Hans Georg Majer. Göttingen 1994. S. 133–153.
28 Krklec: Lica i krajolici. S. 27.
29 Krklec: Lica i krajolici. S. 28.

neuerer Zeit wiederentdeckt wird.[30] Ziel vorliegender Untersuchung ist auch, weitere Erkenntnisse zur gesamteuropäischen Adelsforschung beizusteuern.

Die Studie begann mit den Glembays als einer der berühmtesten – wenn auch literarischen – kroatischen Adelsgeschichte, und soll daher mit dieser auch enden. Zu Beginn wurde die bewusst pointierte Frage gestellt, ob Krleža mit seinem Urteil über den Hochadel recht hatte: „In Wirklichkeit aber waren diese Magnaten und diese Aristokraten [...], nichts anderes als eine lumpenproletarische Hochstaplergesellschaft."[31] Auf die Glembays trifft dieses sarkastische Verdikt zweifelsohne zu. Vor dem Hintergrund der historischen Gegebenheiten und Verhältnisse des kroatisch-slawonischen Hochadels teilt dieses Urteil jedoch dasselbe Schicksal das der Glembays: Es ist Fiktion.

30 Siehe dazu das Kapitel zum Forschungsstand. Ebenso wird seit einiger Zeit auch das ökonomische Potential des Adels als Anlass bzw. Werbemittel für diverse Veranstaltungen erkannt. So fand am 05.Juli 2015 zum ersten Mal das „1st Count Draskovich Trophy Race Trakošćan" statt, eine lokale Leichtathletikveranstaltung. http://ak-sloboda.hr/wp-content/uploads/2015/06/Utrka-za-pokal-grofa-draskovica-raspis-ENG.pdf

31 Krleža: Glembajevi. S. 192.

8 Bibliographie

Ungedruckte Quellen

DAOS (Državni Arhiv Osijek) 351 Vlastelinstvo Dolnji Miholjac.

DAOS 406/3 Popis članova Društva za potporu ubogih a vrijednih učenika Kraljevske Velike Gimnazije u Osijeku 1873.

DAOS 475 Našičko vlastelinstvo.

DAOS 476 Valpovačko vlastelinstvo.

DAOS 1327 Virovitičko vlastelinstvo.

DAOS 1159 Osječke gospodarske izložbe i sajmovi.

DAZG (Državni Arhiv Zagreb) 247 Prva hrvatska štedionica.

DAZG 812 Građansko streljačko društvo u Zagrebu.

DAZG 1387 Jelačić.

HDA (Hrvatski Državni Arhiv Zagreb) 124 Narodno vijeće Slovenaca, Hrvata i Srba.

HDA 688 Vlastelinstvo Orahovica, Feričanci.

HDA 693 Vlastelinstvo Šestine.

HDA 702 Bombelles.

HDA 711 Drašković.

HDA 712 Erdődy.

HDA 753 Pejačević.

HDA 776 Turković-Puškarić.

HDA 884 Hrvatsko plemstvo.

HDA 1333 Hrvatsko-slavonsko gospodarsko društvo kao središnja zadruga u Zagrebu.

HDA Grafička zbirka.

HHStA (Haus-, Hof- und Staatsarchiv Wien) Ome Neuere Zeremonialakten NZA 270 – 4.

HHStA MdÄ AR F4 75–6 Draskovich Josef.

HHStA MdÄ AR F4 75 Draskovich Ludwig.

HHStA Diplomatie und Außenpolitik 1848–1918, GsA Peking 62–1.

Janotyckh von Adlerstein, J.: Archiv des ungarischen Ministeriums und Landes-Vertheidigungsausschusses. Bd. 1 Altenburg. Ohne Seitenanzahl.

Knjiga posjeta, vođena od 1895.–1992. Dvor Trakošćan.

NSK (Nacionalna i sveučilišna knjižnica Zagreb), R 5626 b, Graf Miroslav Kulmer an Baron Ljudevit Vranyczany-Dobrinović, undatiert.

OeSTA (Österreichisches Staatsarchiv Wien) Kriegsarchiv. Verzeichnis der Generale und Flaggenoffiziere 1815–1900. Wien 1903.

OeSTA Kriegsarchiv. Verzeichnis der Stabsoffiziere 1815–1900. Wien 1903.

Pejacsevich, Julius: Forschungen über die Familie der Freiherren und Grafen Pejacsevich und die stammverwandten Freiherren von Parchevich, Knezevich, Thoma-Gianovich und Czerkiczy zur näheren Erläuterung der im Jahre 1876 zusammengestellten grossen Stammtafel von Julian Pejacsevich. Wien 1876, 1877, 1878, 1879, 1890.

Privatarchiv Draskovich Güssing. Karton 42.

Privatarchiv Draskovich Güssing. Ohne Karton. Abschrift des Briefs von Graf Franz Kulmer an Graf Carl Draskovich, Pressburg 08.04.1848.

Privatarchiv Draskovich Güssing. Ohne Karton. Abschrift des Briefs von George Draskovich an seinen Bruder Carl, Pavia 06.09.1848.

Privatarchiv Draskovich Güssing. Ohne Karton. George an Bruder Carl, 25.04.1848.

Privatarchiv Draskovich Güssing. Ohne Karton. Abschrift des Briefs von George Draskovich an seinen Bruder Carl. 25.08.1848.

Presse

Agramer Tagblatt 02.01.1886.
Agramer Tagblatt 12.01.1886.

Agramer Politische Zeitung 25.05.1842.

Agramer Zeitung 26.05.1885.
Agramer Zeitung 08.02.1899.
Agramer Zeitung 13.01.1900.
Agramer Zeitung 19.07.1911.
Agramer Zeitung 24.01.1912

Das Vaterland 11.09.1869.
Das Vaterland 06.09.1883.
Das Vaterland 19.02.1898.

Die Presse 10.09.1869.

Domobran 05.09.1864.

Gospodarski List Jg 39. 1891, Nr.24.

Hrvatski Automobilni List. „LAutomobiliste Croate“ No 1. Jg 1. Zagreb 1914.

Hrvatski Narod 01.05.1892.

Hrvatska Straža 30.12.1934.

Male Novine 09.09. 1912.

Narod 01.02.1872.

Narodne Novine 30.06.1886.

Naše gore list No. 4, 1862.

Naše pravice 12.09.1912.

Neue Freie Presse 10.09.1869.
Neue Freie Presse 02.07.1887.
Neue Freie Presse 12.09.1869.

Obzor 13.12.1876.

Obzor 14.07.1886.
Obzor 24.02.1900.

Obzor 10.04.1901.

Pester Lloyd 02.02.1911.

Slavisches Tagblatt 16.05.1911.

Sloga 20.04.1870.

Srbobran 21.11.1887.

Šumarski List 01.10.1912.

Szalon Ujság 15.08.1904.

Wiener Fremdenblatt 30.11.1918.

Zatočnik 17.01.1871.

Andere Quellen

Administrationsvorschrift für die Beamten der Gräflich Ivan Draskovich'schen Herrschaften Sellye, Slatina und Trakostjan. Osijek 1913.
Agramer Casino-Büchlein. Jg. 2, Zagreb 1842.
Blake, William: The Human Abstract. In: The works of William Blake. Poetic, Symbolic, and Critical. Hrsg.von Edwin John Ellis u. William Butler Yeats. Vol.III. London 1893.
Bojničić, Ivan von: Der Adel von Kroatien und Slavonien. Nürnberg 1899.
Ders.: O Plemstvu. S osobitim obzirom na hrvatsko plemstvo. Družbi „Braće Hrv. Zmaja“ dne 6. Maja 1908. Zagreb 1908.
Cesarec, August: Careva kraljevina. Zagreb 1925.
Compass. Finanzielles Jahrbuch für Österreich-Ungarn. Wien 1880.
Compass. Finanzielles Jahrbuch für Österreich-Ungarn. Wien 1900.
Cuvaj od Carevgrada, Antun pl.: Grofovi Pejacsevich; njihov rad za kralja i dom. Zagreb 1913.
Dnevnik Sabora Trojedne Kraljevine Dalmacije, Hrvatske i Slavonije držana u glavnom gradu Zagrebu godine 1868–1871. Zagreb (ohne Jahr).
Drašković, Janko: Disertacija iliti razgovor. Darovan gospodi poklisarom zakonskim i budućem zakonotvorcem kraljevinah naših za buduću Dietu ugarsku odaslanem. Karlovac 1832.
Ders.: Ein Worth an Illyriens hochherzige Tochter. Zagreb 1838.
Duišin, Viktor: Zbornik plemstva u Hrvatskoj, Slavoniji, Dalmaciji, Bosni i Hercegovini, Dubrovniku, Kotoru i Vojvodini. Zagreb 1938.
Genealogisches Handbuch des Adels: Freiherrliche Häuser Band I. Glücksburg 1954.
Genealogisches Handbuch des Adels: Freiherrliche Häuser Band VIII. Limburg a.d.Lahn 1982.
Genealogisches Handbuch des Adels: Freiherrliche Häuser Band XXIV. Limburg a.d.Lahn 2008.
Genealogisches Handbuch des Adels: Freiherrliche Häuser Band XXV. Limburg a.d.Lahn 2011.
Genealogisches Handbuch des Adels: Gräfliche Häuser Band I. Glücksburg 1953.

Genealogisches Handbuch des Adels: Gräfliche Häuser Band II. Limburg a.d.Lahn 1960.
Genealogisches Handbuch des Adels: Gräfliche Häuser Band III. Limburg a.d.Lahn 1965.
Genealogisches Handbuch des Adels: Gräfliche Häuser Band V. Limburg a.d.Lahn 1967.
Genealogisches Handbuch des Adels: Gräfliche Häuser Band IX. Limburg a.d.Lahn 1979.
Genealogisches Handbuch des Adels: Gräfliche Häuser Band XI. Limburg a.d.Lahn 1983.
Genealogisches Handbuch des Adels: Gräfliche Häuser Band XII. Limburg a.d.Lahn 1988.
Genealogisches Handbuch des Adels: Gräfliche Häuser Band XIII. Limburg a.d.Lahn 1991.
Genealogisches Handbuch des Adels: Gräfliche Häuser Band XV. Limburg a.d.Lahn 1997.
Genealogisches Handbuch des Adels: Gräfliche Häuser Band XVII. Limburg a.d.Lahn 2003.
Gjalski, Ksaver Šandor: Illustrissimus Battorych. In: Pod starim krovovima i druge pripovijetke. Zagreb 1886. S. 4–19.
Govori presvijetloga g. odjelnoga predstojnika Danijela Stankovića i preuzvišenoga g. Bana Grofa Khunea-Hédervárya besjedni u saborskoj sjednici 17. siječnja 1893. Zagreb 1893.
Hellenbach, Lazar: Die Fusion. Eine Skizze aus dem kroatischen Parteileben. Zagreb 1866.
Ders.: Der ungarisch-kroatische Conflict. Wien 1883.
Hof- und Staats-Handbuch des Kaiserthumes Österreich 1866. Wien 1866.
Hof- und Staatshandbuch der Österreichisch-Ungarischen Monarchie für 1869. Wien 1869.
Hof- und Staatshandbuch der Österreichisch-Ungarischen Monarchie für 1874. Wien 1874.
Hof- und Staatshandbuch der Österreichisch-Ungarischen Monarchie für 1876. Wien 1876.
Hof- und Staatshandbuch der Österreichisch-Ungarischen Monarchie für 1879. Wien 1879.
Hof- und Staatshandbuch der Österreichisch-Ungarischen Monarchie für 1882. Wien 1882.
Hof- und Staatshandbuch der Österreichisch-Ungarischen Monarchie für 1883. Wien 1883.
Hof- und Staatshandbuch der Österreichisch-Ungarischen Monarchie für 1888. Wien 1888.
Hof- und Staatshandbuch der Österreichisch-Ungarischen Monarchie für 1893. Wien 1893.
Hof- und Staatshandbuch der Österreichisch-Ungarischen Monarchie für 1899. Wien 1899.
Hof- und Staatshandbuch der Österreichisch-Ungarischen Monarchie für 1903. Wien 1903.
Hof- und Staatshandbuch der Österreichisch-Ungarischen Monarchie für 1915. Wien 1915.
Hof- und Staatshandbuch der Österreichisch-Ungarischen Monarchie für 1884. Wien 1884.
Hof- und Staatshandbuch der Österreichisch-Ungarischen Monarchie für 1885. Wien 1885.
Hof- und Staats-Schematismus des Österreichischen Kaiserthumes. Wien 1807–1843.
Hohenlohe-Ingelfingen, Kraft zu: Aus meinem Leben. Bd. 1. Berlin 1897.
Ibler, Janko: Gospodarsko-šumarska jubilarna izložba Hrvatsko-slavonskoga družtva u Zagrebu godine 1891. Zagreb 1892.
Imenik dostojanstvenika, činovnika i javnih službenika Kraljevina Hrvatske i Slavonije 1894. Zagreb 1894.
Imenik dostojanstvenika, činovnika i javnih službenika kraljevina Hrvatske i Slavonije 1912. Zagreb 1912.
Imenik doživotnih članova književnoga društva Sv. Jeronima u Zagrebu koncem godine 1911. Zagreb 1912.
Imenik ovjerovljenih članovah sabora i odbori sabora kraljevina Hrvatske, Slavonije i Dalmacije g. 1884–1887. Zagreb 1888.
Imenik pretplatnika državnih telefonskih mreža u Hrvatskoj i Slavoniji. Prosinac 1911. Zagreb 1911.
Imenik pretplatnika državnih telefonskih mreža u Hrvatskoj i Slavoniji. Prosinac 1916. Zagreb 1916.
Imenik proizvodjača i izvoznika industrijskih i zemljoradničkih proizvoda zemalja madjarske krune. Budapest 1905.
Kesterčanek, Fran: Lovstvo. Zagreb 1896.
Ders.: Forst- und Jagdwesen. In: Die Österreichisch-Ungarische Monarchie in Wort und Bild. Kroatien und Slawonien. Kronprinzenwerk. Band 24. Wien 1902. S. 242–249.
Korespondencija Rački –Strossmayer. Bd. 3. Zagreb 1930.

Korespondencija Rački –Strossmayer. Bd. 4. Zagreb 1931.
Krklec, Gustav: Lica i krajolici. Zagreb 1977.
Krleža, Miroslav: Bečke varijacije. In: Danas 3 (1934).
Ders.: Glembajevi. Proza. Sarajevo 1973.
Kršnjavi, Izidor: Zapisci: iza kulisa hrvatske politike. Zagreb 1986.
Kroatischer Kompass. Finanzielles und kommerzielles Jahrbuch nebst Verzeichnis der handelsgerichtlich protokollierten Firmen von Kroatien, Slavonien, Dalmatien, Bosnien u. Hercegovina. Agram 1910. 1. Jg. 1909/10.
Laszowski, Emilij: Matica plemstva županije Požeške, Srijemske i Virovitičke 1745–1902. Zagreb 1903.
Ders.: Povjesni spomenici plem. općine Turopolja nekoć »Zagrebačko polje« zvane. Bd. I–IV. Zagreb 1904–1908.
Loen, Johann Michael von: Der Adel. Ulm 1752.
Mattachich, Géza: Aus den letzten Jahren. Memoiren von Géza Mattachich. Leipzig 1904.
Mündl, Norbert: Die österreichische Grundentlastungsschuld. Wien 1865.
Otvoreno Pismo velemožnoj gospodi narodnim zastupnicima na saboru kraljevina Hrvatske, Slavonije i Dalmacije uoči otvorenja sabora mjeseca studenoga 1910. Zagreb 1910.
Pejacsevich de Veröcze, Marie: A 20th Century Odyssey. A personal memoir. Groningen 2004.
Pergošić, Ivan: Decretum. Nedelišće 1574.
Pliverić, Josef: Beiträge zum ungarisch-kroatischen Bundesrechte. Rechtliche und politische Erörterungen. Agram 1886.
Programm des Centrum-Klubs des Landtages der Königreiche Kroatien-Slavonien und Dalmatien. Agram 18.10.1886. Zagreb 1886.
Rakovac, Dragutin: Magyaren und Illyrer. In: Revue österreichischer Zustände. Bd. 2. Leipzig 1843.
Saborski Dnevnik Kraljevinah Hrvatske, Slavonije u Dalmacije. Godina 1872–1875. Zagreb 1875.
Saborski Dnevnik Kraljevinah Hrvatske, Slavonije i Dalmacije. Godina 1884–1887. Zagreb 1887.
Saborski Dnevnik Kraljevinah Hrvatske, Slavonije u Dalmacije. Godina 1875–1878. Zagreb 1900.
Sermage, Carl Johann Peter: Bemerkungen und Bedenknisse, angeregt durch die „Reflexionen [...] von Michael v. Kunits. In: Luna 1833.
Sermage, Richard: Im Tartarus. Politische Studie. Graz 1888.
Ders.: Die Verlassenen. Leipzig 1889.
Ders.: Rückblick auf Oesterreich im Jahr 2000. Graz 1898.
Starè, Josef: Die Kroaten im Königreiche Kroatien und Slavonien. Wien, Teschen 1882.
Stenografički zapisnici i prilozi Sabora kralj. Hrvatske, Slavonije. Petogodište 1901.–1906. od LIII. do uključivo LX. saborske sjednice od 17.lipnja do 25.lipnja 1903. Svezak III. Zagreb 1903.
Stenografički zapisnici i prilozi Sabora kralj. Hrvatske, Slavonije i Dalmacije. Petogodište 1906.–1911. od I. do uključivo XXIX. sab. sjednice od 9. svibnja do 18. prosinca 1906. Zagreb 1907.
Stenografički zapisnici Sabora kraljevina Hrvatske, Slavonije i Dalmacije za petogodište 1887.–1892. Sv. IV. Zagreb 1892.
Stenografski Zapisnici sabora kralj. Hrvatske, Slavonije i Dalmacije. Petogodišta 1913–1918. od I. do uključivo XXXIV. saborske sjednice od 27. prosinca do 4. ožujka 1914. Svezak I. Godina 1913 i 1914. Zagreb 1914.
Sudeta, Šop, Vlaisavljević: Pjesme, Mor. Pjesme i Priče. Pjesme i Pjsesničke Proze. Zagreb 1966.
Szomszédváry: Die Steuerschraube. Zagreb 1880.
Tomasi di Lampedusa, Giuseppe: Il gattopardo. Milano 1958.; Deutsche Ausgabe: Der Leopard. München 2004.

Zakon od 29. rujna 1888. kojim se preinačuju nekoje ustanove zakonskoga članka II.: 1870. o uredjenju sabora kraljevina Hrvatske, Slavonije i Dalmacije. In: Saborski izbori. Zakoni o zaštiti slobode izbora, o izbornom redu i o uredjenju Sabora. Zagreb 1908.

Zakonski članak II: 1870 sabora kraljevina Dalmacije, Hrvatske i Slavonije o uredjenju sabora istih kraljevina od 12 rujna 1870. In: Saborski izbori. Zakoni o zaštiti slobode izbora, o izbornom redu i o uredjenju Sabora. Zagreb 1908.

Zu den Landtagswahlen in Kroatien. Zagreb 1888.

Web-Seiten

Hrvatski plemčiki zbor: http://plemstvo.hr/. (18.05.2015)

Der Sabor der Republik Kroatien: http://www.sabor.hr/Default.aspx?art=1759&sec=442 (18.05.2015)

1st Count Draskovich Trophy Race: http://ak-sloboda.hr/wp-content/uploads/2015/06/Utrka-za-pokal-grofa-draskovica-raspis-ENG.pdf (14.07.2015)

Museum Trakošćan : http://www.trakoscan.hr/fotogalerie.html (14.07.2015)

Darstellungen

Alebić, Tamara: Plemstvo orahovačkoga kraja kroz prošlost. In: Povijesni zbornik. Godišnjak za kulturno i povijesno naslijeđe 1–2 (2006/2007). S. 255–270.

Alter, Peter: Nationalismus. Frankfurt am Main 1985.

Altevolmer, Burkhard: Nation-Building in Serbien und Kroatien. Eine Studie zur Reichweite allgemeiner Theorien des Nationalismus. Stuttgart 2004.

Anderson, Benedict: Die Erfindung der Nation. Zur Karriere eines erfolgreichen Konzepts. Frankfurt am Main 2005.

Arbačić, Goran: Korak do novog stoljeća. Gospodarska izložba u Zagrebu 1891. Zagreb 2007.

Archer Wasson, Ellis: Aristocracy and the Modern World. Basingstroke 2006.

Artuković, Mato: Pitanje šteta i odštete u antisrpskim demonstracijama 1902. godine. In: CSP 1(2010). S. 179–217.

Asch, Roland G. u. Rudolf Schlögl (Hrsg.): Adel in der Neuzeit. Göttingen 2007.

Bahlcke, Joachim; Schmilewski, Ulrich u. Thomas Wünsch (Hrsg.): Adel und Adelsforschung in Ostmitteleuropa. Einleitende Bemerkungen zu Gegenstand, Konzeption und Methodik des vorliegenden Bandes. In: Das Haus Schaffgotsch. Konfession, Politik und Gedächtnis eines schlesischen Adelsgeschlechts vom Mittelalter bis zur Moderne. Hrsg. von Dies.Würzburg 2010.

Balta, Ivan: Značajnije osobe porodice Pejačević koje su obilježile dio hrvatsko-slavonske povijesti. In: Glasnik arhiva Slavonije i Baranje 11 (2011). S. 26–49.

Banac, Ivo u. Paul Bushkovitch (Hrsg.): The Nobility in Russia and Eastern Europe. New Haven 1983.

Barnard, Malcolm: Fashion as communication. London, New York 1996.

Barthes, Roland: Mythen des Alltags (Auszug). Frankfurt am Main 1964. bzw. Vollständige Ausgabe: Berlin 2010.

Ders.: Die Sprache der Mode. Frankfurt am Main 1985.

Beckett, John: The Aristocracy in England 1660–1914. Oxford 1986.

Bellamy, Alex: The Formation of Croatian National Identity. A centuries-old dream? Manchester, New York 2003.

Bestenreiner, Erika: Die Frauen aus dem Hause Coburg. München 2008.
Beuc, Ivan: Povijest institucija državne vlasti u Hrvatskoj. 1527–1945. Zagreb 1969.
Bloch, Ernst: Erbschaft dieser Zeit. Erweiterte Ausgabe. Frankfurt am Main 1985.
Bode, Wilhelm u. Elisabeth Emmert: Jagdwende. Vom Edelhobby zum ökologischen Handwerk. München 2000.
Borošak-Marijanović, Jelena u. Jasna Tomičić: Ivan Mažuranić Ban Pučanin. Zagreb 1990.
Borošak-Marijanović, Jelena: Ljudevit Vukotinović. Književnik, političar, državni činovnik i znanstvenik. In: Cris. Časopis Povijesnog društva Križevci. 1 (2003). S. 28–35.
Botez, Victor u. Corneliu Radeş: Nobilimea la Români. La Noblesse Roumaine. The Romanian Nobility. Bucureşti 2007.
Bourdieu, Pierre: Die feinen Unterschiede. Kritik der gesellschaftlichen Urteilskraft. Frankfurt am Main 1982.
Ders.: Soziologische Fragen. Frankfurt am Main 1993.
Bourdieu, Pierre u. Loïc Wacquant: Reflexive Anthropologie. Frankfurt am Main 1996.
Brandes, Inga u. Katrin Marx-Jaskulski (Hrsg.): Armenfürsorge und Wohltätigkeit. Ländliche Gesellschaften in Europa 1850–1930. Frankfurt am Main 2008.
Braun, Rudolf: Konzeptionelle Bemerkungen zum Obenbleiben – Adel im 19. Jahrhundert. In: Europäischer Adel 1750–1950. Hrsg.von Hans-Ulrich Wehler. Göttingen 1990. S. 87–95.
Bremner, Robert H.: Giving. Charity and Philanthropy in History. New Brunswick, London 1996.
Brunner, Georg (Hrsg.): Osteuropa zwischen Nationalstaat und Integration. Berlin 1995.
Buntak, Franjo: Demonstracije na zagrebačkim ulicama u proljeće 1903.godine. In: Iz starog i novog Zagreba. Zagreb 1963. S. 177–234.
Bush, Michael Laccohee: Rich noble, poor noble. Manchester 1988.
Cannadine, David: The Decline and Fall of the British Aristocracy. London 1996.
Cardoza, Anthony: Aristocrats in Bourgeois Italy. The Piemontese Nobility 1861–1930. Cambridge 1997.
Ceauşu, Mihai-Ştefan: Mutaţii etno-sociale în structura nobilităţii din Bucovina (sfîrştul sec. XVIII – începutul sec. XIX). In: Arhiva Genealogică II. 3–4 (1995). S. 167–176.
Ders.: Der Landtag der Bukowina, in: Die Habsburgermonarchie 1848–1918. Band VII. Verfassung und Parlamentarismus. Hrsg.von Helmut Rumpler u. Peter Urbanitsch. Wien 2000. S. 2171–2198.
Cerman, Ivo u. Velek Luboš (Hrsg.): Adel und Wirtschaft. Lebensunterhalt der Adeligen in der Moderne. München 2009.
Choińska-Mika, Joanna: Między społeczeństwem szlacheckim a władzą. Problemy komunikacji: społeczności lokalne – władza w epoce Jana Kazimierza. Warszawa 2002.
Cipek, Tihomir u. Stjepan Matković: Programatski dokumenti hrvatskih političkih stranaka i skupina 1842.–1914. Zagreb 2006.
Clemens, Gabriele B., König, Malte u. Marco Meriggi (Hrsg.): Hochkultur als Herrschaftselement. Italienischer und deutscher Adel im langen 19. Jahrhundert. Göttingen 2011.
Clemens, Gabriele B.: Obenbleiben mittels Historiographie. In: Hochkultur als Herrschaftselement. Italienischer und deutscher Adel im langen 19. Jahrhundert. Hrsg. von Gabriele B. Clemens, Malte König u. Marco Meriggi. Göttingen 2011. S. 189–209.
Cless, Christine: Theorienbildung um die südslavische Großfamilie (Zadruga) im 19. und 20. Jahrhundert. Aspekte zu e. Forschungsgeschichte. München 1981.
Conze, Eckart: Von deutschem Adel. Die Grafen Bernstorff im zwanzigsten Jahrhundert. Stuttgart 2000.
Conze, Eckart u. Monika Wienfort (Hrsg.): Adel und Moderne. Deutschland im europäischen Vergleich im 19. und 20. Jahrhundert. Köln 2004.

Conze, Eckart u. Sönke Lorenz (Hrsg.): Die Herausforderung der Moderne. Adel in Süddeutschland im 19. und 20. Jahrhundert. Viertes Symposion „Adel, Ritter, Ritterschaft vom Hochmittelalter bis zum modernen Verfassungsstaat“ (17./18. Mai 2007, Schloss Weitenburg). Ostfildern 2010.

Conze, Eckart; Jendorff, Alexander u. Heike Wunder (Hrsg.): Adel in Hessen. Herrschaft, Selbstverständnis und Lebensführung vom 15. bis ins 20. Jahrhundert. Marburg 2010.

Corbea-Hoisie, Andrei: Czernowitz 1892. Die imagologische Projektion einer Epochenschwelle. In: Räume und Grenzen in Österreich-Ungarn 1867–1918. Kulturwissenschaftliche Annäherungen. Hrsg.von Wladimir Fischer, Waltraud Heindl, Alexandra Millner u. Wolfgang Müller-Funk. Tübingen 2010. S. 35–46.

Čebotarev, Andrej: Prvi svijetski rat u očima grofa Stjepana Erdődyja. In: Gazophylacium. 1–2 (1995). S. 33–58.

Čepulo, Dalibor: Building the modern legal system in Croatia 1848–1918 in the centre-periphery perspective. In: Modernisierung durch Transfer zwischen den Weltkriegen. Hrsg.von Tomasz Giaro. Frankfurt am Main 2007. S. 47–91.

Dahl, Richard: Die Leidensgeschichte einer Königstochter. Die Wahrheit in der Affaire der Prinzessin Luise von Sachsen-Coburg und Gotha und des ehemaligen österr. Ulanen-Oberl. Grafen Géza Mattachich-Keglevich. Offener Brief an alle Freunde der Menschlichkeit und Gerechtigkeit. Zürich 1904.

Dahrendorf, Ralf: Gesellschaft und Freiheit. Zur soziologischen Analyse der Gegenwart. München 1961.

Ders.: Eine neue deutsche Oberschicht? Notizen über die Eliten der Bundesrepublik. In: Die neue Gesellschaft. 9 (1962). S. 18–31.

Demel, Walter u. Barbara Kink (Hrsg.): Adel und Adelskultur in Bayern. Zeitschrift für bayerische Landesgeschichte. Beiheft 32. München 2008.

Despalatovic, Elinor Murray: Ljudevit Gaj and the Illyrian Movement. New York 1975.

Despot, Miroslava: Slavonija na gospodarskoj izložbi u Zagrebu 1864. Slavonski Brod 1969.

Diemel, Christa: Adelige Frauen im bürgerlichen Jahrhundert. Hofdamen, Stiftsdamen, Salondamen 1800–1870. Frankfurt am Main 1998.

Dingens, Martin: Der ‚feine Unterschied'. Die soziale Funktion der Kleidung in der höfischen Gesellschaft. In: Zeitschrift für historische Forschung 1 (1992). S. 49–76.

Djokic, Dejan (Hrsg.): Yugoslavism. Histories of a Failed Idea. 1918–1992. London 2003.

Durman, Milan: Jukićev atentat na Cuvaja. In: Književnik 10 (1937). S. 177–185.

Dvorniković, Vladimir: Plemstvo u našem narodu, njegov postanak i karakter. Sarajevo 1938.

Eckardt, Hans Wilhelm: Herrschaftliche Jagd, bäuerliche Not und bürgerliche Kritik. Zur Geschichte der fürstlichen und adligen Jagdprivilegien vornehmlich im südwestdeutschen Raum. Göttingen 1976.

Eicher, Joanne Bubolz u. Sandra Lee Evenson: The visible self. Global perspectives on dress, culture, and society. New York 2015.

Elias, Norbert: Die höfische Gesellschaft: Untersuchungen zur Soziologie des Königtums und der höfischen Aristokratie. Neuwied 1969.

Enciklopedija hrvatske povijesti i culture. Zagreb 1980.

Fofic, Heike: Die Genese der kroatischen Standardsprache im 19. Jahrhundert – Ljudevit Gaj und die Illyrer. Hagen 1990.

Fränkel, Jonas (Hrsg.): Gottfried Kellers sämtliche Werke. Textkritische Ausgabe. Bd. 8 (Die Leute von Seldwyla II). Zürich, München 1927.

Frie, Ewald: Adel um 1800. Oben bleiben? in: zeitenblicke 4 (2005). Nr. 3. [13.12.2005]. URL: http://www.zeitenblicke.de/2005/3/Frie/index_html, URN: urn:nbn:de:0009-9-2457 (18.05.2015)

Gajl, Tadeusz: Herbarz polski. Od średniowiedza do XX wieku. Ponad 4.500 herbów szlacheckich i 37.000 nazwisk. Gdańsk 2007.
Gellner, Ernest (Hrsg.): Nationalismus und Moderne. Berlin 1991.
Ders.: Nationalismus. Kultur und Macht. Berlin 1999.
Georgiev, Jiři: Konservative Gesinnung und böhmischer Adel. In: Adel und Politik in der Habsburgermonarchie und den Nachbarländern zwischen Absolutismus und Demokratie. Hrsg.von Tatjana Tönsmeyer u. Luboš Velek. München 2011. S. 43–54.
Glassheim, Eagle: Noble Nationalists. The Transformation of the Bohemian Aristocracy. Cambridge 2005.
Godsey, William D.: Aristocratic Redoubt. The Austro-Hungarian Foreign Office on the Eve of the First World War. West Lafayette 1998.
Ders.: Quarterings and Kinship. The Social Composition of the Habsburg Aristocracy in the Dualist Era. In: Journal of Modern History. 71 (1999). S. 56–104.
Ders.: Nobles and nation in Central Europe. Free Imperial Knights in the age of revolution, 1750–1850. Cambridge 2004.
Grabar, Mato: Ostavština obitelji Jelačić. In: Arhivski vjesnik. 31 (1987). S. 53–75.
Gregurić, Gordana: Kulmer. Zabok 2009.
Grenzer, Andreas: Adel und Landbesitz im ausgehenden Zarenreich. Der russische Landadel zwischen Selbstbehauptung und Anpassung nach Aufhebung der Leibeigenschaft. Stuttgart 1993.
Gross, Mirjana: Vladavina Hrvatsko-Srpske Koalicije. 1906–1907. Beograd 1960.
Dies.: Die Anfänge des modernen Kroatien. Gesellschaft, Politik und Kultur in Zivil-Kroatien und -Slawonien in den ersten dreißig Jahren nach 1848. Wien, Köln, Weimar 1993.
Dies.: Geneza Frankove stranke. In: Historijski zbornik. 1–4 (1964). S. 1–83.
Dies.: The Position of the Nobility in the Organization of the Elite in Northern Croatia at the End of the Nineteenth and the Beginning of the Twentieth Centuries. In: The Nobility in Russia and Eastern Europe. Hrsg.von Ivo Banac u. Paul Bushkovitch. New Haven 1983. S. 137–176.
Dies.: Die Rolle der Eliten in der Modernisierung Nordkroatiens von den fünfziger bis zu den achtziger Jahren des 19. Jahrhunderts. In: Gesellschaft, Politik und Verwaltung in der Habsburgermonarchie 1830–1918. Hrsg.von Glatz, F. u. R. Melville. Budapest 1987. S. 105–135.
Dies.: Die Landtage der Länder der Ungarischen Krone. A. Der Kroatische Sabor (Landtag). In: Die Habsburgermonarchie 1848–1918. Band VII. Verfassung und Parlamentarismus. Hrsg.von Adam Wandruszka u. Peter Urbanitsch. Wien 2000. S. 2283–2316.
Haid, Elisabeth; Stephanie Weismann u. Burkhard Wöller: Galizien. Peripherie der Moderne – Moderne der Peripherie? Marburg 2013.
Halmos, Károly: Das Besitz- und Bildungsbürgertum in Ungarn. In: Die Habsburgermonarchie 1848–1918. Band IX. Soziale Strukturen. Hrsg.von Helmut Rumpler u. Peter Urbanitsch. Wien 2010. S. 909–950.
Harmat, Ulrike: Magnaten und Gentry in Ungarn. In: Die Habsburgermonarchie 1848–1918. Soziale Strukturen. Bd. IX. 1.Teilband. Von der feudal-agrarischen zur bürgerlich-industriellen Gesellschaft. Teilband 1/2. Von der Stände- zur Klassengesellschaft. Hrsg.von Helmut Rumpler u. Peter Urbanitsch. Wien 2010. S. 1043–1089.
Haselsteiner, Horst: Zur südslawischen Problematik des österreichisch-ungarischen Ausgleichs. In: Die Donaumonarchie und die südslawische Frage von 1848 bis 1918. Hrsg.von Adam Wandruszka. Wien 1978. S. 47–63.
Haupt, Heinz u. Dieter Langewiesche (Hrsg.): Nation und Religion in Europa. Mehrkonfessionelle Gesellschaften im 19. und 20. Jahrhundert. Frankfurt am Main 2004.

Hauptmann, Ferdo: Der kroatisch-ungarische Ausgleich von 1868. In: Der österreichisch-ungarische Ausgleich 1867. Seine Grundlagen und Auswirkungen. Hrsg.von Theodor Mayer. München 1968. S. 36–47.

Henning, Hansjoachim: „Noblesse oblige?“ Fragen zum ehrenamtlichen Engagement des deutschen Adels 1870–1914. In: VSWG 79 (1992). S. 305–340.

Hildermeider, Manfred: Bürgertum und Stadt in Rußland 1760–1870. Köln 1986.

Hlavačka, Milan: Kindheit, Adoleszenz und Familienstrategie in den Briefen der Lobkowicz-Kinder an ihren Vater Fürst Georg Christian. In: Adelige Ausbildung. Die Herausforderung der Aufklärung und die Folgen. Hrsg.von Ivo Cerman u. Luboš Velek. München 2006. S. 212–224.

Ders.: Der konservative Anbruch der Moderne. In: Adel und Politik in der Habsburgermonarchie und den Nachbarländern zwischen Absolutismus und Demokratie. Hrsg.von Tatjana Tönsmeyer u. Luboš Velek. München 2011. S. 63–64.

Hobsbawm, Eric: Nationen und Nationalismus. Mythos und Realität seit 1780. München 1996.

Hojsak, Ivan: Rodoslovlje obitelji Drašković. Varaždin 2004.

Holste, Karsten; Hüchtker, Dietlind u. Michael G. Müller (Hrsg.): Aufsteigen und Obenbleiben in Europäischen Gesellschaften des 19. Jahrhunderts. Akteure – Arenen – Aushandlungsprozesse. Berlin 2009.

Holste, Karsten: In der Arena der preußischen Verfassungsdebatte. Adlige Gutsbesitzer der Mark und Provinz Brandenburg 1806–1847. Berlin 2013.

Homen, Zoran: Obitelj Kiepach od Haselburga u Križevcima. Izložba iz ostavštine obitelji. Križevci 2004.

Horvat, Josip: Kultura Hrvata kroz 1000 godina. Bd.2. Zagreb 1980.

Hroch, Miroslav: Die Vorkämpfer der nationalen Bewegung bei den kleinen Völkern Europas. Eine vergleichende Analyse zur gesellschaftlichen Schichtung der patriotischen Gruppen. Prag 1968.

Ders.: Programme und Forderungen nationaler Bewegungen. Ein europäischer Vergleich. In: Entwicklung der Nationalbewegungen in Europa 1850–1914. Hrsg.von Heiner Timmermann. Berlin 1998. S. 17–29.

Ders.: Das Europa der Nationen. Die moderne Nationsausbildung im europäischen Vergleich. Göttingen 2005.

Hrvatski Narodni Preporod. Muzej za umjetnost i obrt. Zagreb 1985.

Hrvatsko šumarsko društvo (Hrsg.): Hrvatsko šumarsko društvo 1846–1996. Zagreb 1996.

Iveljić, Iskra: Očevi i sinovi. Privredna elita Zagreba u drugoj polovici 19. stoljeća. Zagreb 2007.

Jahn, Wolfgang u. Stefan Breit (Hrsg.): Adel in Bayern. Ritter, Grafen, Industriebarone. Stuttgart 2008.

Jansen, Christian u. Henning Borggräfe: Nation – Nationalität – Nationalismus. Frankfurt am Main, New York 2007.

Jelačić, A.: Seljački pokret u Hrvatskoj i Slavoniji godine 1848–1849. Zagreb 1925.

Jež, Ivančica: Neka obilježja preporodnog razdoblja nacionalnog pokreta u Varaždinu (1838.–1848.) In: Historia Varasdiensis. Časopis za varaždinsku povjesnicu. 1 (2011). S. 145–165.

Kaj. Časopis za kulturu i prosvjetu. 5 (1972).

Karaman, Igor: Valpovačko vlastelinstvo. Ekonomsko-historijska analiza. Zagreb 1961

Ders.: Valpovačko vlastelinstvo. Gradja za gospodarsku povijest Hrvatske 13. Zagreb 1962.

Ders.: Sumarni katastar veleposjeda u Slavoniji od 18. do 20.stolijeća. Zagreb 1973.

Ders.: Industrijalizacija građanske Hrvatske: 1800–1890. Zagreb 1991.

Ders.: Hrvatska na pragu modernizacije. Zagreb 2000.

Kaser, Karl: Familie und Verwandtschaft auf dem Balkan. Analyse einer untergehenden Kultur. Wien 1995.

Ders: Freier Bauer und Soldat: Die Militarisierung der agrarischen Gesellschaft an der kroatisch-slawonischen Militärgrenze (1535–1881). Wien, Weimar 1997.

Katarinčić, Ivana: Zagrebačke plesne zabave s kraja 18. i tijekom 19. stoljeća. In: Narodna umjetnost 42 (2005). S. 49–68.

Katušić, Maja: Prilog poznavanju obitelji Koritić de Mrazovec – obiteljski fond Koritić u Hrvatskom Državnom Arhivu. In: Cris VII. 1 (2005). S. 60–65.

Kempf, Julije: Dnevnik Ane Jelisave Janković, polslijedne iz grofovske porodice Jankovića Daruvarskih. Slavonska Požega 1933.

Kessler, Wolfgang: Politik, Kultur und Gesellschaft in Kroatien und Slawonien im der ersten Hälfte des 19. Jahrhunderts. Historiographie und Grundlagen. München 1981.

Ders.: Zur Kultur der Magnatenhöfe in Kroatien und Slawonien im 18. Jahrhundert. In: Höfische Kultur in Südosteuropa. Bericht der Kolloquien der Südosteuropa-Kommission 1988 bis 1990. Hrsg.von Reinhard Lauer u. Hans Georg Majer. Göttingen 1994. S. 133–149.

Ders.: Stände und Herrschaft in Ungarn und seinen Nebenländern im 18. und frühen 19. Jahrhundert. In: Stände und Landesherrschaft in Ostmitteleuropa in der Frühen Neuzeit. Hrsg.von Hugo Weczerka. Marburg 1995. S. 171–191.

Klaić, Vjekoslav: Crtice iz hrvatske prošlosti. Zagreb 1928.

Klingenstein, G.: Skizzen zur Geschichte der erbländischen Stände im aufgeklärten Absolutismus der Habsburger (etwa 1740 bis 1790). In: Ständetum und Staatsbildung in Brandenburg-Preussen. Hrsg.von P. Baumgart. Berlin, New York 1983. S. 373–380.

Köhle-Hezinger, Christel: „Weibliche Wohltätgkeit" im 19. Jahrhundert. In: Zwischen Ärgernis und Anerkennung. Mathilde Weber 1829–1901. Hrsg.von Helga Merkel. Tübingen 1993. S. 43–52.

Kolar, Mira: The activities of vice-roy Pavao Rauch in Croatia. In: Review of Croatian History 1 (2005). S. 133–158.

Kolar-Dimitrijević, Mira: Sukob Eugena Kvaternika i Baruna Lazara Hellenbacha oko stvaranja prvoga kreditnog zavoda u Hrvatskoj. In: Acta historico-oeconomica 18 (1991). S. 59–74.

Kolar-Dimitrijević, Mira u. Elizabeta Wagner: Lov i plemstvo u Hrvatskoj i Slavoniji. In: Ekonomska i ekohistorija. (2009). S. 44–58.

Kolaric; Aleksandra: Probleme der staatsrechtlichen Verhältnisse zwischen Kroatien und Ungarn und Österreich in der zweiten Hälfte des 19. Jahrhunderts. In: Entwicklung der Nationalbewegungen in Europa 1850–1914. Hrsg.von Heiner Timmermann. Berlin 1998. S. 87–98.

Koščak, Vladimir: Madžaronska emigracija. In: Historijski Zbornik 3 (1950). S. 39–124.

Krueger, Rita: Czech, German and Noble. Status and National Identity in Habsburg Bohemia. Oxford 2009.

Kühschelm, Oliver: Das Bürgertum in Cisleithanien. In: Die Habsburgermonarchie. Band IX. Soziale Strukturen. Hrsg.von Helmut Rumpler u. Peter Urbanitsch. Wien 2010. S. 849–907.

Laszowski, Emilij: Matica plemstva županije Požeške, Srijemske i Virovitičke 1745–1902. Zagreb 1903.

Ders.: Povjesni spomenici plem. općine Turopolja nekoć »Zagrebačko polje« zvane. Zagreb 1904–1908.

Ders.: Plemenita općina Turopolje: zemljopis, narodopis i povjesni prijegled uredio, napisao i troškom iste općine izdao Emilij Laszowski uz suradništvo Velimira Deželića i Milana Šenoe. Zagreb 1910.

Lellková, Sárka: Der konservative Großgrundbesitz in Böhmen und die Reichsratswahlen von 1907. Vom kampflosen Rückzug der böhmischen Herren aus den Wahlen. In: Adel und Politik in der Habsburgermonarchie und den Nachbarländern zwischen Absolutismus und Demokratie. Hrsg. von Tatjana Tönsmeyer u. Luboš Velek. München 2011. S. 319–326.

Lieven, Dominic: The Aristocracy in Europe 1815–1914. New York 1992.

Lindenmeyer, Adele: The Ethos of Charity in Imperial Russia. In: Journal of Social History. 23 (1990). S. 679–689.

Lotmann, Jurij: Rußlands Adel. Eine Kulturgeschichte von Peter I. bis Nikolaus I. Köln 1997.

Lučevnjak, Silvija: Obitelj Mihalović – prilog poznavanju slavonskog plemstva. In: Glasnik arhiva Slavonije i Baranje. 11 (2011). S. 113–132.

Maciszewski, J.: Szlachta polska i jej państwo. Warszawa 1986.

Maissen, Anna Pia: Wie ein Blitz schlägt es aus meinem Mund. Der Illyrismus. Die Hauptschriften der kroatischen Nationalbewegung 1830–1844. Bern 1998.

Mannová, Elena: Bürgertum und bürgerliche Gesellschaft in der Slowakei, 1900–1989. Bratislava 1996.

Mansel, Philip: Dressed to Rule. Royal and Court Costume from Louis XIV. to Elizabeth II. New Haven 2005.

Marburg, Silke: Europäischer Hochadel. König Johann von Sachsen (1801–1873) und die Binnenkommunikation einer Sozialformation. Berlin 2008.

Marburg, Silke u. Josef Matzerath (Hrsg.): Der Schritt in die Moderne. Sächsischer Adel zwischen 1763 und 1918. Köln 2001.

Marković, Milan: Die serbische Hauskommunion Zadruga und ihre Bedeutung in der Vergangenheit und Gegenwart. (ohne Ort) 1903.

Martić, Davor: Bombelles. Grofovska lovišta varaždinske županije. Split 2005.

Matković, Stjepan u. Alexander Buczynski: Das Kroatische Vereinswesen. In: Die Habsburgermonarchie 1848–1918. Band VIII. Politische Öffentlichkeit und Zivilgesellschaft. Hrsg.von Helmut Rumpler u. Peter Urbanitsch. Wien 2006. S. 1273–1300.

Matzerath, Josef: Adelsprobe an der Moderne. Sächsischer Adel 1763 bis 1866. Entkonkretisierung einer traditionellen Sozialformation. Stuttgart 2006.

Mayer, Arno J.: Adelsmacht und Bürgertum. Die Krise der europäischen Gesellschaft 1848–1918. München 1984.

Mayer, Artur: Die bäuerliche Hauskommunion (Zadruga) in den Königreichen Kroatien und Slavonien. Heidelberg 1910.

Maylein, Klaus Friedrich: Die Jagd – Bedeutung und Ziele. Von den Treibjagden der Steinzeit bis ins 21. Jahrhundert. Marburg 2010.

Menning, Daniel: Adlige Lebenswelten und Kulturmodelle zwischen Altem Reich und „industrieller Massengesellschaft" – ein Forschungsbericht. In: H-Soz-u-Kult. 23.09.2010. http://hsozkult.geschichte.hu-berlin.de/forum/2010-09-001

Mentges, Gabriele: Europäische Kleidermode. In: EGO. Europäische Geschichte Online. http://ieg-ego.eu/de/threads/modelle-und-stereotypen/das-spanische-jahrhundert-16.-jhd/europaeische-kleidermode-1450-1950

Mitterauer, Michael: Zur Frage des Heiratsverhaltens im österreichischen Adels. In: Beiträge zur neueren Geschichte Österreichs. Hrsg.von Heinrich Fichtenau u. Erich Zöllner. Wien 1974. S. 176–194.

Molnar, Branka: Sumarni inventar obiteljskoga fonda HR-DAZG 1006 Turković. HR FAZG 9.2/1006.

Mühle, Eduard (Hrsg.): Studien zum Adel im mittelalterlichen Polen. Wiesbaden 2012.

Müller, Michael G.: „Landbürger". Elitenkonzepte des polnischen Adels im 19. Jahrhundert. In: Adel und Moderne. Deutschland im europäischen Vergleich im 19. und 20. Jahrhundert. Hrsg.von Eckart Conze u. Monika Wienfort. Köln 2004. S. 87–106.

Narcis, Dorin Ion: Residences and families of the nobility in Romania. Bucuresti 2007.

Nolte, Hans Heinrich: Innere Peripherien. Das Konzept in der Forschung. In: Innere Peripherien in Ost und West. Hrsg. von Hans Heinrich Nolte u. Klaas Bähre. Stuttgart 2001.

Nölke, Andreas: Weltsystemtheorie. In: Theorien der internationalen Beziehungen. Hrsg.von M. Spindler u. S. Schieder. Opladen 2006. S. 325–351.

Nuštar. Zbornik/collected texts. Zagreb 1996.
Ottersbach, Christian: Burg, Schloss, Herrenhaus – Überlegungen zum Gehäuse des Adels in Hessen. In: Adel in Hessen. Herrschaft, Selbstverständnis und Lebensführung vom 15.bis ins 20. Jahrhundert. Hrsg.von Eckart Conze, Alexander Jendorff u. Heide Wunder. Marburg 2010. S. 449–469.
Pađen, Ivan: Aristokracija i ustavna država. Od plemstva i klera do pravosuđa i profesija. In: Politička misao 3 (1998). S. 92–111.
Parnica, Robert: Filantropija u Hrvatskoj u drugoj polovini XIX. i početkom XX. stoljeća. In: Historijski zbornik. 53 (2000). S. 100–123.
Pavličević, Dragutin: Seljački nemiri u Stubičkom Kraju 1883. godine. In: Historijski zbornik. 1976–1977. S. 397–407.
Ders.: Narodni pokret 1883. u Hrvatskoj. Zagreb 1980.
Perić, Ivo: Hrvatski državni sabor 1848.– 2000. Bd 1: 1848–1867. Zagreb 2000.; Bd 2. 1868–1918. Zagreb 2000.
Peti, Mirko: Jezična politika Janka Draškovića. In: Kolo. Časopis Matice Hrvatske. 3 (2007). S. 168–176.
Popović, Štefanija.: Problemi i metode istraživanja strukture seljačkog i vlastelinskog posjeda u vrijeme likvidacije feudalnih odnosa. In: Radovi Instituta za hrvatsku povijest 12 (1979). S. 25–126.
Povijesni muzej Zagreb (Hrsg.): Hrvatski narodni preporod, 1790–1848. Zagreb 1985.
Prokopowitsch, Erich: Der Adel in der Bukowina. In: Spuren der deutschen Einwanderung in die Bukowina vor 200 Jahren – Grenzschutz und Adel in österreichischer Zeit. Hrsg.von Rudolf Wagner. München 1983. S. 116–178.
Rasch, Manfred: Adelige als Unternehmen zwischen Industrialisierung und Ende des deutschen Kaiserreichs. Beispiele aus Württemberg und Baden. In: Die Herausforderung der Moderne. Adel in Südwestdeutschland im 19. und 20. Jahrhundert. Viertes Symposion „Adel, Ritter, Ritterschaft vom Hochmittelalter bis zum modernen Verfassungsstaat“ (17./18.Mai 2007 Schloss Weitenburg). Hrsg.von Eckart Conze u. Sönke Lorenz. Ostfildern 2010. S. 83–110.
Ravlić, Jakša: Ilirska Čitaonica u Zagrebu. In: Historijski Zbornik 16 (1963). S. 162–163.
Dies.: Hrvatski narodni preporod: Ilirska knjiga. Zagreb 1965.
Reden-Dohna, Armgard u. Ralph Melville (Hrsg.): Der Adel an der Schwelle des Bürgerlichen Zeitalters 1780–1860. Stuttgart, Wiesbaden 1988.
Reif, Heinz: Westfälischer Adel 1770–1860. Vom Herrschaftsstand zur regionalen Elite. Göttingen 1979.
Ders.: Adel im 19. und 20. Jahrhundert. München 1999.
Ders.: Adel, Aristokratie, Elite. Sozialgeschichte von Oben. Berlin, Boston 2016.
Révesz, László: Der ungarische Reichstag 1848 bis 1918: Rechtliche Grundlagen und praktische Umsetzung. In: Die Habsburgermonarchie 1848–1918. Verfassung und Parlamentarismus. Bd. VII. 1.Teilband. Verfassungsrecht, Verfassungswirklichkeit, Zentrale Repräsentationskörperschaften. Hrsg.von Helmut Rumpler u. Peter Urbanitsch. Wien 2000. S. 1007–1060.
Rheingantz, Carlos: Titulares do Império. Rio de Janeiro 1960.
Rhode Maria: Ein Königreich ohne König. Der kleinpolnische Adel in sieben Interregna.Wiesbaden 1997.
Rösener, Werner: Die Geschichte der Jagd. Kultur, Gesellschaft und Jagdwesen im Wandel der Zeit. Düsseldorf 2005.
Rosenholm, Adrian: Adelsfamilien und Schlösser. Wie Fürsten, Grafen und Prinzessinnen leben – Einblicke in Geschichte und Gegenwart des europäischen Adels. München 2008.
Rumenjak, Nives: Politička i društvena elita Srba u Hrvatskoj potkraj 19. stoljeća. Uspon i pad srpskoga kluba. Zagreb 2005.

Sachße, Christoph: Mütterlichkeit als Beruf. Sozialarbeit, Sozialreform, Frauenbewegung 1871–1929. Frankfurt am Main 1986.

Sandgruber, Roman: Österreichische Agrarstatistik. 1750–1918. Wien 1978.

Schambeck, Herbert (Hrsg.): Österreichs Parlamentarismus. Werden und System. Berlin 1986.

Schiller, René: Vom Rittergut zum Großgrundbesitz. Ökonomische und soziale Transformationsprozesse der ländlichen Eliten in Brandenburg im 19. Jahrhundert. Berlin 2003.

Schödl, Günter: Kroatische Nationalpolitik und „Jugoslavenstvo“: Studien zu nationaler Integration und regionaler Politik in Kroatien-Dalmatien am Beginn des 20. Jahrhunderts. München 1990.

Schubert, Gabriella: Formen höfischer Kleidung in Südosteuropa und ihr Verhältnis zu Trachten und Modeströmungen, in: Höfische Kultur in Südosteuropa. Bericht der Kolloquien der Südosteuropa-Kommission 1988 bis 1990. Hrsg. von Reinhard Lauer, Reinhard u. Hans Georg Majer. Göttingen 1994. S. 377–405.

Schulz, Andreas: Lebenswelt und Kultur des Bürgertums im 19. und 20. Jahrhundert. München 2005.

Schwarz: Lillian: As Barbas do Imperador. São Paulo 1996.

Siegert, Heinz (Hrsg.): Adel in Österreich. Wien 1971.

Simončić, Katarina Nina: Moda u vrijeme Hrvatskog narodnog preporoda. In: Radovi za hrvatsku povijest. 43 (2011). S. 235–254.

Šimončić-Bobetko, Zdenka: Agrarna reforma i kolonizacija u Hrvatskoj. Zagreb 1997.

Sirotković, Hodimir: Die Verwaltung im Königreich Kroatien und Slawonien 1848–1918. In: Die Habsburgermonarchie 1848–1918. Band II. Verwaltung und Rechtswesen. Hrsg.von Adam Wandruszka u. Peter Urbanitsch. Wien 1975. S. 469–498.

Ders.: Organizacija Sabora Hrvatske i Slavonije u Nagodbenom Razdoblju (1868–1918). In: Arhivski vjesnik (1991–1992). S. 21–29.

Sperber, Jonathan: Bürger, Bürgertum, Bürgerlichkeit, Bürgerliche Gesellschaft: Studies of the German (Upper) Middle Class and Its Sociocultural World. In: Journal of Modern History 69 (1997). S. 271–297.

Spring, David (Hrsg.): European Landed Elites in the Nineteeth Century. Baltimore 1977.

Sršan, Stjepan: Nestanak veleposjeda u Slavoniji 1848.–1945. godine. In: Glasnik Arhiva Slavonije i Baranje 7 (2003). S. 9–23.

Ders.: Vukovarsko vlastelinstvo 1719.–1945.: sumarni inventar. Osijek 2008.

Stammer, Otto: Das Elitenproblem in der der Demokratie. In: Ders. (Hrsg.): Politische Soziologie und Demokratieforschung. Ausgewählte Reden und Aufsätze zur Soziologie und Politik. Berlin 1965. S. 63–90.

Stančić, Nikša: Hrvatska nacija i nacionalizam u 19. i 20. stoljeću. Zagreb 2002.

Ders.: Disertacija grofa Janka Draškovića iz 1832. godine: samostalnost i cjelovitost Hrvatske, jezik i identitet, kulturna standardizacija i konzervativna modernizacija. In: Kolo. Časopis Matice Hrvatske. 3 (2007). S. 137–167.

Steindorff, Ludwig: Konzepte der Nationsbildung bei Kroaten, Serben und Bosniaken. In: Ethnizität, Identität und Nationalität in Südosteuropa. Beiträge zu einem Präsentationstag der Südosteuropa-Forschung an der Universität Münster am 27.11.1998. Hrsg.von Cay Lienau u. Ludwig Steindorff. München 2000. S. 159–166.

Ders.: Kroatien. Vom Mittelalter bis zur Gegenwart. Regensburg 2001.

Stekl, Hannes u. Marija Wakouning: Windisch-Graetz: Ein Fürstenhaus im 19. und 20. Jahrhundert. Wien 1992.

Stekl, Hannes: Adel und Bürgertum in der Habsburgermonarchie. 18. bis 20. Jahrhundert. Wien 2004.

Stuparić, Darko: Tko je tko u NDH: Hrvatska 1941.–1945. Zagreb 1997.

Sundhaussen, Holm u. Philipp Ther (Hrsg.): Nationalitätenkonflikte im 20.Jahrhundert. Ursachen von inter-ethnischer Gewalt im Vergleich. Forschungen zur osteuropäischen Geschichte. Band 59. Wiesbaden 2001.

Suppan, Arnold: Die Kroaten. In: Die Habsburgermonarchie 1848–1918. Band III. Die Völker des Reiches. Hrsg. von Adam Wandruszka u. Peter Urbanitsch. Wien 1980. S. 626–733.

Szabo, Agneza: Demografska struktura stanovništva civilne Hrvatske i Slavonije u razdoblju 1850–1880. In: Historijski zbornik (1987). S. 167–223.

Dies.: Baruni Hellenbach u javnom životu Hrvatske. In: Matica 48 (1998). S. 2–5.

Dies.: Grofovi Oršić-Slavetićki iz Gornje Bistre. In: Zaprešićki Godišnjak 1999. Za grad Zaprešić i opićne Brdovec, Bistra, Dubravica, Luka, Marija Gorica i Pušća. 9 (2000). S. 73–84.

Dies.: Istaknute žene iz hrvatske grane grofova Erdődy. In: Gazophylacium. Časopis za znanost, umjetnost, gospodarstvo i politiku. 7 (2002). S. 112–121.

Dies.: Velikaška porodica Hilleprand von Prandau i obilježja njenih doprinosa razvoju hrvatske kulture i prosvjete. In: Gazophylacium. Časopis za znanost, umjetnost, gospodarstvo i politiku. 7 (2002). S. 64–74.

Dies.: Grof Janko Drašković u doba uspona hrvatske preporodne politike od 1790. do 1848. In: Kolo. Časopis Matice Hrvatske. 3 (2007). S. 46–66.

Szabo, Gjuro: Spomenici kotara Krapina i Zlatar. In: Vjesnik Arheološkog muzeja u Zagrebu. 1 (1914). S. 103–204.

Ders.: Instalacija nagodbenog bana barona Levina Raucha 1869. Zagreb 1938.

Szücs, Jenö: Die drei historischen Regionen Europas. Frankfurt am Main 1990.

Šćitaroci, Mladen u. Bojana Šćitaroci: Slawoniens Schlösser. Von Zagreb bis Vukovar. Graz, Stuttgart 2000.

Šidak, Jaroslav: O tobožnjoj detronizaciji Habsburgovaca u Hrvatskom saboru 1848. In: Historijski Zbornik 16 (1963). S. 1–34.

Šidak, Jaroslav; Vinko Foretić u. Julije Grabovac (Hrsg.): Hrvatski narodni preporod-ilirski pokret. Zagreb 1988.

Šišić, Ferdo: Hrvatska povijest. Bd. 3. Zagreb 1913.

Ders.: Zrinski & Frankopan. Deux martyrs nationaux croates. Par Ferdo Chichitch. Avec des articles et des poésies de Comte Begouen. Paris 1919.

Štefanac, Tamara: Cenzurirani ilustrirani materijal u hrvatskim časopisima u vrijeme banovanja Khuena Hédervárya (1883. –1903.). In: Libellarium: časopis za povijest pisane riječi, knjige i baštinskih ustanova. 1 (2012). S. 23–38.

Tacke, Charlotte: "Es kommt also darauf an, den Kurzschluss von der Begriffssprache auf die politische Geschichte zu vermeiden." ‚Adel' und ‚Adeligkeit' in der modernen Gesellschaft. In: Neue Politische Literatur. 52 (2007). S. 91–123.

Tonković, Marija: Juraj i Karlo Drašković kao fotografi. Zagreb 1985.

Tönsmeyer, Tatjana u. Luboš Velek, (Hrsg.) Adel und Politik in der Habsburgermonarchie und den Nachbarländern zwischen Absolutismus und Demokratie. München 2011.

Tönsmeyer, Tatjana: Adelige Moderne. Großgrundbesitz und ländliche Gesellschaft in England und Böhmen (1848–1918). Wien 2012.

Utješenović-Ostrožinski, Ognjeslav: Die Hauskommunionen der Südslaven. Wien 1859.

Valjak, Valentino: Bešte ljudi – ide auto! Povijest automobilizma u Hrvatskoj 1898. –1945. Zagreb 2012.

Varga, János: Typen und Probleme des bäuerlichen Grundbesitzes in Ungarn 1767–1849. Budapest 1965.

Veblen, Thorstein: Theorie der feinen Leute. Frankfurt am Main 1986.

Wallerstein, Immanuel: The Modern World-System I. New York 1974.

Ders.: The Modern World-System II. New York 1980.

Ders.: The Modern World-System III. New York 1989.

Ders.: Wallerstein, Immanuel: The Essential Wallerstein. New York 2000.

Ders.: The Modern World-System IV. University of California Press 2011.

Wandruszka, Adam: Die „Zweite Gesellschaft". In: Adel in Österreich. Hrsg.von Heinz Siegert. Wien 1971. S. 56–67.

Wank, Solomon: Some Reflections on Aristocrats and Nationalism in Bohemia, 1861–1899. In: Canadian Review of Studies of Nationalism 20 (1993). S. 21–33.

Watson, Cynthia: Nation-building. A reference handbook. Oxford 2004.

Wehler, Hans-Ulrich (Hrsg.): Europäischer Adel 1750–1950. Göttingen 1990.

Weichlein, Siegfried: Nationalbewegungen und Nationalismus in Europa. Darmstadt 2006.

Ders.: Nationalismus und Nationalstaat in Europa. Ein Forschungsüberblick. In: Neue Politische Literatur 51 (2006). S. 265–351.

Whelan, Heide W.: Adapting to modernity. Family, caste and capitalism among the Baltic German nobility. Köln 1999.

Wienfort, Monika: Der Adel in der Moderne. Göttingen 2006.

Windisch-Graetz, Vincenz: Der ungarische Adel (in der Zeit 1815–1914). In: Études Danubiennes. 7/2 (1991). S. 115–133.

Wyczański Andrzej: Polska Rzeczą Pospolitą Szlachecką. Warszawa 1991.

Zapf, Wolfgang: Wandlungen der deutschen Elite. München 1965.

Ders.: (Hrsg.): Theorien des sozialen Wandels. Köln 1971.

Zmajić, Bartol: Postanak i razvitak roda Draškovića. In: Kaj. Časopis za kulturu i prosvjetu 5 (1972). S. 53–59.

Znamenja vlasti i časti u Hrvatskoj u 19. stoljeću. Hrvatski Povijesni Muzej. Zagreb 1994.

Zündorf, Lutz: Zur Aktualität von Immanuel Wallerstein. Einleitung in sein Werk. Wiesbaden 2010.

Županič, Jan: Ders.: Adelige Eliten in Österreich-Ungarn. In: Prague Papers on History of International Relations. Bd.1. Plzeň 2007. S. 434–440.

Ders.: Die Frage des Adelsstandes und seiner Aufhebung in den Nachfolgestaaten von Österreich-Ungarn. In: Prague Papers on History of International Relations. Bd.1. Plzeň 2008. S. 255–264.

Bildnachweis der Darstellungen

1. Vienac 33 (1884). S. 529.
2. Lange, D.H.: „Volksschul-Atlas". Braunschweig 1899. Gemeinfreier Scan von Olahus bei Wikipedia.
3. Gemeinfreies Werk von Kallgan bei Wikipedia.
4. Vasárnapi Ujság 42 (1895). S. 704.
5. Szabo, Gjuro: Instalacija nagodbenog bana barona Levina Raucha 1869. Zagreb 1938. S. 167.
6. Szabo, Gjuro: Instalacija nagodbenog bana barona Levina Raucha 1869. Zagreb 1938. S. 165
7. Szabo, Gjuro: Instalacija nagodbenog bana barona Levina Raucha 1869. Zagreb 1938. S. 165.
8. Szabo, Gjuro: Instalacija nagodbenog bana barona Levina Raucha 1869. Zagreb 1938. S. 167.
9. Vasárnapi Ujság. 41 (1894) S. 381.
10. Muzej za umjetnost i obrt. MUO-024724.
11. Muzej za umjetnost i obrt. MUO-031949.
12. Privatarchiv Dr. Karl Draskovich, Güssing im Burgenland.
13. Muzej za umjetnost i obrt. MUO-045170.
14. Šumarski List 3 (1911). S. 81.
15. Muzej za umjetnost i obrt. MUO-044557/004

16. Bojničić, Ivan von: Der Adel von Kroatien und Slavonien. Nürnberg 1899.
17. Muzej za umjetnost i obrt. MUO-015589/04
18. Muzej za umjetnost i obrt. MUO-015068/06
19. Muzej za umjetnost i obrt. MUO-044369
20. Muzej za umjetnost i obrt. MUO-044557/261
21. Muzej za umjetnost i obrt. MUO-015834/167
22. Muzej za umjetnost i obrt. MUO-030091

Personenregister